유전자 윤리학

생명공학에 관한 철학적 탐구

김 상 득 지음

유전자 윤리학

생명공학에 관한 철학적 탐구

김 상 득 지음

철학과현실사

Genethics :

A Philosophical Study on Biotechnology

이 책은 2006년 정부 재원(교육인적자원부 학술연구조성사업비)으로 한국학술
진흥재단의 지원을 받아 연구되었음 (KRF-2006-A00021)

This work was supported by the Korea Research Foundation Grant funded by
the Korean Government(MOEHRD, Basic Research Promotion Fund) (KRF-
2006-A00021)

감사의 글

1989년 대학원 박사과정에 입학하여 생명윤리학의 문을 두드린 지 벌써 20년이 지났다. 그동안 생명윤리학계에 크고 작은 변화가 많이 일어났다. 체세포 핵이식을 통한 복제 양 돌리의 탄생, 인간 게놈 지도의 완성, 배아복제, 황우석 박사의 연구 윤리 사건, 존엄사 허용 등으로 인해 생명윤리 물음은 남의 문제가 아니라 우리의 문제가 되었으며, 또 미래의 문제가 아니라 현재의 문제가 되었다. 특히 인간게놈 프로젝트 및 포스트게놈 프로젝트를 통해 '생명의 책', '미래 일기' 등으로 일컬어지는 유전자에 관한 지식 증가 및 유전자 변형 기술의 개발로 인해, 이제 우리는 유전자에 관심을 기울이지 않을 수 없게 되었다. 이처럼 유전자와 관련된 정보 및 생명공학기술의 활용과 관련되어 일어나는 윤리적 물음을 다루는 학문이 바로 '유전자 윤리학(Genethics)'이다. 물론 이 용어는 세기말에 탄생된 학문으로 아직 우리들에게 생소한 개념이지만, 생명윤리학계에서는 활발한 논의가 이루어지고 있다. 특별히 필자가 유전자 윤리학에 관심을 갖고 책의 출판을 계획한 것은 2004년부터 2년 동안 미국 조지타운대학 케네디윤리학연구소에서 객원 연구원으로 공부할 때이다. 필자는 그 이전에도 물론 대리모, 인간 복제, 유전적 자질 함양 등에 관해 관심을 갖고 연구하여 논문을 발표하였지만, '유전자 윤리학'에 관심을 갖고 체계적으로 공부한 것은 아니었다.

유전자 윤리학은 생명윤리학의 본질적인 부분으로 자리 잡고 있다. 왜냐하면 유전자는 생명의 본질적 구성요소이기에, 생명윤리학의 많은 이슈들이 유전자와 직·간접적으로 연관되어 있기 때문이다. 여기서는 유전자 윤리학의 모든 주제를 다루지 못하고, 배아복제, 인간 개체 복제, 유전자 차별, 유전적 자질 함양, 생물특허, 기독교 생명윤리, GMOs, 대리모 등만을 필자는 다루고자 한다. 이 책은 필자가 그동안 연구하여 이미 학술지에 발표한 논문들을 모은 글이다. 즉, 처음부터 '유전자 윤리학'이라는 구체적인 책 제목을 염두에 두고 필자가 이 글을 쓰지는 않았다. 그래서 일부는 중복되기도 하고, 또 전체적인 완결성이 부족하다. 하지만 그동안 쓴 논문들이 유전자 윤리학의 핵심적인 주제임에 분명하기에, 용기를 내어 하나의 표제로 출간하고자 마음을 먹었다. 몇몇 장을 제외하고는 발표된 원고를 수정, 보완하였음을 밝혀 둔다. 또 각 논문의 완결성을 보존하고자 일부 내용은 중복되지만 수정하지 않고 그대로 두었다. 그리고 학술지에 발표된 시기의 차이로 인해, 일부 내용은 오늘날의 생명윤리학에 비추어 볼 때 어색해 보일 수도 있지만, 이 역시 글의 논리적 전개를 위해 불가피하기에 필자는 수정하지 않았다. 미진한 부분은 필자의 부족함이요 또 앞으로 필자에게 주어진 숙제이다.

참고로 각 장의 논문이 발표된 학술지, 연도 및 원 제목은 다음과 같다.

1장 : 「복제배아의 도덕적 지위 물음: 자아동일성 입론」, 『철학
연구』 제57집(2002)

2장 : 「인간복제, 생식의 자유 그리고 윤리학」, 『동서철학연구』
제31호(2004)

3장 : 「인간 유전정보와 정의의 물음」, 『대동철학』 제30집(2005)

4장 : 「유전적 자질 함양의 윤리적 허용 가능성」, 『범한철학』 제
46호(2007)

5장 : 「유전적 자질 함양」, 『동서철학연구』 제45호(2007)

6장 : 「기회균등의 원칙과 정의로운 유전자 분배」, 『대동철학』
제40집(2007)

7장 : 「생물 특허의 윤리적 정당화: 인간 유전자 특허를 중심으
로」, 『범한철학』 제53호(2009)

8장 : 「유전공학기술은 하나님 놀이인가?」, 『한국기독교윤리학
논총』 제3집(2001)

9장 : 「생물산업의 윤리적, 사회적 함축」, 『과학기술정책』, vol.
10, no. 5(2000)

10장 : 「비배우자 간 보조생식술의 윤리에 관한 연구」, 『생명윤
리정책연구』 제2권 3호(2008)

마지막으로 이 책을 집필할 수 있게끔 연구비를 제공해 준 학
술진흥재단 관계자, 책의 출판을 기쁨으로 감당해 준 철학과현실
사, 그리고 교정에 열과 성을 다해 준 무주 설천고등학교 김영호
선생님께 깊은 감사를 드린다.

2009년 10월
김상득

차 례

8

들어가는 말: 유전자 윤리학

1. 생명공학과 유전자 윤리학

제레미 리프킨(J. Rifkin)이 주장한 대로, 21세기는 생물학의 시대 내지 생명공학의 세기가 되리라 예상된다.[1] 생명공학은 생명과학이 생명현상에 관해 해명한 과학적 진리에 근거하여, 생명현상을 인간의 손을 통해 공학적으로 변형 내지 '창조'하고자 하는 야심 찬 기획이다. 이를 효과적으로 달성하자면, 이제까지 은폐되어 온 생명의 비밀이 반드시 인과적으로 밝혀져야 한다. 그래서 '생명의 책'으로 알려진 유전자에 대한 관심이 고조되고 있으며, 실제로 인간게놈 프로젝트(Human Genome Project, HGP)는 바로 인간 유전자의 지도를 그리는 작업이다. 이 프로젝트가 2001년 2월에 완성되어 인간 유전자의 99%가 이미 해명되었으며, 이를 바탕으로 '포스트게놈 프로젝트(Post-genome Project, PGP)'가 추진

---

1) J. Rifkin, *The Biotech Century*, 전영택 · 전병기 옮김, 『바이오테크시대』 (민음사, 1999), 1장 「생명공학의 세기」 참조.

되고 있다. '기능유전체(functional genomics)' 연구와 '비교유전체(comparative genomics)' 연구가 이 프로젝트의 중심을 이루고 있다. 기능유전체 연구는 특정 유전자가 인체에서 어떤 기능을 감당하고 있는지를 밝히는 작업이다. 즉, 기능유전체 연구는 어떤 유전정보로부터 어떠한 단백질이 형성되는가, 유전적 질병을 유발하는 유전자는 무엇인가 등을 밝히는 것을 목표로 한다. 반면에 비교유전체 연구는 인종 간, 개인 간, 생물종 간의 게놈 정보의 차이를 찾아내어 생체기능의 차이를 추적하는 작업이다. 이런 연구가 완성되면 DNA와 단백질 및 질병에 관한 모든 자료들을 데이터베이스화하고 이를 통해 얻어지는 정보를 종합 분석해서 생명의 발생, 성장, 질병, 노화 그리고 죽음에 이르는 전 과정이 밝혀지게 될 것이다. 그뿐만 아니라 유전자형이 표현형으로 발현되는 데 요구되는 환경적 요소 및 그 인과적 과정마저도 해명하고자 과학자들은 연구에 매진할 것이다. 각 유전자의 기능 및 환경과의 인과적 상호작용이 밝혀지면 의학의 새로운 패러다임이 열리게 될 것이다. 즉, 생체분자 혁명의 도래로 소위 '분자의학(molecular medicine)' 내지 '유전의학(genetic medicine)'이 21세기 의학에서 중추 역할을 감당하게 될 것이다. 실제로 인간복제, 배아간세포를 이용한 장기나 조직 개발, 유전자 변형 동식물의 개발 등 21세기 생명공학은 인간게놈에 대한 정보를 그 밑바탕에 깔고 있다.

먼저 하나의 사례를 통해 인간 유전정보가 어떻게 윤리 물음을 야기하는지 살펴보자.

리사와 잭 부부는 '팬코니 빈혈'이라는 치명적인 유전병을 앓는 딸 몰리(6)의 병을 고치기 위해 유전자 검사를 통해 아이를 낳았다. '팬코니 빈혈'은 출혈과 면역체계 등에 심각한 문제를 일으키는 골수장애. 일종의 유전병인 팬코니 빈혈을 앓는 아이는 백혈병 등 합병증으로 7살까지밖에 살지 못한다. … 유일한 치유 방법은 가족 중 팬코니 빈혈 유전자를 보유하지 않은 건강한 사람의 세포를 골수에 이식하는 것. 그런데 몰리의 부모는 모두 팬코니 빈혈의 유전자를 보유하고 있다. … 이들의 고민을 해결해 준 곳은 일리노이주의 메이스닉 의료센터. … 의료진은 지난해 크리스마스 때 부부의 15개 수정란 중 2개가 팬코니 빈혈 유전자도 없으면서 몰리의 체질과도 정확히 일치한다는 결과를 얻었다. 이 중 좀 더 건강한 수정란을 몰리 어머니의 자궁에 착상시켜 임신이 된 것. 그 결과 어머니는 지난 8월 29일 건강한 아들을 낳았다. 부부는 이 아이에게 '애덤'이라는 이름을 붙였다. … 의료진은 애덤의 탯줄 혈액 세포를 누나 몰리의 골수에 이식했다. 의료진은 몰리와 애덤이 모두 건강한 상태며, 몰리의 병이 완치될 가능성은 80-90%에 달한다고 자신했다.[2]

과거와 달리 유전공학 덕택으로 인간 유전자에 관한 정보 및 유전자를 변형할 수 있는 기술을 우리 인간이 손에 쥐었기 때문에 이런 일이 가능하게 된 것이다. HGP에 이어 PGP가 상당한 성공을 거두면, 이처럼 질병 치료 및 생명 연장의 신기원이 열릴지도 모른다. 실제로 현재에도 수많은 생명과학자들은 이러한 유토피아를 꿈꾸면서 배아복제나 잉여배아를 통한 줄기세포 연구에 매진하고 있다. 하지만 유전자에 대한 이러한 인간의 간섭은 새로운 윤리적 물음을 야기하고 있다. 즉, 이 사건을 두고, 몰리를 살리기 위해 유전자 검사를 통한 애덤을 출생시킨 것이 윤리적으로 바람직한가의 논쟁이 일어나고 있다. 소위 '맞춤아기'에 관한 생명윤리 논쟁이다.

이러한 새로운 윤리 물음은 왜 발생하는가? 이를 우리는 '자연

---

2) 「유전자 선택 미(美) 윤리논쟁」, 『조선일보』, 2000년 10월 4일자.

의 문화화'로 설명할 수 있다. 생명의 비밀을 간직한 유전자의 기능이 밝혀진다는 말은 결국 생명현상이 하나의 신비에서 과학의 영역으로 들어와 과학자의 손에 맡겨진다는 의미이다. 즉, '자연현상'으로서의 생명이 인간의 '문화현상'으로 탈바꿈하게 된다. "아는 것이 힘이다."라는 베이컨(F. Bacon)의 논리에 따르면 결국 인간은 이로써 생명을 통제할 수 있는 힘을 지니게 되었다는 말이 된다. 자연은 '보이지 않는 손'에 의해 질서 내지 조화를 만들어 내지만, 인간의 손은 깨끗한 손이 될 수도 있고 더러운 손이 될 수도 있다. 다시 말해, 이제 인간은 인간 생명에 대해서까지 더러운 손을 휘두를 수 있는 능력을 소유한 '만물의 영장'이 된 셈이다. 따라서 인간 유전체 연구는 과학기술의 발전 측면에서 보면 일보 전진일 수도 있으나, 인간 윤리의 발전 측면에서 보면 오히려 이보 후퇴일 수도 있다.

특히 인간 유전자 연구로부터 얻어진 결과는 인간으로 하여금 '할 수 있는' 새로운 영역을 창출하고 있다. 이제 유전자는 자연 내지 신이 지배하는 세계가 아니라 인간, 그것도 유전공학자와 의료인이 지배하는 세계가 되었다. 사실 인간 통제를 넘어선 세계에 대해서 우리는 윤리를 이야기할 수 없다. 이는 칸트(I. Kant)에 의해 "당위는 가능을 함축한다.('Ought' implies 'Can')"는 윤리 원칙으로 정식화되었다. 즉, 이는 "무엇을 해야 하는 당위가 성립되려면 반드시 그것을 할 수 있어야 한다."는 원칙을 말한다. 이를 거꾸로 말하면, 할 수 없으면 당위가 성립되지 않고, 당위 물음을 물을 수 없으면 아예 그런 윤리적 물음이 발생조차 하지 않는 반면에, 할 수 있으면 그곳에는 윤리가 개입될 수 있다는 말이다. 그래서 유전자 검사, 유전자 상담, 유전자 선택, 유전자 치료 등의 유전의학에도 윤리가 요청된다.

물론 생명공학 및 의학은 인간의 상상을 초월하여 과거에 불가능하였던 새로운 혜택을 인간에게 줄 수 있다. 하지만 생명공학과 의학은 과학의 논리 내지 사회적 유용성에 의해서만 그 발전을 도모할 수 없다. 일반적으로 과학기술은 인간 삶의 환경을 변화시키는 반면에, 생명공학기술은 인간 자체를 변화시키는 기술로 사회 및 인간에게 미치는 파장이 이루 말할 수 없기 때문이다. 따라서 우리는 생명공학과 의학이 제기하는 사회적, 윤리적 파장을 고찰하여 과학기술이 나아갈 바람직한 방향을 찾지 않을 수 없다. 실제로 카플란(A. L. Caplan)은 인간게놈 지도가 완성되고 나아가 각 유전자의 기능을 밝혀 그 유전정보를 인간 존재에 적용하는 것이 도덕에 대한 가장 강력한 위협이 될 것이라고 예측하고 있다.[3]

멜만과 보트킨(M. Mehlman & J. R. Botkin)은 인간에게 응용될 수 있는 유전공학기술을 크게 세 가지로 분류한다.[4] 즉, 유전자 진단 기술(screening and diagnostic technology), 유전자 치료(gene therapy), 그리고 유전적 자질 함양(genetic enhancement) 등이 바로 그것이다. 여기에 필자가 한 가지 더 첨가한다면, 체세포 핵이식을 통한 생명복제이다. 이러한 유전공학기술은 우리에게 새로운 유전학적 지식(knowledge)과 유전공학적 힘(power)을 제공한다.[5] 그러니까 이제 우리는 유전자 정보에 근거하여, 유전적

---

3) A. L. Caplan, "Can Ethics Help Guide the Future of Biomedicine?", R. B. Baker, et al., eds., *The American Medical Ethics Revolution*(Baltimore and London: The Johns Hopkins University Press, 1999), p.277.

4) M. Mehlman & J. R. Botkin, *Access to the Genome: The Challenge to Equality*(Washington, D.C.: Georgetown University Press, 1998), pp.20-38.

5) R. A. Bohrer, "A Rawlsian Approach to Solving the Problem of Genetic Discrimination in Toxic Workplaces", *San Diego Law Review* 39, no. 3 (December, 2002), p.749.

간섭을 할 수 있게 되었다. 한편, 이러한 지식과 힘을 어떻게 사용하는가에 관한 윤리적 물음이 발생한다. 이를 다루는 학문을 생명윤리학의 한 분야로 우리는 '유전자 윤리학'이라 부른다. 이는 영어로 'genetic ethics'이지만 이 두 단어를 합쳐 'genethics'라는 신조어가 탄생되었다. 일부에서는 이를 '유전자기술 윤리학'이라고 부른다.6) 물론 넓은 의미로는 유전학적 지식이나 유전적 간섭 등에는 기술이 개입되어 있다. 하지만 과학, 공학 그리고 기술의 상식인 구분을 받아들인다면 — 실제로 유전학, 유전공학, 유전공학기술 등은 구분된다 — 유전자기술 윤리학은 단지 마지막 세 번째의 유전공학기술과 연관된 윤리학을 의미하므로 그 외연이 너무 좁아진다. 'Genethics'는 유전공학기술에만 관련되지 않고, 유전학, 유전공학, 유전공학기술 모두와 관련된 윤리적 물음을 다루는 학문이므로 필자는 '기술'이라는 단어를 삭제하고 '유전자 윤리학'으로 부르고자 한다. 실제로 학자들은 'Genethics'의 외연을 광범위하게 잡아 정의하고 있다. 예를 들어, 바이에르츠(K. Bayertz)는 이를 "유전자와 생식기술에 대해 윤리학적으로 성찰하는 학문"으로 정의하고,7) 르웬스(T. Lewens)는 "유전학 및 유전공학기술 이용과 관련되어 제기되는 윤리적 물음을 다루는 학문"으로 정의하고 있다.8)

대부분의 유전자 윤리학 물음들은 유전학적 지식 및 유전공학

---

6) 강미정, 「유전자기술윤리(Genethics)의 定立을 위한 一 硏究」(서울대학교 대학원 박사학위논문, 2000), pp.50-53 참조.
7) K. Bayertz, *Genethics*(Cambridge: Cambridge University Press, 1994), p.12.
8) T. Lewens, "What is Genethics?", *Journal of Medical Ethics* 30(2004), p.326. 유전자 윤리학에 관한 전반적 논의는 J. Burley & J. Harris, eds., *A Companion to Genethics*(Oxford: Blackwell, 2002)를 참조하라.

적 힘의 사용 둘 다와 관련되어 일어난다. 하지만 우리는 앞의 네 종류의 유전공학기술과 그 기술이 적용되는 대상을 기준으로 유전자 윤리학을 다음과 같이 하나의 표로 분류할 수 있다. 즉, 다음 표에서 세로축은 유전공학기술을, 그리고 가로축은 기술이 적용되는 인체 부위를 각각 나타낸다.[9] 그렇다고 이러한 유전공학기술이 현재 모두 가능하여 실용화 단계에 접어들었다거나 혹은 그 안전성이 입증되었다는 말은 아니다.

	배아			체세포	생식세포
	수정란	배아	태아		
유전자 진단	S1			S2	S3
유전자 치료	T1			T2	T3
유전적 자질 함양	E1			E2	E3
체세포 핵이식	C1			C2	C3

위 표에 대한 몇 가지 부연 설명이 필요하다. 우선 체세포 핵이식 기술에 관한 C1과 C2이다. 유전학적 지식 및 유전공학적 힘은 이전에 불가능하였던 생명체 복제의 길을 열어 주었다. 그리하여

---

9) 이는 L. Walters & Julie G. Palmer, *The Ethics of Human Gene Therapy* (New York: Oxford University Press, 1997), p.xvii에서 제시한 도표를 세로축에 유전자 진단과 체세포 핵이식술을, 가로축에 배아를 각각 추가하여 필자가 새롭게 구성한 것이다. 특히 세로축에 유전자 진단을 추가한 것은 멜만과 보트킨의 유전공학기술 분류에 따른 것이다. 즉, 이들은 유전공학기술을 유전자 진단, 유전자 치료, 유전자 자질 함양으로 세분하고 있다. 이에 관한 논의는 M. Mehlman & J. R. Botkin, *Access to the Genome: The Challenge to Equality*, pp.20-38 참조하라. 필자가 독자적으로 체세포 핵이식술을 추가한 것은 유전자 윤리학의 외연을 좀 더 확장하기 위함이다.

이미 양이나 소 등의 복제는 생명과학의 상식이 되어 버렸다. 한 걸음 더 나아가 이미 우리나라에서도, 체세포 핵이식을 통한 생명체 복제술을 인간에게 적용하는 배아복제와 인간 개체 복제 등에 관한 윤리적 가이드라인을 규정하는 <생명윤리 및 안전에 관한 법률>이 2000년에 제정되었지만, 이에 관한 윤리적 찬반 논쟁이 여전히 끊이지 않고 있다. 아니 더 정확하게 말하면, 1997년 영국의 로슬린 연구소에서 복제 양 돌리가 탄생됨으로 말미암아 유전자 윤리학이 태동되었다고 해도 과언이 아니다. 왜냐하면 돌리 탄생을 계기로 이제까지 생물학의 교과서로 인식된 동물의 불가역성 진리가 무너지고, 동물의 생명현상에 관한 본격적인 연구가 진행되었기 때문이다. 이로 인해 체세포 핵이식은 가장 먼저 동물복제의 윤리 물음을 우리에게 던져 주었다. 체세포 핵이식 기술은 동물에만 국한되지 않고 인간에게 응용되면서 인간복제의 윤리 물음을 낳았다. 이런 관점에서 보면 체세포 핵이식은 엄밀히 말해 위의 도식에 잘 들어맞지 않는다. 단지 필자는 유전자 윤리학의 전체 지도를 그리기 위해 편의상 체세포 핵이식 기술을 표에 삽입하였음을 밝혀 두고자 한다. 그러니까 체세포 핵이식을 통한 생명체 복제는 크게 세 가지 차원에서 서로 다른 윤리적 물음을 야기한다. 즉, 위의 표에서 C1, C2 그리고 C3는 동물복제, 배아복제, 그리고 인간 개체 복제를 각각 의미한다.

그리고 동일한 유전공학기술이라 할지라도 그 적용되는 대상에 따라 서로 다른 윤리적 물음을 야기한다. 즉, S1, S2, S3 그리고 E1, E2, E3는 서로 다른 윤리적 물음을 낳는다. 유전자 진단을 예로 들면, 성인 체세포의 경우 유전자 상담의 윤리 및 사생활 보호의 물음이 발생하며, 태아의 경우 임신중절의 도덕성 물음을 낳고, 수정란의 경우 맞춤아기의 윤리 물음을 낳는다. 따라서 우리는 유전공학기술의 윤리에 대해 일원론적이 아니라 다원론적으로 접근해야 한다. 즉, 유전공학기술과 그 적용 대상에 따라, 그리고 제기되는 구체적인 윤리 물음의 철학적 성격에 따라 그 윤리적 허용 가능성을 독자적으로 고찰해야 한다. 다시 말해, 우리는 S1에서 E3에 이르는 아홉 가지 범주 각각에 대해 그 윤리적 허용 가능성 물음을 철학적으로 논의해야 한다.

2. 이 책의 구성

유전자 윤리학에 관한 연구는 몇 가지 접근법이 가능하다. 첫째는 역사적 접근법이다. 즉, 우리는 유전자 윤리학의 발전을 연대기적으로 서술할 수 있다. 물론 이 경우, 유전자 윤리학의 발전에 혁명적 변화를 가져온 과학적 발견이 언급될 것이다. 둘째는 윤리학의 핵심 용어에 따른 접근법이다. 유전학적 지식 및 유전공학적 힘은 윤리학의 토대가 되고 있는 이념이나 원리에 영향을 받으면서 동시에 중대한 도전을 주고 있다. 예를 들어, 지금까지 윤리학은 정의 내지 자율성을 중요한 이념 내지 원칙으로 받아들이고 있다. 따라서 자율성 존중 원칙에 근거하여, 유전학적 지식 및 유전공학적 힘의 사용을 주장할 수 있다. 반면에 유전자 변형 기술은 인간 자체의 자질을 바꾸어 놓을 수 있다. 이로 인해 우리는 정의의 이념을 재고하지 않을 수 없다. 왜냐하면 이제까지 정의의 이념은 인간의 천부적 재능은 고정되어 있는 것으로 전제하고, 사회적 재화의 분배만을 문제 삼았는데, 이제는 천부적 재능마저 분배의 대상이 되어 버렸기 때문이다. 따라서 윤리 이념 내지 윤리 원칙을 중심으로 유전자 윤리학 연구는 현대 윤리학의 중심과제라 아니 할 수 없다. 셋째는 세계관적 접근법이다. 세계관이란 쉽게 말해 세계를 바라보는 특수한 입장을 말한다. 그 대표적인 예는 기독교와 불교 등 종교이다. 그러니까 특정의 세계관에 따라 유전자 윤리학 물음에 대한 답을 도출할 수도 있다. 예를 들어, 유전자 차별이나 유전적 자질 함양을 기독교나 불교의 관점 혹은 도교의 관점에서 얼마든지 연구할 수 있고, 인간복제나 대리모를 페미니즘의 관점에서 연구할 수도 있다. 물론 이러한 접근법에서도 앞서와 마찬가지로, 생명과학 및 생명공학이 그러한 세계관 내지 종교에 미치는 영향도 함께 연구될 수 있다. 왜냐하면 대부분의 종교는 절대자의 존재를 인정하고, 인간 생명이나 그 신체적 특성 내지 정신적 자질을 절대자가 준 선물로 간주하여 왔는데, 유전학적 지식과 유전공학적 힘의 증가로 이제 우리 인간이 절대자의 역할을 대신하는 일이 가능하기 때문이다. 넷째는 주제별 접근법이다. 이는 앞서 언급한 배아복제, 인간 개체 복제, 유전자 차별, 유전적 자질 함양, 생물 특허 등의 유전자 윤리학 주제를 중심으로 연구하는 방법을 말한다.

이런 네 가지 접근법 가운데 필자는 이 책에서 주로 네 번째 접근법을 기본으로 하고, 두 번째와 세 번째 접근법을 혼용하여 논의하고자 한다. 즉, 필자는 유전자 윤리학에서 핫이슈로 부각되고 있는 몇몇 주제를 선정한 다음, 이를 윤리학의 이념 내지 원칙에 비추어 철학적으로 천착해 나가고자 한다. 응용윤리학에서 이는 일반적으로 하향적 접근법이라고 불린다. 그렇다고 필자는 하향적 접근법만을 고집하지 않는다. 한 걸음 더 나아가, 상향적 접근법을 원용하여 유전자 윤리학의 물음이 윤리학의 이념 내지 원칙에 함의하는 바가 무엇인지의 물음도 상호보완적으로 천착하고자 한다. 그리고 세 번째의 세계관적 접근법의 한 예로써, 필자는 기독교적 관점에서 생명공학 물음을 다루고자 한다.

20

그래서 이 책은 크게 세 부분으로 나누어진다. 제1부에서는 생명복제의 윤리라는 제목 아래 배아복제와 인간 개체 복제를 다루고자 한다. 제2부는 유전자 윤리학과 정의라는 주제 아래, 크게 세 가지 문제, 즉 유전자 차별, 유전적 자질 함양, 그리고 인간 유전자 특허 물음을 정의 내지 윤리 원칙의 관점에서 집중적으로 다루고자 한다. 이러한 논의에서 필자는 특히 존 롤즈의 정의론 및 그 방법론을 상당 부분 원용하고자 한다. 그리고 마지막 제3부는 세계관과 유전자 윤리학이라는 제목 아래, 세 가지 주제를 다루고자 한다. 즉, 기독교와 생명윤리, GMOs와 사회철학, 그리고 대리모의 윤리가 제3부에서 다루어진다.

제1부

생명복제의 윤리

1장 배아복제의 윤리

1. 들어가는 말: 배아복제 논쟁

과학기술부 산하 '생명윤리자문위원회'에서 체외수정 후 냉동 보관 중인 잉여배아를 이용한 배아 연구는 허용하면서 복제를 통한 배아 연구는 금지하는 <생명윤리기본법>(안)을 제안하자, 생명공학자들은 연구의 자유를 제한하고 생물산업의 발전을 가로막는다고 반대 목소리를 높이고 있다.[1] 잉여배아 연구는 허용하면서 왜 배아복제 연구는 허용될 수 없는가? 인간배아를 통해 간세포(stem cell)를 추출하여 알츠하이머병 등 불치병을 치료할 수 있다면, 인간배아 복제는 공리주의 입장에서 보면 선행 원칙에 충실한 윤리적 의무가 아닌가? 그런데 왜 인간배아 복제에 대한 생명윤

---

1) 여기서 배아란 수정 후 14일 이전의 전배아(preembryo)를 말한다. 전배아라는 용어 사용에 관해서는 R. A. McCormick, "Who or What is the Preembryo?", *Kennedy Institute of Ethics Journal* 1, no. 1(1991), p.1 참조.

리 논쟁이 끊이지 않는가?

일반적으로 배아복제에 반대하는 논변은 크게 다음 다섯 가지로 요약될 수 있다.

(1) 오용 가능성 논변(argument from abusability) : 소위 미끄러운 언덕길 논증에 따르면, 배아복제 허용은 인간 개체 복제로 이어지고, 유전자 조작과 결합되어 맞춤아기 생산의 결과를 낳게 된다.

(2) 대체 가능성 논변(argument from substitution) : 인간배아를 이용하지 않고, 성체세포로부터도 줄기세포를 추출할 수 있다.

(3) 부정의 논변(argument from injustice) : 배아복제 연구는 엄청난 연구비가 소요되며 또 그로부터 얻어진 줄기세포 이식은 고비용 의료기술이기 때문에 그 수혜자는 일부 돈 있는 자에 불과하고 가난한 자는 혜택을 누리지 못해 불평등을 심화시킨다.

(4) 존재론적 논변(argument from the ontological status of embryo) : 배아복제는 도덕적 지위를 지닌 배아 파괴를 야기하기 때문에 인간 존엄성을 훼손한다.

(5) 자연법 논변(argument from natural law) : 배아를 복제하는 행위는 유전자가 동일한 생명체를 인위적으로 만드는 것인데, 이는 자연의 질서에 반한다.

위의 논변 가운데 (1)-(3)은 사실 배아복제 자체에 관한 논변은 아니고, 실천적 적용의 물음이다. 다시 말해, 적어도 이론상으로는 (1)-(3)의 문제점을 지니지 않는 배아복제가 이루어질 수 있다. 반면에 (4)와 (5)는 배아복제를 실천적으로 어떻게 이용하느냐의 물음과 상관없이 배아복제 자체가 비윤리적이라고 주장한다. 이런 의미에서 필자는 (1)-(3)을 외래적 물음(extrinsic issues)으로, 그리고 (4)-(5)를 본래적 물음(intrinsic issues)으로 분류하고자 한다. 본래적 물음에서 (4)는 인간배아 복제에서 '인간배아'에 초점을 맞추어 배아가 갖는 존재론적인 독특한 특성으로 복제는 윤리적으로 허용될 수 없다는 논의이다. 반면에 (5)는 인간배아를 '복제' 하는 행위에 초점을 맞추어 인간은 인위적으로 인간 생명체를 조작하거나 창조할 수 없다는 논변이다.[2]

배아복제의 도덕적 허용 가능성 물음이나 관련 법령 제정에 있어서는 위의 논변 모두가 고려되어야 할 것이다. 하지만 배아복제 논쟁에 있어서 일차적인 철학적 관심거리는 본래적 물음이다. 그것도 (4), 즉 복제배아의 도덕적 지위 물음이 논쟁의 핵심이다.[3] 왜냐하면 본래적 물음에 있어서 복제배아의 도덕적 지위가 분명하게 밝혀지면 외래적 물음과 상관없이 배아복제는 허용되어서는 안 된다는 결론이 논리적으로 얻어지기 때문이다. 그래서 이 글은 인간배아 복제의 도덕적 허용 가능성 물음을 외래적인 물음이 아닌 본래적인 물음인 (4)에 초점을 맞추어 논의하는 데 그 목적이 있다.

---

2) 자연법 논변에 관한 자세한 논의는 8장 「생명공학과 하나님 놀이」, 2절을 참조하라.
3) J. Harris, *Clones, Genes, and Immortality: Ethics and the Genetic Revolution*(Oxford: Oxford University Press, 1998), p.44.

2. 배아의 존재론적 지위 물음

1) 잠재성 논변

배아의 존재론적 지위에 근거한 배아복제 반대 논변은 다음과 같은 복합 삼단논법으로 구성되어 있다.

(1) 무고한 인간 존재를 죽이는 것은 도덕적으로 그르다.
(2) 배아는 무고한 인간 존재이다.
(3) 배아복제는 필연적으로 배아의 죽음을 야기한다.
　　따라서 배아복제는 도덕적으로 그르다.

이는 타당한 논증이기 때문에, 결론을 부정하자면 배아복제 옹호자는 전제 (1)-(3) 가운데 어느 하나를 부정해야 한다. 그런데 전제 (1)은 하나의 윤리 원칙이고, 전제 (3)은 역시 부인하기 어렵다. 줄기세포를 얻기 위한 또는 연구용으로 복제된 배아는 이미 그 죽음이 의도되어 있기 때문이다. 따라서 배아복제 옹호자에게 남은 길은 전제 (2)밖에 없다. 전제 (2)는 바로 배아의 도덕적 지위에 관한 존재론적 물음을 낳는다.

사실 이 물음은 이미 임신중절 논쟁에서 뜨거운 감자로 인구에 회자되고 있다. 즉, 임신중절 논쟁에서 인간 생명의 출발점에 관한 윤리적 논쟁이 최근 생명과학의 발달로 '수정 후 14일 논쟁'이란 더 구체적인 형태로 다시 나타나고 있는 셈이다.4) 자유주의자

---

4) 일부 학자들은 배아 연구 논의를 임신중절 논의와 연계시키는 것을 '태아에 관한 일종의 문화적 정신분열증(a kind of cultural schizophrenia with respect to the fetus)'이라고 비난한다(T. A. Shannon, "Fetal Status: Sour-

들은 태아란 단지 세포 덩어리에 불과하다고 주장하는데, 보수주의자들은 어떤 이유에서 태아를 인간 생명체로 간주하는가? 보수주의자는 잠재성 논증(potentiality argument)을 들어 태아가 인간 생명체임을 주장한다. 필자는 임신중절 맥락에서 사용되는 잠재성 논증이 무엇인지 비판적으로 검토한 다음, 이것이 배아복제 논쟁에서 배아의 존재론적 지위 물음과 어떤 관련성을 지니는지 논하고자 한다.

　일반적으로 도덕적 지위(moral standing)란 개념은 온전한 생명권으로 규정된다.5) 즉, 도덕적 지위를 지닌 존재 — 이를 필자는 '도덕적 존재(moral being)'라고 부르고자 한다 — 는 적어도 죽임을 당하지 않을 권리를 지닌다. 그러면 배아도 도덕적 지위를 지니는가? 배아의 도덕적 지위를 옹호하는 자는 두 가지 전략이 가능하다. 하나는 배아도 그 기준을 충족시킬 수 있게끔 도덕적 지위의 기준을 완화시키는 전략이요, 다른 하나는 도덕적 지위의 기준은 그대로 놔둔 채 배아는 그 기준을 충족시키지는 못하지만 그 기준을 충족시킬 수 있는 잠재성을 지니기에 도덕적 지위를 지닌다고 주장하는 전략이다. 전자의 전략 역시 중요한 철학적 물음이지만, 필자는 도덕적 지위 기준에 관한 물음은 괄호치고, 합리성 내지 의식성을 그 기준으로 전제한 다음, 후자의 전략을 천착하고자 한다. 이 후자의 전략이 바로 잠재성 논증으로 다음과 같이 형식화할 수 있다.

---

　ces and Implication", *The Journal of Medicine and Philosophy* 22(1997), p.415). 물론 배아가 관련되는 맥락이 다를 수 있지만 적어도 존재론적 측면에 있어서는 동일하기 때문은 이 둘은 명확하게 구분될 수 없다.
5) L. W. Sumner, *Abortion and Moral Theory*(New Jersey: Princeton University Press, 1981), p.31.

(a) 도덕적 지위를 지닌 모든 존재는 생명권을 지닌다.

(b) 도덕적 지위는 합리성의 유무에 의해 결정된다.

(c) 합리성을 지닌 의식적인 인간 존재는 도덕적 지위를 지닌다.

(d) 합리성을 잠재적으로 소유한 존재도 도덕적 지위를 지닌다.

(e) 배아는 합리성을 잠재적으로 소유한 존재이다.

따라서 배아는 도덕적 지위를, 그래서 생명권을 지닌다.

이 논증 역시 타당한 복합 삼단논법이다. 전제 (a), (b), (c)는 이미 논의의 출발점으로 전제하였다. 따라서 잠재성 논증의 핵심은 바로 (d)와 (e)에 있다. 갓 태어난 유아는 분명 합리성을 소유하지 않지만 도덕적 존재인데, 그 이유가 바로 바로 잠재성 논증에 있다. 즉, 유아는 정상적으로 성장할 경우 성인이 되어 도덕적 지위를 지니기 때문이다. 인간의 점진적 발달을 전제한다면, 배아로부터 유아가 발달하였다. 그렇다면 배아 역시 정상적으로 성장할 경우 성인이 되어 도덕적 지위를 지니게 될 것이다.

그러면 왜 우리는 전제 (d)를 받아들여야 하는가? 우리는 두 가지 이유를 들 수 있다.6) 첫째, 일반적으로 도덕적 행위란 도덕적인 행위를 할 수 있는 능력을 일컫는다. 즉, 인격 존중의 원칙이란 어떤 사람이 실제로 도덕적 행동을 하기 때문이 아니라, 도덕적 행동을 할 수 있는 능력을 지니고 있기 때문에 그 사람을 존중하라는 윤리 원칙이다. "어떤 종류의 존재가 정의의 보장을 받아야 하는가?"의 물음에 답하면서, 존 롤즈(J. Rawls) 역시 '도덕적 인격이 될 능력을 지닌 존재'라고 답한다. 다시 말해, 도덕적 인격을

---

6) S. Buckle, "Arguing from Potential", P. Singer & others, eds., *Embryo Experimentation*(Cambridge: Cambridge University Press, 1990), pp.92-93.

규정하는 최소한의 요구조건은 능력과 관련된 것이지 그 실현과 관련된 것이 아니다. 도덕적 인격체가 될 수 있는 잠재성이 곧 도덕 공동체의 구성원임을 보증하는 충분조건인 셈이다.[7] 이는 각 개체가 지닌 능력을 존중한다는 의미에서 '개체 능력 존중 논증(respect for capacities of individuals argument)'이란 명칭을 붙일 수 있다.

둘째, 현재의 능력은 미래의 현실태이고 또 도덕적 행동이란 그 결과를 고려하는 행동이기 때문에, 우리는 실제적인 도덕적 존재뿐만 아니라 미래의 현실태, 즉 잠재적인 도덕적 존재도 고려해야 한다. 다시 말해, 한 행위의 옳고 그름은 그 행위의 결과에 의해 평가되는데, 잠재적인 존재에게 해악을 가하게 되면, 그 행위는 결국 실제적인 도덕적 존재에게 해악을 가하는 것과 같게 된다. 왜냐하면 잠재적 존재에게 가하는 해악이 미래의 실제적 존재에게 영향을 주기 때문이다. 이는, 미래 결과를 염두에 두고 잠재성을 도덕적으로 고려한다는 의미에서 '결과주의 논증(consequential argument)'이라고 말할 수 있다.

두 논증 모두 잠재성 개념을 사용하고 있지만 그 의미는 서로 다르다. 결과주의 논증에서 사용되고 있는 잠재성은 단지 '가능성'의 의미를 지닌다. 한 예로서, 해리스(J. Harris)는 "수정된 난세포가 잠재적인 인간 존재라고 말하는 것은 (착상과 같은) 어떤 사건이 일어나고 (자연유산과 같은) 다른 사건이 일어나지 않으면, 그 난세포가 결국 인간 존재가 된다고 말하는 바나 다름없다."라고 말한다.[8] 물론 잠재성 개념 속에는 가능성의 의미가 함축되어 있

---

7) J. Rawls, *A Theory of Justice*(Cambridge, MA: Harvard University Press, 1971), p.505.

8) J. Harris, "In Vitro Fertilization: the Ethical Issues", *Philosophical*

다. 즉, 가능성은 잠재성의 필요조건이다.9) 여기서 가능성 개념은 논리적 의미의 가능성 개념이 아니라 물리적 혹은 생물학적 의미의 가능성 개념이다.

그러나 물리학적 혹은 생물학적 가능성에 한정해도 문제는 발생한다. 예를 들어, 도토리는 잠재적인 도토리나무일 뿐만 아니라 잠재적인 식량이기도 하다. 배아도 잠재적인 인간일 뿐만 아니라 잠재적인 실험 대상이요, 심지어는 잠재적인 개의 밥일 수도 있다. 모든 존재는 이런 의미에서 서로 다른 수많은 잠재성을 지니기에, 특정 잠재성을 선별하는 문제가 발생한다. 선별의 문제가 발생하면, 우리는 서로 다른 여러 결과들 가운데 어느 하나를 선택할 수밖에 없다. 이렇게 되면, 잠재성 논증은 결과주의 윤리설의 변형에 지나지 않아, 잠재성 개념은 이차적인 의미밖에 없어진다. 이런 의미의 잠재성 개념은 상식적인 직관과 어긋나는 결과를 낳는다. 즉, 피임은 분명 유아 살해와 도덕적으로 구별된다. 하지만 생물학적 가능성으로 잠재성을 이해하면 피임 행위 역시 인간이 될 가능성을 방해하는 것으로 도덕적 비난의 대상이 된다. 따라서 이런 문제를 극복할 수 있는 잠재성 개념이 필요하다.

2) 자아동일성 입론

결과주의 논증에 사용된 이런 잠재성 개념을 벅클(S. Buckle)은 '산출할 잠재성(the potential to produce)'이라 부르고, 이런 난점을 해결할 수 있는 새로운 잠재성 개념으로 그는 '될 잠재성(the

Quarterly 33(1983), p.223.

9) P. Singer & K. Dawson, "IVF Technology and the Argument for Potential", *Philosophy and Public Affairs* 17(1988), p.91.

potential to become)' 개념을 제안한다.[10] "X가 Y가 되다."라는 일상 용법에서 알 수 있듯이, '될 잠재성'을 현실화하는 과정은 어떤 형태의 자아동일성을 필요로 한다. 즉, 실재가 그 잠재성을 실현하기 위해서는 바탕이 되는 토대가 필요한데, 그것이 바로 실재의 자아동일성이다. 흔히 말하는 "X는 잠재적인 Y이다."라는 표현 속에는 자아동일성이 이미 전제되어 있다. 여기서 보존되어야 할 동일성은 인격적인 동일성일 필요가 없으며, 단지 물리적 동일성과 수적인 동일성만으로도 충분하다.[11] 잠재적인 존재와 현실적인 존재는 그 발달의 단계는 서로 다르지만 동일한 단일 존재라는 점에서 동일성이 유지된다. 반면에 '산출할 잠재성'은 어떤 결과를 산출하는 힘을 말한다. 예를 들어, "도토리는 잠재적인 식량이다."라고 말할 때, 우리는 이 문장을, 도토리가 식량을 산출할 가능성을 지닌다는 의미로 이해해야 한다. '산출할 잠재성'은 물리적 가능성을 좀 더 구체화한 개념에 불과하지, 자아동일성 보존을 반드시 요구하지 않는다는 점에 있어서 '될 잠재성' 개념과 구분된다.

따라서 우리는 '산출할 잠재성' 개념을 사용하고 있는 '결과주의 논증'은 전제 (d)에 대한 이유가 될 수 없으며, 오직 '될 잠재성' 개념을 사용하는 '개체 능력 존중 논증'만이 전제 (d)에 대한 이유가 될 수 있다는 결론에 이르게 된다. 한마디로 말해, 잠재성 개념에는 자아동일성이 전제되어 있기 때문이다.[12] 이렇게 되면,

10) 그에 따르면 '될 잠재성'은 발달하고 있는 실재가 소유한 힘으로써 '발달하는 잠재성(developmental potential)'이라고 불리기도 한다. S. Buckle, "Arguing from Potential", pp.93-96.

11) D. Parfit, *Reasons and Persons*(Oxford: Clarendon Press, 1984), ch.10 참조.

12) H. T. Engelhardt, "The Ontology of Abortion", *Ethics* 84(1974), pp.324-

인간의 경우 언제 자아동일성이 성립되는가의 물음을 우리는 묻지 않을 수 없다. 왜냐하면 이는 바로 전제 (e), 즉 "배아는 잠재적인 합리적 존재이다."의 타당성을 묻는 물음이기 때문이다. 정자와 난자 각각은 그 결합체인 수정란과 자아동일성이 성립될 수 없음이 분명하다. 이는 소금의 원소 가운데 하나인 염소가 소금과 동일성을 유지하지 않는 것과 마찬가지다. 따라서 인간 존재라는 물리적 대상의 시간적, 공간적 인과 연쇄라는 차원에서 보면, 인간 존재 출발의 일차적 후보는 수정란이라고 잠정적으로 말할 수 있다.13)

하지만 아직까지 배아와 도덕적 존재인 성인 사이에 자아동일성이 성립되는지 여부는 입증되지 않았다. 왜냐하면 직관적으로 수정란과 실제적인 인간은 그 형태나 속성이 너무 다르기 때문이다. 즉, 배아와 실제적인 도덕적 존재 사이에 자아동일성이 입증되지 않으면 전제 (e)가 의심스럽게 되어, 잠재성 논증이 성립되지 않게 된다. 생명체의 경우 두 실재 사이에 자아동일성이 성립되자면, 두 가지 연속성, 즉 유전적 연속성과 수적인 연속성이 요구된다.14) 그러면 인간 개체 발생의 경우 언제 이런 연속성이 확립되는가? 현재 생명윤리학계에서는 두 가지 입장이 팽팽하게 맞서고 있다. 하나는 수정 순간에 두 연속성이 시작된다는 수정 논증이고, 다른 하나는 착상 순간에 시작된다는 분절 논증이다.

수정 논증은 다음의 세 가지 논증으로 구성되어 있다.15)

———————
325.

13) R. Wertheimer, "Understanding the Abortion Argument"(1971), J. Rachels ed., 황경식 외 옮김, 『사회윤리의 제문제』(서광사, 1983), p.109.

14) H. Kuse & P. Singer, "Individuals, Humans and Persons: The Issue of Moral Status", P. Singer & others, eds., Embryo Experimentation, p.66.

15) D. Dawson, "Fertilization and Moral Status: A Scientific Perspective", P.

(1) 유전적 논증(the genetic argument) : 인간 유전자형은 수정 순간에 형성된다.

(2) 연속/불연속 논증(the discontinuity-continuity argument) : 개체 발생은 수정 이후 점진적인 연속성을 그리지만 수정은 철저한 불연속성을 그린다.

(3) 개별성 논증(the individuality argument) : 수정을 출발점으로 하여 개별적인 한 인간 존재가 시작된다.

일단 체외수정 배아는 생물학적으로 (1)과 (2)를 충족시킨다. 그래서 분절 논증 옹호자들은 (1)과 (2)를 인정하면서 (3)을 부인하는 논변을 전개시킨다. (3)이 성립되려면 '1난자 + 1정자 = 1수정란 = 1배아 = 1태아 = 1아이'라는 등식이 성립되어야 한다. 그런데 생물학의 발견에 따르면, 한 아이의 형성에 두 수정란에 관여하기도 하고 한 수정란이 두 아이로 발달할 수도 있다. 그 각각의 예로 키메라와 일란성 쌍둥이를 들 수 있다. 수정 논증 반대자들은 특히 쌍둥이화 현상에 주목한다. 즉, 착상 때 배아가 일란성 쌍둥이로 분화된다면, 일란성 쌍둥이 둘 중 어느 것이 앞선 원래의 배아와 자아동일성을 유지하는가? 배아가 미래에 때어날 아이와 자아동일성을 유지하지 못한다는, 그래서 "배아는 개별성을 지니지 않는다."는 논변 ― 이는 흔히 자아동일성 입론으로 불린다 ― 은 다음과 같이 구성될 수 있다.[16]

Singer & others, eds., *Embryo Experimentation*, pp.44-49 참조.

16) J. Porter, "Individuality, Personal Identity, and The Moral Status of the Preembryos: A Response to Mark Johnson", *Theological Studies* 56 (1995), p.767 참조.

(1) 하나의 실재가 두 실재와 동일할 수 없다.

(2) 따라서 배아는 두 쌍둥이와 동시에 자아동일성을 유지할 수 없다.

(3) 쌍둥이는 그 속성이 동일하고, 어느 하나가 시간상 다른 하나에 선행할 수 없다.

(4) 따라서 배아는 두 쌍둥이 중 어느 하나와 자아동일성을 유지할 수 없다.

(5) 결론 : 배아와 일란성 쌍둥이 사이에는 자아동일성이 전혀 성립하지 않는다.

결론 (5)는 (2)와 (4)로부터 논리적으로 귀결된다. (2)는 논리학의 동일률을 존재에 적용시킨 결과이다. 하나의 배아(A)가 두 일란성 쌍둥이(B와 C)가 되었다고 하자. B와 C는 분명 서로 독립된 두 개체이다(B ≠ C). 그런데 A가 B와 동일하고, 동시에 C와 동일하다면 모순된 결과를 낳게 된다. 즉, $(A = B)$ & $(A = C)$ ⟹ $(B = C)$. 따라서 A는 B 및 C와 동시에 동일할 수가 없다. (3)은 생물학적 사실이다. 자아동일성 입론 옹호자는 (3)으로부터 (4)가 귀결된다고 주장한다. ((3)으로부터 (4)가 논리적으로 얻어지는지의 물음은 다음 절에서 논의하고자 한다.) 이처럼 자아동일성 입론은 "한 인간 개체로부터 두 인간 개체가 발생할 수 없다."라는 논리에 그 토대를 두고 있다. 이 논리를 받아들이면 "쌍둥이화 가능성이 사라지기 이전에는, 접합자/전배아가 미래에 존재하게 될 특정의 한 인간 존재와 한정적으로 동일하다고 우리는 말할 수 없다."[17] 이런 의미에서 학자들은 '유전적 개별성(genetic individuality)'과

---

17) Ibid., p.767. 또한 유전적 개별성과 발달하는 개별성의 구분은 R. A. McCormick, "Who or What is the Preembryo?", p.4 참조.

'발달하는 개별성(developmental individuality)'을 구분한 다음, 발달하는 개별성은 원시선이 출현하는 시점에 형성된다고 주장한다. 즉, 배아는 '유전적 개별자(genetic individual)'이나, '존재론적 개별자(ontological individual)'는 아니다.[18]

쌍둥이화 현상이 일어나는 것은 배아의 생물학적 특성에 기인한다. 즉, 원시선이 출현하는 착상 이전 14일 배아는 만능분화 가능성(totipotency)을 지닌다. 만능분화 가능성이란 태아나 태반 혹은 다른 신체기관으로도 발달할 가능성을 지닌다는 뜻이다. 그러니까 만능분화 가능성을 지닌 배아는 아직 그 실체가 무엇인지 무규정 상태이다. 이 만능분화 가능성이 상실되지 아니하고는 한 인간의 개체성이 확립되었다고 우리는 말할 수 없다. 이렇게 되면 배아는 정자나 난자와 마찬가지로 '산출할 잠재성'을 지닐지는 모르지만 '될 잠재성'을 지녔다고 말할 수 없게 된다.[19] 왜냐하면 '될 잠재성'은 자아동일성을 전제하기 때문이다. '될 잠재성'을 결여하고 있기 때문에, 배아에는 잠재성 논증이 적용될 수 없어, 결국 배아는 그 도덕적 지위를 얻을 수 없게 된다.

3. 자아동일성 입론에 대한 비판적 고찰

1) 체외수정 배아와 복제배아의 존재론적 차이 물음

자아동일성 입론에 근거한 이러한 논변을 비판적으로 살펴보기

---

18) T. A. Shanon & A. Wolter, "Reflections on the Moral Status of Preembryo", *Theological Studies* 51(1990), p.613.

19) J. McMahan, "Cloning, Killing, and Identity", *The Journal of Medical Ethics* 25(1999), p.83.

에 앞서, 체외수정 배아와 복제배아의 도덕적 지위가 다르다는 주장을 먼저 살펴보자. 왜냐하면 수정 논증 옹호자는 유전적 독자성을 주장하는데, 체외수정 배아와 달리 복제배아는 유전적 독자성을 지니지 않는다는 사실에 근거하여 배아복제의 도덕적 허용을 주장하는 학자들이 있기 때문이다. 사실 지금까지 필자는 체외수정 배아와 복제배아의 존재론적 차이점을 의도적으로 간과한 채 배아의 도덕적 지위 물음을 논의하였는데, 수정 논증 옹호자들의 주장처럼 유전적 고유성을 도덕적으로 의미 있는 요소로 간주하게 되면, 자아동일성 입론과 상관없이, 복제배아는 아예 새로운 생물학적 유기체로 간주할 수 없기 때문이다. 예를 들어, 줄리안 사불레스쿠(J. Savulescu)는 개인의 신체적 자율권에 근거하여 '조직 변환의 원리(principle of tissue transmutation)'를 제창한다. 즉, 신체적 자율권을 지니기에 인간은 자신의 신체조직을 임의의 형태로 변경할 권리를 지닌다. 이는 장기이식에서 자가이식이 전체성의 원리에 의해 그 윤리적 정당성을 얻는 것과 같은 이치이다. 변환된 신체조직 역시 그 개인의 유전자와 동일한 핵을 지니고 있기 때문이다. 실제로 조직의 크기나 형태 혹은 조직들 사이의 새로운 특별한 관계가 새롭게 발생한다고 해도 이는 도덕적으로 의미 있는 차이라 말하기 어렵다.

하나의 예를 통해 조직 변환의 원리가 어떻게 간세포 추출을 위한 배아복제를 옹호하는 논거를 제공하는지 살펴보자. 루케미아(leukaemia) 병에 걸린 22세 남자 루카스가 있다고 하자. 아직 이 병에는 골수이식 외의 다른 치료책이 없다.[20]

---

20) J. Savulescu, "Should We Clone Human Being? Cloning as a Source of Tissue for Transplantation", *The Journal of Medical Ethics* 25(1999), pp.89-90.

(1) 건강한 골수세포를 선별해서 이를 증식시키는 약이 있다면, 이 약을 사용하여 루카스를 치료하는 것은 의사의 도덕적 의무이다.

(2) 피부세포를 골수세포로 변환시켜 줄 수 있는 약이 있다면, 이 약을 사용하여 루카스를 치료하는 것 역시 의사의 도덕적 의무이다.

(3) 현실적으로 피부세포는 골수세포로 변화될 수 없다. 피부세포를 통해 배아를 복제하여 배아로부터 골수세포를 얻을 수가 있다.

(4) 피부세포로부터 복제된 배아 및 그로부터 얻어진 간세포는 단지 '유전자 표현 프로필(gene expression profile)'이 변경된 피부세포에 불과하다.

(5) 따라서 체세포 핵이식 복제술을 통해 루카스를 치료하는 것 역시 의사의 도덕적 의무이다.

위의 논증은 타당한 논변이다. (1)과 (2)에 대해 반대할 생명윤리학자는 없을 것이다. (1)은 골수세포 증식이고, (2)는 피부세포에서 골수세포로의 전환에 불과하기 때문이다. 문제는 (3)과 (4)이다. (3)은 배아복제라는 중간 과정을 거쳐 피부세포를 골수세포로 전환하는 일이다. 어떻게 (3)을 옹호할 수 있는가? 그 근거가 (4)이다. 즉, 사불레스쿠는, 복제배아 역시 유전인자형이 피부세포와 동일하다는 근거에서, 복제배아는 새로운 생명체가 아니라, '세포 증식과 세포 분화(cellular multiplication and cellular differentiation)' 과정을 거쳐 피부세포가 변환된 것에 불과하다고 주장한다. 자아동일성 입론에서 유전적 논증을 자아동일성 성립의 생물학적 필요조건으로 간주할 경우 사불레스쿠의 이러한 주장은 설득력을 지닌다. 이렇게 되면 체외수정 배아와 복제배아는 그 존재론적 지위가 달라지게 된다.

여기서 우리는 묻게 된다. 배아의 존재론적 지위 물음에 유전적 요소가 차지하는 역할은 무엇인가? 여기서 우리는 다시 쌍둥이 사례를 고찰하지 않을 수 없다. 왜냐하면 복제배아의 존재론적 지위 물음과 연관되어 '쌍둥이 사례'는 이중적인 역할을 차지하고 있기 때문이다. 한편으로 쌍둥이 사례는 자아동일성 입론에서 수적 동일성 조건과 관련하여 수정이 아니라 착상에서 인간 개체성이 출발함을 보여줌으로써 복제배아의 도덕적 지위를 부인한다. 하지만 다른 한편으로 쌍둥이화 현상은 복제배아와 체외수정 배아가 도덕적으로 동등한 지위를 지님을 보증해 주는 좋은 사례이다. 왜냐하면 일란성 쌍둥이는 유전적으로 동일하지만 우리가 그 각각에 대해 그 개체성을 충분히 인정하고 있다는 사실은 곧 유전적 독립성이 한 인간의 개체성 확립에 있어서 도덕적인 의미를 지니지 않음을 보여주기 때문이다. 적어도 우리는 논리적 일관성은 유지해야 한다.

여기서 우리는 자연발생하는 쌍둥이화 현상을 철학적 논변에서 어떻게 해석해야 하느냐의 방법론 물음에 봉착하게 된다. 실제로 쌍둥이화 현상은 자연발생에 있어서 0.25%에 불과하다. 논리적인 관점에서 보면 두 가지 해석이 가능하다. 하나는 쌍둥이화 현상을 단지 이론에 대한 하나의 예외로 취급하는 일이다. 즉, "예외 없는 법칙은 존재하지 않는다."라는 말이 있듯이, 쌍둥이화 현상을 "세포의 철저한 미결정성을 보여주는 사례가 아니라 하나의 우연적인 사건"[21]으로 간주하고 자아동일성이 수정 순간부터 확립된

---

21) M. Johnson, "Reflections on Some Recent Catholic Claims for Delayed Hominization", *Theological Studies* 56(1995), p.759.

다는 주장을 우리는 펼 수 있다. 다른 하나는 쌍둥이화 현상을 수정 순간부터 자아동일성이 성립된다는 수정 논증에 대한 좋은 반례로 해석하는 일이다. 즉, 수정 논증은 개별성 논증을 함의하고 있는데, 착상 시 개별성이 확립된다는 것을 쌍둥이화 현상이 보여주기 때문에 수정 논증은 잘못되었다. 어느 해석을 채택해야 하는가? 바로 이 점에 있어서 우리는 생명윤리 물음을 다루는 데 예외적인 사례가 차지하는 역할이 무엇인지 묻지 않을 수 없게 되었다. 이 두 해석 중 어느 한 해석을 선택하는 것 자체는 사실 이성적 정당화가 불가능한 원초적인 초이성적 선택의 물음이다.

그런데 자연에서 하나의 예외적인 현상인 쌍둥이화가 유전공학, 특히 체외수정 의술과 생명복제술의 발달로 일상화되었다는 사실이다. 따라서 우리는 "이론 구성에 있어서 예외가 어떤 역할을 차지하는가?"의 방법론 물음은 적어도 쌍둥이화 현상에는 적용되지 않는다는 결론을 내릴 수 있다. 즉, 필자는 쌍둥이화 현상을 하나의 예외로 취급하는 전략을 채택하지 않는다. 쌍둥이화 현상을 예외가 아닌 일상적 현상으로 받아들이면 다음 두 주장이 귀결된다.[22]

첫째, 유전적 논증은 도덕적으로 의미가 없게 되어, 복제배아와 체외수정 배아는 그 도덕적 지위가 동등하다.

---

22) 체외수정 배아와 복제배아의 구분 못지않게, 잉여배아(surplus embryo)와 연구용 배아(research embryo)의 구분 역시 중요하게 언급되고 있다. 배아를 '만든' 의도에 있어서 이 둘은 구분되나, 존재론적 지위에 있어서는 아무런 차이가 없다. C. A. Tauer, "Embryo Research and Public Policy: A Philosopher's Appraisal", *The Journal of Medicine and Philosophy* 22 (1997), pp.436-438 및 D. S. Davis, "Embryos Created for Research Purposes", *Kennedy Institute of Ethics Journal* 5, no. 4(1995), pp.344-350 참조.

둘째, 배아와 인간 개체 사이에는 개별성이 확립되지 않기 때문에, 복제술에 의한 것이든 체외수정술에 의한 것이든, 모든 배아는 잠재성 논증 적용 대상에서 제외되어 도덕적 지위를 얻을 수 없다.

2) 개별화와 자아동일성 입론

이 두 명제가 이제까지 논의를 통해 얻어진 결론이다. 이제까지 필자는 잠재성 논증과 자아동일성의 관계 및 자아동일성과 수적 동일성 혹은 개별성의 관계를 무비판적으로 받아들여 왔다. 하지만 우리는 자아동일성 입론에 대해 두 가지 질문을 던질 수 있다. 하나는 정말로 잠재성 논증이 성립되기 위해 자아동일성이 필수적으로 요구되는가이고, 다른 하나는 자아동일성이 성립되기 위해 수적 동일성 내지 개별화 요건이 충족되어야 하는가이다. 이 두 물음은 모두 철학적으로 중요한 의미가 있지만, 배아의 존재론적 지위 물음과 관련된 중요한 열쇠는 바로 두 번째 물음이다. 왜냐하면 자아동일성과 개별화의 관계가 필연적인 관계가 아니라면, "잠재성 논증은 자아동일성을 전제한다."라는 주장을 받아들여도, 배아의 존재론적 지위 확보의 길이 열리기 때문이다.

왜 분절 논증 옹호자는 착상과 더불어 일어나는 원시선의 출현에 그렇게 큰 윤리적 의미를 부여하는가? 그 이유는 바로 배아가 지닌 '만능분화 가능성(totipotency)'의 상실 때문이다. 즉, 배아가 착상 시 일란성 쌍둥이로, 즉 두 개체가 될 수 있는 이유는 바로 배아가 만능분화 가능성을 지녔기 때문이다. 만능분화 가능성이란 말 그대로 '무엇으로든지 분화할 수 있는 가능성'을 의미한다. 따라서 배아가 만능분화 가능성을 지녔다는 말은, 배아가 하나의 태아로 혹은 둘 이상의 태아로 심지어는 태반이나 다른 조직이나 신체기관으로 발달할 가능성을 지녔다는 말이다. 만능분화 가능성의 가장 큰 특징은 바로 개별화의 미결정이다. 배아는 착상 시 원시선이 출현함으로써 비로소 만능분화 가능성을 상실하고 특정의 조직이나 세포로 고정되게 된다. 이렇게 분화된 체세포는 다른 세포나 조직으로 분화될 가능성이 상실되어 모든 세포는 일정하게 제한된다. 즉, 착상이 완성되면 배아의 개체성은 확정되고 더 이상의 다른 개체로 분화가 불가능하다.

하지만 복제술은 생물학의 이러한 특성을 무력화시켜 버렸다. 즉, "체세포의 핵을 핵이 제거된 난세포에 주입시킴으로써, 이미 분화가 완료된 체세포를 원시적인, 미분화의, 혹은 전적으로 잠재적인 단계로 되돌려 놓을 수 있는 길이 과학적으로 가능하게 되었다."[23] 비록 과학자의 손에 의해서이지만, 이제 모든 세포는 만능분화 가능성을 지니게 되었다. 다시 말해, 체세포 복제술이 개발되기 이전에는 지금 여기의 '나'는 개별화가 이미 완성되어 수적 자아동일성이 고정되어 있었다. 그러나 체세포 복제술로 인해 '나'의 개별화는 완료형이 아니라 진행형이 되었다. 즉, 엄밀히 말해 지금 여기의 '나'는 여전히 분화 가능하여 개별화의 여지가 남아 있게 되었다. 이제 우리는 체세포 핵이식술이란 복제술이 자아동일성과 개별화의 관계에 대한 어떤 도덕적 의미를 지니는지 고찰할 위치에 이르렀다. 왜냐하면 수정이 아니라 착상에서 개별화가 완성된다는 분절 논증은 배아의 만능분화 가능성에 그 토대를 두고 있는데, 복제술로 인해 그 토대가 무너질 수 있기 때문이다.

사실 복제는 이미 오래 전부터 식물에서는 일상적인 자연현상

---

23) L. S. Cahill, "The Status of Embryo and Policy Discourse", *The Journal of Medicine and Philosophy* 22(1997), p.407.

이다. 예를 들어, 여기 한 그루의 선인장(A)이 있다고 하자. 얼마 후 이 선인장에서 자연발생적으로 또 한 그루의 선인장(B)이 생겨났다. 여기서 시간 개념을 도입하면 분화되기 이전 원래 선인장은 A1로, 그리고 분화된 후의 선인장은 A2로 각각 구분할 수 있다. 이제 이런 현상이 체세포 복제술로 식물뿐 아니라 동물에서도 가능하게 되었다. 선인장 대신 양을 대입해도 우리는 똑같은 결론에 이르게 될 것이다. 한 걸음 더 나아가 양 대신 여성을 대입해도 동일한 논리가 성립된다. 한 예로써, 여성 F를 생각해 보자. 한 여성에게서 체세포를 떼어내 핵을 얻고, 또 그 여성에게서 난세포를 채취하여 체외수정을 시킨 다음 이 여성의 자궁에 착상시켜 한 인간이 태어났다고 하자. 물론 식물의 분화는 자연발생적인 데 반해 양이나 인간의 복제는 인간의 의도적 조작이 개입되었다는 차이점이 있으나, 자아동일성 이론에 있어서 이는 큰 의미가 없다.

이제 이런 사례에 자아동일성이 어떻게 유지되는지 살펴보자. 즉, 이 사례에다 앞에서 논의한 자아동일성 입론을 적용하면 어떤 결론이 얻어지는가? 분명 A2는 B와 다른 개체이다. 그러면 A2는 A1과도 다른 개체인가? A1이 B와 자아동일성이 성립되지 않는다는 데 대해서는 동의할 수 있지만 정말로 A2와 A1 사이에 자아동일성이 성립되지 않는지는 의문이다. 실제로 이런 경우 A2와 A1 사이에는 완전한 자아동일성이 유지된다고 상식인들은 믿고 있다. 이는 분화가 일어나 한 유기체에서 두 유기체가 발생해도 원래 유기체는 후속하는 두 유기체 중 어느 하나와 자아동일성을 유지할 수 있음을, 즉 개체성을 지님을 보여주는 좋은 사례이다. 다시 말해, 어떤 유기체 X가 수적 개체성이 확정되지 않았다고 해서 곧 이로부터 그 유기체는 후속하는 유기체가 될 잠재성을 지니지 않았다는 결론이 귀결되지는 않는다. 실제로 크로스비(J. F.

Crosby)는 이런 예를 들면서, "쌍둥이화를 왜 우리는 한 인간이 두 인간으로 쪼개졌다고만 해석하고, 일종의 '성관계 없는 생식 (asexual reproduction)'의 하나로 간주하지 않느냐."라고 반문하고 있다.24) 한 인간이 두 인간이 되었다고 해석하니까 동일률에 어긋나지만, 성관계 없는 생식으로 받아들이면 한 인간에서 다른 한 인간이 생식된 것으로 받아들일 수 있기 때문이다. 즉, 전배아를 X라 할 경우, X는 할구분할을 통해 Y를 낳을 수도 있다. 체세포 핵이식술이 개발되기 이전에는 이는 하나의 가상적인 반례에 불과하고 실제적인 가능성(real possibility)이 없다고 일축했지만,25) 이제는 그렇지 않음을 보여준다.

물론 복제술에 의한 개별화를 착상에 의한 개별화에 그대로 적용할 수 없다는 반론이 가능하다. 우선 복제술의 경우에는 원본 유기체와 복제된 유기체를 우리가 분명하게 구분할 수 있으나, 착상에 의한 개별화는 그렇지 않다는 지적이 있을 수 있다. 맞는 말이다. 하지만 이런 반론은 인식의 차원과 존재의 차원을 구분하지 못한 소치이다. 즉, 인식의 차원에서 구분되지 않는다고 해서 존재의 차원에서도 구분되지 않는다고 말할 수는 없다. 이는 무지의 오류에 불과하다. 또 두 유기체의 속성 차이를 들 수 있다. 즉, 배아로부터 분화된 일란성 쌍둥이는 그 발생 시간이나 속성이 동일하나, 복제된 유기체는 원본 유기체와 발생 시간이나 속성이 다르기 때문에 동일한 논리가 적용될 수 없다는 반론이다. 이는 현재의 복제술에 따를 경우 설득력 있는 반론이다. 두 유기체의 속성

---

24) J. F. Crosby, "The Personhood of the Human Embryo", *The Journal of Medicine and Philosophy* 18(1993), p.410.

25) J. Porter, "Individuality, Personal Identity, and The Moral Status of the Preembryos: A Response to Mark Johnson", p.768.

차이는 발생 초기 단계의 유기체를 원본으로 이용할 경우 거의 찾아볼 수 없을 것이다.

한 예로써, 태아 세포에서 핵을 추출하여 복제인간을 만들 경우 그 태아와 복제된 태아 사이에는 실제로 속성의 차이가 거의 존재하지 않을 것이다. 생명공학기술이 발달하여 생물체의 발생을 일시 중지할 수 있게 되면 속성의 차이는 물론이거니와 시간의 차이도 의미가 없게 된다. 영화『여섯 번째 날』에서처럼 원본인간의 기억 뇌세포와 신체를 그대로 지닌 한 개체를 복제하는 '동시 복제'가 가능해지면 상황은 더욱더 복잡해진다. 물론 이를 우리는 현실성이 없는 가상 사례에 불과하다고 말할 수 있다. 하지만 이론적으로는 이런 현상이 현실화되어도 자아동일성 논리를 고집하면서 원래 인간의 개체성을 부인할 것인가, 아니면 자아동일성 논리를 포기하고 원래 인간의 개체성을 인정할 것인가?

이런 동시 복제는 아메바와 같은 편형동물에서는 이미 일어나고 있다. 단세포 동물 아메바 X가 세포분열을 통해 A와 B, 둘로 쪼개어졌다고 하자. 그러면 A와 B라는 서로 독립된 두 개체가 존재함은 명백하다. 그러나 이렇게 될 경우, 논리적인 관점에서 보면, X는 A와 B 둘과 동시에 동일한 개체라고 말할 수 없다. 또한 이미 앞에서 논의했듯이, 일란성 쌍둥이의 경우와 마찬가지로, A와 B는 발생 시점이나 그 특성이 동일하기 때문에 X는 둘 중 어느 하나와 동일한 개체라고 말할 수도 없다. 이 경우 원래 존재인 X의 개체성을 부인하기보다는 오히려 X의 개체성과 존재를 인정한 후, 분열 시에 그 X가 존재하기를 그만두었다고 표현하는 것이 자연스러울 것이다.[26]

---

26) 임종식, 「인간배아 실험과 수정 후 14일론에 대한 윤리적 검토」, 전남대학교 법률행정연구소 주최 학술회의 자료집(2000. 7. 11, 전남대 법과대학),

이 논리를 인간배아에 적용하면 배아가 착상 시 일란성 쌍둥이로 분열된다 해도, 이 역시 원래 배아는 죽은 것이 아니라 존재하기를 그만두었다고 말할 수 있다. 여기서 '존재하기를 그만둠'이란 개념을 어떻게 해석하느냐의 물음이 제기된다. 분열을 통해 존재하기를 그만두는 것은 죽음과 동일한 종류의 사건은 아니다. 왜냐하면 이는 죽은 잔존물을 뒤에 남기지 않기 때문이다. 따라서 아메바가 분열할 때, 그 어떤 것도 죽지 않았다고 말할 수 있다. 마찬가지로 배아가 분열하여 일란성 쌍둥이로 되어도 배아가 죽었다고 말할 수는 없고 존재하기를 그만두었다고 말할 수 있다. 하지만 X가 개별화되지 않았기 때문에 원래 존재 X는 아메바가 아니라고 말할 수 있는가? 생물학자들은 분명 최초의 아메바 X 역시 하나의 완전한 개체 아메바라고 말하는 데 이의를 제기하지 않을 것이다. 따라서 우리는 배아가 만능분화 가능성을 지녀 수적 개체성이 확정되지 않았다고 해서, 곧바로 개체성이 성립되지 않는다고 결론을 내리기는 어렵다. 즉, 수적 개체성이 확정되지 않았다는 점에서 배아는, 수적 동일성을 함축하고 있는 '될 잠재성'을 지니지 않는다 할지라도, 여전히 우리는 하나의 개체로 간주할 수 있다.

이처럼 쌍둥이화 현상을 다르게 해석할 가능성은 얼마든지 존재한다.[27] 과학만으로는 도덕적 지위 물음을 해결할 수 없다. 즉, 과학적 사실은 다양한 해석의 여지를 남겨 둔다. 여기서 우리는 중요한 사실을 하나 발견할 수 있다. 그것은 바로 개별화 내지 수적 동일성 요건은 자아동일성이 성립하기 위한 필요조건이 아니

---

p.27.

27) G. Khushf, "Embryo Research: The Ethical Geography of the Debate", *The Journal of Medicine and Philosophy* 22(1997), pp.507-509 참조.

라는 사실이다. 수적 동일성을 자아동일성의 필요조건으로 간주하는 것 자체가 이미 자아동일성에 관한 특정 윤리이론을 전제하는 것이나 다름없다. 자아동일성 개념에서 수적 단일성 기준은 결코 윤리이론 중립적인 절대적 규범이 아니라 특정의 윤리이론에서만 타당한 기준이다. 수적 동일성이 전제된 자아동일성 개념을 변화하는 생명체, 특히 개체 변화를 낳는 생명체에게 일률적으로 적용하는 데에는 문제가 있다고 하겠다. 따라서 복제술은 배아의 도덕적 지위 물음에 관한 기존의 자아동일성 입론이 부당함으로 보여주는 좋은 반례를 제공한다.

4. 맺는 말: 절차적 공정성 ―중첩적 합의를 위하여

그러면 배아는 '사물'과 똑같은 지위를 지니는가? 이제까지 필자는 배아의 존재론적 지위 물음을 다루면서 핵심 개념인 '도덕적 지위' 개념을 반성적으로 고찰하지 않은 채 논의하였다. 여기서 우리는 두 종류의 도덕적 지위를 구분할 수 있다. 섬너(L. W. Sumner)는 도덕적 주체(moral subject)와 도덕적 객체(moral object)라는 개념을 사용하여 구분 설명하고 있다. 그러니까 도덕적 주체는 도덕적 권리와 의무를 모두 지니는 존재이고, 도덕적 객체는 도덕적 권리만 지니는 존재이다. 이 도덕적 객체는 다시 제1객체(primary object)와 제2객체(secondary object)로 구분된다.28) 전자는 그 자체의 속성으로 인해 도덕적 고려의 대상이 되는 존재를 말하며, 후자는 그 자체로는 도덕적 고려의 대상이 되지는 않지만 도덕적 주체나 제1객체와의 관계에 의해 도덕적 고려를 받는 존

---

28) L. W. Sumner, *Abortion and Moral Theory*, p.196.

재를 말한다. 그러니까 유아는 그 자체의 본래적 성질에 의해 제1 도덕적 객체로서 도덕적 지위를 지니는 것이다. 제1 도덕적 객체와 도덕적 주체처럼 그 자체의 속성으로 인해 갖게 되는 도덕적 지위를 우리는 '본래적인 도덕적 지위(intrinsic moral standing)'라고 말할 수 있다.

개체성을 자아동일성의 필요조건으로 삼거나 혹은 잠재성 논증에 반대하는 자들은 단지 배아가 본래적인 도덕적 지위를 지니지 않는다고 주장할 따름이다. 배아는 여전히 제2 도덕적 객체로서 도덕적 지위를 지닐 수 있다. 이를 '본래적인 도덕적 지위(intrinsic moral standing)'와 구분하여 '파생적인 도덕적 지위(conferred moral standing)'라 부를 수 있다.29) 파생적인 도덕적 지위는 어떤 유기체 또는 사물이 갖는 속성 및 그 실재로 인해 그것이 도덕적 주체 및 제1 도덕적 객체와 맺는 관계에 의해 부여되는 도덕적 지위를 말한다. 배아가 일반 사물이나 동물과 동일하게 취급될 수 없는 이유도 여기에 있다. "체세포 핵이식의 완성과 수정을 동일하게 취급할 수 있는가, 즉 복제배아도 정자와 난자의 결합체인 수정란인가?"라는 물음이 제기되는 것은 사실이다. 하지만 복제든 체외수정이든, 배아만이 여성의 자궁에 착상하면 한 인간으로 발달할 수 있는 유일한 생명체라는 사실 역시 우리는 부인할 수 없다. 비록 배아가 한 인간이 '될 잠재성'을 지니지 않았다 해도, 배아 외의 그 어느 실재도 인간을 산출할 잠재성을 지니고 있지 않다. 그리고 우리 모두는 이 배아로부터 발달하였다. 즉, "배아는 살아 있으며, 인간게놈을 지니며, 나아가 인간 발달 프로그램이다."30) 이런 점에 있어서 배아는 독특한 그리고 가장 높은 수준의

29) C. Strong, "The Moral Status of Preembryos, Embryos, Fetuses, and Infants", *The Journal of Medicine and Philosophy* 22(1997), p.459.

파생적인 도덕적 지위를 지닌다. 배아의 파생적인 도덕적 지위는 서두에서 언급한 배아복제에 반대하는 도덕적 요소들을 고려하여 결정되어야 할 것이다.

윤리학적인 합의가 이루어지지 않았다고 해서 정책적 혹은 법률적 차원의 합의 역시 불가능하다는 결론을 내려서는 안 될 것이다. 특히 배아복제의 허용 여부에 대한 정책이나 법률의 제정 물음은 이러한 철학적 고려사항뿐 아니라 한 걸음 더 나아가 절차적 공정성에 의해 결정되는 것이 바람직할 것이다. 즉, 현재 인구에 회자되고 있는 대부분의 생명윤리 물음들에 관한 정책이나 법률은 그 내용에 의해서는 정당성을 확보하기 어렵다. 왜냐하면 생명윤리 물음들에 대한 윤리적 입장들은 서로 다른 세계관 내지 포괄적 도덕이론에 그 토대를 두기 때문이다. 우리는 '합당한 다원주의(reasonable pluralism)' 사회에 살고 있다.31) 그래서 매킨타이어(A. MacIntyre)가 말한 대로, "현대사회에서 도덕적 합의를 얻을 수 있는 합리적인 방법은 없어 보인다."32) 그럼에도 불구하고 우리는 생명윤리 물음에 대한 정책이나 법률을 필요로 한다. "무위 역시 행위의 일종이다."라는 말이 있듯이, 정부가 배아복제에 대해 적극적인 어떤 정책이나 제도를 마련하지 않는 것 자체가 하나의 정책이기 때문이다.33) 실제로 생명윤리에 관한 다양한 입장들이 난무한다고 해서 정부가 제도 마련에 소홀히 한다면, 앞에서

---

30) T. A. Shannon, "Fetal Status: Sources and Implication", p.420.

31) J. Rawls, *Political Liberalism*(New York: Columbia University Press, 1993), p.144 참조.

32) A. MacIntyre, *After Virtue*, 2nd ed.(Notre Dame: University of Notre Dame Press, 1984). p.6.

33) P. A. King, "Embryo Research: The Challenge for Public Policy", *The Journal of Medicine and Philosophy* 22(1997), p.445.

언급한 복제배아의 독특한 특성으로 인해 더 큰 해악이 발생할 수도 있다.

따라서 배아복제에 관한 정책이나 법률 제정은 "생명윤리학을 벗어나서 정치철학 및 절차적 해결책으로 방향을 돌려(look outside bioethics toward political philosophy and a procedural solution)"[34] 고찰하는 것이 바람직할 것이다. "법은 도덕의 최소한이다."라는 말이 있듯이, 윤리적 합의가 이루어진 부분에 대해서는 그 윤리성에 근거하여 법률이 제정되고 정책이 입안되어야 할 것이다. 그러나 윤리적 합의가 이루어지지 않은 분야에서는, 어떤 정책이나 법률이 절차적 공정성이 확보된 가운데 제정되었다면, 우리는 그 정책이나 법률을 수용하는 것이 현실적인 대안이다. 여기서 존 롤즈가 말하는 중첩적 합의(overlapping consensus) 개념이 도움이 될 것이다. 즉, 시민들이 비록 합당하지만 서로 양립 불가능한 포괄적 교설들(resonable but opposing comprehensive doctrines)을 지니고 있다 하더라도, 정치적 영역에서 특정의 정의관에 합의하게 된다는 것이 롤즈의 중첩적 합의의 이념이다.[35] 물론 이런 중첩적 합의가 가능한가, 또 이런 합의는 잠정협정에 불과하지 않은가 등의 여러 물음이 가능하지만, 배아복제와 같은 생명윤리 물음 역시 이런 중첩적 합의의 가능성을 배제할 경우 합리적인 해결책이 불가능하다. 왜냐하면 배아가 인간인가, 배아복제가 자연의 질서에 반하는가 등의 물음은 과학의 물음이 아니라 형이상학의 물음이요, 세계관의 물음으로써 어느 한 입장이 다른 입장에

---

34) R. A. Charo, "The Hunting of the Snark: The Moral Status of Embryos, Right-to-lifers, and the Third World Women", *Stanford Law and Policy Review* 6(1995), p.12. 여기서는 C. A. Tauer, "Embryo Research and Public Policy: A Philosopher's Appraisal", p.432에서 인용.

35) J. Rawls, *Political Liberalism*, pp.38-39 참조.

비해 합당하다는 것을 논리적 혹은 경험적으로 입증할 길이 없기 때문이다. 따라서 '제도가 없음' 역시 하나의 제도임을 염두에 두고, 중첩적 합의의 가능성을 믿고 절차적 공정성을 확보하면서 배아복제 물음을 풀어 나가야 할 것이다.

2장 인간 개체 복제의 윤리

1. 들어가는 말: 과학의 논리와 윤리학의 역할

과학적으로 검증된 바는 없지만, '이브'의 탄생으로 인간복제의 현실화에 대한 우려의 목소리가 높아지고 있다. 하지만 이는 체세포 핵이식이란 새로운 복제술에 의해 돌리가 탄생될 때 이미 예고된 바이다. 돌리 탄생 소식을 듣자마자 미국의 상원의원 톰 하킨(Tom Harkin)은, 과학이 새로운 지식을 향해 그 발걸음을 내딛기 시작하면, 그 발걸음을 막을 수 있는 길은 없다고 토로한 바 있다. 이로 인해 '하키니즘(Harkinism)'이란 신조어가 생겨났다.[1] 즉, 생의학은 그 자신의 내부 힘에 의해 진보하기 때문에, 윤리에 의해 그 발전을 멈추거나 발전 형태를 변화시키지 않는다. 생명복제에 대한 윤리적 반대가 끊임없이 제기되고, 심지어 법적으로 규제하

---

1) A. L. Caplan, "If Ethics Won't Work Here, Where?", G. McGee, ed., *The Human Cloning Debate*(Berkeley California: Berkeley Hulls Books, 1998), p.86 참조.

고 있지만 과학은 이에 아랑곳하지 않고 '과학의 길'을 걸어가고 있을 따름이다. 다시 말해, 과학기술은 "할 수 있으면 해도 좋다."는 명령에 따라 움직인다. '신학의 시녀'에서 '과학의 시녀'로 전락한 철학이 과연 이러한 과학의 전횡 앞에 무엇을 할 수 있는가? 철학의 한 분야로 윤리학은 이러한 과학의 기세에 짓눌려 단지 참새처럼 재잘거리기만 할 뿐 아무런 영향력을 행사하지 못한다는 회의론이 일어남직하다. 우리는 이미 정보기술의 발달로 인해 '윤리 지체(ethics lag)' 현상을 실제로 경험하지 않았는가? 이는 생명공학의 경우에도 예외가 아니며, 인간복제의 경우에도 예외가 아니다.

과학이 획기적인 발견을 이룩하여 그 길을 걸어가기 시작하면, 그 어떤 것도 이러한 과학의 발전을 가로막을 수 없다. 이렇게 되면 우리는 숙명론에 빠질 수밖에 없고, 과학에 대한 윤리학적 담론은 회의에 빠지게 된다. 물론 윤리학이 과학의 발전을 멈추게 하거나 혹은 그 방향을 수정하게 한 획기적인 사례 또한 과학사에서 찾아보기 어렵다. 하지만 윤리학이 과학에 미친 영향은 진화론적인 변화 과정을 탐지하는 것과 유사하다. 즉, 진화는 아주 느리게 진행되기 때문에 쉽게 눈에 띄지 않듯이, 윤리학의 영향 역시 아주 느리게 영향을 미친다고 볼 수 있다. 하지만 그 영향의 힘을 과소평가해서는 안 된다. 우리가 평상시에는 공기나 중력의 영향력을 거의 느끼지 못하나, 그것이 없을 때는 절실하게 깨닫지 않는가? 마찬가지로 윤리학 역시 그것이 없을 때 비로소 우리는 그 힘과 역할을 확연하게 깨닫게 된다.[2] 제2차 세계대전 당시 공중보건이나 유명한 과학자에 의해 이루어진 비인간적인 인체실험이

---

2) Ibid., p.88.

이를 잘 말해 주지 않는가?

과학기술 및 사회의 변화로 인해 문화 지체 현상이 불가피하듯이, 윤리 지체 현상 역시 불가피하다. 윤리학적 담론은 그 지체의 간격을 줄여 주어 사회적 안정의 실현에 기여하게 된다. 그렇다고 윤리학적 담론이 언제나 과학의 발전에 대해 시비를 거는 '과학의 반항아'는 아니다. 윤리학적 담론은 비판적 논의를 통해 새로운 과학기술의 발전에 대한 상식인들의 일상적인 염려가 터무니없음을 밝혀 주어 때로 과학의 장애물을 제거해 주기도 한다. 윤리학은 크레타 섬 미궁에 갇힌 다이달로스가 탈출을 시도하면서 그 아들 이카로스에게 한 "너무 높이도 날지 말고 너무 낮게도 날지 말라."라는 충고를 겸허하게 받아들여 과학에 대해 때로는 브레이크의 역할을, 또 때로는 액셀러레이터의 역할을 함께 감당한다.

2. 복제인간의 개체동일성과 개성

복제기술에는 배아 분할 복제와 체세포 핵이식 복제가 있고 또 생명복제 역시 여러 유형이 있지만, 여기서는 생식을 목적으로 한 인간 개체 복제에 국한하여 논의하고자 한다.3) 인간복제에 관한 도덕적 찬반 논쟁은 크게 두 가지 물음에 초점이 맞추어져 있다.4) 하나는 인간복제가 기본적인 도덕적 권리 내지 인권을 침해하는가의 물음이고, 다른 하나는 인간복제가 개인 및 사회에 미치는

---

3) 생명복제의 유형별 분류 및 동물복제에 관해서는 김상득, 『생명의료윤리학』(철학과현실사, 2000), pp.104-111을 참조하라. 그리고 배아복제의 윤리에 관해서는 1장 「배아복제의 윤리」를 참조하라.

4) D. Brock, "Cloning Human Beings: An Assessment of the Ethical Issues Pro and Con", M. C. Nussbaum & C. R. Sunstein, eds., *Clones and Clones*(New York: W. W. Norton & Company, Inc., 1998), p.141.

해악과 혜택에 관한 물음이다. 그러니까 옹호론자와 반대론자는 이 각각의 물음에 대해 윤리적으로 서로 다르게 평가하고 있다. 이 두 가지 물음을 차례대로 논의할 수 있다. 하지만 자연법이나 도덕적 직관 혹은 종교적 입장을 견지하지 않고서는 인간복제가 개인의 도덕적 권리 내지 인권을 침해하는지의 물음은 사실상 논증 불가능하다. 왜냐하면 복제 옹호론자나 반대론자 모두 기본적인 도덕적 권리 내지 인권이 존재한다는 윤리 원칙에는 동의하지만 그 구체적인 도덕 규칙 내지 외연에 대해서 해석을 달리하고 있기 때문이다. 즉, 이 두 물음은 본질적으로 구분되는 것이 아니라 서로 얽혀 있으며, 전자의 물음은 후자의 물음에 따라 달라질 수밖에 없다. 그래서 필자는 미 국가생명윤리자문위원회가 인간복제와 관련하여 제기한 네 가지 윤리적 문제를 중심으로 논의하고자 한다. 그 네 가지 문제란 바로 개성과 자율성, 가족 정체성(family integrity), 자녀의 대상화(treating children as object), 그리고 안전성 등이다.[5]

물론 일부에서는 안전성 물음과 상관없이 인간복제를 옹호하기도 하지만,[6] 악행 금지 원칙에 따를 경우 안전성 물음이 해결되지 않으면, 인간복제는 옹호되기 어려워 보인다.[7] 안전성 물음 역시 윤리적으로 중요하지만 여기서는 일단 인간복제가 안전하다고 가정하고 논의를 전개하고자 한다. 즉, 다른 보조생식술과 마찬가지

---

5) R. Lewontin, "The Confusion over Cloning", G. McGee, ed., *The Human Cloning Debate*, p.129 참조.

6) R. F. Chadwick, "Cloning", *Philosophy* 57(1982), pp.201-209 및 J. A. Robertson, "The Question of Human Cloning", *Hasting Center Report* 24 (1994), pp.6-14 참조.

7) 안전성에 관한 자세한 논의는 정광수,「인간 개체 복제에 대한 윤리적 검토」,『과학철학』제4권 1호(2001, 봄), pp.78-79를 참조하라.

로 인간복제 기술을 이용하여 건강한 아이를 출산할 수 있다고 할 경우, 왜 우리는 인간복제에 윤리적으로 반대하는가? 이러한 문제 제기 속에는 이미 각 개인은 생식의 자유(reproductive liberty)를 지닌다는 전제가 함축되어 있다. 체외수정을 비롯한 각종 생식의 술은 비록 불임 문제 자체를 치료해 주지는 않지만, 자녀 출산을 적극적으로 도와주는 보조생식술로 이미 널리 인정받고 있다. 비배우자 간 인공수정이나 대리모에 관한 윤리적 찬반 논쟁이 제기되고 있지만, 배우자 간 인공수정에 대해서는 배아 파괴의 물음을 제외하고는 그 시술 방식이 어떠하든 간에, 별다른 윤리적 반론이 제기되지 않는다. 그래서 일부에서는 생식에 사용되는 핵과 난세포 및 자궁이 배우자에게서 얻어지는 경우, 인간복제 기술을 보조생식술의 하나로 간주할 것을 제안한다. 즉, 배우자 간 인간복제는 생식의 자유에 속한다. 물론 인간복제를 보조생식술로 보기가 어려운 특성이 있다. 기존의 모든 보조생식술은 정자와 난자의 만남 내지는 태아의 성장을 도와주는 의술이다. 하지만 인간복제는 정자와 난자의 만남을 도와주는 것이 아니라 새로운 배아를 형성하는 의술이다. 하지만 자녀 출산을 돕는다는 넓은 의미에서 보면 인간복제 역시 보조생식술의 하나로 간주될 수 있다. 이러한 관점에서 윌슨(J. Q. Wilson)은 결혼한 두 부부가 인간복제를 통해 아이를 출산하여 공동으로 양육 책임을 지는 경우 인간복제는 입양에 대한 좋은 대안이 될 수 있다고 주장한다.8) 실제로 인간복제 기술은 체외수정술의 한 특별한 유형으로 볼 수 있다. 왜냐하면 배아를 형성하는 과정을 제외하고는 체외수정술이나 인간복제술

---

8) J. Q. Wilson, "The Paradox of Cloning", L. R. Kass & J. Q. Wilson, *The Ethics of Human Cloning*(Washington, D.C.: The AEI Press, 1998), pp.71-73.

은 그 과정이 동일하기 때문이다.

생식의 자유에 근거한 인간 개체 복제 옹호론을 하나의 논변으로 구성하면 다음과 같다. 이것을 우리는 '생식의 자유 논변(the argument from reproductive freedom)'이라 부를 수 있다.

(1) 타인에게 해악을 끼치지 않는 한 자유의 행사는 윤리적으로 옳다.
(2) 인간은 생식의 자유를 지닌다.
(3) 체외수정 이용은 생식의 자유 행사이다.
(4) 따라서 타인에게 해악을 끼치지 않는 한 체외수정 이용은 윤리적으로 옳다.
(5) 인간복제는 체외수정의 한 유형에 불과하다.
(6) 따라서 타인에게 해악을 끼치지 않는 한 인간복제 이용은 윤리적으로 옳다.

이는 논리적으로 타당한 논변이다. 일단 인간은 생식의 자유를 지닌다는 전제 (2)를 받아들이자. 한 가지 조건을 단다면 생식의 자유 역시 절대적이지 않고 조건부적(prima facie)이라는 점이다. 이는 전제 (1)이 함축하고 있는 바이다. 조건부적 자유이기에 생식의 자유 역시 '타인에게 해악을 끼치는 경우'에는 그 행사가 윤리적으로 그르게 된다. 물론 체외수정에도 여러 유형이 있지만 여기서는 제삼자의 개입이 없는 배우자 간 체외수정에 국한하자. 이러한 형태의 체외수정은 이미 생식의 자유 측면에서 널리 사용되고 있다. 이렇게 되면 위의 논증에서 결정적으로 중요한 전제는 (5)이다. 실제로 인간복제 옹호자와 반대자 사이의 핵심적인 논쟁 사항 역시 전제 (5)이다.

윤리학은 사실이 아니라 가치를, 존재가 아니라 당위를 다룬다. 하지만 윤리학이 추구하는 가치나 당위는 사실이나 존재와 어긋나서는 안 된다. 즉, 체외수정과 인간복제에 관한 생물학적 사실을 면밀히 분석함으로써, 체외수정은 인정하지만 인간복제에 대해서는 반감을 갖는 것이 과연 정당한지의 물음을 살펴볼 필요가 있다. 일단 동기의 요소를 배제하고, 그 과정과 결과의 관점에서 이 둘을 비교해 보자. 배아가 형성되는 측면을 제외한 나머지 과정은 둘 다 동일하다. 즉, 체외수정의 경우 배아는 정자와 난자의 수정에 의해 만들어지는 반면에, 인간복제의 경우 배아는 이러한 수정 과정이 생략되고 대신 어느 한쪽 세포에서 핵을 추출하여 핵이 제거된 난세포에 주입시켜 만들어진다. 그 결과로 체외수정된 배아는 부모 양쪽으로부터 유전자를 물려받는 반면에, 복제된 배아는 어느 한쪽 부모로부터만 유전자를 물려받는다. 체외수정은 유성생식인 반면에, 인간복제는 무성생식이다. 두 의술 모두 인간 생명체의 탄생에 인간이 의도적으로 적극 개입하고 있다. 따라서 인간 생명의 탄생은 신의 고유 영역에 속한다고 전제하고, 체외수정은 받아들이면서 인간복제에 대해서만 신의 고유 영역을 침범한 '하나님 놀이(playing God)'라고 비난하는 것은 공평하지 못한 처사이다.

따라서 우리는 과정이 아니라 결과의 측면에서 체외수정과 인간복제가 어떤 차이를 보여주는지를 물어야 한다. 체외수정을 통해 출생한 인간 존재는 자연적으로 태어난 인간 존재와 아무런 존재론적 차이가 없다. 그러면 복제인간은 어떠한가? 복제인간의 유전자는 핵을 제공한 '원본인간'과 그 유전자가 동일하다. 인간복제에 관한 찬반 논쟁은 이 생물학적 사실에 관한 의미 해석의 차이라 해도 과언이 아니다. 유전자의 동일성으로 인해 제기되는 대표적인 철학적 문제가 바로 개체동일성(personal identity) 및 개성 (individuality)의 물음이다.[9] 즉, 복제는 개체동일성과 개성에 중대한 위협을 가한다고 복제 반대론자는 주장한다.[10] 복제인간은 원본인간과 동일한 개체인가, 아니면 독립된 자아정체성을 지니는가? 복제인간은 원본인간과 동일한 개성을 지니는가, 아니면 독립된 고유한 개성을 지니는가? 개체동일성의 기준에 따라 그 답이 달라질 수도 있다.[11] 예를 들어, 영혼의 동일성에 의거한 이론에 따르면, 동일한 영혼을 지닐 경우 복제인간은 원본인간과 동일한 개체가 된다. 반면에 육체의 동일성에 의거한 이론에 따를 경우 복제인간은 독립된 개체가 된다. 그러나 우리의 상식적 직관은 원본인간과 시공간을 달리하면서 존재하는 복제인간이 하나의 독립된 개체임을 결코 부인하지 않는다. 동일한 유전자를 지닌 일란성 쌍둥이는 분명 서로 독립된 개체이기 때문이다. 인간복제는 엄밀한 의미로 말하면 유전자 복제에 불과하고, 유전자가 같다고 해서 서로 동일한 개체라고 말할 수는 없다.

그러면 복제인간의 개성은 어떠한가? 우리는 합당한 다원주의 시대에 살고 있으며, 개성의 다양성이 존중받는 사회에 살고 있다.

---

9) 이에 관해서는 다음 논문을 참조하라. 김영정, 「유전자 복제와 인간의 정체성」, 『철학과 현실』 39호(1998), pp.30-45; 김선희, 「복제인간과 인격의 문제」, 『철학연구』 제49집(2000, 여름), pp.253-272; 손병홍, 「인간복제와 개인동일성」, 『과학철학』 제4권 1호(2001, 봄), pp.95-118.

10) L. R. Kass, "The Wisdom of Repugnance", L. R. Kass & J. Q. Wilson, *The Ethics of Human Cloning*, p.33; G. J. Annas, "The Prospect of Human Cloning", J. M. Humber & R. F. Almeder, *Human Cloning*(New Jersey: Humana Press, 1998), p.54.

11) 이제까지 철학사에 나타난 개체동일성의 기준은 크게 다음 다섯 가지이다. ① 영혼의 동일성, ② 육체의 동일성, ③ 두뇌의 동일성, ④ 심리적 연속성, ⑤ 육체적 기준과 심리적 기준의 혼합. 이에 관한 자세한 논의는 손병홍, 「인간복제와 개인동일성」, pp.104-112를 참조하라.

"개성의 발달과 비례해서 각 개인은 자신에게 더욱 가치 있는 존재가 되고, 나아가 타인에게도 더욱 가치 있는 존재가 될 수 있다."[12] 불임 부부의 입장에서 보면 인간복제 행위는 개인의 자율적 행위이다. 문제는 복제하는 자가 아니라 복제인간의 개성이다. 일부 학자는 모든 인간은 개성의 권리를 지니는데 인간복제가 이러한 권리를 침해하기 때문에 윤리적으로 그르다는 논변을 펴고 있다.[13] 복제인간이 고유한 개성을 지니는가, 그렇지 않은가의 물음은 의미가 없다. 왜냐하면 환경과 유전자의 상호작용에 의해 개성이 형성되기 때문에 유전자가 동일하다고 해서 개성이 동일하다는 결론은 귀결되지 않기 때문이다. 개성은 일종의 '속성 집합' 개념이다. 그렇기 때문에 두 개인의 모든 속성이 백 퍼센트 똑같은 경우는 현실적으로 불가능하다. 이런 의미에서 개성은 정도(degree)의 문제이다. 따라서 오히려 의미 있는 물음은 "유전자의 동일성이 개성에 어떤 영향을 미치는가?"이다. 이 물음에 답하자면 우선 한 인간의 개성을 결정짓는 요소가 무엇인지의 물음이 해명되어야 한다. 신학적 관점을 배제한다면, 즉 영혼의 존재를 배제할 경우, 한 인간의 개성은 정신적 요소와 신체적 요소의 조합에 의해 결정된다. 유전자 결정론은 참이 아니지만, 일란성 쌍둥이에서 볼 수 있듯이, 유전자의 동일성은 곧 신체적 외형의 동일성을 낳는다. 따라서 적어도 신체적 요소에 있어서 원본인간은 자연인간에 비해 그 개성이 중대하게 손상을 입게 된다. 그러면 정신적 측면에서는 어떠한가? 정신적 기질의 형성에 미치는 유전자의 영향을 과대평가해서는 안 되지만, 다른 한편으로 우리는 그

---

12) J. S. Mill, *On Liberty, in Utilitarianism, Liberty, and Representative Government*(New York: Everyman's Library, 1950), p.161.

13) R. F. Chadwick, "Cloning", p.204.

영향을 과소평가해서도 안 된다. 물론 한 개인의 세부적인 정신적 기질은 오랜 시간에 걸쳐 유전자와 환경의 상호작용에 의해 완성된다. 하지만 인간 기질이 발현될 수 있는 가능성의 범위(a range of possibility)를 한정 내지 결정해 주는 요소가 다름 아닌 유전자이다.[14] 따라서 복제인간은 자연인간에 비해 정신적 기질을 개성있게 발현하는 데 있어서 상당한 제약을 받고 있다고 우리는 말할 수 있다. 이러한 사실은 일란성 쌍둥이에 관한 연구를 통해 확인할 수 있다. 110쌍의 일란성 쌍둥이와 130쌍의 이란성 쌍둥이를 대상으로 유전자가 인지적 능력에 미치는 영향을 비교 조사한 1997년의 한 연구는, 우리의 예상과는 달리, 나이를 먹어 감에 따라 유전자의 영향이 더 증가함을 보여준다.[15] "복제된 후세인은 아버지 후세인과 상당히 비슷한 IQ를 지니고 심지어 개성조차도 아버지를 빼닮을 확률이 약 50% 정도이다."[16] 요약하면, 복제인간은 자연인간에 비해 그 '부모'(?)의 개성을 닮을 개연성이 훨씬 더 높다.

3. 복제인간의 자율성과 상품화

개성의 문제와 연관되어 제기되는 또 다른 물음은 복제인간의 자율성 훼손 물음이다. 인간복제에 반대하면서 그 논거로 제시하

---

14) R. Cole-Turner, "At the Beginning", R. Cole-Turner, ed., *Human Cloning: Religious Perspectives*(Louisville: Westminster John Knox Press, 1997), p.123.

15) G. E. McClearn, et al., "Substantial Genetic Influence on Cognitive Abilities in Twins 80 or More Years Old", *Science* 275(1997), pp.1560-1563. R. Cole-Turner, "At the Beginning", p.123에서 재인용.

16) J. Q. Wilson, "The Paradox of Cloning", p.66.

는 요나스(H. Jonas)의 '자신의 미래에 대한 무지의 권리(a right to ignorance about one's future)'나 파인버그(J. Feinberg)의 '열린 미래에의 권리(a right to an open future)' 역시 모두 복제인간의 자율성 훼손을 문제 삼고 있다.17) 이들에 따르면 각 개인의 미래는 그 당사자뿐 아니라 어느 누구에게도 알려지지 않은, 그래서 개방적으로, 각 개인이 자율적으로 자기 인생을 설계해 나갈 수 있어야 한다. 즉, 각 개인은 자신의 미래에 대해 아무도 모를 혹은 자신의 미래가 개방적이어야 할 권리를 지니는데, 인간복제는 이 권리를 침해한다는 것이다. 하버마스(J. Habermas) 역시 노예제도에 비유하여 체세포 핵이식을 통해 복제된 인간은 자유를 상실한다는 우려를 표명하고 있다.18) 왜 자연인간은 그렇지 않은데 복제인간은 미래가 개방되어 있지 못하는가? 그 이유는 복제인간과 자연인간의 차이 즉, 유전자 복제에서 찾을 수밖에 없다. 다시 말해, 복제하는 자가 복제될 인간의 유전적 암호를 계획적으로 확정하였으며, 이미 그 유전자에 따라 살아온 삶의 전형이 존재하기 때문이다.

인간복제에 관한 이러한 반론에는 두 가지 전제가 가정되어 있다. 하나는 복제하는 자가 복제인간의 유전자를 결정한다는 명제이고, 다른 하나는 유전자를 제삼자가 결정할 경우 개인의 자율성

17) H. Jonas, *Philosophical Essay: From Ancient Creed to Technological Man*(Englewood Cliffs, NJ: Prentice-Hall, 1974), pp.151-155 및 J. Feinberg, "The Child's Right to an Open Future", W. Aiken & H. LaFollette, eds., *Whose Child? Children's Right, Parental Authority, and State Power*(Totowa, NJ: Rowman and Littlefield, 1980) 참조.

18) J. Habermas, "Sklavenherrschaft der Gene. Moralische Grenzen des Fort-schritts", *Suddeutsche Zeitung*, 1998. 1, 17/8, p.13. 구인회, 『생명윤리의 철학』(철학과현실사, 2002), p.170에서 재인용.

이 훼손된다는 명제이다. 먼저 첫 번째 명제부터 살펴보자. 과연 인간복제의 경우 복제자가 복제인간의 유전자를 결정하는가? 이 물음에 답하기 위해 인간복제를 유형별로 분류해 보자. 일반적으로 인간복제는 복제할 DNA를 어디에서 얻느냐에 따라 네 유형으로 분류될 수 있다.[19] ① 부부의 배아, ② 이미 현존하는 자녀, ③ 부부 이외의 제삼자, 그리고 ④ 부부 중 어느 한쪽. 이 모든 경우 복제자가 복제인간의 유전자를 결정함은 사실이다. 그러나 이는 복제자가 복제인간의 유전자를 결정하는 것이 아니라 다만 선택할 따름이다. 그것도 각각의 경우 유전자 선택의 정도가 다르다. 아마 ③의 경우에 유전자 선택의 폭이 가장 넓을 것이다. 이런 유형의 유전자 선택은 이미 체외수정에서 일상적으로 일어나고 있다. 즉, 착상 전 산전 진단을 통해 체외수정된 배아의 유전자를 검사하고, 필요한 유전자를 가진 배아를 부모나 의사가 선택한다. 하지만 선택 역시 결정의 외연에 속한다고 볼 수 있기 때문에 일단 "복제하는 자가 복제인간의 유전자를 결정한다."는 첫 번째 전제는 받아들이자. 즉, 우리는 생명을 창조할 수는 없지만, 인간 존재의 유전적 정체성(genetic identity)을 결정할 수 있게 되었다.[20]

그러면 두 번째 전제는 어떠한가? 즉, 왜 유전자 결정이 복제인간의 자율성을 훼손하는가? 여기에는 세 가지 요소가 관련되어 있다. 첫째는 유전자의 동일성이고, 둘째는 복제자의 의도적 요소이며, 그리고 마지막 세 번째는 복제인간의 부담이다. 그러니까

19) J. Robertson, "Cloning as a Reproductive Right", G. McGee, ed., *The Human Cloning Debate*, pp.72-78.

20) H. O. Toefel, "Human Cloning in Ethical Perspectives", J. M. Humber & R. F. Almeder, *Human Cloning*, p.199.

첫 번째 요소는 이미 복제인간과 동일한 유전자를 지닌 개인의 삶이 어떠한지 밝혀져 있다는 점이다. 미래에 대한 무지나 미래에의 개방성이 보장되지 않는다는 요나스나 파인버그의 염려는 바로 이 점을 지적하고 있는 셈이다. 그러나 이러한 비판은 ③과 ④의 경우에는 적용되나, ①과 ②의 경우에는 적용되기 어렵다. 왜냐하면 동일 유전자가 살아온 삶의 전형이 ③과 ④의 경우에는 이미 존재하나, ①과 ②의 경우에는 존재하지 않기 때문이다. ①의 경우 복제인간의 유전자는 부부의 배아와 동일하게 된다. 아직 자궁에 착상되어 한 인간으로 출생하지 않았다면 이렇게 태어난 아이는 넓게 해석하면 복제된 유전자가 아니라 독특한 새로운 유전자를 지니게 된다. 즉, ①의 경우 복제인간은 그 기술적 과정을 제외하고는 자연인간과 동일하다. ②의 경우는 다시 두 가지 사례, 즉 생존하는 자녀의 DNA를 이용하는 경우와 죽은 자녀의 DNA를 이용하는 경우로 분류될 수 있다. 자녀가 자기 나름의 고유한 삶을 영위하기 이전 어린 나이에 죽었다면 복제인간은 선행하는 삶의 전형을 지니지 않는다. 생존하는 자녀 복제의 경우, 복제인간은 자신과 동일한 유전자를 지닌 형 혹은 언니의 삶의 전형이 이미 완성된 형태로가 아니라 미완성 형태로만 지니게 된다.

그러면 유전자가 동일하다고 해서 복제인간이 앞선 원본인간의 삶의 전형에 따라 살아간다고 주장할 수 있는 근거는 무엇인가? 유전자 결정론을 부정할 경우, 어떻게 유전자가 동일하다고 미래 삶이 개방되지 않고 폐쇄되었다고 말할 수 있는가? 복제 반대론자들은 복제자의 의도와 복제인간의 부담을 그 이유로 제시한다. "특별한 종류의 사람, 즉 그 인생의 표준이 외부에서 강요받는 사람을 만들어 내겠다는 소망 하에서 이루어진다면, 인간복제는 도덕적으로 혐오스럽다. 그 이유는 생물학적인 수선 작업이기 때문이 아니라 이러한 인간복제는 인간 자율성에 대한 또 다른 방식의 침해를 낳기 때문이다."21) 이상적 인간상을 염두에 두고 의도적으로 인간을 복제한다면 자율적인 행위자로서의 복제인간의 도덕적 지위는 상당히 위축받게 되고, 나아가 그 의도대로 살아야 한다는 심리적 부담감을 크게 느낄 것이다. 일부 학자는 인간복제에는 이런 복제자의 의도가 전제되어 있기 때문에 본래적으로 전제적이라고 주장한다.22) "정확히 말해 인간 존재는 우리가 무엇인가 (what we are)에 의해 형성된다. 하지만 복제출산의 경우, 우리가 무엇인가가 아니라 **우리가 의도하고 계획하는 것이 무엇인가** (what we intend and design)에 의해 인간 존재가 이 세상에 태어나게 된다."23) 특별한 종류의 사람을 만들어 내려는 목적으로 인간복제를 시도한다면, 우리는 분명 도덕적으로 이에 저항해야 한다.

과연 복제자는 어떤 의도를 갖고 복제 자녀를 얻고자 하는가? 인간을 복제하는 동기는 크게 두 가지이다. 하나는 유전적으로 연관된 자녀를 얻고자 함이요, 다른 하나는 특별한 재능을 가진 아이를 얻고자 함이다.24) 위에서 ③의 경우는 우생학적 동기가 우세한 반면에, 그 밖의 세 경우 그 동기는 유전적으로 연관된 자녀를 갖고자 함이다. 즉, 분명 ③의 경우에서 제삼자의 핵을 이용하여 복제하는 경우 복제자의 가치관 내지 의도에 따라 유전자가 선택될 개연성이 농후하다. 하지만 다른 경우에는 현실적으로 이런

---

21) P. Kitcher, "Life After Dolly", G. McGee, ed., *The Human Cloning Debate*, p.117.

22) L. R. Kass, "The Wisdom of Repugnance", pp.39-42.

23) Ibid., p.39. 강조는 필자가 붙임.

24) M. Bayles, *Reproductive Ethics*(Englewood Cliffs, NJ: Prentice-Hall, Inc., 1984), p.117.

우생학적인 인간복제 시도는 거의 찾아보기 어렵다. 예를 들어, 남편을 잃은 과부가 하나밖에 없는 코마 상태의 딸이나 죽은 자녀를 복제하는 경우 혹은 레즈비언 부부가 사랑하는 자녀를 복제하고자 하는 경우, 우리는 복제자의 우생학적인 의도나 기대를 발견하기 어렵다.[25] "인간복제를 원하는 사람들의 주된 관심은 그들 자신과 유전적으로 연관을 갖는 2세 생산이지 우생학적 맥락이 아닐 것이다."[26] 따라서 ③의 경우를 제외하고는 복제자가 복제 자녀에게 특별히 계획된 표준에 따른 삶을 기대하고 있지 않다고 우리는 말할 수 있다. 원본인간의 삶의 전형이 존재하고 또 사람들이 복제인간의 삶을 그의 타자아(alter ego)와 항상 비교한다[27]할지라도, 복제자가 ③의 경우와 같이 특별한 의도를 갖지 않는 한, 복제인간은 얼마든지 비판적 사유를 통해 자신의 삶을 자율적으로 이끌어 갈 수 있을 것이다. 한 걸음 더 나아가 ③의 경우와 같이 인간의 의도와 계획이 개입된 경우에도 우리는 복제인간의 자율성을 얼마든지 주장할 수 있다. 유전자 결정론이 참이 아니기 때문에, 복제출산이든 자연출산이든 일단 태어난 생명체는 그 자체로 자율성을 지니게 된다. 그래서 복제자의 의도를 비판적으로 수용 혹은 거부할 수 있는 도덕적 능력을 복제인간은 충분히 지닐 수 있다. 실제로 자연출산 인간도 부모의 기대에 따라 엄청난 부담감을 느끼지만 자율적으로 삶을 영위하지 않는가? 따라서 유전적으로 연관된 자녀를 갖고자 하는 동기를 넘어서 특별한 자질을

---

25) 이런 경우 키처는 인간복제가 허용될 수 있다는 입장을 취한다. 복제자의 의도와 관련된 사례 연구에 관한 자세한 논의는 P. Kitcher, "Life After Dolly", pp.117-122를 참조하라.

26) 정광수, 「인간 개체 복제에 대한 윤리적 검토」, p.85.

27) L. R. Kass, "The Wisdom of Repugnance", p.33.

가진 자녀를 갖고자 하는 동기에서 인간을 복제하고, 나아가 태어
난 다음에도 그 특별 재능을 갖도록 아이를 세뇌 교육한다면 이는
분명 복제인간의 자율성을 훼손한다. 하지만 태어난 생명체를 마
음대로 프로그램화시킬 수 없는 한, 복제생식이 그로 인해 태어난
복제인간의 자율성을 훼손한다는 주장은 그 근거가 충분하지 못
하다. 비록 유전자에 의해 어느 정도 제한을 받을 수 있지만, 복제
인간 역시 완전한 자율성을 갖고 있기에 그의 미래는 열려 있
다.[28] 유전자 결정론이 참이 아닌 한 복제인간의 열린 미래 혹은
무지에의 권리는 결코 침해되지 않는다.[29]

　의도적 자녀 출산과 연관되어 제기되는 또 다른 종류의 도덕적
논쟁점은, 미 국가생명윤리자문위원회가 지적하고 있는 자녀의 대
상화 문제이다. 이제까지 자녀는 태어나는 존재였다. 비록 부모가
자녀를 낳지만 부모가 자녀의 유전자를 간섭할 수는 없었다. 그러
나 인간의 계획 내지 의도에 의해 자녀가 태어나게 되면 그 자녀
는 하나의 인위적인 생산품으로 전락하게 된다는 것이다.[30] 복제
동물의 경우를 살펴보면 이는 명백하다. 즉, 동물복제는 처음부터
인간의 합리적 목적을 위한 수단으로 고안되었고, 또 태어난 동물

---

28) 주동률 교수는 인간복제 행위를 세 유형 - ① 아인슈타인을 복사하는 행
　　위, ② (아인슈타인과 같은) 지적 능력을 가진 아이를 복제하는 행위, 그리
　　고 ③ 유전적으로 연관된 아이를 복제하는 행위 - 으로 분류한 다음, ③의
　　경우는 복제인간의 자율성을 훼손하지 않기 때문에 윤리적으로 허용될 수
　　있다는 입장을 피력하고 있다. Dong-Ryul Choo, "Two Master Argument
　　in the Ethics of Human Cloning: the Procreative Right vs. Autonomy of
　　the Future Clones", *Proceedings: IV Asia Conference of Bioethics*(2002,
　　Seoul), pp.430-443 참조.
29) A. Buchanan, et al., *From Chance to Choice: Genetics and Justice*(Cam-
　　bridge: Cambridge University Press, 2000), p.198.
30) L. R. Kass, "The Wisdom of Repugnance", p.39.

역시 실제로 그 목적에 수단으로 이용된다. 마찬가지로 복제인간 역시 의도적으로 만들어진 생산품에 불과하게 된다.

하지만 인간 생산품을 동물이나 그 밖의 생산품과 비교하여 자녀의 대상화를 문제 삼는 것은 논리적 비약이다. 먼저 수단적으로 인간을 복제하는가의 물음과 복제인간을 수단으로 대우하는가의 물음은 구분되어야 한다. 설사 인간을 특정의 의도나 목적을 위한 수단으로 복제하였다 하더라도 이로부터 복제인간이 수단적으로 이용되었다는 결론은 얻어지지 않는다. 왜냐하면 복제 행위가 이루어지는 시점에서는 수단으로 대우받는 인격적 주체가 아직 존재하지 않기 때문이다. 또한 복제자의 이기적 동기에 의해 복제 행위가 이루어졌다 해도 그 결과물인 복제인간은 결코 동물에 비유될 수 없다. 왜냐하면 복제동물은 인격적 자율성을 존중받는 도덕 행위자가 되지 않는 반면에, 복제인간은 도덕적 지위를 지닌 인격적 존재이기 때문이다. 즉, 그 발생이나 의도와 상관없이 일단 태어난 이상, 복제인간 역시 인간이기 때문에 자연인간과 동등한 도덕적 지위를 지니기에 인격체로서의 모든 도덕적 권리를 지닌다.[31] 이 도덕적 명령을 받아들이면 복제인간은 그 출생의 비밀이 어떠하든 상관없이 자연인간이 갖는 모든 도덕적 권리를 지닌다. 사실 자연출산의 경우에도 그 정도는 다르지만 부모가 어떤 의도 내지 목적을 갖고 자녀를 출산하는 경우가 허다하지 않은가? 따라서 도구적 목적에 이용될 수 있다는 이유로 인간복제를 전면 금지하는 일은 인간 동기의 복잡성과 개인적 관계 형성의 예측 불가능성을 너무 가볍게 간과하는 것이다.[32] 자녀의 대상화 문제는

---

31) J. A. Robertson, *Children of Choice: Freedom and the New Reproductive Technologies*(Princeton, NJ: Princeton University Press, 1994), p.168, note 43 참조.

복제인간을 어떻게 대우하는가에 달려 있는 것이지, 어떤 의도 내지 목적에 따라 복제하는가에 달려 있지 않다. 그렇기 때문에 누군가가 복제인간으로부터 장기를 얻고자 한다면 혹은 전쟁이나 노동과 같은 다른 목적에 복제인간을 이용하고자 한다면, 그는 반드시 그 당사자로부터 충분한 정보에 근거한 동의(informed consent)를 받아야 한다. 이렇게 되면 복제인간의 동의가 없는 한 목적적 존재가 아니라 수단적 존재로 이용하고자 하는 모든 시도는 비윤리적인 행위로 간주될 수밖에 없다. 물론 지금과 달리 인간게놈 프로젝트와 포스트게놈 프로젝트가 완성되고 나아가 유전자 조작 기술까지 발전하여 복제자가 원하는 유전자를 지닌 자녀를 마음대로 선택 생산할 수 있게 된다면 상황은 달라진다. 이렇게 되면 자녀 역시 상품화 내지 대상화할 개연성이 높아진다.

4. 복제인간과 가족 정체성

필자는 지금까지 체세포 핵이식을 통해 출생하는 복제인간의 입장에서 안전성, 개체동일성, 개성, 자율성, 자녀의 대상화 등의 물음에 초점을 맞추어 복제 행위를 비판적으로 고찰하였다. 그 결론은 다음과 같다. 개체동일성, 개성, 자율성, 대상화 등에 있어서 복제인간은, 몇몇 특수한 경우를 제외하고는, 체외수정으로 태어난 인간과 본질적으로 다른 특이한 윤리적 문제를 지니지 않는다. 그렇다고 해서 곧 인간복제 행위가 윤리적으로 정당화되는 것은 아니다. 아직까지 논의되지 않은 윤리적 문제가 있기 때문이다. 그것은 바로 미 생명윤리자문위원회가 제시한 '가족 정체성' 문제

---

32) R. Lewontin, "The Confusion over Cloning", p.134.

이다. 자녀를 낳는다는 말은 곧 가족을 형성한다는 의미요, 가족을 형성하는 일은 순수 개인적인 행위가 아니라 그 자체로 사회적 행위이다.[33] 인간복제는 자녀를 출생시켜 가족을 형성하는 사회적인 행위이다. 그렇기 때문에, 우리는 인간복제가 가족 정체성에 어떤 윤리적 함의를 지니는지 묻지 않을 수 없다. 따라서 인간복제의 윤리는 그 동기나 의도, 권리와 자유, 혜택과 손실, 수단과 목적 등의 문제로 단순히 환원되어서는 안 되고, 대신 일차적으로 의미의 문제로 평가되어야 한다.[34] 특히 생식의 자유 내지 권리의 관점에서 인간복제의 윤리를 평가하는 일은 출생이 갖는 이러한 사회적 성격 및 출생의 의미를 간과하고 있다.

부모와 자식의 유전적 관계 및 출산 과정에 대한 의학적 간섭을 기준으로 출산 형태를 분류하면 다음과 같은 스펙트럼을 이룬다. (1) 자연출산 - (2) 인공수정 - (3) 체외수정 - (4) 대리모 - (5) 인간복제 - (6) 인공자궁.[35] 이미 (4) 대리모까지는 현실화되어, 생물학적으로 세 부모 — 한 남자에 여자 둘 — 를 가진 아기가 탄생하고 있다. 물론 인간복제 출산의 경우에도 임신녀가 난세포나 DNA 제공자가 아닌 경우에는 생물학적으로 둘 이상의 부모가 관

---

33) G. McGee & I. Wilmut, "Cloning and the Adoption Model", G. McGee, ed., *The Human Cloning Debate*, p.103.

34) L. R. Kass, "The Wisdom of Repugnance", p.23.

35) 이는 가족관계를 배제한 출산 형태 분류이다. 각 형태에서 세부적인 의술에 따라 정도의 차이가 존재하며, 또 서로 결합할 수도 있다. 예를 들어, 체외수정과 대리모가 결합할 수 있는 반면에, 인간복제와 대리모가 결합할 수도 있다. 그리고 세부 분류에 따라 스펙트럼의 순서 역시 달라질 수 있다. 예를 들어, 복제된 배아를 인공자궁을 통해 출산하는 경우와 정자와 난자가 체외수정된 배아를 복제하는 경우가 있을 수 있다. 체외수정 배아를 이용한 인공자궁 출산은 인간복제보다 순서적으로 앞설 수 있음은 인정한다. 다만 이는 논의의 편의를 위해 간략하게 분류한 것에 불과하다.

여하게 된다. 하지만 출생한 자녀의 유전자형의 관점에서 볼 경우, (1)-(4)와 (5)-(6)은 엄연히 구분된다. 체외수정의 경우 유전자 선택은 정자와 난자의 수정에 의해 새롭게 만들어진 유전자형 가운데 어느 하나의 선택이다. 다시 말해, 체외수정의 경우 자녀의 유전자는 부모의 선택이 아니라 자연에 의해 만들어지기에 자녀의 유전적 고유성 및 독립성이 보존된다. 그래서 공여자 인공수정은 일종의 산전 입양(prenatal adoption)으로 간주된다.36) 하지만 (5) 및 (6)과 같은 인간복제의 경우 자녀의 유전자는 새롭게 만들어지는 것이 아니라 이미 이 세상에 존재하는 사람의 유전자 가운데 어느 하나를 부모가 선택하게 된다. 그 결과 복제인간은 원본인간의 유전자와 동일하여 유전적 고유성을 유지하기 어렵다.

유전적 고유성이 갖는 의미를 우리는 간과해서는 안 된다. 예를 들어, 내가 야구선수 이승엽을 복제한다고 하자. 아마 인간복제 옹호론자 역시 이승엽 본인으로부터 자발적 동의를 얻지 않는 한 복제는 허용되어서는 안 된다고 주장할 것이다. 즉, 공여자의 동의 없이는 어떠한 복제도 이루어져서는 안 된다. 만약 유전자형이 한 개인의 개체동일성이나 개성과 아무런 상관이 없다면, 이승엽은 도대체 어떤 근거에서 내가 그를 복제하는 것에 반대할 수 있는 권리를 지니는가? 유전자형이 개체동일성 및 개성과 중요한 관련성을 갖는다는 사실 이외의 그 어떤 논거도 찾기가 어렵다. 즉, 공여자 동의 조건은 유전자형이 개체동일성이나 개성과, 비록 동일하지는 않지만, 중요한 연관성을 지닌다는 사실을 잘 보여준다.37)

36) R. Hursthous, "Reproduction and Ethics", E. Crag, ed., *Routledge Encyclopedia of Philosophy*, vol. 8(1998), p.278.
37) L. R. Kass, "The Wisdom of Repugnance", pp.34-35.

양성생식을 통한 가족 형성 및 종족 보존은 인간의 의도적 결정이나 문화의 산물이 아니라 자연에 의해 확립된 것이다. 즉, 인간의 의도에 의해서가 아니라 자연과 우연의 결합에 의해 각 개인의 유전자형은 결정되었다. 그 결과로 각 개인은 부모로부터 동등하게 23개 염색체를 물려받아 새로운 고유한 유전자형을 지니며, 또 유전적 다양성이 확보된다. 그래서 부모는 자녀와 동등한 혈연관계를 맺고, 어느 한쪽 부모도 자식에 대해 우선적인 권리를 주장할 수 없다. 가족관계, 자녀에 대한 부모의 양육 책임, 사회적 정체성 등은 바로 이러한 유전적 혈연관계에 그 토대를 두고 있다. 임신중절 논쟁에서 태아를 산모의 단순한 세포 덩어리로 볼 수 없는 결정적인 이유가 바로 태아의 유전적 고유성이다. 태아는 유전적 고유성으로 인해 비록 산모 배 속에 위치하고 있지만 산모 몸의 일부분이 아니다. 그렇기 때문에 산모는 태아에 대해 신체의 일부로서 소유권을 주장할 수 없다. 자녀에 대한 부모의 소유권 주장을 논박할 수 있는 생물학적인 이유 역시 유전적 고유성이다. 그러니까 유전적 고유성은 자녀가 부모의 소유가 아니라 하나의 독립된 인격체임을 상징적으로 보여준다. 물론 입양에 의해 유전적 혈연관계에 바탕을 둔 사회적 정체성이 변화를 겪고 있음은 사실이다. 그러나 입양은 이미 삶을 영위하고 있는 어린아이의 최선 이익을 고려하는 차선책이지 윤리적으로 옳다고 말할 수 없다. 그러니까 입양을 목적으로 자녀를 낳는다면 우리는 그 부모를 도덕적으로 비난한다.

윌슨은 체외수정의 연장선상에서 양부모의 양육 책임을 전제로 한 경우 인간복제가 윤리적으로 허용될 수 있다고 주장한다. 왜냐하면 이러한 인간복제는 사회의 공동선인 결혼과 가족의 의미가 훼손되지 않기 때문이다. 그러나 인간복제를 체외수정과 본질적으

로 다른 생식 형태로 평가하는 카스(L. R. Kass)는 결혼과 가족제
도가 뿌리박고 있는 근본적인 토대인 성(sex)을 문제 삼고 있다.
즉, 이성 간의 자연적인 성관계가 부모됨의 존재론적 토대이다.
이를 카스는 '성의 존재론(ontology of sex)'이라고 부른다.38) 발
생학적으로 말하면, 성의 본질은 성교를 통한 신체의 결합이 아니
라— 예를 들어, 물고기는 유성생식을 하지만 난세포가 체외에서
수정된다— 양 부모(남자와 여자)가 함께 결합하여 새로운 생명
을 탄생시킨다는 점이다. 이런 의미에서 체외수정은 성관계가 이
루어지지 않음에도 불구하고 여전히 양성생식으로 성의 존재론이
보존되나, 인간복제는 그렇지 않다. 여기서 다시 우리는 양 부모
의 결합을 무엇으로 규정할 것인가의 문제에 봉착한다. 대리모로
태어난 아이의 생물학적 어머니가 누구인가의 물음을 야기한 '베
이비 M' 사건에서 우리는 이미 이 딜레마에 빠져 있다.39) 임신
및 출생의 요소를 강조하게 되면 윌슨이 주장한 대로 난자 제공자
가 아니라 임신한 화이트헤드 부인이 어머니이다.40) 마찬가지로
임신과 출생의 관점에서 보면 임신녀가 핵 제공자가 아닌 경우 언
제나 적어도 두 부모가 존재하므로, 인간복제는 체외수정과 본질
적으로 다르지 않게 된다. 불임 부부 내지 레즈비언 부부가 '남편'
의 DNA를 이용하여 '아내'의 난세포 혹은 자궁을 이용하여 자녀
를 복제출산하는 경우가 여기에 속한다. 왜냐하면 핵 제공자와 임

---

38) L. R. Kass, "Family Needs Its Natural Roots", L. R. Kass & J. Q.
Wilson, *The Ethics of Human Cloning*, p.82.
39) '베이비 M' 사건에 관한 자세한 논의는 Gregory E. Pence, *Classic Cases
in Medical Ethics*(New York: McGraw-Hill Publishing Company, 2000),
pp.142-168을 참조하라.
40) J. Q. Wilson, "Sex and Family", L. R. Kass & J. Q. Wilson, *The Ethics
of Human Cloning*, p.97.

신녀는 서로 다르기 때문이다. 하지만 양 부모의 결합을 남녀의 유전적 결합으로 해석하게 되면 인간복제는 체외수정이나 대리모와 근본적으로 다르게 된다. 카스는 생물학적인 측면을 넘어서 유전학적인 측면에서 부모됨의 의미를 묻고 있는 셈이다.[41]

유전학적인 관점에서 보면 복제인간은 두 부모를 지니지 않는, 한 부모 자녀(a single-parent child)에 불과하다. 그래서 DNA를 제공한 부모가 아이에 대해 유전적 우선권을 지니고, 그렇지 않은 부모는 유전적 부모가 아니라 단지 사회학적인 부모에 불과하게 된다. 이로 인해 자녀에 대한 부모의 동등한 관계는 무너진다. 물론 입양, 이혼, 재혼, 혼외 출산 등도 이런 문제를 낳고 있다. 하지만 이런 반박이 의미 있으려면, 이러한 형태가 자녀에게 바람직한 선이 된다는 논거를 제시해야 한다. 이미 앞에서 지적했듯이 이 모든 경우 자녀와의 사회적 부모 맺기는 아이에게 하나의 차선책에 불과하다. 결국 인간복제는 부모 자식 관계를 비롯한 지금까지의 가족관계가 근거하고 있는 생물학적 토대를 제거하고 그 자리에 사회적 계약 내지는 '부모의 욕구'를 대신하고 있는 셈이다. 아니 엄밀히 말하면, 복제인간은 원본인간의 자식이 아니라 쌍둥이

---

41) 인간복제에 관한 윌슨과 카스의 이러한 논쟁 배후에는 결국 인간 생명체의 출발점에 관한 형이상학적 논쟁이 자리 잡고 있다. 정자와 난자가 만나 새로운 유전자를 형성하는 수정을 인간 생명체의 출발점으로 간주하게 되면, 대리모는 엄밀한 의미에서 하나의 보모에 지나지 않는다. 왜냐하면 이미 한 인간 생명체가 탄생되었기 때문에 대리모는 단지 자신의 몸을 직접 이용하여 생명체를 양육할 따름이다. 즉, 수정 순간을 인간의 출발점으로 삼으면 대리모는 결코 아이의 생물학적 어머니가 될 수 없다. 반면에 수정이 아니라 자궁에의 착상 내지 출생을 인간의 출발점으로 삼게 되면 난자 제공자보다는 임신하여 출생한 여자가 곧 생물학적 어머니가 될 개연성이 높아진다. 그러니까 카스는 인간 생명의 출발점을 수정 순간으로 보는 반면에, 윌슨은 착상 내지 출생을 인간 생명의 출발점으로 보고 있는 셈이다.

에 지나지 않는다. 따라서 앞에서 언급한 인간복제 유형 가운데 ④, 즉 부부 중 어느 한쪽의 DNA를 이용하여 복제할 경우, 원본 인간의 아버지와 어머니가 그 부모가 되지 않는 한, 복제인간은 부모가 아예 없게 된다. 이런 경우 원본인간과 복제인간 사이에는 모녀관계나 부자관계가 성립하지 않는다. 게다가 이는 부모의 동의 없이 자녀를 출산하는 셈이 되고 만다.

하지만 ①과 ② 유형, 즉 부부의 배아나 이미 현존하는 자녀를 복제하는 경우 유전적 부모가 분명 존재한다. 이 경우 DNA 공여자 동의 원칙이 지켜져야 한다. 배아나 죽은 자녀는 원칙적으로 동의가 불가능하다. 게다가 어린 자녀의 경우 동의 결정 능력을 결여하고 있어 대리 결정권자를 선정해야 한다. 이런 유형의 인간 복제의 경우 복제하고자 하는 부모가 대리 결정권자가 될 수밖에 없다. 이렇게 되면 이해 당사자와 대리 결정권자의 분리 원칙이 준수되기 어렵다. 즉, 아이의 부모가 복제를 희망할 경우 아이의 최선 이익이 아니라 부모 자신의 이해관계에 따라 대리권을 행사하게 된다. 이런 윤리적 문제가 해결되면,[42] 부부의 배아나 이미 죽은 자녀의 DNA를 이용한 인간복제를 반대할 만한 윤리학적 논거는 미약하다. 사실 ①은 배아 분할 복제로 기술의 복잡성을 제외하고는 체외수정과 다를 바가 윤리적으로 전혀 없다. ②, 특히 부모에게 특별한 의미를 지닌 자녀가 죽은 경우 그 자녀의 복제역시 거의 체외수정과 같아서, 앞에서 제기한 개체동일성, 자율성, 가족 정체성 등의 윤리적 물음을 야기하지 않는다.[43]

---

42) 해결책으로 우리는 가상적 동의나 생명윤리위원회의 합의 등을 생각해 볼 수 있다.

43) 예를 들어, 부캐넌 등은 인간복제가 허용될 수 있는 몇 가지 경우를 제시하면서 죽은 자식의 복제를 옹호하고 있다. A. Buchanan, et al., *From Chance to Choice: Genetics and Justice*, p.200.

5. 맺는 말: 대안가족과 생식의 자유

생식의 자유 논증에 근거한 지금까지 논의의 결론은 다음과 같다. 배아나 죽은 어린 자녀를 원본인간으로 삼아 복제인간을 출생시키는 행위는 이런 모든 비난에서 벗어날 수 있기 때문에, 이런 경우의 인간복제는 생식의 자유를 전제할 경우 윤리적으로 반대하기 어렵다. 왜냐하면 설사 인간복제가 체외수정과 본질적으로 다른 종류의 보조생식술이라 해도 생식의 자유를 인간복제를 포함하도록 우리는 확대 해석할 수 있기 때문이다. 따라서 이제 우리는 생식의 자유 내지 생식의 권리 자체를 철학적으로 문제 삼지 않을 수 없다. 생식의 자유란 일반적으로 '생식과 관련된 활동 및 선택의 자유'를 뜻하며, 인간의 기본적인 도덕적 권리 중 하나이다. 하지만 생식의 자유에 속하는 실질적인 내용이 무엇이며 그 범위가 어떠한지에 대해서는 학자들 사이에 상당한 논쟁이 일어나고 있다. 생식의 자유는 일반적으로 '생식할 자유(freedom to reproduce)'와 '생식하지 않을 자유(freedom to avoid reproduction)' 모두를 포함한다.[44] 구체적으로는 ① 아이를 낳을 것인가, 낳는다면 누구와 어떤 방식으로 낳을 것인가, ② 언제 아이를 낳을 것인가, ③ 얼마나 많은 아이를 낳을 것인가, ④ 어떤 종류의 아이를 가질 것인가, ⑤ 생물학적으로 관련된 자녀를 낳을 것인가 등에 관한 선택의 자유가 곧 생식의 자유 내용을 구성한다.[45] 그리고 생식의 권리는 일차적으로 소극적 권리이지만 적극적 권리

---

44) J. A. Robertson, *Children of Choice: Freedom and the New Reproductive Technologies*, pp.25-40 참조.

45) A. Buchanan, et al., *From Chance to Choice: Genetics and Justice*, pp.209-213 참조.

의 요소도 함께 지닌다.[46) 따라서 인간복제에 관련된 윤리적 논쟁은 소극적 권리로서 생식할 자유 가운데 ④ 및 ⑤와 관련되어 일어나고 있다.

일부에서는 사생활의 권리에서 생식의 자유를 추론해 내기도 하나, 이는 생식이 갖는 특성을 간과하는 처사이다. 왜냐하면 생식에는 언제나 적어도 세 당사자, 즉 부모와 자녀가 관련되어 있기 때문이다. 밀(J. S. Mill)의 자유주의 전통에서 보아도, 생식은 절대적 자유가 보장되는 '자기관계적 영역(self-regarding area)'이 아니라, 본질적으로 새로운 인간 존재를 탄생시키는 '타자관계적 영역(self-regarding area)'에 속한다. 부모가 갖는 생식의 권리는 태어나는 자녀의 이해관계에 의해 제한받을 수 있다. 즉, 밀은 '바람직한 삶을 영위할 수 있는 통상적인 기회(the ordinary chance of a desirable existence)'가 제공되지 않으리라 예상되는 경우 임신하여 자녀를 출산하는 행위는 일종의 죄악이며, 심지어 인구 과잉이나 경제적 파산에 직면할 경우 국가가 결혼을 제한하는 것조차도 자유주의 전통에서 정당화될 수 있다고 주장한다.[47) 이처럼 생식의 자유는 기본적 권리이지만 절대적 권리가 아니기 때문에 ④와 ⑤의 실질적인 범위를 어떻게 경계 지을 것인가가 문제시된다.

원래 생식의 자유나 권리는 부부가 함께 갖는 공동의 권리이지 한 개인에게 귀속되지 않았다. 왜냐하면 두 남녀의 결합에 의해서만 생식이 가능하였기 때문이다. 인공수정이라는 보조생식술의 등

---

46) L. Frith, "Reproduction Technologies, Overview", *Encyclopedia of Applied Ethics*, vol. 3(New York: Academic Press, 1998), pp.818-819.

47) J. S. Mill, *On Liberty*, in *Utilitarianism, Liberty, and Representative Government*, p.220.

장으로 말미암아 두 남녀가 아니라 한 개인 — 특히 여성 — 도 정자를 공여 받아 생식이 가능하게 되었다. 그래도 체외수정에서는 정자나 난자 혹은 자궁을 제삼자가 기증해 주어야 한 개인이 생식의 자유를 행사할 수 있었지만, 인간복제의 등장으로 인해 이제는 한 개인이 완전한 의미의 생식의 자유를 행사할 수 있게 되었다. 즉, 체외수정이나 인간복제를 생식의 권리 차원에서 논의하는 것은 바로 생식의 권리 주체를 두 남녀를 넘어서 개인까지 포함하고자 하는 철학적 함의를 지닌다.

앞에서 지적했듯이 생식은 본질적으로 제삼자를 탄생시켜 가족을 형성하는 타자관계적 행위이다. 따라서 자유 내지 권리의 관점에서만 인간복제를 논의할 수는 없다. 사실 생식의 자유가 근거하고 있는 자율성이라는 개념은 윤리적으로 중립적인 개념이 아니라 그 자체가 이미 특정의 윤리적 입장을 견지하고 있는 가치담지적 개념이다. 왜냐하면 자율성 개념은 자아가 곧 윤리적 법칙, 즉 옳고 그름의 표준이라는 주장을 함축하고 있기 때문이다. 자율성에는 자기중심성이 내재되어 있다.[48] 특히 자율성을 강조하는 자유주의 이데올로기 하에서는 공동선과 같은 공동체의 가치를 보존할 길이 막연하다. 이 점은 생식의 자유를 옹호하는 로버트슨(J. A. Robertson)도 인정하고 있다. 생식의 자유 옹호 논변은 공동체주의자들로부터 비판을 받아 마땅한 몇몇 이유가 있다.[49] 즉, 생식의 자유를 강조할 경우 한 개인의 행위가 자녀, 가족, 사회 등에 미치는 영향을 우리는 깊이 고려할 수 없게 된다. 특히 사회적, 경

---

48) J. Kilner, "Human Cloning", *The Reproductive Revolution*(Grand Rapids: William B. Eerdmans Publishing Co., 2000), p.133.

49) J. A. Robertson, *Children of Choice: Freedom and the New Reproductive Technologies*, pp.231-234 참조.

제적, 신체적 약자의 자율성이 훼손당하기 쉽고 게다가 타인의 복지를 고려하기가 어렵게 된다. 무엇보다 생식의 자유는 가족을 형성하는 데 있어서 유전적 유대감 및 임신의 유대감이 갖는 전통적 중요성을 훼손하고 또 부모와 자식으로 하여금 가계도 및 사회적 책임에 대해 혼돈스럽게 만들 수 있다. 그리고 생식의 자유는 인간 생명의 신성성에 관한 공동체의 가치관을 약화시킬 수도 있다.

결국 좋은 가정(good family)에 대한 도덕적 이미지(moral image)를 무엇으로 하느냐에 따라 인간복제의 윤리 물음 역시 달라질 수밖에 없다.[50] 이제까지 우리는 유전적 혈연관계라는 생물학적 토대에 근거한 가정을 좋은 가정으로 여겨 왔다. 이러한 가정은 인간이 간섭할 수 없는 자연이었다. 그러나 체외수정과 인간복제로 인해 유전적 혈연이 아니라 사회적 계약 내지 개인의 욕망에 근거한 새로운 가족 형태가 가능하게 되었다. 이제 자녀 출산, 부모됨, 가정 등은 자연이 아니라 문화가 되었다. 전통적인 가족관에 따르면, '자연 가정'이 좋은 가정의 도덕적 이미지로 하나의 공동선(common good)이었다. 일상인들이 복제인간 1호 이브의 탄생(?)에 대해 도덕적 혐오감을 느끼는 일차적 이유 역시 좋은 가정에 대한 이러한 도덕적 이미지에 기인한다. 결국 우리의 윤리적 곤경은 이제까지 공동선으로 여겨 온 유전적 혈연관계에 토대를

---

50) 예를 들어, 퍼트남은 좋은 가정의 도덕적 이미지로 자율성과 다양성을 제창하면서, 좋은 부모란 자녀로 하여금 자율성을 발휘하도록 준비해야 한다고 주장한다. 그러면서 그는 자식에 대한 예측 불가능성과 다양성은 그 자체가 본래적인 선이며, 이를 반영하는 가정이 민주주의 사회에 대한 도덕적 이미지와도 잘 부합한다고 역설한다. 즉, 퍼트남은 좋은 가정에 대한 이러한 도덕적 이미지에 따라 인간복제에 반대하고 있다. H. Putnam, "Cloning People", J. Burley, ed., The Genetic Revolution and Human Rights(Oxford: Oxford University Press, 1999), pp.9-11 참조.

둔 가족 정체성을 보존할 것인가, 아니면 개인의 자율성 존중 원칙에 따라 대안 가정까지 수용할 정도로 생식의 자유를 확대 적용할 것인가의 물음으로 귀착된다. 후자의 뿔을 선택할 경우, 인간복제에 반대할 철학적인 논거를 찾기란 쉽지 않아 보인다. 여기서 일종의 아이러니가 발생한다. 한편으로 인간복제는 가족관계의 유전적 토대를 파괴하면서, 다른 한편으로는 유전적으로 연관된 자녀를 갖고자 하기 때문이다. 인간복제의 근본 동기가 유전적으로 연관된 자녀를 갖고자 하는 부모의 바람이라는 사실이 이를 잘 보여준다.

이제 생식의 물음은 자연이 아니라 문화, 즉 인간의 통제권 아래로 들어오게 되었다. 이를 하버마스는 '인간이라는 자연의 도덕화'로 표현하고 있다.[51] 인간이라는 자연의 도덕화는 이미 인공수정의 도입과 더불어 시작되었다. 이제 인류는 자신의 생물학적 진화를 곧 스스로의 손아귀에 쥐게 된다는 전망을 할 수 있게 되었다. 이제 인간은 진화의 단순한 동반자가 아니라 진화의 주체가 되고자 한다. '보이지 않는 손'에 의한 진화가 아니라 '보이는 인간의 손'에 의해 진화가 이루어지는 셈이다. 생명과학 내지 생명공학이란 용어가 이를 여실히 보여주지 않는가? 생명과학과 생명공학은 생명을 과학적으로 해명하여 공학기술적으로 생명현상을 변형 내지 진화시키는 것을 그 목표로 하기 때문이다. 그 한 예로, 인간복제는 지식, 힘, 그리고 이득을 위해 자연을 무제한으로 지배하고자 하는 과학의 야욕을 상징적으로 나타내 준다.[52] 그러나 이 주장은 사회과학적 진단으로는 옳지만 도덕적인 규범적 진단

---

51) J. Habermas, *Die Zukunft der menschlichen Natur*, 장은주 옮김, 『인간이라는 자연의 미래』(나남출판, 2002), pp.58-66 참조.
52) G. J. Annas, "The Prospect of Human Cloning", p.53.

으로 받아들이기는 어렵다. 즉, 이제 인간이라는 자연조차도 "과학에 의해 기술적으로 마음대로 할 수 있는 것으로 되어 버린 것을 우리는 도덕적 통제를 통해 규범적으로 다시 조작 불가능한 것으로 만들어야 할 것이다."53) 하지만 자유주의 우생학자들은 인공수정과 더불어 인류는 이미 루비콘강을 건넜다고 역설한다.

생식의 자유를 전제할 경우 체외수정은 미끄러운 언덕길 논증에 따라 인간복제로 나아갈 수밖에 없다. 우리는 여기서 미끄러운 언덕길의 두 길을 주목해야 한다. 체외수정을 윤리적으로 받아들여 인간복제로 나아가는 길이 그 한 길이다. 이는 실천적으로 거의 필연적이다. 하지만 반대의 길도 가능하다. 인간복제는 윤리적으로 허용될 수 없기 때문에 체외수정마저 금지해야 한다. 이 후자의 길을 택하기에 우리는 이미 너무 늦었다. 그래서 필자는 지금까지 윤리학적인 관점에서 체외수정과 인간복제의 차이점에 주목하여, 전자는 윤리적으로 허용 가능하나 후자는 그렇지 않는 논변을 전개하였다. 하지만 생식의 자유를 넓게 해석하는 자가 이러한 논변을 부정하고 인간복제를 주장한다 해도 그에 반대할 '윤리학적 논증'을 제시하기가 어렵다는 점을 시인할 수밖에 없다. 이것이 과학의 대세일지 모른다. 이 과학의 대세를 멈추게 혹은 방향을 돌리게 할 수 있는 힘을 윤리학은 지니는가? 자연이라는 인간의 도덕화에 윤리학은 무엇을 어떻게 해야 하는가?

비록 철학적 논거를 갖고 있지는 않지만 건전한 상식인들이 지닌 도덕적 직관 내지 숙고된 도덕판단을 자연과학이 말하는 하나의 '관찰 사례'로 간주하여 윤리이론을 평가하는 잣대로 채택할

---

53) W. van den Daele, "Die Naturlichkeit des Menschen als Kriterium und Schranke technischer Eingriffe", *Welchselwirkung*, 2000. 7/8, pp.24-31. J. Habermas, *Die Zukunft der menschlichen Natur*, p.58에서 재인용.

것인가, 아니면 이미 우리가 갖고 있는 윤리이론에 근거하여 도덕적 직관 내지 숙고된 도덕판단의 '미신성'을 타파해야 하는가? 사실 우리는 '미신적인' 도덕적 직관을 갖고 있다. 예를 들어, 근친상간이나 스와핑에 대한 윤리적 혐오감이 바로 그것이다. 그러나 자율성을 받아들일 경우 이에 반대할 결정적인 윤리학적 논거를 찾기란 쉽지 않다. 우리는 이를 인간복제에도 적용할 수 있다. 대부분의 상식인들은 인간복제에 윤리적 혐오감을 갖고 있다. 생식의 자유에 근거하여 인간복제를 옹호할 것이 아니라, 거꾸로 이러한 도덕적 직관에 근거하여 생식의 자유를 논박할 수는 없는가? 인간복제를 비롯한 생명윤리학의 물음들은 철학자들로 하여금 이 양자 간의 방법론적인 선택을 강요하고 있다.

제 2 부

유전자 윤리학과 정의

3장 유전자 차별의 윤리

1. 들어가는 말: 사생활과 인간 유전정보

이미 서론에서 밝혔듯이, HGP와 PGP는 생명의 책인 유전자에 관한 새로운 정보를 우리 인간에게 제공하고 있다. 이로 인해 인간 유전정보의 올바른 사용에 관한 윤리적 가이드라인 설정이 현실적인 문제로 부각되고 있다. 이러한 가이드라인 설정에는 사회윤리학의 핵심 이념인 정의(justice) 원칙이 중요한 역할을 차지한다. 그렇다고 해서 인간 유전정보의 활용에 관한 모든 윤리적 물음이 정의와 연관되어 있는 것은 아니다. 따라서 이 장에서는 먼저 인간 유전정보의 이용과 관련된 일반적인 윤리적 물음을 논의한 다음, 정의와 연관된 유전자 차별 물음을 집중적으로 논의하고자 한다.

HGP와 PGP 자체가 윤리적으로 정당화될 수 있는가의 물음이 제기된다. 왜냐하면 이는 '거대과학(big science)'으로 엄청난 자금이 투자되고 있는데, 현재 생존하고 있는 사람들은 이로부터 혜택을 받기가 거의 불가능하기 때문이다. 즉, HGP와 PGP는 분배적 정의에 어긋난다는 비난을 면하기 어려울 뿐만 아니라 우리 인간에게는 '의무 이상(supererogatory)'의 행위를 할 의무가 없기 때문이다. 즉, '지금 여기(now and here)'에서 고통 받고 있는 사람들이 미래의 잠재적 혜택 때문에 희생되는 것이 어떻게 윤리적으로 정당화될 수 있는가?[1] 반면에 일부에서는 정의 원칙은 우리로 하여금 유전자 결함을 생식세포 라인에서 교정할 수 있는 유전공학 기술을 개발할 것을 명한다고 주장하기도 한다.[2] 즉, 유전자 이상으로 고통 받는 일부 '환자'들에게도 실질적으로 균등한 기회를 제공하기 위해 유전공학의술을 개발할 윤리적 의무가 있다는 것이다. 따라서 정의는 공평한 기회균등의 원칙에 의거해서 이런 치료술 개발을 요구하고 있는가의 물음 역시 중요한 윤리적 물음이다.

또한 HGP와 PGP 연구 과정에, 그리고 유전자 검사와 유전자 치료 과정에 비윤리적인 행위가 개입될 수 있다. 예를 들어, 유전정보은행을 설립하기 위해 당사자의 동의 없이 유전자 검사를 실시할 수 있으며, 연구나 치료 과정에서 얻어진 유전정보를 상업적 목적에 악용할 수도 있다. 이 외에도 '유전자 상담가(genetic counselor)'의 윤리 역시 새롭게 조명될 것이다.[3] 왜냐하면 유전자 상담가는 유전자 검사를 받을 것인가의 물음을 상담할 뿐만 아니라

---

1) T. F. Murphy, "The Genome Project and the Meaning of Difference", T. F. Murphy & M. A. Lappe, eds., *Justice and the Human Genome Project*(LA: University of California Press, 1994), p.3.

2) L. M. Fleck, "Just Genetics: A Problem Agenda", T. F. Murphy & M. A. Lappe, eds., *Justice and the Human Genome Project*, pp.145-149.

3) T. H. Murry, "The Genome and Access to Health Care", T. H. Murry, et al., eds., *The Human Genome Project and the Future of Health Care* (Bloomington and Indianapolis: Indiana University Press, 1996), p.212.

유전자 검사 결과를 '환자'에게 알려 주는 정보 전달 역할 및 나아가 유전자 치료에 관한 상담까지 감당하게 될 것이기 때문이다. 심지어 유전자 상담은 개인의 사적 영역뿐만 아니라 태어나 미래 아기의 유전적 특질에 중대한 영향을 주는 '출생 상담'의 역할도 감당하게 될 것이다.4) 그래서 유전자 상담은 '비지시성(nondirectiveness)'을 염두에 두고 가치중립적으로 이루어져야 한다는 목소리가 높아지고 있다.5) 즉, 유전자 상담가는 자신의 가치관을 상대방에게 강요하는 '온정적 간섭주의(paternalism)'에 빠져서는 안 될 것이다.

인간 유전체 개발 자체의 윤리, 연구의 윤리, 유전 상담의 윤리 등의 물음 외에도 인간 유전정보는 개인의 사생활에 중대한 위협 요소가 되고 있다. HGP와 PGP가 완성되어 인간 유전자 지도 및 각 유전자의 기능이 밝혀지면 어떤 일이 일어날까? 사람들은 자신의 미래 운명을 알고자 점성술사나 운명철학자가 아니라 유전학자를 찾아 유전 상담을 의뢰할 것이다. 즉, HGP와 PGP는 유전자 검사를 통해 한 개인의 미래의 건강 위험에 대한 예측력을 훨씬 증가시키는 결과를 낳게 될 것이다.6) 실제로 일부 기업에서는

---

4) 실제로 일부 학자는 유전자 검사 후 유전 상담을 받고 난 다음, 예비 부부는 아예 출생을 포기하거나 입양을 결정할 수 있으며, 또 정자나 난자 기증자를 찾아 나설 수도 있음을 지적하고 있다. Marry Ann Bobinski, "Genetics and Reproductive Decision Making", T. H. Murry, et al., eds., *The Human Genome Project and the Future of Health Care*, pp.83-84 참조.

5) A. Clarke, "Genetic Counselling", *Encyclopedia of Applied Ethics*, vol. 2 (New York: Academic Press, 1998), pp.400-401.

6) N. Daniels, "The Genome Project, Individual Differences and Just Health Care", T. F. Murphy & M. A. Lappe, eds., *Justice and the Human Genome Project*, p.110.

이를 상업적으로 이용하고 있기도 하다. 물론 이러한 예측 능력은 선한 방향으로, 다시 말해 질병 예방 및 치료에 얼마든지 이용될 수 있다. 예를 들어, A·B형의 혈우병과 같은 X-염색체 의존성 질병이나 가계에 흐르는 유전적 질병을 예방하는 데 유전자 검사가 이용될 수 있다. 또한 한의학의 사상의학처럼 각 개인의 체질에 맞는, 즉 유전 특성에 맞는 맞춤의학의 길이 열릴 것이다. 그래서 종합건강진단의 일종으로 유전자 검사는 각광을 받을 것이다. 하지만 그 정보가 어떻게 이용되느냐에 따라 그 윤리적, 사회적 파장은 전혀 달라질 것이다.

유전자 검사로 인해 야기되는 또 다른 윤리적 물음은 유전정보의 공개와 연관되어 일어난다. 이는 크게 3차원에서 이루어진다. 하나는 유전자 검사를 받은 개인 당사자, 다른 하나는 개인의 유전정보에 이해관계를 지닌 타인들이고, 마지막은 정부 차원이다.

먼저 개인 차원에서 유전자 검사가 어떤 윤리적 물음을 야기하는지 살펴보자. 한 예로서, 갑이란 사람이 모 대학 병원에서 유전자 검사를 받은 결과 갑에게 간암 유발 유전물질이 있음이 밝혀졌다고 하자. 담당 의사는 유전 상담을 통해 이 사실을 갑에게 알려주었다. 사실 간암 유발 유전자가 존재한다고 해서 그 사람이 미래에 언젠가 필연적으로 간암에 걸린다는 법은 없다. 왜냐하면 유전자 결정론(genetic determinism) 내지 유전자 환원주의(genetic reductionism)는 참이 아니기 때문이다. 대부분의 신체기관과 기능이나 자질 및 질병은 하나의 유전자가 아니라 여러 유전자가 복합적으로 작용하여 형성되고 있으며, 또 유전자는 환경 및 정신과의 상호작용에 의해 발현된다. 그뿐만 아니라 하나의 유전자가 하나의 기능만 갖는 것이 아니라 여러 기능을 복합적으로 갖기도 한다. 한마디로 말해, '유전인자형(genotype)'과 '표현형(phenotype)'

사이에는 간격이 있음을 우리는 인정해야 한다. 그래서 현대의 발달생물학에서는 유전자를 '표현형의 각본으로서의 프로그램(programs as scripts for phenotype)'으로 이해하는 관념은 포기되고 있다.[7]

하지만 유전자에 내재되지 않은 특질이 인간에게 발현될 수는 없다. 예를 들어, 피부색과 연관된 유전자에 검은색 유전정보가 들어 있다면, 다른 제3의 요인에 의해 나의 피부가 검은색으로 발달하지 않을 수는 있지만, 그렇다고 나의 피부가 흰색으로 발달하지는 않는다는 말이다. 이런 점에 있어서 유전정보는, 아리스토텔레스의 용어를 빌려 말한다면, 하나의 잠재태로서, 이 정보에 의해 인간이 발달한다고 말할 수 있다. 따라서 실제에 있어서 이런 유전자 검사는 자충족적 예언의 성격을 지닌다. 자충족적 예언이란 예언을 함으로 말미암아 예언한 대로 실제로 일어나는 현상을 말한다. 즉, 미래에 간암에 걸릴 확률이 높다는 상담을 듣게 됨으로 말미암아 갑은 실제로 간암에 걸리게 된다. 설사 간암이 발병하지 않아도, 갑은 심리적으로 간암 발병에 대한 불안감에 사로잡히고, 그 예방책이나 치료책이 없는 경우, 삶의 의욕을 상실할 수 있다. 따라서 이런 사태를 방지하자면 유전자 치료술이 개발되기 이전에는 의사는 유전적 이상을 당사자에게 알려 주는 데 신중해야 할 것이다. 하지만 이는 또 다른 윤리적 의무와 상충하게 된다. 왜냐하면 모든 개인은 자신의 유전정보에 대해 알 권리를 지니므로, 의사는 당사자가 요구할 경우 그 정보를 알려 주어야 할 의무를 지니기 때문이다. 유전자 치료술이 개발될 때까지 의사는 이런

---

7) 황경식, 「게놈 프로젝트와 판도라의 상자: 유전자 연구의 빛과 그림자」, 간호행정학회, 『2000년 추계학술세미나 자료집』(2000. 12. 12-13, 연세대학교 의료원), p.8.

윤리적 곤경으로부터 피할 길이 없다는 것이 고민거리이다.

설사 이렇게 유전자 검사가 자충족적 예언의 성격을 지니지 않는다 해도, 유전자 검사 자체만으로 개인의 사생활이 심각하게 훼손당할 수 있다. 왜냐하면 개인의 게놈 속에는 그 개인의 현 상태 뿐만 아니라 미래의 청사진까지 고스란히 그려져 있기 때문이다. 일반적인 의료 기록은 단지 환자 당사자의 과거 정보만을 포함하지만, DNA 분자에 기록된 유전정보는 개인의 미래 정보까지 포함하고 있다. 이런 의미에서 DNA 분자는 '미래 일기(future diary)'에 비유될 수 있다.[8] 즉, 개인의 유전정보는 그 개인의 사생활에 있어서 핵심적인 부분을 이룬다. 자유주의 사회에서 사생활은 개인의 기본적 권리에 속하며 반드시 보호되어야 한다. 유전정보가 비록 의사나 유전자 상담가라 할지라도 타인에게 알려진다는 사실 그 자체로 인해 개인은 '유리 새장 속의 앵무새'로 전락하기 십상이다. 따라서 유전정보를 취득한 자는 유전정보에 대해 비밀유지의 윤리적 의무를 지닐 뿐만 아니라, 유전자 검사 역시 자율성 존중 원칙의 테두리 내에서, 즉 검사 당사자의 자발적 동의 하에서만 이루어져야 할 것이다.[9] 한 걸음 더 나아가 개인의 사생활 침해를 방지하자면 개인은 자신의 유전정보에 대해 절대적인 소유권을 주장할 수 있도록 제도적 장치가 마련되어야 할 것이며, 나아가 유전자 검사 자체에 대한 규제도 필요할 것이다.[10]

---

8) G. A. Annas, "Rules for Gene Banks: Protecting Privacy in the Genetics Age", T. F. Murphy & M. A. Lappe, eds., *Justice and the Human Genome Project*, p.82.

9) A. L. Caplan, "Can Ethics Help Guide the Future of Biomedicine?", R. B. Baker, et al., eds., *The American Medical Ethics Revolution*(Baltimore and London: The Johns Hopkins University Press, 1999), p.282.

10) 실제로 1994년 제정된 노르웨이의 <유전공학의 의학적 이용에 관한 법

일부 학자는 개인의 동의만으로 유전자 검사가 이루어져서는 안 된다고 주장한다. 왜냐하면 유전정보는 엄밀한 의미로 한 개인의 독점적인 사적 재산이 될 수 없기 때문이다. 실제로 한 개인의 유전정보 속에는 그 개인에게 고유한 정보는 극히 일부에 지나지 않고 대부분은 가족 모두가 공유하고 있는 정보이다. 이런 의미에서 유전정보는, 사회적 유용성이 높다고 해도 사회의 공공자산이 아니라, 가족의 공유자산이다. 이런 특성으로 인해 한 개인이 자신의 유전정보를 공개하게 되면, 그 가족들 역시 본인의 의사와 상관없이 자신의 유전정보가 공개되는 결과를 빚게 된다. 이는 유전정보 공개뿐만 아니라 유전자 검사 자체에도 그대로 적용된다. 따라서 한 개인의 유전정보는, 비록 그 개인이 공개에 동의하였다 하더라도, 다른 가족의 동의가 없는 한 타인에게 공개되거나 이용되어서는 안 될 것이다. 한 걸음 더 나아가 가족 중 한 사람의 유전정보를 다른 가족에게 임의로 알려 주는 것 역시 신중해야 한다. 왜냐하면 요청하지 않았는데도 유전정보를 다른 가족 구성원들에게 고지하게 되면, 그들은 자신들의 유전적 순전함을 잃어버려 앞에서 언급한 자충족적 예언과 같은 불행한 사태가 발생할 수 있기 때문이다. 이런 의미에서 각 개인은 인간게놈에 대해 '알지 않을 권리(the right not to know)'를 지닌다고 하겠다.[11]

나아가 결혼에 있어서 '유전자 궁합'의 물음, 자녀 교육의 있어

(the Act Relating to the Application of Biotechnology in Medicine)>은 "유전자 검사로부터 개인의 유전정보를 획득하거나 소유 혹은 이용하는 것을 금지하고"(6조 7항) 있으며, "유전자 검사 자체도 오직 진단적 목적이나 치료적 목적이 분명한 경우에만 허용 가능하다."(6조 2항)고 규정하고 있다. R. F. Chadwick, et al., "Genetic Screening and Ethics: European Perspectives", *Journal of Medicine and Philosophy* 23, no. 3(1998), p.270.
11) Ibid., p.264.

서 '유전자 적합성' 내지 '유전자 낙인'의 물음 등도 새로운 사회적 문제로 부각될 것이다. 특히 교육의 경우 '유전자 낙인'은 개인으로 하여금 잠재적 능력 계발 및 자아실현에 상당한 장애 요인으로 작용할 것이다. 또한 유전자 선택은 결국 자연스러운 출산을 억제하며, 나아가 '자연스럽게' 태어난 아이가 상대적으로 불이익을 당하게 될지 모른다. 유전자 검사를 통해 미연에 방지할 수 있었음에도 불구하고 비만 자녀가 태어났다면 부모는 일종의 태만 내지 책임 회피로 손가락질 당할 것이며, 그 아이 자신도 심한 열등감과 자책감에 시달리고 심한 경우 부모를 원망할 것이다. 즉, 유전자 검사로 인해 소수가 비정상인으로 낙인찍혀 사회에서 매장당하고 또 새로운 종류의 가족 갈등이 발생할 수 있다.

이미 1992년 WMA(세계의사협회)가 경고하였듯이, 유전자 정보는 '인종 개발'을 위한 국가의 우생학적 프로그램에 이용될 가능성이 농후하다.[12] 유전자 차별은 한 개인을 넘어서 사회의 특정 집단에까지 확대 적용될 가능성이 아주 높다. 예를 들어, 특정 집단이나 소수 민족이 사회적으로 열성 유전자를 지녔다는 이유로 그 집단이나 민족을 차별대우할 개연성이 아주 높아진다. 인종차별이나 성차별이 부당하듯이, 특정 집단에 대한 이러한 유전자 차별 역시 부당하다. 실제로 미국의 경우 1970년대 초반 20여 개 주에서 겸형 적혈구 빈혈증 보균자에 대해 강제적인 유전자 확인 검사를 실시한 적이 있다. 미국 내 흑인을 대상으로 한 이 검사 결과로 흑인에 대한 보험가입 거부와 고용 감소라는 인종차별의 불명예스러운 역사를 미국은 지니게 되었다.

---

12) WMA, <인체 유전자 계획에 관한 선언>(1992년 9월, 스페인 말베야), 연세대학교 의과대학 편, 『의료윤리자료집』(연세대 의과대학, 1998), pp.199-200.

사회적 비용 측면에서 국가는 유전자 검사를 개인에게 의무 조항으로 강요할 수도 있다. 그래서 국가는 특정 질병이나 장애를 유발하는 유전자를 지닌 개인에게 출산을 제한하는 정책을 펼 수도 있다. 이미 이런 현상은 20세기 중반까지 스웨덴, 미국 등의 나라에서 강제 불임의 역사를 통해 입증되고 있다. 실제로 중국에서는, 스스로 살아갈 수 있는 능력을 부분적으로 혹은 전부 앗아갈 수 있고, 다음 세대에도 발생할 개연성이 높고, 그리고 의학적으로 생식하기에는 적합하지 않는 질병 보균자로 진단을 받은 자는 결혼이 금지되고 있다.13) 과학이란 미명 아래 강제 불임이 실행될 경우, 개인의 생식 자유는 상당한 제약을 받을 수밖에 없고, 이는 곧 인간의 행복 추구권에 위협을 가하게 될 것이다. 따라서 유네스코 총회는 <인간게놈과 인권에 관한 세계선언>에서 "그 어느 누구도 유전적 특질로 인해 인권, 기본적 자유 및 인간 존엄성을 침해하려는 의도나 침해하는 결과를 초래하는 차별을 받아서는 안 된다."라고 선언하고 있다.14) 이런 비윤리적인 일이 발생하지 않도록 하자면, 유전정보에 대한 접근권을 정부가 갖지 못하도록 규제하는 제도적 장치가 마련되어야 할 것이다.

2. 정의, 응분 토대 그리고 유전자 차별

이제까지 우리는 인간 유전자에 대한 정보 내지 지식이 어떤

---

13) D. S. Gewirtz, "Toward a Quality Population: China's Eugenic Steriliza-
tion of the Mentally Retarded", *New York Law School Journal of International and Comparative Law* 15(1)(1994), p.15, pp.147-148.

14) UNESCO, "Universal Declaration on the Human Genome and Human Rights"(UNESCO Document 27V / 45, adapted by the Thirty-First General Assembly of UNESCO, Paris, November 11, 1997), 제6조.

윤리적 문제를 야기하는지를 개괄적으로 살펴보았다. 이미 밝혔듯이, 이 모든 윤리 물음이 정의 문제인 것은 아니다. 분배적 정의 및 처벌적 정의가 암시하듯이, 정의는 대체로 분배 내지 처벌과 연관되어 일어난다. 즉, 인간 유전정보에 관련하여서도 분배 내지 처벌의 물음이 발생하기도 한다. 일반적으로 인간 유전체에 관한 생명공학 연구 및 그 결과물 활용에 있어서 제기되는 정의 물음은 크게 다섯 가지로 나누어 볼 수 있다.[15)]

첫째, 유전체 연구 자체의 정의 물음 : 인간게놈 프로젝트에서 알 수 있듯이 유전체 연구는 '거대과학(big science)'으로 엄청난 연구비가 소요된다. 연구비 할당에 있어서 다른 연구에 비해 유전체 연구에 엄청나게 많은 국가 예산을 투자하는 것이 공평한가?[16)]

둘째, 유전체 연구 과정의 정의 물음 : 일부 인간 유전체 연구는, 유전자 치료에서 알 수 있듯이, 인체 대상 실험을 전제하고 있다. 연구 과정에서 고아나 죄수와 같은 사회적 약자가 희생당하지 않는가?

셋째, 인간 유전정보의 정의로운 사용 물음 : 유전체 연구는 결

---

15) 일부 학자들은 유전체 연구와 관련된 분배적 정의 물음을 필자와 달리, 유전자 차별, 유전정보 접근권, 보건의료와 유전적 자질 함양, 기술 후진국의 유전정보 활용 허용의 물음, 시장 원칙에 따른 유전공학 연구 및 기술 개발, 장애아 출생에 관한 유전적 간섭의 물음 등 여섯 가지로 분류하기도 한다. 이에 관한 자세한 논의는 A. Buchanan, et al., *From Chance to Choice: Genetics & Justice*(Cambridge: Cambridge University Press, 2000), pp.61-63을 참조하라.

16) 특히 국제간에 부담과 이익 분담이란 국제적 정의 물음도 간과할 수 없는 철학적 물음이다. 즉, 부담의 공평성(fairness in burden sharing), 혜택의 공평성(fairness in benefit sharing), 그리고 이익 공유의 공평성(fairness in profit sharing) 등의 물음이 국가 간에 발생할 수 있다. K. Lebacqz, "Fair Shares: Is the Genome Project Just?", T. Peters, ed., *Genetics: Issues of Social Justice*(Cleveland: The Pilgrim Press, 1998), p.82 참조.

국 인간에게 유전정보를 제공한다. 이 정보는 선용될 수도 악용될 수도 있다. 그렇기 때문에 인간 유전정보의 정의로운 사용이 문제된다. 즉, 고용이나 보험과 같은 분배 몫을 결정하는 데 유전자 정보를 이용하는 것이 정의로운가? 장기 분배에서 수혜자를 결정하는 데 유전정보를 활용하는 것은 정의로운가?

넷째, 유전공학기술 개발의 정의 물음 : 유전체 연구는 장기적으로 인간에게 유용한 유전공학기술 내지 의술 개발을 그 목적으로 한다. 유전공학기술은 그 종류가 다양하며 연구비의 제한으로 동시에 이루어질 수도 없다. 그러면 어떠한 유전공학기술 개발에 우선성을 두는 것이 정의로운가?

다섯째, 유전자 분배의 정의 물음 : 이제까지 유전자는 주어진 것이었으나, 이제는 인간 통제권 영역 내로 들어옴으로써 인간이 의도적으로 분배할 수 있게 되었다. 그러면 유전자를 어떻게 분배하는 것이 정의로운가?

이처럼 유전체 연구와 관련된 정의 물음은 유전정보의 활용뿐만 아니라 유전공학적 힘의 사용과 관련되어서도 일어난다. 또한 이러한 정의 물음은 상호 연관되어 있을 뿐만 아니라 각 물음들은 그 자체로 중대한 철학적 함의를 지닌다. 이 모든 물음들이 새로운 정의 물음인 것은 아니다. 즉, 마지막 유전자 분배의 정의 물음을 제외한 나머지 물음들은 분배적 정의에 관한 고전적 물음들로 다만 그 양상이 새로울 따름이다.17) 그러니까 유전자 분배의 물음은 정의의 영역을 확장할 것을 요구하지만, 나머지 물음들은 기존의 분배적 정의 물음의 틀 내에서 우리는 철학적으로 논의할 수 있다. 그렇다고 기존 정의론을 그대로 유전공학과 관련된 분배적

---

17) A. Buchanan, et al., *From Chance to Choice: Genetics & Justice*, p.62.

정의 물음에 연역적으로 적용하여 그 해결책을 강구해야 한다는
말은 결코 아니다. 반대로 유전공학이 제기하는 새로운 양상의 물
음들이 기존 정의론에 대한 새로운 도전이 될 수도 있다. 자연적
자산에 대한 인위적인 간섭인 유전자 분배는 아직 기술적으로 현
실화되지 않았지만, 유전정보의 활용은 이미 현실화되어 사회적
이슈로 부각되고 있기 때문에, 여기서 필자는 유전정보의 활용과
관련된 세 번째의 정의 물음을, 특히 유전자 차별에 국한하여 논
의하고자 한다.18)

먼저 인간 유전정보가 분배 몫을 결정하는 데 어떻게 이용될
수 있는지 두 가지 예를 들어 살펴보자.

[사례 1]
회사 갑은 24세 청년 A에게 유전자 진단서를 요구하였다. 유전자
진단서에는 A가 심장병 유발 유전자에 대해 양성 반응을 보였음이
기록되어 있어, 회사 갑은 A의 입사를 취소하였다.

[사례 2]
K 박사는 인간 유전체 분야에서 탁월한 연구 업적을 남겨 노벨상을
수상하였다. 유전자 진단 결과 갑에게서 아주 우수한 창의성 유전자
가 발견되었다.

---

18) 그렇다고 필자가 유전자 진단의 긍정적 면을 무시하는 것은 아니다. 사실
질병 치료와 건강 증진이라는 공공선을 염두에 둔다면 유전자 진단 기술
개발은 생명공학자와 의료인을 포함한 우리 모두의 윤리적 의무이기도 하
다. 그래서 일부에서는 유전자 차별을 의도적으로 부각시키려는 노력은 유
전자 검사를 '악마화'하여 건강상 손실을 야기한다고 우려의 목소리를 내
고 있다. 즉, 유전자 차별에 대한 두려움은 과학적 근거가 불충분한 기우
에 불과하며, 또 예방 조치로 관련 법령을 제정하면 유전자 차별은 얼마든
지 예방할 수 있다고 이들은 주장한다. P. R. Reilly, "Genetic Discrimina-
tion", C. Long, ed., *Genetic Testing and the Use of Information*(Washing-
ton, D.C.: The AIP Press, 1999), p.107 참조.

위의 두 사례는 일반적으로 '분배적 정의(distributive justice)'의 영역에 속한다. 왜냐하면 위의 두 사례는 일자리와 노벨상이라는 나누어 줄 몫을 전제하고, 그 몫을 어떤 기준에 따라 할당하고 있기 때문이다. 일상인들은 [사례 2]에 대해서는 의문을 제기하지 않으면서 [사례 1]에 대해서는 '유전자 차별'이라고 강력하게 반발한다. 그러나 위의 두 사례는 근본 구조가 거의 유사하다. [사례 1]은 분배 몫이 배제되는 경우이고, [사례 2]는 그 반대로 분배 몫이 할당되는 경우이지만, 분배 몫의 배제와 할당의 근거는 모두 유전자이다. 물론 분배 결정에 있어, [사례 1]의 경우에는 유전자가 직접적인 요인으로 작용하고 있고, [사례 2]의 경우에는 유전자가 단지 간접적인 요인으로 작용하고 있을 따름이다. 하지만 [사례 2]에서 창의성 유전자와 우수한 연구 업적 사이에 밀접한 상관관계가 있음이 과학적으로 입증된다면, 두 경우 모두 유전자가 분배 몫의 할당에 결정적인 요인으로 작용하고 있음을 우리는 부인할 수 없다.

그렇기 때문에 우리는 위의 두 사례에 대해 각각, "A에 대한 회사 갑의 입사 취소는 정당한가?", "K 박사의 노벨상 수상은 정당한가?"라는 물음을 던질 수 있다. 이 물음에 답하는 데 있어서, 즉 분배 기준에 관한 철학적 논의에서 핵심적인 역할을 차지하는 요소가 '응분 자격(desert)'이라는 개념이다. 일단 분배 몫 할당의 긍정적 예로서 [사례 2]에 초점을 맞추어 응분 자격이란 개념이 무엇이며, 이 개념이 왜 유전정보의 정의로운 사용과 밀접한 관련성을 갖는지 살펴보자.

'응분 자격'이라는 개념은 세 가지 항을 지닌다. 할당될 몫이 주어진 경우, 첫째는 몫을 받는 '응분 주체(desert subject)'이고, 둘째는 그러한 몫을 받게 되는 이유에 해당되는 '응분 토대(desert base)'이며, 셋째는 응분 주체에게 할당되는 '응분 몫(desert allot-ment)'이다.[19] 그래서 우리는 응분 자격에 대해 다음과 같이 정식화할 수 있다. "X가 Z를 소유함으로 말미암아 Y에 대해 응분의 자격을 누리는 경우란 오직 X가 Z에 대해 응분의 자격을 지니는 경우뿐이다."[20] 여기서 X는 응분 주체이고, Z는 응분 토대이며, Y는 응분 몫이다. 이 정식화에서 알 수 있듯이, 응분 주체가 응분 몫에 대해 정당한 자격을 누리려면 응분 토대에 대해 자격을 지녀야 한다. 이를 하나의 삼단논법으로 표현하면 다음과 같다.

(1) 응분 몫은 응분 토대에 근거해서 분배되어야 한다.
(2) 응분 주체는 응분 토대를 지닌다.
    따라서 응분 몫은 응분 주체에게 분배되어야 한다.

위 삼단논법에서 응분 주체가 응분 몫에 대해 권리를 주장할 수 있으려면 전제 (1)과 (2)가 참임을 입증해야 한다. 응분 자격이란 개념을 받아들이게 되면, 전제 (1)은 정의(definition)이기 때문에 받아들이지 않을 수 없다. 따라서 우리는 전제 (2)가 참인가를 물어야 한다. [사례 2]에서 K 박사는 응분 주체이고, 노벨상은 응분 몫이며, 응분 토대는 연구 업적이다. 탁월한 연구 업적이 노벨상의 응분 토대가 된다는 점은 일단 받아들이자. 즉, K 박사가 연구 업적이라는 응분 토대를 지님은 사실이다. 하지만 우리는 "K 박사가 응분 토대에 대해 권리 주장을 할 수 있는 근거는 무엇인

19) D. Miller, "Desert and Merit", E. Craig, ed., *Routledge Encyclopedia of Philosophy*, vol. 3(London and New York: Routledge, 1998), p.23.
20) A. Zaitchik, "On Deserving to Deserve", *Philosophy and Public Affairs* 10(1977), p.372.

가?"를 철학적으로 묻지 않을 수 없다. 지금까지 우리는 K 박사가 후천적인 자기 노력의 결실로 연구 업적을 낳았다고 믿었기에 이런 의문이 제기되지 않았다. 즉, 이는 자연에다 인간 노동력을 투입하여 얻은 결과물은 그 노동력을 투입한 자의 소유가 된다는, 소유권에 관한 존 로크(J. Locke)의 노동혼입설에 그 뿌리를 두고 있다.

그러나 유전학의 발달로 인간 노력의 결과물과 유전자 사이에는 밀접한 상관관계가 있다는 새로운 사실이 밝혀지고 있다. 그로 인해 응분 토대의 정당성을 어떻게 확보하느냐의 물음이 제기된다. K 박사는 '창의성 유전자' 덕택에 탁월한 연구 성과를 거둔 것이 아닌가? 그렇다면 노벨상이란 응분 몫의 응분 토대는 연구 업적이 아니라 실제로는 유전자라는 결론이 나오지 않는가? 응분 몫, 응분 토대, 그리고 유전자의 상관관계를 우리는 다음과 같은 표로 도식화할 수 있다.

유전자

　+　　　→　성품, 자질　→　행위, 성과 등　→　응분 몫

환 경

물론 위의 표에서 응분 몫 앞의 '행위, 성과 등'이 응분 토대에 해당된다. 지금까지 우리는 성품이나 자질, 혹은 행위나 성과만을 응분 토대로 간주하였으며, 게다가 이런 응분 토대는 대체로 환경 ― 여기에는 개인 노력도 포함된다 ― 의 산물로 여겨졌다. 로크의 재산권 이론 및 이런 전제가 암묵적으로 받아들여졌기 때문에, 이러한 응분 토대는 의심의 여지가 전혀 없었다. 물론 아직 그 연구 성과는 초보 단계에 불과하지만, 일부 성품이나 자질, 혹은 행

위나 성과가 유전자와 밀접한 상관관계가 있음이 과학적으로 입증되고 있다. 이렇게 되면, 성품이나 자질, 혹은 행위나 성과가 응분 몫에 대한 합당한 응분 토대가 될 수 있다는 주장 속에는 유전자 역시 합당한 응분 토대가 될 수 있다는 전제가 함축되어 있다.

이 결론을 받아들이게 되면 [사례 1]에서 회사 갑의 유전자를 근거로 한 A의 입사 취소를 철학적으로 어떻게 평가해야 하는가? 이것이 최근 유전자 윤리학의 태동과 더불어 초미의 관심사로 부각되고 있는 '유전자 차별(genetic discrimination)'의 정당성 물음이다. 그러니까 분배 몫의 배제에 유전적 특성이 응분 토대로 기능할 수 있는가가 유전자 차별의 핵심적 물음이다. 일반적으로 유전자 차별은 다음과 같이 정의된다.

단지 정상 게놈과 다른 유전적 특성을 실제로 지녔다는 혹은 지닌 것으로 인정되었다는 이유로 특정 개인이나 그 가족에 대한 차별을 말한다. 유전자 차별은 유전자 변형으로 야기된 장애에 근거한 차별과는 구분된다. 즉, 유전자 차별에는 차별 행위가 이루어진 당시 이미 유전적 질병을 앓고 있는 개인에 대한 차별은 포함되지 않는다.[21]

위의 정의에서 알 수 있듯이, 차별 행위가 이루어진 시점에 이미 유전자로 인해 장애나 질병을 앓고 있는 개인에 대한 차별은 유전자 차별에 포함되지 않는다. 즉, 우리는 유전자 차별을 정의

---

21) Billings, et al., "Discrimination as a Consequence of Genetic Testing", *American Journal of Human Genetics* 50(March, 1992), p.477. 물론 여기서 유전자 '차별'이란 개념 자체가 윤리적으로 부정적 의미를 함축하고 있어 보인다. 더 중립적인 용어로 풀어 쓰면, '유전자를 이유로 다르게 대우함'으로 표현할 수 있으나, 필자는 여기서 일상적 용어를 그대로 사용하고자 한다.

하는 데 있어서 유전자형(genotype)과 표현형(phenotype)을 혼동하는 오류를 범해서 안 된다.[22] 유전자와 관련된 차이라고 해서 모두 유전자 차별인 것이 아니다. 유전자형이 환경과의 상호작용에 의해 표현형으로 드러났다면, 그 표현형에 근거한 차등 있는 대우는 유전자 차별이라고 말하기 어렵다. 이러한 경우 유전정보는 단지 장애나 질병을 손쉽게 과학적으로 알려 주는 하나의 징후에 지나지 않는다. 이는 오히려 장애인이나 유전적 질병을 실제로 앓고 있는 자에 대한 차별 물음의 연속선상에서 논의되는 것이 합당하다. 질병이나 장애와 같은 표현형이 나타나지 않았음에도 불구하고, 단지 유전자형에 의거해서만 분배 몫을 배제하거나 혹은 할당할 경우 유전자 차별 물음이 발생한다.

따라서 누군가가 보험 가입이 거부되었다고 해서, 혹은 평균 이상의 보험료를 요구받았다고 해서 무조건 차별을 받았다고 주장할 수는 없다. 그 사람이 통계학적인 위험도 분류에서 어떤 그룹에 속하느냐에 따라 보험사는 다르게 취급할 권리를 갖기 때문이다.[23] "같은 것은 같게 대우하고 다른 것은 다르게 대우하라. 단 다르다는 것을 입증하지 못하면 같게 대우하라."는 정의에 관한 아리스토텔레스의 형식적 원리에 따를 경우, 일단 유전자가 다르다는 사실은 다르게 대우할 수 있는 조건부적 이유를 제공한다. 문제는 유전자가 분배 몫을 할당하는 데 '관련 있는 도덕적 고려 사항'인가의 물음이다. 예를 들어, 피부색이나 남녀 성의 차이가 존재함에도 불구하고 우리는 피부색을 이유로, 혹은 성의 차이를

---

22) Deborah Hellman, "What Makes Genetic Discrimination Exceptional?" *American Journal of Law and Medicine* 29(2003), p.81.

23) Tom Sorell, "The Insurance Market and Discriminatory Practices", J. Burley & J. Harris, eds., *A Companion to Genethics*(Oxford: Blackwell, 2002), p.400.

이유로 분배 몫을 결정할 수 없다. 그렇다면 유전자도 피부색이나 성과 같은 범주에 속하는가? 같은 범주에 속한다고 한다면 인종 차별이나 성차별이 도덕적 비난의 대상이듯이, 유전자 차별 역시 윤리적 비난을 면하기 어려울 것이다. 우리는 여기서 자신의 통제 밖이라고 해서 무조건 책임이 면제되는 것은 아니라는 점을 지적하고자 한다. 예를 들어, 한 여행객이 미 달러를 보유하고 있다가 환율 인하로 경제적 손실을 입었다고 하자.24) 환율 인하는 그 여행객의 통제 밖 사항이다. 그럼에도 여행객은 환율 인하에 따른 손해에 대해 책임을 져야 한다. 마찬가지로 유전자가 그 개인 당사자의 통제 밖 사항이라고 해서 곧바로 그 개인은 자신의 유전자로 인한 불이익에 대해 책임이 없다는 결론은 나오지 않는다. 유전자로 인한 혜택 내지 부담이 정당한지는 윤리학적 검토가 필요하다.

따라서 우리는 유전자의 특성이 무엇인지 고려하지 않을 수 없게 되었다. 흔히 유전자는 '생명의 책(book of life)' 혹은 '미래 일기(future diary)'에 비유되곤 한다. 물론 유전자 결정론(genetic determinism)은 참이 아니지만, 유전자가 인간의 질병, 신체적 조건, 정신적 능력 그리고 생명과 직간접적인 상관성을 지닌다는 '유전자 상관주의(genetic correlationism)'마저 우리는 부인할 수 없다. 유전자와 질병의 상관성은 유전자에 따라 다르며, 또한 질병과 유전자의 상관성이 항상 일대일의 원인과 결과의 관계인 것도 물론 아니다. 유전자 하나가 하나의 기능만 갖는 것도 아니고, 또 하나의 기능에 여러 유전자가 복합적으로 작용하기 때문이다. 게다가 유전자형이 표현형으로 현실화되는 데도 대부분의 경우

---

24) 이 비유는 소렐의 논문에서 원용하였다. Ibid., p.401.

다른 유전자 및 환경과의 상호작용이 필수적으로 요구된다.

하지만 유전자 진단을 통해 얻을 수 있는 유전정보는 크게 세 가지 유형으로 분류될 수 있다.[25] 첫째는 '열성형질 유전자(recessive gene)'이다. 어떤 개인이 열성형질 유전자를 지녔다는 말은 그 당사자에게는 발병하지 않으나, 테이삭스병(Tay-Sachs Disease)이나 겸상적혈구성 빈혈(sickle-cell anemia) 등의 질병에서처럼, 그 후손에게 그 유전자와 상관된 질병을 물려줄 수 있다는 것을 의미한다. 둘째는 '결정 유전자(determinative gene)'이다. 이런 유전자를 지닌 개인은, 비록 그 시기를 정확하게 예측할 수는 없지만, '미래에 언젠가' 그 유전적 특성과 관련된 유전적 질병에 걸리게 된다는 점을 확실하게 혹은 거의 확실하게 알려 준다는 의미에서 예견적(predictive)이다. 예를 들어, 4번 염색체에 CAG가 39회 이상 반복되면 그 개인은 반드시 헌팅턴병(Huntinton's Disease)에 걸리게 된다. 이는 정말로 "칼뱅도 상상하지 못한 결정론적이며 예정된 운명이다."[26] 셋째는 '우연 유전자(contingency gene)'이다. 이 유전자는 단지 관련된 질병에 걸릴 위험도가 확률적으로 높다는 것만을 알려 준다.[27] 이는 유전자형이 표현형으로 나타나

25) D. A. Peters, "Risk Classification, Genetic Testing, and Health Care: A Conflict between Libertarian and Egalitarian Values?", T. Peters, ed., *Genetics: Issues of Social Justice*, p.205.

26) M. Ridley, *Genome: The Autography of a Species in 23 Chapters*, 하영미 외 옮김. 『게놈: 23장에 담긴 인간의 자서전』(김영사, 2001), p.71.

27) 이는 두 번째의 결정 유전자를 진단하는 '선징후적 검사(presymptomatic test)'와 달리 '이환성 검사(susceptibility test)'라 종종 불린다. N. E. Kass, "The Implication of Genetic Testing for Health and Life Insurance", M. A. Rothstein, ed., *Genetic Secrets: Protecting Privacy and Confidentiality in the Genetic Era*(New Haven and London: Yale University Press, 1997), p.303.

는 침투 정도가 불완전하기 때문에 나타나는 현상이다. 불완전한 침투(incomplete penetrance) 특성을 지닌 유전적 결함의 경우, 이를 똑같이 지녀도 어떤 사람에게는 그 유전병이 발현되고 다른 어떤 사람에게는 발현되지 않을 수도 있다. 한 예로서, 조울증 유전자나 관절염 및 자가 면역 현상 유전자 등은 이런 우연 유전자 범주에 속한다. 현재 3백 개 이상의 이런 우연 유전자가 발견되었으며 빠른 속도로 추가 발견이 이루어지고 있다. 우연 유전자는 일반적으로 환경과의 상호작용에 의해 발현되기 때문에, 어떤 사람이, 예를 들어, 조울증 유전자를 지녔다고 해도, 섭생이나 운동 등으로 예방하면 조울증에 걸리지 않을 수가 있다.

3. 유전자 차별: 보험

문제는 바로 결정 유전자 및 우연 유전자의 경우에 발생한다. 유전자 차별은 고용, 교육, 보험 등 다양한 영역에서 이미 실제로 일어나고 있다. 유전자 차별에 대한 시민의 아우성은 일종의 '그들/우리' 구분 현상(them-us phenomena)이다.[28] 장애우나 능력 결함자를 다르게 대우하는 것은 이해할 만하지만, 단지 특정의 유전자를 지녔다는 이유로 어떤 사람을 차별하는 것은 그 사람을 '우리'가 아닌 '그들'로 낙인찍는 것에 해당된다. 이런 유전자 차별은 정당한가? 여기서는 유전자 차별 일반의 윤리적 정당성 물음을 논하지 않고, 보험에서의 유전자 차별에 한정하여 논의할 것이다. 왜냐하면 일반적으로 유전자에 근거한 특정의 차별 행위나 정책의 정당성 물음은 차별의 맥락(the context of discrimination)이 어

---

28) M. Mehlman & J. R. Botkin, *Access to the Genome: The Challenge to Equality*(Washington, D.C.: Georgetown University Press, 1998), p.165.

떠한가, 관련 당사자들의 권리 및 이해관계가 무엇인가, 차별의 형태(type) 및 이에 적용되는 조건부적인 윤리 원칙들은 무엇인가 등을 고려하지 않고서는 논의될 수 없기 때문이다.[29] 보험사들은 유전자 차별은 단지 이론적인 기우에 불과하다고 주장하지만, 보험에서의 유전자 차별에 관한 논쟁은 이미 현실화되었을 뿐만 아니라 정의의 이념에 중대한 위협 요인으로 작용하고 있다. 왜냐하면 건강보험이든 생명보험이든, 보험은 그 원인과 상관없이 발생한 결과에 따라 보험료를 지불하는데, 유전자는 인종이나 성과는 달리 건강이나 생명과 필연적 혹은 확률적 상관관계를 지니기 때문이다. 그래서 필자는 보험에서의 유전자 차별의 정당성 물음을 하나의 예를 들어 논의하고자 한다.

[사례 3]
27세 F 양이 건강보험에 가입하려고 하자 C 보험사는 F 양에게 평균 이상의 보험료 납부를 요구하였다. 그 이유를 묻자 C 보험사는 F 양에게 유방암 유발과 관련 있는 유전자가 있기 때문이라고 답하였다. 물론 F 양은 유전자 진단서를 제출한 바 없었다.[30]

---

29) Veiko Launis, "Genetic Discrimination", T. McGleenan, U. Wiesing, & F. Ewald, eds., *Genetics and Insurance*(Oxford: BIOS Scientific Publishers Ltd, 1999), pp.43-44 참조.

30) 유전자 차별을 받을 개연성이 높은 집단은 그 특성상 다섯 종류로 분류된다. ① 특정 열성 유전자 내지 X 염색체 관련 유전적 특성(linked genetic conditions) 보균자이지만 그 징후가 나타나지 않는 개인, ② 증상이 나타나기 전에 치료될 수 있는 혹은 그 징후를 손쉽게 관리하여 중대한 건강 문제가 발생하지 않을 수 있는 개인, ③ 오직 특정의 환경적 요인에 노출될 경우에만 건강에 악영향을 미치는 유전적 변이를 갖고 있는 개인, ④ 질병을 유발시키는 것으로 알려지지 않은 유전적 다형(genetic polymorphisms)을 지닌 개인, ⑤ 이러한 유전적 특성을 지닌 개인의 친척들. W. R. Uhlmann & S. F. Terry, "Perspectives of Consumers and Genetics Professionals", M. A. Rothstein, ed., *Genetics and Life Insurance*(Cam-

위의 사례에서 우리는 우선 F 양의 의무 기록이 유출된, 즉 환자에 대한 비밀 유지 의무가 지켜지지 않아 사생활이 침해되었다는 윤리적 문제를 제기할 수 있을 것이다.[31] 다른 의료정보에 비해 한 개인의 유전정보는 그 당사자의 이해관계 및 권리 보호와 밀접한 연관성을 지니므로 유전적 사생활은 보호되어야 한다.[32] 그뿐만 아니라 보험 가입 조건으로 강요되는 의무적인 유전자 검사는 개인의 자율권을 침해한다는 비판이 가능하다.[33] 하지만 필

bridge, Massachusetts: The MIT Press, 2004), pp.150-151 참조.

31) 한 예로서, 유전자 차별에 대해 로스스타인과 앤델릭은 보챔과 칠드레스가 제안한 생명의료윤리의 원칙 – 자율성(Autonomy), 정의(Justice), 그리고 선행(Beneficience) – 을 적용하여 법적 규제의 물음을 논의하고 있다. M. A. Rothstein & M. R. Andelik, "What is Genetic Discrimination, and When and How can It be Prevented?", *Genetics in Medicine* 3, no. 5 (2001), pp.354-358 참조.

32) 유전적 사생활과 관련된 개인의 중대한 이해관계는 크게 네 가지이다.
(1) 개인의 사회적, 경제적 복지의 보호 : 민감한 개인의 의료정보가 유출되면 그 당사자는 고용기회의 상실 내지 보험 해지 등의 사회적, 경제적 불이익을 당할 수 있다.
(2) 개인의 심리적 이해관계 : 유전정보 누설은 그 당사자 개인의 자존감 및 사회 적응 능력에 지대한 영향을 미친다.
(3) 관계적 이해관계(relational interests) : 사적인 친밀한 인간관계 형성의 본질적 요소 가운데 하나가 특정 정보의 배타적 공유이기 때문에, 유전정보의 유출은 곧 이러한 인간관계의 파괴를 가져올 수 있다.
(4) 자율성 보호라는 이해관계 : 예를 들어, 병원 진료 카드에 기록된 유전적 의료정보가 누설될 경우, 그 당사자는 건강보험 가입이 어렵지 않을까 하는 두려움 탓으로 직업 변경을 망설일 수 있다.
이에 관한 자세한 논의는 M. Powers, "Justice and Genetics: Privacy Protection and the Moral Basis of Public Policy", M. A. Rothstein, ed., *Genetic Secrets: Protecting Privacy and Confidentiality in the Genetic Era*, pp.357-359 참조.

33) N. E. Kass, "The Implication of Genetic Testing for Health and Life Insurance", M. A. Rothstein, ed., *Genetic Secrets: Protecting Privacy and Confidentiality in the Genetic Era*, p.306.

자는 보험사가 개인의 유전자를 위험도 평가의 한 요인으로 사용하여 보험료를 책정하는 것이 과연 정의 원칙과 일치하는지 물음에 논의의 초점을 맞추고자 한다. 즉, C 보험사가 F 양에게 유전자를 근거로 평균 이상의 보험료를 요구한 것은 정의로운가? 먼저 보험료 책정에 유전정보를 활용하는 것은 정의 원칙에 어긋나지 않을 뿐 아니라 오히려 정의롭다는 주장부터 살펴보자.

보험사는 위험도 평가(underwriting)에 근거하여 각 개인에게 보험료를 할당한다. 원래부터 "보험은 불확실한 위험에 대비하여 유대감(solidarity)과 형평성(equity)이라는 두 가지 상호 보완적인 원칙에 그 토대를 두고 있다. 유대감은 비용과 관련하여 책임과 이득을 관련된 집단 전체가 함께 나누어 갖는 원칙을 말하며, 반면에 형평성은 각 개인의 기여 부담은 알려진 위험도와 상당한 정도로 비례해야 한다는 원칙을 말한다."[34] 보험의 이러한 근본 취지에 비추어 보건대 위험도 평가는 형평성 원칙과 관련된다. 형평성과 평등은 서로 다른 개념이다. 평등 개념은 나이가 많든 적든, 혹은 건강하든 건강하지 않든, 모든 보험 가입자에게 동일한 보험료를 요구하지만, 형평성 개념은 예상 위험도에 따른 차등 있는 보험료 할당을 정당화해 준다. 즉, 보험사는 각 개인의 질병과 수명에 대한 객관적인 평가에 근거하여 보험료를 할당한다. 그래서 예상 위험도가 유사한 보험 계약자에게는 비슷한 보험료가 적용되지만, 예상 위험도가 다를 경우 보험료에 차등을 두는 것은 형평성 원칙에 어긋나지 않는다. 보험사는 형평성을 유지하기 위해 보험료 할당에 차등을 둘 수 있고 또 그렇게 해야만 한다.[35] 실제

34) P. S. Harper, "Insurance and Genetic Testing", *The Lancet* 341(1993), p.224.

35) R. J. Pokorski, "Use of Genetic Information by Private Insurers", T. F.

로 보험사에서는 현재 나이, 개인의 건강 상태, 당사자나 가족 병력사, 직업, 콜레스테롤 수치, 음주, 흡연 등을 고려하여 위험도를 평가하고 있다. 다만 공평하지 못한 차별이 문제일 따름이다.

그러면 유전자는 위험도 평가의 한 요소가 될 수 있는가? 유전자는 개인 책임이 아닌, 개인의 통제를 벗어나 주어진 것이 아닌가? 위험도 평가에 도움을 주는 특성이라 할지라도, 개인 통제를 벗어난 인종, 성 등의 요소는 위험도 평가에서 제외되어야 한다는 도덕적 명령을 받아들이면, 자기 통제 밖의 유전자 역시 위험도 평가에서 제외되어야 하지 않는가? 하지만 유전자는 성이나 인종과 그 특성이 근본적으로 다르다. 왜냐하면 인종이나 성은 개인의 수명이나 건강과 본질적 상관관계가 없다는 것이 과학적으로 밝혀졌지만, 유전자는 수명이나 건강과 본질적 상관관계가 있다는 것을 생명과학이 입증하고 있기 때문이다. 또한 보험사는 질병 발생에 대해 그것이 개인 책임인지 아닌지를 묻지 않는다. 나아가 질병 발생을 그 개인이 통제할 수 있었느냐의 물음 역시 보험사의 입장에서는 중요하지 않다. 왜냐하면 발병하면, 고의가 아닌 한, 그 원인과 상관없이 그리고 그 원인에 대한 개인 통제력 여부와 상관없이, 보험사는 약관에 따라 보험금을 지급해야 하기 때문이다. 게다가 보험사는 이미 실제로 가족 병력사 등을 통해 유전적 요인을 위험도 평가에 고려하고 있다. 유전공학의 발달은 불확실한 유전정보를 더 정확하게 만들어 줄 따름이기 때문에, 유전정보는 기존의 위험도 평가 요소와 본질적으로 다를 바가 없다.36) 그

Murphy & M. A. Lappe, eds., *Justice and the Human Genome Project*, p.92.

36) 생명윤리학계에서는 유전정보가 다른 의학적 정보와 본질적으로 차이가 있는지에 관한 논의가 뜨겁다. '유전자 예외론(Genetic Exceptionalism)' 논쟁이 바로 그것이다. T. H. Murry, "Genetic Exceptionalism and 'Future

렇기 때문에 유전자가 비록 개인 통제력을 넘어선다 해도, 질병이나 건강과의 상관성이 높다면 위험도 평가의 한 요소로 고려하는 것은 형평성 개념과 결코 어긋나지 않는다고 말할 수 있다.[37]

반대로 만약 유전자 진단 의술이 발달하여 각 개인은 자신의 유전적 특성에 대한 정확한 유전정보를 지님에도 불구하고 보험사가 이런 유전정보를 위험도 평가에 이용하지 못한다면 어떤 현상이 발생하는가? '모럴 해저드(moral hazard)'로 인한 '역선택(adverse selection or antiselection)'의 문제가 발생할 것이다. 정보의 비대칭성(asymmetry of information)[38]으로 발생하는 역선택은 "위험도 평가 시스템에서 자기 자신 또는 타인이 직접적 이득 또는 간접적 이득을 얻기 위해 취해진 개인의 행위"로 정의된다.[39] 즉, 유전자 진단 의술이 발달하여 유전정보를 개인은 자유롭게 이용할 수 있는 반면에 보험사는 유전정보 접근이 금지될 경

Diaries': Is Genetic Information Different from Other Medical Information?", M. A. Rothstein, ed., *Genetic Secrets: Protecting Privacy and Confidentiality in the Genetic Era*, pp.60-73 참조. 이론적 논의와 상관없이 유전정보를 다른 의학적 정보와 구분하여 취급하는 데에는 몇 가지 실천적 어려움이 있다. 첫째, 무엇이 '유전적(genetic)'인지를 정확하게 정의 내릴 수 없다. 둘째, 정의가 가능해도 유전정보와 그 밖의 다른 보건의료 정보를 구분하기는 현실적으로 불가능하다. 셋째, 유전정보를 분리하게 되면 특정의 유전 상태에 대해 도덕적 낙인을 찍게 되고, 나아가 유전자 환원주의 내지 유전자 결정론의 구실을 마련해 주게 된다. 이에 관한 자세한 논의는 M. A. Rothstein & M. R. Andelik, "What is Genetic Discrimination, and When and How can It be Prevented?", p.357을 참조하라.

37) 물론 보험 약관에는 보험금 지급 거절에 관한 단서 조항(preexisting condition)이 있다.

38) Tony McGleenan, "Genetic Testing and the Insurance Industry", T. McGleenan, U. Wiesing, & F. Ewald, eds., *Genetics and Insurance*, p.58.

39) R. J. Pokorski, "Insurance Underwriting in the Genetic Era", *Cancer 80*, no. 3(1997), p.590.

우, 어떤 개인이 건강이나 수명과 관련된 위험 유전자 보균자임을 알게 되면 미래를 대비하여 그 사실을 숨긴 채 적은 비용으로 건강보험 내지 생명보험에 여럿 가입하려고 할 것이다. 이렇게 되면 보험사가 보험 계약자로부터 역으로 선택을 당하게 되는 현상이 발생한다. 이처럼 역선택은 "선택하라. 그렇지 않으면 역으로 선택을 당한다."라는 명제로 정식화할 수 있다.[40] 보험사로 하여금 유전정보를 이용할 수 없도록 규정할 경우, 인간의 이기적 본성을 고려한다면, 이는 거의 실천적 필연에 가깝다. 보험시장 붕괴를 낳지는 않았지만, 1980년대 영국에서는 HIV 양성 반응자들이 이를 숨기고 보험에 가입한 실례가 있다.

　이런 역선택이 비일비재하게 되면 어떤 일이 발생할까? 위험도에 따라 보험사가 보험료를 부과하지 않는다면 결국 표준 보험료를 지불하는 건강한 개인, 비유전적인 건강상의 이유로 표준 이상의 보험료를 지불하는 보험 계약자, 그리고 유전정보가 제대로 평가된 대부분의 보험 계약자가 손해를 볼 것이다.[41] 왜냐하면 역선

---

40) D. A. Stone, "The Implications of the The Human Genome Project for Access to Health Insurance", T. H. Murry, et al., eds., *The Human Genome Project and the Future of Health Care*, p.136.

41) 위험도 평가에 유전정보 활용을 금지한다 해도 보험사는 '대체 정보(proxy information)'를 활용하기 때문에, 유전적 특성이 암암리에 위험도 평가에 이용되고 있다고 할 수 있다. 예를 들어, 미국 캘리포니아 주에서 AIDS에 관한 HIV-항체 검사를 하지 못하도록 입법화하자, 보험사는 AIDS 감염 여부에 대한 정보로 항체 검사 대신에 동성애 성향을 활용하여 위험도를 평가하고 그에 따라 보험료를 차등 책정하였다. 위험도를 알 수 있는 정확한 정보원 대신에 활용되는 '의사 정보'를 대체 정보라 한다. 심지어 보험사들은 게이들이 집중적으로 살고 있는 지역을 대체 정보로 활용하기도 하였다. 현재 보험사가 위험도 평가에 이용하고 있는 가족 병력이나 의무 기록 역시 개인의 유전정보에 관한 대체 정보의 하나이다. 예를 들어, 본인은 헌팅턴병의 징후가 없지만 가족 가운데 이 질병을 앓은 경력이 있는 보험 가입자들이 있다고 하자. 유전자 검사를 실시하지 않을 경우, 아무도

택으로 인해 보험금 지급액이 증가하여 보험사의 재정 상태를 악화시켜, 극단적인 경우에는 보험사의 파산과 나아가 보험체계 자체의 붕괴를 가져올 수도 있기 때문이다.[42] 재정 상태 악화는 평균 보험료 상승을 가져오고, 이렇게 되면 위험 발생 시 얻게 되는 이득에 비해 지불해야 하는 보험료가 합당한 수준을 넘게 될 것이다. 이러한 보험료 부담의 악순환은 단순한 이론적 가능성이 아니라 실제로 미국에서 일어났으며 또 최근에도 일어나고 있다.[43] 그래서 일부 학자는 유전정보를 은폐하고 보험에 가입하는 행위를 자신의 진짜 나이를 숨긴 채 젊은이에 해당되는 보험료를 납부하는 나이든 사람의 행위와 유사하다고 비난한다. 이렇게 보면 유전정보를 위험도 평가에 활용하지 않는 것이 오히려 형평성 원칙에 어긋나 보인다.[44]

보험사의 유전정보 획득의 필요성에 대한 이러한 옹호 논변은 바로 '보험상의 공평성(actuarial fairness)' 개념에 그 토대를 두고 있다. 이는 상업적인 거래에서 적용되는 위험(risk) 개념을 보험에 적용한 것으로, 보험사들은 공평성을 "자기 자신의 위험의 질에

이 사람들이 헌팅턴병 유전자를 물려받았는지 알지 못할 것이다. 그럼에도 불구하고 보험사는 여전히 가족 병력이라는 대체 정보를 이용하여 이 사람을 잠재적인 헌팅턴병 환자로 간주할 것이다. 이렇게 되면 그 가족들은 모두 도매금으로 위험도가 높은 집단으로 분류되어 합당한 저율의 보험료를 내기가 상당히 어렵게 될 것이다. 하지만 유전자 검사가 헌팅턴병 유전자를 보유하지 않았다는 것을 입증해 주면, 그 가족들은 각자의 위험도에 따라 보험료가 적정 수준으로 낮아질 것이다. Ibid., pp.137-139 참조.

42) Roberta B. Meyer, "The Insurer Perspective", M. A. Rothstein, ed., *Genetics and Life Insurance*, p.30.

43) R. J. Pokorski, "Use of Genetic Information by Private Insurers", pp.94-95 참조.

44) Ibid., p.102.

따라 피보험자가 보험료를 지불하는 것"으로 정의한다.[45] 그렇기 때문에 위험도가 동등한데 다르게 취급되거나 위험도가 서로 다른데 평등하게 취급될 때 불공평의 물음이 야기된다. 보험사는 피보험자를 공평하게 대우해야 할 책임이 있다. 그러자면 보험사는 피보험자 각자의 위험도를 가능한 한 정확하게 평가해야 하는데, 의료정보는 위험도 평가의 최선책이다. 완벽한 예방의학 정보(predictive medical information)를 갖는다면, 각자는 자신의 보건의료 비용을 정확하게 지불하게 될 것이다. 유전의학이 예방의학 내지 맞춤의학의 시대를 열어 준다는 주장에서 알 수 있듯이, 각 개인의 유전정보는 그 어느 정보보다도 예방의학적 성격을 강하게 지니고 있다. 따라서 보험사가 주장하는 공평성 개념을 받아들일 경우 우리는 보험사가 위험도 평가에 유전정보를 활용하고 나아가 유전정보에 근거하여 보험료를 차등 할당하는 데 대해서 반대하기가 어렵게 된다.

유전정보 활용을 옹호하는 지금까지의 논증은 공평성, 그것도 보험사가 주장하는 공평성 개념에 근거하고 있다. 이를 하나의 논변 형식으로 정식화하면 다음과 같다.

(1) 보험사는 공평성을 유지해야 한다.
(2) 공평성은 피보험자의 위험도에 따라 보험료가 책정될 때 유지된다.
(3) 따라서 보험사는 위험도에 따라 보험료를 달리 책정해야 한다.
(4) 유전적 특성은 각 개인의 위험도와 밀접한 상관성을 지닌다.

45) K. A. Clifford & R. P. Iuculano, "AIDS and Insurance: The Rationale for AIDS-Relating Testing", *Harvard Law Review* 100(1987), p.1810.

(5) 따라서 보험사는 유전적 특성에 따라 보험료를 달리 책정해야 한다.

(6) 그러므로 유전적 특성에 따른 보험료 차등 책정은 공평하다.

위의 논변에서 핵심은 전제 (2), 즉 공평성 개념이다. 그래서 대니얼스(N. Daniels)는 이를 '보험상의 공평성 논변(Argument from Actuarial Fairness)'이라고 부른다.[46] 실제로 이 논변에서 전제 (1)은 정의의 대원칙이다. 여기에 (2)를 받아들일 경우 (3)은 논리적 필연이고, (4)는 하나의 과학적 사실이기 때문에, (5)와 (6)은 논리적으로 귀결된다. 그렇기 때문에 보험에서 유전자 차별이 정의로운가의 물음을 논의하자면 우리는 전제 (2)를 문제 삼지 않을 수 없다.

'자신의 위험도에 따른 보험료 납부'라는 공평성 개념은 어디까지나 보험상의 공평성 개념임을 우리는 잊어서는 안 된다. 이는 현재 보험사가 실제로 받아들이고 있는 공평성 개념이지, 결코 보험사가 마땅히 따라야만 하는 공평성 개념은 아니다. 즉, 이는 규범적 의미의 공평성이 아니라 서술적 의미의 공평성일 따름이다. 그렇기 때문에 보험상의 공평성 개념은 보험제도에 있어서의 도덕적 공평성 확보를 위한 필요조건도 충분조건도 아니다. 우리는 보험상의 공평성 개념과 도덕적 공평성 개념을 결코 혼동하여서는 안 된다.[47] 그럼에도 불구하고 실제로는 보험상의 공평성 개념

---

46) N. Daniels, "The Human Genome Project and the Distribution of Scare Medical Resources", T. H. Murry, et al., eds., *The Human Genome Project and the Future of Health Care*, pp.179-180 참조.

47) Ibid., p.181.

이 서술적 의미를 넘어서 규범적 당위까지 함축하는 것으로 받아들여지고 있다. 다시 말해, 현재 보험사가 채택하고 있는 '표준적인 위험도 평가 관행(standard underwriting practice)'은 질병을 앓고 있거나 미래에 질병에 걸릴 위험도가 높은 자의 보험 가입을 거부하거나, 아니면 표준 보험료 이상의 높은 보험료를 요구하는 보험사의 이해관계에 충실한 관행일 따름이다. 이는 일반적으로 여러 가지 의학적 검사, 진단, 의무 기록, 기타 위험 징후 등에 의해 결정된다. 이 관행을 일부 학자들은 하나의 도덕적 정의로 받아들여, 마땅히 그렇게 할 의무가 보험사에게 있다고까지 주장한다. "보험사는 예상되는 손실 위험도가 동일한 보험 계약자는 평등하게 대우받아야 한다는 원리에 그 토대를 두고 설립되었다. 위험도 평가의 일차적 목적은 사망 및 질병과 관련된 미래 비용을 정확하게 예측하는 일이다. 보험사는 각 개인이 지닌 위험도에 따라 적합한 보험료를 책정함으로써 모든 보험 계약자를 공평하게 대우할 책임을 지닌다."[48] 이렇게 되면 위험도가 높은 자에 대해 보험사가 보험 가입을 거부하는 것은 하나의 도덕적 의무가 된다. 왜냐하면 위험도가 높은 자를 평균 보험료로 가입을 허용하는 것은 도덕적 당위인 공평성 원칙에 어긋나기 때문이다.

4. 유전자 차별과 노직의 권한 이론

하지만 보험상의 공평성 개념에서 도덕적 공평성 개념이 귀결되자면 몇 가지 도덕적 전제가 추가되어야 한다. 무엇보다 개인은 자신의 모든 개인적 특성 — 여기에는 질병 및 장애 가능성이 포

---

48) K. A. Clifford & R. P. Iuculano, "AIDS and Insurance: The Rationale for AIDS-Relating Testing", pp.1807-1809 참조.

함된다— 으로부터 발생하는 경제적 이득을 자유롭게 추구할 수 있는 권리를 지닌다는 전제가 추가되어야 한다.[49] 실제로 분배적 정의에 관한 논의에서 이런 강한 전제가 사용되고 있다.

(1) 개인차는 모두 그 개인의 자산이다.
(2) 개인은 각자의 자산으로부터 오는 이득을 취할 자유와 권리를 지닌다.
(3) 사회제도는 이러한 자유와 권리를 보장할 경우에만 정의롭다.

이러한 정의관을 받아들인다면, 의료보험제도 역시 각 개인으로 하여금 자신의 개인적 자산으로부터 오는 이득을 추구할 수 있게끔 조직되어야 할 것이다. 그래서 누군가가 우등 유전자를 지녀 건강이 양호하다면 이를 근거로 보험 가입에서 낮은 보험료 할당이라는 경제적 이득을 요구할 수 있을 것이다. 노직(R. Nozick)의 '권한 이론(entitlement theory)'은 바로 이러한 정의관을 주장한다. 노직에 따르면, 모든 사람이 응분의 자격을 가진 것을 소유할 때 정의가 실현된다. 그러면 응분의 자격은 어떻게 결정되는가? 이에 대해 노직은 취득과 이전의 원리를 제안한다. 즉, 그는 원초적 취득(original acquisition)과 양도(transfer)에 있어서 정의 원리에 따라 재화를 취득하거나 양도받는 자는 그 재화에 대한 권한을 가진다고 주장한다.[50] 물론 그는 재화의 취득과 양도 과정에서 부정의

---

49) N. Daniels, "The Genome Project, Individual Difference and Just Health Care", T. F. Murphy & M. A. Lappe, eds., *Justice and the Human Genome Project*, p.114.

50) R. Nozick, *Anarchy, State, and Utopia*(New York: Basic Books Inc, 1974), p.151.

가 발생할 경우 이를 바로잡기 위한 시정(rectification)의 원리를 제안하고 있다.

하지만 정의에 관한 노직의 주장은 사실 무엇이 정의로운지에 대한 실질적인 안내지침을 제공하지 않는다. 왜냐하면 취득과 이전에 있어서의 정의 원리가 무엇인지 전혀 언급이 없기 때문이다. 취득에 관해 노직은 로크의 노동혼입설을 따르고 있다. 즉, 로크에 따르면, 원래 자연 상태의 모든 것은 공유물(common)이었으나, 누군가가 이 자연 상태의 그 어떤 것에 노동을 투입하게 되면, 그것은 그 사람 개인의 소유, 즉 재산이 되어, 그는 그것에 대한 합당한 권리를 주장할 수 있게 된다. 왜냐하면 노동은 바로 그 사람의 정신과 신체로부터 나온 것이고, 정신과 신체는 바로 그 사람의 소유이기 때문이다.[51] 노동의 투입으로 소유가 성립된다는 로크의 주장을 노직은 노동의 투입이 "그 대상을 더 가치 있게 만든다(more valuable)."[52]라고 약간 수정하여 사용하고 있을 뿐 로크의 노동혼입설을 원용하고 있다. 이전에 있어서 중요한 요소는 자발적 동의이다. 즉, 취득에 대한 권한을 지닌 자가 자발적으로 동의하지 않는 한 우리는 그 소유물에 대해 그 어떤 요구도 할 수 없다. 여기에서 소위 노직의 '측면적 제한(side constraints)'이란 개념이 등장한다. '측면적 제한'이란 권리에 어떤 울타리가 있다고 인식하고, 권리 당사자의 동의 없이는 어떠한 경우에도 그 울타리를 열어 놓을 수 없다는 제한이다.[53]

노직의 이러한 권한 이론은 각 개인은 자신의 인격 및 그에 수

51) J. Locke, *Two Treatise of Government*(Cambridge: Cambridge University Press, 1967), sec.27.

52) R. Nozick, *Anarchy, State, and Utopia*, p.175.

53) 측면적 제한에 관해서는 Ibid., pp.30-33 참조.

반되는 모든 것에 대한 소유권을 갖는다는 생각에 그 뿌리를 두고 있다. 그는 사회적 실재(social entity)를 부정하고 개인의 '개별적 독립성(separateness of person)'을 강조한다.[54] 그렇기 때문에 그는 "각자에게 일정한 기준에 따라 분배가 이루어져야 한다."라는 정형적 정의론에 반대한다. 그뿐만 아니라 그는 복지국가가 지향하고 있는 재분배에 대해서도 재능과 기술에 대해 부당하게 세금을 가하는 것으로, 측면적 제한을 어긴 '강요된 노동(forced labor)'이라고 비판한다. 측면적 제한을 지닌 권리는 어떠한 경우에도 침범될 수 없는 자유주의 권리(libertarian rights)의 요체가 된다.[55] 그래서 그는 자본주의 사회에서 자본가와 노동자의 계약은 언제나 자발적이며, 빈궁한 자에 대한 구제는 오직 가진 자의 자발적 자선에 의해서만 가능하다고 주장한다.

이러한 정의론에 따를 경우, 각 개인은 후천적 노력을 통해 얻어지는 사회적 자산뿐만 아니라 천부적 자산에 대해서도 소유권을 갖게 된다. 개인의 재산권은 존중되어야 한다. 또 개인의 어떤 자유, 예를 들어 시장에 내다 팔 수 있는 자신의 능력이나 자질을 개인적 이득과 교환할 수 있는 자유는 비록 사회적 목적을 훼손한다 할지라도 어느 정도 존중되어야 한다. 각 개인은, 시장이 허용하는 한, 자신의 재능과 기술로부터 귀결되는 모든 혜택을 누릴 자격을 지닌다. 물론 노직은 어떤 사람이 소유물에 대한 권한을 갖는 것과 그 소유물에 대한 도덕적 응분을 구분하지만, 도덕적 응분이 아니라 해서 그가 그 자신의 재산에 대해 권한을 갖는다는 사실이 약화되지는 않는다.[56] 이렇게 되면 개인이 갖는 유전적 특

---

54) Ibid., pp.32-33.
55) 김주성, 「노직의 최소국가론 비판: 의무론적 정당성 확보의 실패」, 한국사회윤리연구회 편, 『사회계약론연구』(철학과현실사, 1993), p.496.

성 역시 그 개인에게 정당하게 귀속되고, 유전자로부터 얻어지는 재화에 대해서도 각자는 응분 자격을 요구할 수 있게 된다. 즉, 설사 창조적 유전자 덕택에 K 박사가 우수한 연구 업적을 쌓았다 해도, 그 업적에 대해 K 박사는 긍정적 의미의 응분 자격을 지닌 셈이다. 거꾸로 내가 유전자 이상으로 인해 질병에 걸렸다 해도, 나는 그에 대해 부정적 의미의 응분 자격을 갖기에 타인이나 국가에 대해 이에 대한 시정이나 보상을 요구할 수 없게 된다. 그렇기 때문에 유전적 특성을 고려하지 않고 모든 보험 계약자에게 보험료를 일률적으로 부담시키는 것은 정형적 정의론에 근거한 것으로, 보험 계약자가 자발적으로 동의하지 않는 한, 이 역시 일종의 재분배로 '강요된 노동'에 해당된다. 결국 보험상의 불공평은 동의 없이 개인의 사유재산을 몰수하는 것에 지나지 않는다.[57) 따라서 열등 유전자 보균자에 대해 보험사가 표준 보험료 이상을 요구하든지, 아니면 아예 보험 가입을 배제한다 해도 그것은 자발적이기 때문에 정의 원칙에 어긋난다고 말할 수 없다.

노직의 권한 이론은 결국 자연적 자산과 사회적 자산에 대한 응분 토대 인정에 근거하고 있다고 할 수 있다. 하지만 노직의 권한 이론은 상식적 직관과 어긋나는 불평등을 도덕적으로 정당화하고 있다는 비판을 받는다. 왜냐하면 노직 이론이 정당화하고 있는 중대한 불평등은 실상 원초적 상태에 있어서의 불평등에 그 뿌리를 두고 있는데, 이러한 불평등은 도덕적 정당화가 어렵기 때문이다. 인간은 천부적 재능에는 분명 차이가 있다. 인간은 결코 평등하게 태어나지 않는다. 이는 자연의 사실이다. 물론 노직의 권

---

56) 황경식, 『개방사회의 사회윤리』(철학과현실사, 1995), pp.88-89.
57) N. Daniels, "The Genome Project, Individual Difference and Just Health Care", p.115.

한 이론은 현재와 같은 유전공학적 지식이 얻어지기 이전에 정립된 이론이다. 노직이 생각한 것과는 달리 인간의 재능과 기술의 많은 부분이 천부적 자산, 특히 유전자와 밀접한 연관성을 지님이 밝혀지고 있다. 이제까지는 인간 노력의 산물로 간주되었던 것이 실제로는 유전자에 기인하는 것임을 과학이 입증하고 있다. "인간은 평등하다."라는 주장은 사실적 주장이 아니라 규범적 주장으로 일종의 도덕적 당위이다. 따라서 노직처럼 자연적 사실의 차이에 대한 응분 자격을 인정할 경우 평등의 이념 실현은 더욱더 어렵게 될 것이다.

각자는 자신의 천부적 재능에 대해 소유를 주장할 수 있다. 하지만 이로부터 곧바로 그 천부적 재능으로부터 얻어지는 재화나 능력에 대해 응분 자격을 지닌다는 주장이 귀결되지는 않는다. 이는 전혀 다른 또 하나의 도덕적 주장으로 정당화가 필요하다. 내 몸은 나의 소유이기 때문에 내 몸의 노동에 의해 얻어진 생산물에 대해 내가 정당한 권리를 갖는다는 주장 자체가 하나의 규범적 이론이기 때문이다. 천부적 재능에 대한 소유권과 그 재능으로 발생한 재화에 대한 소유권은 분명 구분되어야 함에도 불구하고, 노직은 로크적 전통의 소유권에 집착한 나머지 서로 다른 두 소유권을 논리적 필연의 관계로 간주하는 오류를 범하고 있다. 그래서 개인적 이득을 취할 수 있도록 허용될 수 있는 개인차가 무엇인가, 달리 말해 사회적 재화의 정의로운 분배에 개인차가 어떤 관련성을 지니는가의 물음은 분명 정의론 내에서 고찰되어야 할 대상임에도 불구하고, 노직은 이를 정의론을 구축하는 데 있어서 하나의 출발점으로 전제하고 있다. 응분 자격을 인정하여 이러한 불평등의 현실을 하나의 '자연'으로 받아들일 것인가, 아니면 평등의 이념을 도덕적 당위로 받아들여 응분 자격을 부인할 것인가의 사이에서 선택하지 않을 수 없다. 노예제 사회가 아닌 자유민주주의 사회에 살고 있는 우리로서는 상식적 직관과 일치하는 후자에 무게를 둘 수밖에 없다. 따라서 우리는 노직의 정의론을 여과 없이 받아들여 유전정보의 활용 물음에 그대로 적용하여 연역적으로 보험상의 공평성 개념이 타당하다는 결론을 이끌어 내기보다는, 역으로 유전정보의 활용이 제기하는 윤리적 물음을 잣대로 하여 노직의 정의론이 부당하다는 결론을 내리는 것이 합당하다.

5. 롤즈의 정의론과 유전자 차별

그러면 보험에서의 유전자 차별 문제를 해결하기 위해 도움을 얻을 수 있는 다른 정의론은 없는가? 노직과는 다른 관점에서 정의의 물음을 탐구한 존 롤즈는 평등 이념에 대한 바로 이러한 상식적 직관에서 출발하고 있다. 롤즈는 자신의 정의론이 불완전함을 인정하면서 몇몇의 사회문제에 효과적으로 연장 적용될 수 있음을 주장한다. 즉, 그는 '연장의 문제(problems of extension)'로 미래 세대에 대한 의무, 국제법 및 국가 간의 정치관계, 정상적인 보건의료, 동물과의 관계 및 자연의 질서 등 네 가지를 언급하고 있다.[58] 따라서 우리는 보건의료 문제와 연관하여 유전자 차별 문제를 롤즈 정의론의 틀 내에서 다룰 수 있다. 유전자 차별 문제가 롤즈 철학 체계에 의거할 때 가장 잘 해결될 수 있는 이유는 두 가지이다.[59] 하나는 유전정보의 측면에서 보면 우리는 현재 무지

58) J. Rawls, *Political Liberalism*(New York: Columbia University Press, 1993), pp.244-245.

59) R. A. Bohrer, "A Rawlsian Approach to Solving the Problem of Genetic Discrimination in Toxic Workplaces", p.761.

의 베일을 쓰고 있는 원초적 입장의 계약 당사자와 흡사하다는 점이다. 우리는 두 가지 측면에서 무지의 베일을 쓰고 있다. 하나는 아직 유전공학기술이 발달하지 않았다는 점이다. 물론 HGP로 인해 인간게놈에 관한 지도가 완성되었지만, 그것은 어디까지나 지도일 따름이지 각 유전자가 단백질 형성이나 질병 혹은 장애와 어떤 상관성을 지니는지, 더군다나 각 유전자가 환경과 어떤 상호작용을 거쳐 표현형으로 발현되는지에 관한 지식은 아직 걸음마 단계에 불과하다. 다른 하나는 HGP와 PGP가 밝혀 준 인간게놈 정보는 어디까지나 '인간' 종에 관한 집단의 정보이지, 결코 개인에 관한 정보가 아니다. 따라서 내가 어떤 종류의 유전정보 집단에 속할지 우리는 전혀 아는 바가 없다. 이런 두 가지 의미에서 우리는, 무지의 베일을 쓰고 정의 원칙을 선택해야 하는 롤즈의 원초적 입장의 계약 당사자와 유사한 상황에서, 각 개인의 유전정보가 낱낱이 밝혀진 포스트게놈 사회에 적용될 윤리 원칙을 제정해야 할 위치에 놓여 있다.

다른 하나는 롤즈 철학 자체가 지니는 내재적 힘과 가치이다. 물론 차별의 물음은 정의의 오랜 물음이지만, 유전자 차별은 새로운 형태의 차별이다. 유전자는 개인의 통제권 밖에 있다는 점에서는 인종이나 성과 같은 자연적 특성이지만, 이들과 달리 유전자는 질병이나 능력과 밀접한 상관성을 지닌다. 그렇기 때문에 우리는 인종이나 성에 적용되는 정의의 기준을 그대로 응용하여 보험에서의 유전자 차별이 부정의하다는 연역적 결론을 내려서는 안 된다. 노직은 유전자에서의 자연적 불평등이 도덕과 무관하다는 점을 받아들이면서도 곧바로 자연적 자산에 대한 응분 자격을 전제하고 자신의 정의론을 전개하고 있다. 하지만 유전자 차별의 윤리적 정당성 물음은 자연적 불평등에 대한 응분 자격이 인정될 수 있느냐를 묻고 있다. 따라서 이는 정의론의 출발점이 아니라, 철학적 논의를 통해 정의론이 해결해야 할 결론적 과제이다. 한마디로 롤즈 정의론은 보건의료나 보험과 같은 사회적 재화를 분배하는 데 개인차 가운데 어떤 개인차를 고려해야 하는지를 규명하고자 노력하고 있다. 즉, '원초적 입장에서의 자유롭고 평등한 계약 당사자들의 순수 절차적 합의'라는 롤즈 정의론은 개인 간의 유전자 차이가 사회적 재화를 분배하는 응분 토대가 될 수 있는지를 논의할 수 있는 이론적 틀을 제공한다.

그러면 유전자 차별에 대해 롤즈 정의론은 어떤 윤리학적 함의를 지니는가? 우리는 두 가지 측면에서 그 함의를 물을 수 있다. 하나는 원초적 입장의 계약 당사자들이 유전자 차별에 대해 어떠한 결정을 내릴 것인가의 물음이고, 다른 하나는 그가 도출해 낸 정의의 두 원칙이 유전자 차별에 대해 어떤 함의를 지니는가의 물음이다. 물론 롤즈는 기본적인 사회제도에 적용되는 정의 원칙을 도출하기 위해 원초적 입장을 고안해 냈지만, 우리는 이를 유전자 차별의 물음에 확대 적용할 수 있다. 왜냐하면 현재 우리는 HGP와 PGP로 인해 각 개인의 유전정보가 낱낱이 밝혀진 포스트게놈 사회에서 각자가 어떤 운명에 처할지 알지 못하는, 무지의 베일 상황에서 포스트게놈 사회에 적용될 규칙을 만들어야 할 처지에 놓여 있기 때문이다.

만약 당신이 원초적 입장의 계약 당사자라면 유전자 차별에 대해 어떤 결정을 내릴 것인가? 롤즈에 따르면 원초적 입장의 계약 당사자들은 합리적이기 때문에 최소극대화(maximin) 원칙에 따라 정의의 두 원칙을 선택한다. 즉, "가능한 한 가장 불리한 처지에 있는 자에게 가장 큰 이득이 되도록 하라."는 최소극대화 원칙을 유전자와 보험의 문제에 적용하면, 합리적인 계약 당사자는 유전자를 응분 토대로 인정하는 자유지상주의적 결론을 받아들이지 않을 것이다. 무지의 베일이 벗겨진 다음 유전자 차원에서 자신의 위치가 맨 밑바닥에 처할 개연성을 염려한 나머지 합리적인 계약 당사자는 위험 부담을 가능한 한 최소화할 수 있는 대안을 선택할 것이기 때문이다. 실제로 유전자는 건강과 직결되어 있으며, 건강은 한 개인의 기회의 폭 및 인생 설계에 중대한 영향을 미치면서도 개인의 선택 사항이 아닌 자연의 운이다. 자연의 운에 인생 전부를 거는 것은 어리석은 일이다. 그래서 롤즈는 천부적 자산에 대해 그 어느 누구도 응분의 자격을 누릴 수 없기 때문에 한 사회의 공동자산으로 간주하는 것이 바람직하다고 주장한다.60) 그렇기 때문에 합리적인 계약 당사자는 유전자에 근거하여 건강보험료가 차별을 받는 유전자 차별에 반대하는 건강보험정책을 선호할 것이다.

그러면 정의의 두 원칙은 유전자 차별에 대해 어떤 윤리학적 함의를 지니는가? 건강보험은 기본적 자유에 해당되지 않기 때문에 제1원칙인 자유 우선성 원칙이 아니라 제2원칙인 차등 원칙의 지배를 받을 수밖에 없다. 그의 정의의 제2원칙은 다음과 같다. "사회적, 경제적 불평등은 다음과 같은 두 조건을 만족시키도록 편성되어야 한다. (a) 최소수혜자에게 최대의 이득이 되고, (b) 기회균등의 원칙 하에 모든 이에게 개방된 직책과 직위에 결부되어야 한다." (a)는 최소수혜자 우대 원칙이고, (b)는 공정한 기회균등의 원칙이며, 후자가 전자에 우선한다. 따라서 건강보험은 반드시 평등하게 분배될 필요가 없으며, 정의의 제2원칙을 충족시킨다면 불평등하게 분배되어도 정의의 이념에 어긋나지 않는다.

---

60) J. Rawls, *A Theory of Justice*(Cambridge, MA: Harvard University Press, 1999), p.101.

역선택이 비일비재하는 극단적인 경우에는 유전정보에 근거한 보험료 책정이 롤즈의 최소수혜자 우대 원칙에 따라 윤리적으로 정당화될 수도 있다. 왜냐하면 이런 극단적인 경우가 발생하면 건강보험체제 자체가 붕괴되어, '보험제도 없는 의료시장'이 그 자리를 대신하게 되는데, 이렇게 되면 가난한 열등 유전자 보균자는 의료혜택을 받을 수 있는 기회가 상대적으로 더 줄어들 것이기 때문이다. 이러한 의료시장보다는 비록 열등 유전자로 보험료를 많이 지급한다 해도 건강보험을 통해 의료보건 서비스를 받는 것이 최소수혜자에게 이득이 될 것이다. 이런 극단적인 경우를 제외하면 유전자에 근거한 차별적인 보험료 책정은 최소수혜자에게 혜택은커녕 손해를 끼칠 것이기 때문에 유전자 차별은 롤즈의 차등 원칙에 어긋난다는 결론을 내릴 수 있다.

이제 남은 문제는 공정한 기회균등의 원칙이 유전정보에 근거한 보건의료 서비스 분배 체제에 대해 어떤 윤리적 함의를 지니는가의 물음이다. 그러니까 각 개인은 건강위험도가 낮을 경우 보험으로부터 혜택을 보도록, 그리고 건강위험도가 높을 경우 보험으로부터 손실을 보도록 보험체제를 제도화하는 것이 공정한 기회균등의 원칙에 합당한가? 현재의 표준적인 위험도 평가 관행에 따를 경우, 비록 그것이 유전정보에 근거한 것일지라도 건강위험도에 따른 보건의료 서비스 분배는 공정한 기회균등의 원칙에 어긋나지 않아 보인다. 하지만 이는 어디까지나 보험상의 공평성 개념에 불과하다. 따라서 윤리적인 공정한 기회균등의 원칙에 비추어 이 문제를 풀어 나가야 할 것이다. 공정한 기회균등의 원칙이란 동일한 재능과 능력을 지닌 개인은 동등한 인생 전망을 가질 수 있도록 각자에게 공정한 기회가 보장되어야 한다는 원칙을 말한다. 사실 롤즈 정의론을 비롯하여 현대 정의론은 대부분 공정한 기회균등의 원칙을 정의의 본질적인 요구사항으로 받아들이고 있지만, 공정한 기회균등의 원칙의 실질적 내용에 대해서는 의견을 달리하고 있다.

개인의 기회는 크게 사회제도와 각자의 능력에 의해 제약을 받는다. 제도적 측면에서 모든 사람에게 공평한 기회가 부여되어도, 각 개인의 능력에 따라 기회의 폭은 다를 수밖에 없다. 각 개인의 능력은 천부적 능력과 사회적 능력으로 구성된다. 신장, 아이큐, 몸매, 건강 등은 한 인간이 태어날 때 갖게 되는 천부적 능력인 반면에, 영어회화, 컴퓨터 프로그램 등은 후천적으로 얻어지는 사회적 능력이다. 후자의 사회적 능력은 교육에 의해 크게 영향을 받는다. 능력에 영향을 주는 또 하나의 요소는 개인의 노력이다. 이를 종합하면, 한 개인의 기회의 폭은 ① 사회제도, ② 교육, ③ 천부적 능력, 그리고 ④ 개인적 노력 등에 따라 달라진다는 결론을 얻게 된다. 위의 네 요소 중 마지막 개인적 노력은 전적으로 그 개인 당사자의 책임이다. 따라서 공정한 기회균등의 원칙이 아무리 기회의 공정성을 강조한다 해도 개인적 노력의 차이로 인한 기회의 불평등마저 제거할 수는 없다. 아니 이렇게 하는 것은 공평성 이념에도 어긋나는 또 하나의 부정의이다.

6. 공평한 기회균등의 원칙에 관한 비판적 고찰

하지만 나머지 세 요소는 이와 다르다. 대체로 공정한 기회균등의 원칙은 '무엇의 평등(equality of what)'에 따라 크게 몇 가지 해석이 가능하다. 첫째는 가장 약한 해석으로 법 앞에서의 기회의 평등이다. 기회의 공정성을 가로막는 법적인 장애 요인의 제거가 여기에 해당된다. 둘째는 사회제도를 좀 더 폭넓게 해석하여 법적 제도뿐만 아니라 인종, 성별, 종교 등의 비공식적인 사회적 관행에 근거한 차별적인 요소까지 제거하는 일이다. 아무리 법적인 기회 평등이 실현되어도 이런 비공식적인 장애 요소가 '관행'이라는 이름 하에 한 개인의 기회의 폭을 실제로 제한하는 경우가 비일비재하다. 이 두 입장은 '기회균등에 관한 무차별적 해석(the non-discrimination conception of equal opportunity)'으로 불리며, 형식적 의미의 기회균등에 불과하다. 왜냐하면 기회를 가로막는 법적 장애 요소와 비공식적인 장애 요소가 모두 제거되어도 기회는 여전히 공평하지 않기 때문이다. 즉, 교육에 의한 불평등과 천부적 능력의 불평등이 여전히 남아 있다.

한 인간의 인생 전망 기회는 '장애 없음'보다 '능력 있음'에 의해 실질적으로 좌우된다. 아무리 동등하게 노력해도 교육과 천부적 자질에 의해 그 능력은 각자에 따라 달라진다. 천부적 자질은 일단 논외로 보류하면, 한 개인의 기회는 인생의 출발점에서 어떤 사회적 운에 속하느냐에 따라 달라진다. 동등한 자연적 재능을 지녀도 부유한 집에서 좋은 부모 슬하에 태어나 우수한 교육을 받으면서 성장하는 갑과 가난한 집에서 좋지 못한 부모 슬하에 태어나 제대로 교육을 받지 못하면서 자라난 을은 그 인생의 궤도와 기회의 폭은 다를 것이다. 그런데 이와 같이 한 개인이 태어난 가정의 부나 종교, 사회적 신분, 부모 등은 그 개인 당사자의 선택 사항도 아니고, 또 변경시킬 수 있는 요소도 아니다. 한마디로 이러한 사회적 운(social lottery)은 개인의 통제 밖 영역이다. 따라서 공정한 기회균등의 원칙을 실현하자면, 이러한 사회적 운에 의한 기회 제한을 가능한 한 최소화해야 한다. 이런 제3의 입장은 '기회균등에 관한 공정 경쟁의 장 이론(the level playing field concept of equal opportunity)'이라 불리며, 실질적 의미의 기회균등 실현을 그 목표로 한다.61) 전통적으로 자유주의자는 제3의 입장을 받아들이지 않는다. 즉, 어떤 사람이 가난한 가정에 태어나 교육을 제대로 받지 못해 기회를 상당한 정도로 박탈당하고 있다 해도, 이는 어디까지나 그 개인의 불운일 따름이지 정의의 이름으로 시정해야 할 사항은 아니다. 하지만 세 번째 입장에 따르면, 어떤 사람이 사회경제적 혹은 교육적으로 열등한 가정에 태어났다는 사실이 유사한 재능과 능력을 지닌 자에 비해 그 사람의 인생 전망을 더 어둡게 해서는 안 된다는 결론이 얻어진다. 대부분의 선진국에서 기본 교육을 무상으로 실시하는 이유도 여기에 있다.

하지만 이 세 번째 입장의 기회균등을 실현하는 일은 그리 간단하지 않다. 교육은 무상으로 실시할 수 있다. 하지만 한 개인이 태어나서 성장하는 가정환경, 즉 부모, 사회적 신분, 종교, 재산 등을 평등하게 할 수 있는 길은 요원하다. 이렇게 되면 형식적 의미의 기회균등이 사회적으로 보장되고, 또 교육까지 평등하게 실현되어도 동일한 재능과 능력을 지닌 자의 인생 전망은 태어난 가정에 의해 달라질 수밖에 없게 된다. 그러니까 정의는 가정환경과 같은 사회적 요소를 완전히 평등하게 만들 수 없다면, 이러한 사회적 불운으로 인해 결과하는 사회적 불평등을 최소화할 것을 요구한다. 롤즈의 최소수혜자 우대 원칙은 바로 이러한 정의의 요구사항이다. 다시 말해, 가정환경의 불평등한 분배를 허용하되, 그 불평등으로 얻어지는 사회적 재화나 혜택은 가장 불우한 처지에 있는 사람들에게 최대한 이득이 가도록 재분배할 것을 롤즈 정의론은 주장한다. 이를 우리는 기회균등에 관한 '사회구조 입장(the

---

61) 기회균등에 관한 무차별적 해석과 공정 경쟁의 장 이론이라는 용어는 J. Roemer, *Theories of Distributive Justice*(Cambridge, MA: Harvard University Press, 1996)에서 원용하였다.

social structural view)'이라 부를 수 있다.

이렇게 해도 아직 한 가지 문제가 더 남아 있다. 그것은 바로 자연적 운에 의한 기회의 제한 문제이다. 인간은 천부적 재능과 능력에 있어서 차이가 난다. 정의는 이 차이로 인한 사회적 불평등의 제거까지 요구하는가? 자연적 운으로 인한 사회적 불평등의 제거까지 정의의 요구에 포함되어야 한다는 입장을 스캔론(T. Scanlon)은 기회균등에 관한 '단순 운 입장(the brute fact view of equal opportunity)'이라 부른다.62) 이 입장에 따르면 우리는 자연적 운의 결과로 장애나 질병을 안고 태어난 자에게도 기회균등을 보장해 주어야 한다. 왜냐하면 한 개인의 기회는 자신의 통제 밖의 요소에 의해 제한을 받아서는 안 되는데, 선천적인 건강 상태에 해당되는 장애나 질병은 자연적 운으로 개인의 통제 밖에 있기 때문이다. 그러니까 기회균등에 관한 공정 경쟁의 장 이론은 사회 구조 입장과 단순 운 입장으로 나누어지는데, 전자는 사회적 운으로 인한 사회적 불평등의 제거만을 문제 삼는 반면에, 후자는 한 걸음 더 나아가 자연적 운으로 인한 사회적 불평등의 제거까지 문제 삼는다.63)

이는 어디까지나 자연적 운 자체는 그대로 둔 채 그로 인해 결과하는 사회적 불평등의 제거에 초점이 맞추어져 있다. 하지만 최근 자연적 불평등으로 야기되는 사회적 불평등을 어떻게 처리하느냐의 물음이 유전공학의 발달로 새로운 문제로 등장하고 있다. 이제까지는 자연적 운의 불평등으로 인해 결과하는 사회적 불평

---

62) T. Scanlon, "A Good Start: Reply to Roemer", *Boston Review* 20(1989), pp.8-9.

63) 이 두 해석에 관한 철학적 논의는 A. Buchanan, et al., *From Chance to Choice: Genetics & Justice*, pp.66-76을 참조하라.

등을 재분배 정책을 통해 최소화하는 방법이 가장 급진적인 입장
이었다. 왜냐하면 자연적 불평등 자체는 일종의 자연적 운으로 우
리 인간의 통제 밖이었기 때문이다. 하지만 유전공학기술은 자연
적 운에 해당하는 유전자의 치료 내지 함양을 그 이상으로 하고
있다. 따라서 이러한 이상이 현실화되면 문제의 양상이 달라진다.
왜냐하면 사회적 불평등의 근본 원인이 되는 자연적 불평등 자체
를 평등하게 만들 윤리적 의무를 정의가 요구하는가의 물음이 새
롭게 제기되기 때문이다.

공정한 기회균등의 원칙에 관한, 급진주의적 입장에서 보수주
의적 입장에 이르는 다양한 해석을 정리하면 다음과 같다.

(1) 자연적 운 자체의 평등을 추구하는 방안
(2) 자연적 운의 차이 자체는 인정하면서 그로 인한 불평등을
    제거하는 방안
(3) 가정환경과 같은 사회적 운의 차이로 인한 사회적 불평등을
    제거하는 방안
(4) 능력 개발과 직접 연관된 교육의 평등을 실현하는 방안
(5) 비공식적인 사회적 관행으로 인한 기회 제한 요소를 제거하
    는 방안
(6) 법률과 같은 공식적인 제도로 인한 기회 제한 요소를 제거
    하는 방안

이 가운데 보험 관련 유전자 차별과 직접 연관된 영역은 (2)에
해당하는 '기회균등에 관한 단순 운 입장'이다. 그러니까 자연적
운 자체를 평등하게 분배하는 것이 윤리적으로 옳은가의 물음은
정의의 이념뿐만 아니라 여러 도덕적 고려사항 및 사회적 고려사

항에 의해 종합적으로 고찰되어야 할 또 하나의 철학적 물음이다. 물론 많은 미래학자들이 유전자와 같은 천부적 재능이 자연적 운에서 후천적인 인간의 선택 행위로 바뀌게 될 시대가 머지않아 도래한다고 하지만, 아직 이는 요원한 문제이다. 그렇기 때문에 현실적인 대안은 '기회균등에 관한 공정 경쟁의 장 이론'에 대한 단순 운 입장을 받아들여, 자연적 운으로 인한 사회적 불평등을 최소화하는 방안이다.

7. 보건의료권과 유전자 차별

이 물음은 보험의 목적이 무엇이냐의 물음과 연관되어 있다. 보험의 주 기능이 단순히 '위험 관리(risk management)'에 지나지 않는다면 건강위험도에 따른 보험료 지급이라는 현재의 보험 관행은 설득력을 지닌다. 즉, 미래에 예상되는 건강상의 위험에 대비하여 미리 그 경제적 비용을 준비하는 것이 보험의 목적이라면, 미래 위험 발생률이 높고 또 그 위험의 정도가 크다면 당연히 그에 비례하여 많은 비용을 저축해 두어야 하기 때문이다. 하지만 우리는 여기서 묻는다. 보험은 우리에게 어떤 의미를 지니는가? 미래에 발생할지 모르는 위험에 대한 경제적 예방책에 불과한가? 그렇지 않다. 그 이유는 질병이나 장애는 한 개인의 경제적 손실만을 의미하지 않기 때문이다. 질병이나 장애는 한 개인의 미래 인생 전망, 특히 공평한 기회를 얻는 데 결정적으로 중요하다. 이런 의미에서 한 개인에게서 보건의료를 "빼앗는 것은 이중적 손실이다. 하나는 건강상의 손실이고, 다른 하나는 사회적 지위(social standing)의 손실이다."[64] 달리 말해, 온전한 보건의료에 접근하지 못할 때, 인간 존엄성은 위기에 처하게 된다. 그렇기 때문에 보건의료 접근을 보장하는 보험은 단순히 위험 관리 차원에 머물러서는 안 되고, 개인에게 기회균등을 공평하게 보장하는 데 없어서는 안 될 본질적인 요소로 이해되어야 한다. 건강은 국민의 기본권 가운데 하나이다. 특히 정의는 보건의료에 접근하는 데 있어서 경제적 요인이 장애물로 작용하지 않을 것을 요구한다. 따라서 정의로운 보건의료 체계는 공평한 기회균등의 원칙에 따라 질병이나 장애로 인한 기회의 제한을 제거하도록 노력해야 한다. 즉, "보건의료제도는 오직 공평한 기회균등을 보장할 경우에만 정의롭다."65) 특히 "순수하게 공공적인 정의로운 보험체제는 보험상의 공평성 개념이 개입할 여지를 남겨 두지 않는다."66)

그러면 사보험도 각 개인의 건강위험도에 따라 보험료를 책정해서는 안 되고, 공평한 기회균등을 보장하도록 제도화해야 하는가?67) 일단 기회균등에 관한 무차별적 입장이 아니라, '기회균등에 관한 공정 경쟁의 장 이론'에 관한 단순 운 입장을 받아들이게 되면 건강보험은 순수하게 사보험만으로 이루어지기는 어려울 것이다. 정의는 각 개인으로 하여금 경제적인 지불 능력과 상관없이 보건의료에 접근할 수 있도록 요구하기 때문이다. 따라서 문제는 공보험과 사보험이 공존하는 복합 보험체제에서 사보험이 유전정보를 표준적인 위험도 평가의 한 요소로 사용할 수 있는가이다.

---

64) M. Walzer, *Spheres of Justice: A Defense of Pluralism and Equality*(New York: Basic Books, 1983), p.89.

65) N. Daniels, "The Human Genome Project and the Distribution of Scare Medical Resources", p.185.

66) N. Daniels, "The Functions of Insurance and the Fairness of Genetic Underwriting", M. A. Rothstein, ed., *Genetics and Life Insurance*, p.132.

67) 이에 관한 자세한 논의는 N. Daniels, "The Genome Project, Individual Difference and Just Health Care", pp.118-120을 참조하라.

사보험사의 관점에서 보면, 위험도가 높은 자의 보험 접근을 거부하는 것은 전혀 문제가 없어 보인다. 정말 그럴까? 예를 들어, 가족 중 한 사람이 고혈압 환자여서 고위험 가입자로 분류되어 복합보험체제에서 사보험 가입이 거부된 개인을 한번 생각해 보자. 복합 체제 역시 전체적으로는 공평한 기회를 보장해야 하기 때문에, 이런 사람 역시 보험 혜택을 받을 수 있어야 한다. 따라서 이런 개인은 공보험 내지 사보험으로부터 보조금이 지급되는 강제보험에 가입되고, 위험도가 낮은 자는 사보험에 남게 될 것이다.

이렇게 되면 정말로 저위험도 가입자는 보험상의 공평성 개념으로 낮은 보험료 혜택을 누릴 수 있을까? 그렇지 않다. 보험료 절약이란 하나의 환상에 지나지 않는다. 왜냐하면 이들의 보험료가 위험도가 높은 사람들을 보조하는 데 사용되거나, 아니면 이들의 세금이 공적 제도를 통해 위험도가 높은 사람들의 보험 비용을 감당하게 되기 때문이다. 따라서 실제적인 보험료는 사보험에 필요한 금액에다 세금 몫이 더해진 것으로 계산되어야 한다. 다시 말해, 복합 체제에서도 위험도가 낮은 개인들은 여전히 위험도가 높은 개인들의 건강 위험 비용을 재정적으로 지원하는 부담을 갖는다. 결국 건강 위험도는 개인의 경제적 자산과 책임으로 취급되지 않고 있다. 따라서 사보험에서 보험상의 공평성 개념은 하나의 환상 내지 기만에 불과하다.

실제로 독일과 네덜란드는 사보험 시장을 갖고 있지만, 표준적인 위험도 평가 방법의 사용을 금지하고 있다. 앞으로 HGP와 PGP는 보험사가 표준적인 위험도 평가에 이용할 수 있는 더 많은 정보를 제공할 것이다. 이렇게 되면 정보의 이용이 아니라 그 정보를 활용하는 보험체제가 더욱더 문제시된다. 그러니까 보건의료체제에 나타나는 기본적인 부정의를 시정하지 않는다면, HGP와

PGP로부터 얻어지는 정보는 공정한 기회균등의 원칙이라는 정의의 이념의 실현에 긍정적 기여보다 부정적인 영향을 미칠 것이다. 따라서 우리는 보험상의 공평성 개념을 HGP와 PGP로 얻어지는 유전정보에 그대로 적용할 것이 아니라, 거꾸로 새로운 유전정보를 보험상의 공평성 개념이 윤리적으로 올바르지 않다는 것을 보여주는 중요한 잣대로 삼아야 할 것이다. 우리는 보건의료체제, 특히 건강보험체제를 어떤 정의의 이념에 따라 개혁해야 하는가의 문제에 봉착하게 되었다. 기회균등에 관한 무차별적 입장을 고수한다면, 공정한 기회균등의 이념은 점점 요원해질 것이다. 반면에 '기회균등에 관한 공정 경쟁의 장 이론'에 관한 단순 운 입장을 받아들인다면 HGP와 PGP가 가져다주는 유전학적 정보는 사회를 더욱 평등하게 만들 것이다.

그러면 보건의료제도는 공평한 기회를 보장하기 위해 각 개인에게 어느 정도의 건강을 책임져야 하는가? 즉, 개인이 갖는 보건의료권의 실질적 범위가 문제시된다. 사실 질병과 장애뿐만 아니라 개인의 모든 자연적 재능 역시 그 당사자의 인생 설계 및 기회균등에 있어서 중요한 역할을 차지한다. 예를 들어, 키가 170센티미터 이하인 남자는 모델이 되고 싶어도 신체적 한계로 인해 그 기회를 가질 수 없다. 신장제일주의 문화권에 살고 있는 이러한 개인은 성장호르몬 주사를 기본적인 보건의료권으로 요구할 수 있는가? 건강보험이 공평한 기회균등의 이념 실현에 본질적인 요소라 할 경우, 우리는 건강보험이 어느 정도의 보건의료권을 보장해야 하는가의 물음에 봉착하게 된다.

우선 첫째로 생각할 수 있는 답은 개인의 모든 선호를 만족시켜 주도록 보건의료권을 포괄적으로 해석하는 입장이다. 이는 '모든 개인의 동등한 복지 내지 행복(the equal welfare or happiness of all individuals)'을 보장해 주어야 한다는 엄격한 평등주의적 입장이라 말할 수 있다. 물론 한 개인의 행복은 그 개인이 갖는 주관적 선호와 밀접한 연관성을 지니지만, 그렇다고 이러한 포괄적인 보건의료가 보건의료권의 하나로 간주되기는 어렵다. 왜냐하면 각 개인의 주관적 선호는 너무 다양할 뿐만 아니라 무한한 반면에, 의료 자원은 한정되어 있기 때문이다. 실제로 모든 국가에서는 성형수술과 같은 개인의 주관적 선호를 충족시키는 보건의료 서비스는 보건의료권에서 제외시키고 있다. 모든 사람을 똑같이 행복하게 만들어 주는 것이 보건의료의 사명인 것은 결코 아니다.

두 번째 입장은 불이익(disadvantage)을 가져다주는 조건을 제거하고자 하는 모든 욕구를 충족시켜 주도록 보건의료권을 범위를 한정하는 일이다. 첫 번째 입장은 경쟁에서 우월한 지위를 얻기 위한 욕구 충족까지 보권의료권에 포함시키는 반면에, 이 두 번째 입장은 단지 경쟁에서 불이익을 당할 수 있는 조건 — 예를 들어, 작은 키나 낮은 지능 — 을 제거하고자 하는 욕구 충족만을 보건의료권에 포함시킨다. 여기서 불이익이란 개념은 시장에서 교환될 수 있는 재능이나 기술과 같은 능력의 결핍으로부터 발생하는 경쟁상의 불이익뿐만 아니라 몇몇 형태의 고통까지 포함하는 것으로 객관적인 것을 뜻한다. 이런 입장은 그 불이익이 우리 자신의 앞선 선택의 결과나 우리 자신의 결함이 아닐 경우 도덕적 호소력을 지닌다. 평등주의는 이런 불이익을 제거하기 위해 우리가 무언가를 행할 것을 요구한다.68) 물론 이 입장은 첫 번째 입장

---

68) G. A. Cohen, "On the Currency of Egalitarian Justice", *Ethics* 99(1989), pp.906-944 및 R. J. Arneson, "Equality and Equal Opportunity for Welfare", *Philosophical Studies* 54(1988), pp.79-95 참조.

보다는 온건하지만 여전히 급진주의적이다. 왜냐하면 이 입장은 사회적 평등 이념 실현을 보건의료의 사명으로 강요하기 때문이다. 불이익이 없으면 모든 사람이 실질적인 의미에서 동등한 경쟁자가 될 수 있지만, 모든 개인을 동등한 경쟁자로 만들고자 하는 급진적 평등주의를 보건의료의 근본이념으로 삼을 수는 없다.

이 두 입장을 모두 거부하면서 대니얼스는 제3의 합리적인 대안을 제시한다. 그것은 바로 의학은 '의학적 필요(medical necessity)'만을 충족시킬 도덕적 의무를 지닌다는 입장이다. 의학적 필요라는 개념은 미국이나 캐나다의 공보험에 관한 법률 및 사보험 계약에 등장하지만, 의학 철학에 속하는 용어로 정확한 정의가 어렵다. 그러나 보건의료권을 범위를 한정하는 데 그 정확한 정의가 본질적으로 요구되지도 않기 때문에, 여기서는 다음과 같은 정의만으로도 충분하다. 즉, 일반적으로 "의학적으로 필요한 서비스란 신체적 혹은 정신적 질병이나 장애를 효과적으로 치료하거나 이로부터 발생하는 증상을 완화시키는 의료 서비스"를 말한다.[69] 의학적 필요에 대한 개념 정의보다 중요한 물음은 의학적 필요에 해당되는 서비스와 그렇지 않은 서비스를 구분시켜 주는 기준이 무엇인가의 물음이다. 그 기준은 바로 자질 함양과 질병 치료의 구분이다. 그러니까 질병이나 장애 치료는 의학적 필요에 해당되지만, 자질 함양은 의학적 필요가 아니라는 것이다. "자질 함양은, 비록 그것이 경쟁상의 불이익을 개선시켜 주는 서비스라 할지라도, 의학적 필요는 아니다."[70] 자질 함양은 정상적인 기능을 좀

---

69) N. Daniels & J. E. Sabin, "Determining 'Medical Necessity' in Mental Health Practice: A Study of Clinical Reasoning and a Proposal for Insurance Policy", *Hasting Center Report* 24, no. 6(1994), p.12.

70) N. Daniels, "The Human Genome Project and the Distribution of Scare Medical Resources", p.189.

더 낮게 만들려고 의료기술을 사용하는 반면에, 치료는 정상이 아닌 신체나 정신의 기능을 정상으로 회복시키려고 의료기술을 사용하는 것을 의미하기 때문이다.

대니얼스가 의학적 필요의 충족만을 보건의료권으로 한정하는 것은 보건의료의 역할을 "개인으로 하여금 평등한 경쟁자(equal competitors)가 아니라 정상적인 경쟁자(normal competitors)로 만들어 주는 것"으로 보고 있기 때문이다.71) 모든 개인을 평등한 경쟁자로 만드는 것은 윤리적으로 바람직하지도 않고 또 그렇게 할 수도 없다. 왜냐하면 "정의는 개인으로 하여금 가치 있는 사회적 지위의 획득을 방해하는 자연적 혹은 사회적 조건들을 제거할 것을 요구"하기 때문이다.72) 롤즈 역시 후기 저서에서 보건의료는 "온전하게 협동하는, 사회의 정상적인 구성원이 되는 데 필요한 최소한의 능력(minimum essential capacities for being [a] normal and fully cooperating [member] of society)"을 유지하고 회복하는 것을 그 목적으로 한다는 점을 명확하게 밝히고 있다.73) 롤즈와 대니얼스가 말하는 보건의료는 단순히 병원에서의 보건의료 서비스를 말하는 것이 아니라 국민의 건강 보장 및 보건의료 서비스의 제공 등과 관련된 정책까지 포함하는 넓은 의미로 사용되고 있다.74) 그러니까 국가의 보건 정책 역시 모든 국민을 정상적인 경

---

71) N. Daniels, "The Genome Project, Individual Difference and Just Health Care", p.122.

72) A. Buchanan, et al., *From Chance to Choice: Genetics & Justice*, pp.73-75 참조.

73) J. Rawls, *Justice as Fairness: A Restatement*(Cambridge, MA: Harvard University Press, 2001), p.172.

74) Ibid., p.173 및 N. Daniels, *Just Health Care*(Cambridge, MA: Harvard University Press, 1985), p.32.

쟁자로 회복시키는 것을 그 목적으로 해야 한다. 건강보험제도는 국가의 중요한 보건 정책 중 하나이므로 이러한 목적과 부합해야 한다.

그렇다고 자연적인 불평등을 그대로 방치할 수도 없다. 왜냐하면 우리는 자신의 선택이 아닌, 자기 통제를 넘어선 천부적 자산에 대한 응분 자격을 갖지 않기 때문이다. 대니얼스의 '정상적 경쟁자'란 개념은 바로 이 둘의 중간노선을 취하고 있다. 의학은 자연적 불평등 가운데 질병이나 장애와 같이 정상적인 경쟁을 방해하는 신체적, 정신적 결함을 제거하는 역할을 감당한다. 즉, 보건의료 서비스는 질병과 장애로부터 발생하는 기능 손실을 회복 내지 보상하여, 그렇지 않았다면 가졌으리라고 기대되는 '정상 기능(normal functioning)'의 회복을 그 목적으로 한다. 정상 기능의 회복이라는 의학의 역할은 '기회균등에 관한 공정 경쟁의 장 이론'에 관한 단순 운 입장과 잘 조화를 이룬다. 물론 이렇게 해도 여전히 자연적 운의 차이로 인해, 각 개인에 따라 기회의 폭은 달라지고 그래서 사회적 불평등은 존재할 수 있다. 하지만 이러한 사회적 불평등 제거는 의학의 역할이 아니라 정치를 비롯한 다른 사회제도가 담당해야 할 몫이다. 다시 말해, 사회적 재화의 불평등한 분배를 허용하는 롤즈의 차등 원칙을 받아들이는 대니얼스는 자연적 불평등의 결과를 최소수혜자에게 최대 이득이 돌아가도록 사회제도 개혁을 통해 해결할 것을 촉구한다.

보건의료에 관한 대니얼스의 이러한 입장은 질병 치료와 자질 함양의 구분에 토대를 두고 있다. 하지만 이 구분에 관해 두 가지 문제가 제기된다. 하나는 이론적 문제로 이 둘이 논리적으로 구분되는가의 물음이다. "모든 교정(치료)은 자질 함양을 포함한다."[75]라는 말이 있듯이, 이 둘을 개념적으로 명확하게 구분하기가 어렵다는 점은 사실이다. 이는 근본적으로 의학철학에서 질병이라는 개념의 정의가 어려운 데 기인한다. 따라서 의학에서 질병 개념이 통계학적으로 혹은 다른 방법으로 정의된다는 점을 받아들이면, 질병 치료와 자질 함양 역시 그 기준에 비추어 논리적인 구분이 가능할 것이다. 다른 하나는 이 구분이 실천적으로 가능한가의 물음이다. 특히 유전공학의 발달은 이 구분을 더욱 어렵게 만들고 있다. 예를 들어, 갑과 을은 모두 신장이 160센티미터인데, 그 원인은, 갑의 경우에는 뇌종양으로 인한 성장 호르몬 결핍인 반면에, 을의 경우에는 아버지의 작은 키, 즉 유전자형이라고 가정해 보자.76) 이 둘은, 첫째, 갑과 을의 작은 키의 원인은 서로 다르지만, 이는 모두 당사자의 책임이 아니라 단지 생물학적 운(biological lottery)의 결과에 지나지 않으며, 둘째, 더 큰 키에 대한 이 둘의 바람은 결코 특이하거나 과도한 것이 아니라 대부분의 사람들이 갖고 있는 일반적인 소망으로 사회적 비난의 대상이 될 수 없다는 공통점을 지닌다. 따라서 작은 키의 근본 원인이 무엇이냐에 따라 한 사람은 치료받을 자격이 있고, 다른 한 사람은 치료를 받지 못한다고 생각할 하등의 이유가 없다. 원인의 다름이 아니라, 오히려 그 공통점에 초점을 맞추어 "같은 것은 같게 대우하라."는 아리스토텔레스의 형식적 정의 원리를 적용하여 이 둘을 똑같이 치료하는 것이 정의의 이념에 합치할 것이다. 왜냐하면 이 둘은 그

---

75) J. C. Peterson, "Ethical Standards for Genetic Intervention", J. F. Kilner, R. D. Pentz, & F. E. Young, eds., *Genetic Ethics*(Michigan: Paternoster Press, 1997), p.196.

76) 질병 치료와 자질 함양 구분에 관한 자세한 철학적 논의는 N. Daniels, "The Genome Project, Individual Difference and Just Health Care," pp. 121-127 및 A. Buchanan, et al., *From Chance to Choice: Genetics & Justice*, pp.110-155를 참조하라.

원인과 상관없이 치료받지 않으면 신장제일주의라는 사회학적 편견으로 인해 불이익을 당하기 때문이다.

8. 유대감과 유전자 차별

이 사례가 보여주듯이, 질병 치료와 자질 함양의 구분은 의무적인 보건의료 서비스와 그렇지 않은 보건의료 서비스를 구분 짓는 경계선과 반드시 일치하는 것은 아니다. 즉, 치료라고 모두 허용될 수 있는 것도 아니고, 자질 함양이라고 해서 무조건 허용될 수 없는 것도 아니다. 하지만 일반적으로 이 둘의 구분은 논쟁의 여지가 없어서, 일상적인 사유에서 뿐만 아니라 보건의료 관행 및 의료보험 적용 등에서 아주 유용하게 사용되고 있다. 또한 질병과 장애는 그 당사자에게 책임을 물을 수 없을 뿐만 아니라, 객관적으로 규명할 수 있는 부담 내지 해악을 그 당사자에게 가져다준다. 따라서 우리는 자질 함양과 질병 치료의 구분을 마치 규칙 공리주의에서의 '도덕 규칙'과 같은 역할을 감당하는 것으로 간주할 있다. 즉, 표준적인 경우에는 질병 치료와 자질 함양의 구분에 따르고, 난해한 경우에는 보건의료 서비스의 근본 목적에 비추어 국가생명윤리위원회와 같은 공적 합의 과정을 통해 그 해결책을 강구할 수 있을 것이다. 그러므로 이보다 더 나은 현실적 대안이 존재하지 않는 한, 너무 많은 것을 기대하지 않는다면 이 구분은 의무적인 보건의료 서비스가 무엇인지 규정하는 데 매우 유용한 도구라 아니 할 수 없다.[77)]

필자는 지금까지 인간 유전정보의 활용과 관련된 윤리적 물음

---

77) A. Buchanan, et al., *From Chance to Choice: Genetics & Justice*, p.152.

을, 특히 정의와 연관된 유전자 차별 물음을 비판적으로 논하였다. 질병이나 장애는 한 개인의 기회의 폭에 절대적 영향을 미친다. '기회균등에 관한 공정 경쟁의 장 이론'에 관한 단순 운 입장에 따르면, 보건의료는 개인으로 하여금 정상적인 기능을 회복하도록 제도화되어야 한다. 특히 유전자는 개인의 통제 밖에 속하는 자연적 운으로 결코 응분 토대가 될 수 없다. 오히려 자연적 운의 차이로 인한 기회의 불공정성은 극복되어야 한다. 그러자면 경제적인 이유로 보건의료에의 접근권이 방해받아서는 안 될 뿐만 아니라, 자연적 불운을 갖고 태어난 자에게 국가는 보건의료를 제공할 의무를 지니므로 이들에게 건강보험 혜택이 돌아가야 한다. 따라서 유전정보의 활용으로 인해 역선택이라는 도덕적 해이 현상이 발생할 개연성은 있지만, 보험에서의 유전자 차별은 그 윤리적 정당성을 확보하기가 어렵다.

이는 어디까지나 보험의 두 기둥인 형평성과 유대감 가운데 형평성에 근거한 비판적 논의이다. 보험에서의 유전자 차별의 정당성을 온전하게 논하자면 또 다른 축인 유대감의 관점에서의 논의가 보완되어야 할 것이다. 현실적으로 미국을 비롯한 전 세계의 보험산업이 '유대감 중심 체계(solidarity-based system)'에서 '위험률 상호성(risk-rated mutuality)' 중심 체계로 이동하고 있는 것은 사실이지만, 적어도 윤리학적인 관점에서 본다면 보험사는 유대감이라는 윤리 원칙을 고려해야 하기 때문이다. 유대감이란 "어떤 집단 구성원 모두가 공유하고 있다고 믿는 공통의 특성에 근거하여 그 집단의 개인들 사이에 작용하고 있는 호혜적인 규범적 관계"를 뜻한다.[78] 실제로 우리는 가족이나 같은 민족끼리 강한 유

---

78) A. Mason, "Solidarity", E. Craig, ed., *Routledge Encyclopedia of Philosophy*, vol. 9(New York: Routledge, 1998), pp.23-25 참조.

대감을 느낀다. 이러한 일상적인 유대감에서 우리는 유대감의 네 가지 요소를 찾을 수 있다. 즉, 유대감의 주체(subject), 유대감의 대상(object), 유대감의 근거(basis), 그리고 유대감이 작용하는 측면 내지 맥락(respect or context)이 바로 그것이다. 이를 근거로 유대감의 일반적 형태를 우리는 다음과 같이 정식화할 수 있다. "X는 F라는 맥락에서 Z에 근거하여 Y에게 유대감을 갖는다." 여기서 보험은 유대감이 작용하는 맥락에 해당된다. 보험이 유대감에 근거한다는 기본 전제를 받아들일 경우, 문제는 유대감의 대상과 근거이다. 그 근거가 얼마나 강한가, 그리고 대상의 외연을 어떻게 결정하는가에 따라 보험에서의 유전자 차별의 윤리적 정당성은 달라질 것이다. 베이코 라우니스(Veikko Launis)는 「유대감, 유전자 차별 그리고 보험」이라는 논문에서 유대감에 관한 이러한 철학적 분석을 통해, 보험사의 유전자 차별은 용납될 수 없다고 주장한다.79) 하지만 필자는 이를 온전히 다루지 못했다. 유전자 차별의 윤리적 정당성을 온전하게 논하자면 유대감 원칙에 근거한 비판적 논의가 필자에게 주어진 숙제이다.

---

79) Veikko Launis, "Solidarity, Genetic Discrimination, and Insurance: A Defense of Weak Genetic Exceptionalism", *Social Theory and Practice* 29, no. 1(2003), pp.87-111.

4장 유전적 자질 함양의 윤리적 허용 가능성

1. 들어가는 말: 치료와 자질 함양

생명의 책으로 알려진 유전정보의 비밀을 캐고자 하는 인간게놈 프로젝트의 궁극적 목표는 단순한 학적 호기심 충족이 아니라 '유전자 조작'이다. 즉, 유전자 이상이 발견될 경우 그 유전자를 제거, 치환, 수리 등의 방법을 통해 유전자로 인한 '인간 불행'을 극복하는 것이 과학자들이 추구하는 목표이다. 그래서 "21세기에 윤리적 논쟁을 지배하게 될 질문은 유전자 조작의 한계를 정확히 어디에다 설정해야 하는가이다."[1] 개인은 자신의 신체에 대한 자율권을 지닌다. 물론 자살권, 신체적 처분권 등의 물음에 대해서는 학자들 사이에 이론의 여지가 있는 것은 사실이지만 일반적 차원에서 개인이 신체적 자율권을 지닌다는 데 대해서는 반론이 있을 수 없다. 문제는 바로 개인의 유전정보 조작이나 변경이 이러

---

1) M. Kaku, *Vision: How Science will Revolutionize the 21st Century*, 김승옥 옮김, 『비전 2003』(작가정신, 2000), p.437.

한 신체적 자율권의 한 부분으로 포함될 수 있는가이다. 또한 모든 인간은 행복을 추구할 권리를 지니며, 이는 인간의 기본적인 인권으로 도덕적 권리일 뿐만 아니라 민주주의 국가에서 헌법으로 보장하는 법적 권리이다. 유전자가 인간의 자아실현과 행복추구에 본질적인 부분을 구성한다면 왜 우리는 그 유전자를 개인이 원하는 방향으로 변경하거나 선택하지 못하는가? 즉, 유전자 선택이나 유전자 교정을 제한하는 일은 개인의 행복추구권을 침해하는 일이 아닌가?

일반적으로 비록 유전자 선택이나 교정이라 할지라도, 그 안전성이 입증되었다면, 그 목적이 질병 치료인 경우에는 도덕적 하자가 없다. 즉, 유전자 치료는 윤리적으로 허용된다. 하지만 유전자 치료는 다른 일반 치료와 두 가지 차이점을 지닌다. 하나는 유전자 치료는 그 당사자뿐 아니라 후손에게까지 영향을 미칠 수 있다는 점이고, 다른 하나는 유전자 치료는 질병 치료뿐 아니라 자질 함양을 위한 목적으로 사용될 수 있다는 점이다.[2] 우선 전자의 특성은 부분적 진리이다. 앞서 서론에서 밝혔듯이, 체세포를 대상으로 하는 유전자 치료는 후손에게 아무런 영향을 주지 않는 반면에, 오직 생식세포를 대상으로 하는 유전자 치료만이 후손에게 유전된다. 따라서 체세포 유전자 치료는 일반적인 다른 치료와 그 도덕적 성격이 동일하다고 말할 수 있다. 하지만 후자의 생식세포 유전자 치료는 영향을 받는 다음 세대의 '충분한 정보에 근거한 동의' 물음을 야기한다. 이에 관한 논의는 뒤의 자율성 존중 원칙에서 다루고자 한다. 여기서는 두 번째 특징, 즉 유전자 치료는 자

---

2) R. F. Chadwick, "Genetics and Ethics", E. Craig, ed., *Routledge Encyclopedia of Philosophy*, vol. 4.(London and New York: Routledge, 1998), p.18.

질 함양에 이용될 수 있다는 주장을 살펴보자. 이 주장 속에는 두 가지 명제가 함의되어 있다. 하나는 질병 치료와 자질 함양은 구분된다는 명제이고, 다른 하나는 이미 앞서 언급하였듯이, 질병 치료는 윤리적으로 허용되지만 자질 함양은 윤리적으로 문제가 있다는 명제이다. 후자의 물음이 이 장에서 본격적으로 다루고자 하는 주제, 즉 "유전적 자질 함양은 윤리적으로 허용될 수 있는가?"의 물음을 말하므로, 우선 질병 치료와 자질 함양의 구분에 관한 물음부터 고찰해 보자.

자질 함양은 질병 치료와 반대되는 개념이다. 치료와 자질 함양의 구분은 의학의 목적 및 건강보험과 관련하여 중요한 함의를 지닌다. 대개 질병 치료는 의학의 목적에 해당되어 건강보험이 적용되지만 자질 함양은 의학의 범위를 넘어선 것으로 건강보험이 적용되지 않는다. 그 실천적 함의의 중요성으로 인해 치료와 자질 함양 구분에 관한 철학적 논쟁이 끊이지 않고 있다. 질병을 통계학적인 개념으로 이해하게 되면 언제나 하위 몇 퍼센트는 '환자'일 수밖에 없게 된다. 즉, 이런 개념 정의에 따를 경우 유전자 치료가 가능해지면, 질병 치료와 자질 함양의 기준은 가변적이 되어, 계속 그 기준은 높아질 수밖에 없다. 그렇다고 해서 질병 치료와 자질 함양을 구분 짓는 객관적 기준을 찾는 일도 쉽지 않다. 사실 무엇이 치료이고, 무엇이 자질 함양인지 그 객관적 기준이 존재하지 않는다.[3] 그 대표적인 예가 바로 백신주사이다. 예방주사는 치료가 아니라 분명 자질 함양이다. 왜냐하면 백신은 바이러스에 대한 정상적인 저항 능력을 향상시키는 의술이기 때문이다. 그럼에

---

3) T. H. Murry, "The Genome and Access to Health Care", T. H. Murry, et al., eds., *The Human Genome Project and the Future of Health Care*, pp.220-223.

도 질병 예방은 의학의 본질적 영역 가운데 하나이다. 이런 의미에서 치료와 자질 함양 외에 제3의 범주로 '질병 예방'을 추가하자고 제안하는 학자도 있다.[4] 또한 일부 학자는 나이를 먹어 감에 따라 발생하는 질병의 치료는 필연적으로 자질 함양을 요구한다는 이유를 들어, '치료적 자질 함양(therapeutic enhancement)'이라는 용어를 사용하기도 한다.[5] 또 학자에 따라 건강 관련 자질 함양과 건강과 무관한 자질 함양의 구분(health-related enhancement/nonhealth-related enhancement)이라는 새로운 대안이 사용되기도 한다.[6] 이 구분 역시 '건강 관련'이라는 개념이 갖는 애매성으로 인해 유사한 문제점을 야기한다.

　질병 치료와 자질 함양의 구분 물음 역시 철학적 천착이 필요한 주제임에 분명하지만, 필자는 생명윤리학계의 일반적 정의를 전제하고자 한다. 즉, 자질 함양이란 "건강의 유지 내지 회복에 필요한 것 이상으로 인간의 형태나 기능을 향상시킬 목적으로 행해지는 간섭"을 말한다.[7] 이 정의에서 일반적 간섭이 아니라 유전적 간섭을 통해 자질을 함양시키는 것이 바로 유전적 자질 함양이다. 이런 일반적 의미에서 우리는 끊임없이 자질을 함양하여 왔으며 또 그러한 노력을 도덕적으로 칭찬하여 왔다. 그 단적인 예가 교육과 운동이다. 실제로 일부 학자들은 유전적 자질 함양 기술

4) E. Parens, "Is Better Always Good? The Enhancement Project", E. Parens, ed., *Enhancing Human Traits*(Washington, D.C.: Georgetown University Press, 1998), p.5.

5) G. Stock, *Redesigning Humans: Our Inevitable Genetic Future*(Boston, MA: Houghton Mifflin, 2002), p.178.

6) L. Walters & J. Palmer, *The Ethics of Human Gene Therapy*(New York: Oxford University Press, 1997), pp.110-111.

7) E. T. Juenst, "What Does Enhancement Mean?", *Enhancing Human Traits*, p.29.

사용에 대해 "새로운 것에 대한 불필요한 염려 내지 두려움"에 불과하다고 일축한다.[8] 자질 함양 자체는 도덕적 선인데, 왜 생명윤리학자들은 유전적 자질 함양을 도덕적으로 문제 삼고 있는가? 이 물음에 답하자면 유전적 자질 함양에 대한 사실 분석이 선행되어야 한다.

유전학적 자질 함양은 서로 다른 몇 가지 차원을 지닌다. 첫째는 어떠한 유전공학기술을 이용한 자질 함양인가의 물음이다. 단순한 유전자의 선택인가, 아니면 유전자의 교정인가가 문제시된다. 이는 단지 기술상의 문제로 안전성 물음을 야기하기는 하지만 유전학적 자질 함양 자체와는 윤리적으로 아무런 상관이 없다. 즉, 안전성이 과학적으로 입증되었다면 유전자 선택이든 유전자 자체의 교정이든 윤리학적으로는 전혀 차이가 없다.

둘째는 유전자 교정의 대상이 무엇인가의 물음이다. 여기서는 생식세포의 교정인가, 아니면 체세포의 교정인가가 문제시된다. 체세포보다 생식세포 대상 유전자 교정이 기술적으로 훨씬 더 어려워 생식세포 유전자 교정이 더욱 중대한 안전성 물음을 야기한다. 안전하지 않으면 혜택보다 손실이 더 클 것이므로 이런 유전자 교정은 실행되지 않을 것이다. 따라서 현실적으로 우리는 "오직 재앙의 위험이 아주 적은 반면에 얻어지는 혜택이 그 위험을 정당화할 만큼 충분히 크다고 믿을 만한 합당한 이유가 존재하는 경우에만 유전자 변경이 가능하다."라는 '신중성 원칙(principle of caution)'에 충실해야 할 것이다.[9] 하지만 엄밀히 말해 안전성 물

---

8) H. I. Miller, "Gene Therapy for Enhancement", *The Lancet* 344(1994), pp.316-317.

9) J. Glover, *What Sort of People Should There Be?*(London: Penguin Books, 1984), pp.42-43.

음은 과학기술의 윤리성 탐구와는 직접적 관련성이 없다.[10] 따라서 여기서는 안전성 문제를 논외로, 즉 유전자 교정 생명공학기술이 안전하다고 전제하고 그 윤리성을 논하고자 한다. 체세포와 생식세포는 과학적으로 전혀 다른 특성을 지닌다. 체세포의 경우 유전자 교정은 오직 그 당사자에게만 영향을 미치고 다음 세대로 유전되지 않는다. 하지만 생식세포의 경우 교정된 유전자는 그 당사자뿐만 아니라 후속 세대에게도 계속 유전된다. 그렇기 때문에 질병 치료를 넘어선 자질 함양의 경우 생식세포 유전자 교정은 더 중대한 그리고 더 많은 윤리적 물음을 야기한다.

셋째는 유전자 교정의 주체가 누구인가의 물음이다. 정부나 관련 기관이 유전자 교정의 주체가 될 수 있다. 하지만 정부의 유전자 간섭은 나치의 인종 말살 정책과 같은 우생학적 우려를 낳기에 여기서는 일단 제외하고자 한다.[11] 개인의 경우, 우리는 유전자 교정의 결정 주체를 당사자 본인과 제삼자로 구분할 수 있다. 즉, 내가 나의 유전자 교정을 결정하는 문제와 내가 내 자녀의 유전자 교정을 결정하는 문제는 전혀 다르다. 따라서 이 유전자 교정 주체의 물음은 윤리학적으로 의미 있게 다루어야 한다.

따라서 자질 함양 유전자 분배 문제를 우리는 유전자 교정 대상과 그 주체에 따라 개념적으로 다음 네 가지 경우로 분류할 수

10) F. Allhoff, "Germ-Line Genetic Enhancement and Rawlsian Primary Goods", *Kennedy Institute of Ethics Journal* 15, no. 1(2005), p.42.

11) 정부 내지 국가 주도의 우생학은 ① 개인의 자유와 사생활을 침해하고, ② 일종의 유전자 차별을 야기하고, ③ 유전적 다양성을 훼손함으로써 진화론적으로 엄청난 부작용을 낳고, 그리고 인종학살과 같은 비인륜적 결과에 이르게 되기 때문에 도덕적으로 허용될 수 없다. D. B. Resnik, "The Moral Significance of the Therapy-Enhancement Distribution in Human Genetics", *Cambridge Quarterly of Healthcare Ethics* 9(2000), pp.373-374 참조.

있다.

(1) 체세포 유전자 교정을 당사자 본인이 결정하는 경우
(2) 생식세포 유전자 교정을 당사자 본인이 결정하는 경우
(3) 체세포 유전자 교정을 제삼자가 결정하는 경우
(4) 생식세포 유전자 교정을 제삼자가 결정하는 경우

(2)에서 자녀를 낳지 않게 되면 체세포 교정이나 생식세포 교정은 동일하기에 (2)는 (1)과 같은 부류에 속하게 된다. 반면에 자녀를 낳을 경우 생식세포 유전자 교정은 그 당사자뿐만 아니라 후속세대에게로 계속 유전되기 때문에 결국 (4)와 같아지게 된다. 그리고 (3)은 대리 결정의 물음이다. 물론 유전자가 한 개인의 자아 동일성과 밀접한 상관성을 지니기에 이 경우의 대리 결정은 특별한 윤리학적 의미를 지니는 것은 사실이지만 넓은 의미로 보면 온정적 간섭주의(paternalism)의 문제로 다루어질 수 있다. 결국 이렇게 되면 유전자 분배 물음은 체세포 유전적 자질 함양과 생식세포 유전적 자질 함양이라는 두 범주로 구분된다. 그런데 후자의 물음이 전자에 비해 더 많은 도덕적 논쟁을 야기한다. 즉, 후자의 물음은 전자의 물음을 내포하고 있다. 그래서 여기서는 이 둘을 구분하지 않고 주로 생식세포 유전적 자질 함양에 초점을 맞추어, 그 찬반 논변을 비판적으로 고찰하고자 한다. 다만 다른 문제점을 야기할 경우에 한해서 필자는 이 둘을 구분하여 논의할 것이다.[12]

---

12) 생식세포 유전적 자질 함양은 다시 그 대상에 따라 둘로 구분된다. 하나는 초기 배아를 대상으로 하는 유전적 교정(genetic modification of early stage embryos)이고, 다른 하나는 부모의 생식세포를 대상으로 하는 유전적 교정(genetic modification of parental germ)이다. 안전성 측면에서 보면 후자가 전자에 비해 더 위험하나, 윤리학적 관점에서는 그 의미가 동등

이러한 유전적 자질 함양은 윤리적으로 허용될 수 있는가? 필자는 이를 옹호하는 논변으로 선례 논증과 생식의 선행 원칙을, 그리고 이에 반대하는 논변으로 자율성 존중 원칙을 비판적으로 검토하면서 "모든 유전적 자질 함양이 아니라 일부의 유전적 자질 함양은 윤리학적인 관점에서 보아 조건부적으로 허용된다."라는 결론을 내리고자 한다.

2. 유전적 자질 함양 반대 논변: 자율성 존중 원칙

유전적 자질 함양은 몸의 신체 구조, 특히 유전자 구조 자체를 바꾸는 것으로 전통적인 세계관 내지 가치관의 눈으로 보면 낯설어 거부감을 불러일으킨다. 특히 종교적 세계관을 갖고 있는 생명 윤리학자들에게 유전적 자질 함양은 인간이 신의 역할을 대신하는 '하나님 놀이(playing God)'로 신에 대한 도전으로 받아들여진다. 유전적 자질 함양에 반대하는 이유는 크게 다섯 가지이다.

(1) 유전적 자질 함양은 인간 경험의 미학적 가치를 앗아 간다.
(2) 유전적 자질 함양은 노력을 통한 성취(accomplishment)를 방해한다.
(3) 유전적 자질 함양은 자연에 있어서의 인간 위치를 받아들이는 데 실패한다.
(4) 유전적 자질 함양은 개인의 자율성을 훼손한다.
(5) 유전적 자질 함양은 바람직하지 않은 결과를 야기한다.

하기 때문에 여기서는 이 둘을 구분하지 않았다. D. B. Resnik, "Debunking the Slippery Slope Argument Against Human Germ-line Gene Therapy", *Journal of Medicine and Philosophy* 19(1994), pp.24-25 참조.

(1) 옹호자는 생로병사가 인간 삶의 실존적 모습인데 유전공학을 통해 이를 앗아 가게 되면 이것들이 지니는 고유한 미학적 가치를 잃어버리게 된다고 주장한다. (2)에 따르면, 피땀의 노력을 통해 자질을 함양해야 성취감을 맛볼 수 있는데, 유전자 변형을 통해 자질을 함양하게 되면 이러한 성취감을 우리는 이제 더 이상 향유할 수 없게 된다. (3) 옹호자는 각자의 유전적 자질은 자연의 질서와 조화를 이루는 신의 선물인데, 이를 임의로 변형하고자 하는 것은 자연에 있어서의 인간 지위에 대한 불만의 표시에 지나지 않기 때문에, 유전적 자질 함양은 받아들일 수 없다고 주장한다. 이러한 세 가지 반론은 특정의 세계관에 그 뿌리를 두고 있어 생명윤리학계에서는 크게 쟁점으로 부각되지 않고 있다.

유전적 자질 함양에 반대하는 강력한 논변은 (4)와 (5)이다. (5)는 결과주의 논변으로, 유전적 자질 함양 자체에 대한 반론으로 보기 어렵다. 그렇다고 (5)의 반론이 윤리학적으로 무의미하다는 말은 아니다. 오히려 생명윤리학계에서는 (4)의 반론보다 (5)의 반론이 더 중대한 물음으로 연구되고 있다. 하지만 이 글은 유전적 자질 함양 자체의 윤리적 허용 가능성 물음을 다루기에 (5)의 반론은 이차적일 수밖에 없다. 그래서 필자는 여기서 다른 네 가지 반론은 논외로 하고 (4)의 반론에 국한하여 비판적으로 천착하고자 한다. (5)의 반론은 5장과 6장에서 집중적으로 다루어질 것이다.

(4)는 '자율성 존중 원칙 반론'이라고 명명할 수 있다. 왜냐하면 (4)는 생명윤리학의 중요 원칙으로 인정받고 있는 자율성 존중 원칙을 유전적 자질 함양이 훼손한다고 주장하기 때문이다. 의료윤리에서 침습적 행위는 당사자의 '충분한 정보에 근거한 동의'를 받아야 윤리적으로 정당화된다는 것이 자율성 존중 원칙의 핵심

이다. 유전적 자질 함양 역시 인간 신체에 위해를 가할 수 있는 침습적 행위임에 분명하다. 따라서 당사자의 유전적 자질 함양이 윤리적으로 정당화되자면 당사자의 동의를 받아야 한다. 자질 함양 반대자들은 유전적 간섭의 경우에는 이러한 동의가 원천적으로 불가능하다고 주장한다. 생식세포 유전적 간섭은 그 당사자뿐만 아니라 다음 세대에도 영향을 주며 나아가 특별한 적극적인 방해가 없는 모든 미래 세대에도 영향을 준다. 하지만 미래 세대는 아직 존재하지 않기 때문에 동의할 수가 없으므로 자율성 존중 원칙이 원천적으로 불가능해진다. 이러한 반론은 아직 태어나지 않은 자도 두 가지 권리를 갖고 있음을 전제하고 있다. 하나는 태어나지 않은 자도 충분한 정보에 근거한 동의를 행할 수 있는 권리를 갖는다는 전제이고, 다른 하나는 태어나지 않은 자는 자신의 게놈을 변경당하지 않을 권리를 갖는다는 전제이다.13)

이러한 두 전제는 아직 철학적 동의를 얻지 못하고 있다. 일반적으로 권리는 이해관계를 전제로 하는데, 태어나지 않는 자가 어떠한 이해관계를 지니는지가 불분명하기 때문이다. 즉, 태어나지 않은 자에 대한 이해관계를 부인하게 되면, 아예 이러한 존재는 권리 자체를 가질 수 없어, 위의 반론은 성립되지 않는다. 특히 두 번째 전제는 한 개인의 게놈을 인간됨의 본질로 간주하지 않을 경우 성립되기 어려운 주장이다. 게놈 자체가 신성불가침한 것이 결코 아니다. 한 개인의 게놈이 그 개인의 존재 자체인 것은 아니다. 유전자 결정론은 과학적 참이 아니기 때문이다. 중요한 것은 게놈 자체가 아니라 그 게놈으로 인한 기회의 폭이다. 즉, 게놈이 조작되지 않고 태어나는 것보다 더 많은 기회를 갖는 게놈을 갖고 태

---

13) D. B. Resnik, "The Moral Significance of the Therapy-Enhancement Distribution in Human Genetics", pp.371-372.

어나는 것이 중요하다.[14] 설사 태어나지 않은 자녀가 충분한 정보에 근거한 동의 권리를 갖는다 해도, 첫 번째 전제는 두 가지 반대에 부딪힌다. 하나는 대리 결정의 가능성이다. 자율성 존중 원칙은 대리 결정을 허용한다. 자신의 의사를 온전히 표현할 수 없는 사람은 그 대리인이 동의를 할 수 있다. 대리 결정의 기준을 무엇으로 정하든지, 유전적 자질 함양의 경우에도 다음 세대를 위한 대리 결정이 가능하다. 다른 하나는 가상적 동의이다. 다음 세대가 의사 결정 능력을 갖고 현재와 같은 상황에서 유전적 자질 함양을 받는 데 대해 어떤 의사를 표현할 것인가를 우리는 충분히 상상할 수 있다. 물론 다음 세대는 아직 존재하지 않기 때문에, 다음 세대가 합리적으로 동의하리라고 확신할 수 없지만, 반대로 다음 세대가 반대하리라고도 확신할 수 없다. 존 롤즈는 원초적 입장의 당사자들이 그들 후손들의 자질 함양에 합의할 것이라고 예상하였다.[15]

이와 연관하여 일부에서는 칸트의 정언명법을 이유로 자질 함양에 반대한다. 즉, 인간은 목적적 존재로 결코 수단으로 취급해서는 안 되는데, 유전적 자질 함양은 인간을 수단으로 취급한다. 수단으로 취급하지 않으려면 당사자로부터 합리적 동의를 얻어야 하는데 유전적 자질 함양은 그렇지 못하다는 것이다. 그러나 유전적 자질 함양에 칸트의 정언명법 적용은 논리적으로 선결문제 요구의 오류를 범하고 있다. 왜냐하면 칸트의 정언명법은 합리적인 이성적 존재를 그 대상으로 하지만, 자질 함양의 대상이 되는 다음 세대는 아직 존재하지 않으므로, 합리적인 이성적 존재로 간주

---

14) Ibid., p.372.

15) J. Rawls, *A Theory of Justice*(Cambridge, MA: Harvard University Press, 1971), pp.107-108 참조.

할 수 없기 때문이다. 아직 태어나지 않은 세대는 합리성을 지니지 않았기에 인간 공동체에 참여하지 못한다. 칸트의 정언명법을 확대해석하는 신칸트주의자에 따르면, 정언명법은 "현존하는 혹은 미래의 모든 인간은, 그렇게 할 수 있다면, 그 모든 구성원이 합리적으로 동의하는 방식으로 대우받아야 한다."로 표현될 수 있다. 이렇게 되면, 칸트주의적 반론은 앞의 자율성 침해 반론으로 환원되고 만다. 그렇기 때문에 유전적 자질 함양은 결코 다음 세대의 자율성을 침해하였다고 말할 수 없다.16)

결국 자율성 존중 원칙을 동의가 아예 불가능하거나 어려울 경우 그 당사자에게 그 어떤 것도 행할 수 없다는 원칙으로 해석할 경우에만 자질 함양이 자율성 존중 원칙에 어긋난다는 반론이 설득력을 지닌다. 하지만 이러한 입장은 너무 강한 해석으로 임상 현장에서 실제로 지켜지지 않을 뿐만 아니라 지켜질 수도 없다. 오히려 자질 함양을 위한 유전자 선택이나 초기 배아의 유전자 교정의 경우, 존재론적 관점에서 동의 주체는 존재할지 모르나, 인식론적 관점에서는 그 주체의 개별화가 불가능하다. 그 결과 이러한 존재는 자신의 선호나 가치관 혹은 목적을 아예 지니지 않는다.17) 따라서 개체동일성이 확립되지 않는 존재에 대한 동의 요구는 무의미하다고밖에 말할 수 없다.

자율성 존중 원칙과 관련된 이보다 더 근본적인 문제는 자질 함양이 미래 아기의 자율성을 훼손한다는 반론이다. 예를 들어,

---

16) F. Allhoff, "Germ-Line Genetic Enhancement and Rawlsian Primary Goods", p.49

17) D. Wasserman, "My Fair Baby?: What's Wrong with Parents Genetically Enhancing Their Children?", V. Gehring, ed., *Genetic Prospects: Essays on Biotechnology, Ethics, and Public Policy*(Lanham, MD: Rowman and Littlefield, 2003), p.101.

하버마스는 우생학 프로그램이 자질 함양을 받는 당사자에게 특정의 인생 계획을 강요하기 때문에 자신의 인생 계획을 선택할 수 있는 자유를 제한한다고 비난한다.[18] 그러면 우생학 프로그램이 어떻게 '미래 인간'의 자율성을 제한하는가? 한 인간이 자율적인 존재로서 자기 인생의 주인이 될 수 있는 여건에 대한 하버마스의 입장이 그 해답을 제공한다. 하버마스에 따르면, 오직 자연적인 성장만이 우리로 하여금 우리 인생의 주인이게끔 만들어 준다. 달리 말해, 한 인간이 자기 자신을 자율적 존재로 간주할 수 있으려면 유전적 구성의 우연성, 즉 유전물질의 생성이 어느 누구의 통제도 받지 않는다는 사실이 필요조건으로 요구된다. 자연발생적인 인공수정과 체외수정은 이러한 조건을 충족시킨다고 그는 생각한다.

하버마스의 말을 빌리면, "유전자 프로그램이 실제로 미래 아기의 기질, 성향, 능력 등을 얼마만큼 확정짓고 또 그 행태를 어느 정도 결정할 수 있느냐의 문제와 상관없이", 자신이 '생산'된 상황을 사후에 알게 되면, 디자이너 아이는 자기 자신으로부터 소외감을 느끼게 될 것이다.[19] 왜냐하면 부모는 자녀에게 어떤 의도를 갖고 자질 함양을 시도하였을 것이기 때문이다. 이렇게 되면 미래 아이는 자신의 부모에 대해 "당신은 나 자신이 되도록 내버려 두지 않았어!"라고 분노할지 모른다. 그뿐만 아니라 그는 자기 신체 자체에 대해서도 '자기 자신의 의도'가 아니라 '소외된 의도'를 구현하고 있다고 분노할 수 있다. 심지어 그는 자기 자신에 대해서도 편안한 마음을 갖지 못해 자기소외감을 느낄 것이다. 정말로

18) J. Habermas, *The Future of Human Nature*, tr. W. Rehg, M. Pensky, & H. Beister(Cambridge, U.K.: Polity Press, 2003), p.61.

19) Ibid., p.53.

유전자 조작을 당한 미래 아기는 자기 인생의 저자 내지는 자율적 행위자가 될 수 없는가?

논의의 편의를 위해 하나의 예를 들어 보자. 음악가가 되기를 소망하면서 부모가 자녀의 음악적 재능을 탁월하게 함양하였다고 하자. 이에 대한 미래 아기의 반응은 두 가지이다. 하나는 아이가 부모의 의도를 받아들여 음악가가 되기를 소망하고 그 재능을 계발하는 일이다. 이 경우 아이의 자율성이 훼손되었는가? 우리는 여기서 두 종류의 인과 연쇄를 구분해야 한다. 즉, 유전자가 능력에 대해 갖는 인과 연쇄와 유전자가 인생 계획에 대해 갖는 인과 연쇄 사이에는 중요한 차이가 존재한다.[20] 다시 말해, 한 인간의 능력을 결정하는 힘은 그 사람의 인생 목적을 결정하는 힘으로까지 확대되지는 않는다. 가끔은 능력이 분명 인생 계획에 영향을 주지만, 다른 종류의 모든 요소와 고려사항도 인생 계획 선택에 중요한 역할을 한다.[21] 인생 계획이나 삶의 목적 선택에는 능력뿐만 아니라 교육이나 전통 그리고 가치관 등도 중요한 역할을 한다. 그렇기 때문에 한 개인의 능력이 제삼자의 유전자 변형에 의해 결정되었다고 해서, 그 개인 삶의 목적이나 인생 계획마저 타율적으로 결정되었다고 말하기 어렵다. 실제로 삶의 목적 내지 인생 계획이 누구에게서 나왔느냐의 물음은 개인의 자율성과 무관하기 때문이다. 설사 부모가 그러한 의도를 갖고 있다 해도, 자녀가 스스로 이성적으로 생각한 다음 결정을 내렸다면 그 인생의 저자는 여전히 그 자신임에 분명하다.

---

20) B. G. Prusak, "Rethinking Liberal Eugenics: Reflections and Questions on Habermas on Bioethics", *Hasting Center Report* 35, no. 6(2005), p.34.

21) N. Agar, "Liberal Eugenics", H. Kuse & P. Singer, eds., *Bioethics: An Anthology*(Oxford, U.K.: Blackwell, 1999), p.177.

다른 하나는 아이가 부모의 의도와는 달리 음악가가 아닌 다른 인생 계획 내지 삶의 목적— 예를 들어, 농구선수— 을 갖게 되어 양자가 상충하는 경우이다. 이 경우 아이는 부모에 대해 "왜 멋대로 나의 능력을 결정하였느냐?"라고 분노를 표명할 수 있다. 하지만 분노감만 가지고 부모의 유전적 능력 함양이 아이의 자율성을 훼손하였다고 말하기는 어렵다. 왜냐하면 실제로 부모는 아이의 이성적 판단력이 형성되기 전 유아 때부터 자신의 의도에 따라 각종 조기교육을 시키지만, 이러한 조기교육을 자율성 훼손이라고 비난하지 않기 때문이다. 자율성 훼손이 설득력 있으려면, 아이의 특정 유전적 재능 함양이 다른 인생 계획 내지 삶의 목적을 실현하는 데 장애가 되어야 한다. 하지만 모든 자질이 그런 것은 아니다. 우리는 여기서 두 종류의 자질을 구분해야 한다. 하나는 특정 인생 계획에 한정적인 자질이고, 다른 하나는 광범위한 영역의 모든 인생 계획에 도움이 되는 자질이다.[22] 전자의 자질 함양은 미래 아기로 하여금 부모의 의도와는 다른 인생 계획이나 삶의 목적을 선택할 수 있는 실질적인 자유를 제한하기 때문에 도덕적으로 잘못이다. 이런 아기는 분명 자라면서 자신이 아무런 열정도 갖지 않는 인생 계획에 갇혀 있다고, 혹은 누군가 다른 사람이 선택한 인생 계획을 살도록 운명지어져 있다고 느끼게 될 것이다.[23] 그렇기 때문에 이러한 자질 함양은 미래 아기의 자율성을 훼손하는 것이기 때문에 윤리적으로 허용될 수 없다. 하지만 후자의 자질 함양인 경우 미래 아기는 부모 의도와 다른 인생 계획 내지 삶의 목적을 선택할 수 있고 또 그러한 삶을 실제로 살아갈 수

---

22) N. Agar, "Designing Babies: Morally Permissible Ways to Modify the Human Genome", *Bioethics* 9, no. 1(1995), pp.13-14.

23) Ibid., p.14.

있는 능력을 지니기 때문에, 자질 함양이 미래 아기의 자유를 제한한다고 말할 수 없다.

누군가가 나의 자질을 선택하였다면 나는 자유롭지 못하다는 하버마스의 반론은 디자인하는 부모가 없는 경우 나는 나의 자질을 선택할 수 있다는 가정에 그 토대를 두고 있다.[24] 하지만 우리 중 어느 누구도 자신의 유전적 자질을 선택할 수 없다. 자연출생 아이의 유전적 구성 역시 자신의 자율적인 선택이 아니라 우연의 산물에 지나지 않는다. 따라서 인간 자유의 전제조건은 그 자신의 유전적 재능을 누가 선택하였느냐가 아니라 그 자신의 인생 계획 내지 삶의 목적을 누가 선택하였느냐에 달려 있다. 자유의 전제조건은 자신이 선택한 삶의 목적 내지 이상 혹은 인생 계획이 행위의 근원이 되어야 한다는 점이다. 달리 말해, 자기 자신이 누구인가에 관한 자아관 및 자신의 전반적인 인생 계획과 부합하는 욕구를 표현하고 있을 때 그 행위는 모두 자유롭다. "자유는 자신이 누구인지에 관한 자아관 형성 및 그 자아관에 따라 행동할 수 있음을 내포한다."[25] 부모가 특정의 의도를 갖고 유전적으로 자질을 함양하였음에도 태어난 미래 아이가 음악가가 되기를 거절하고 운동선수가 되기로 결정하였다는 사실 자체가 이런 자녀 역시 자기 자신의 자아관 내지 삶의 목표 혹은 인생 계획을 스스로 선택할 수 있는 자율성을 지녔음을 보여주는 반증 구실을 한다.

물론 이러한 반박에도 불구하고 유전자에 특별한 도덕적 혹은 존재론적 의미를 부여한다면 우리는 유전적 자질 함양에 반대할 수 있다. 즉, "유전자는 한 인간의 자아정체성 규정에 본질적으로

---

24) B. G. Prusak, "Rethinking Liberal Eugenics", pp.36-37.
25) P. Kitcher, *The Lives to Come: The Genetic Revolution and Human Possibilities*(New York: Simon & Schuster, 1996), pp.279-281 참조.

중요하다.", "한 개인의 게놈 결정은 신의 고유 권한이다.", "인간은 유전자를 변경할 자유나 권리가 없다." 등이 바로 이러한 예이다. 하지만 이는 세계관의 문제로 그 참·거짓을 합리적으로 밝힐 수 없다. 존 롤즈의 표현을 빌린다면 이는 포괄적인 교설로서 우리는 자신의 특정 포괄적 교설을 타인에게 강요할 수 없다. 우리는 서로 다른 포괄적 교설을 갖고 이웃과 더불어 살아간다. 이를 롤즈는 합당한 다원주의 사회라고 부른다. 따라서 우리가 특정의 포괄적 교설이나 세계관으로부터 얻어진 윤리 원칙을 그러한 교설이나 세계관을 받아들이지 않는 사람에게 강요하는 것은 합당하지 않다. 다원주의 사회에 살고 있는 우리는 중첩적 합의를 통해 함께 지킬 윤리를 찾아가야 한다. 중첩적 합의는 합리적인 논변을 통해 얻어져야지, 폭력이나 강요에 의해서 얻어져서는 안 된다.

3. 유전적 자질 함양 옹호 논변

1) 선례 논증

유전적 자질 함양을 옹호하는 대표적 논변은 '선례 논증(argument from precedent)'이다.[26] 이의 표준적 형태는 다음과 같다. (여기서 M은 수단을, E는 목적을 뜻한다.)

$Ma \rightarrow Ea$

$Mb \rightarrow Ea$

$\therefore Mb$

---

26) E. Parens, "Is Better Always Good? The Enhancement Project", pp.12-14 참조.

이 논증을 자질 함양에 적용하여 설명하면 다음과 같다. 어린이들의 수행 능력 향상이라는 목적(Ea) 성취를 위해 우리는 교사/학생 비율을 줄이고 학급을 소규모화하는 수단(Ma)을 사용하여 왔다. 그런데 특정 유전자의 교정(Mb) 역시 어린이들의 수행 능력을 향상시켜 준다. 그렇기 때문에 유전자 교정은 도덕적으로 문제가 없다.

이 논증은 Mb와 Ma의 도덕적 유사성에 그 토대를 두고 있다.[27] 하지만 이는 입증되어야 할 문제이지 자명한 주장이 아니다. 왜냐하면 이 논증이 타당하려면 두 가지 전제, 즉 목적과 수단의 구분 및 수단의 윤리적 무관련성이 입증되어야 하는데, 이 두 전제가 의심스럽기 때문이다. 물론 많은 경우 목적과 수단은 구분되고 수단은 윤리적 평가와 무관하다. 예를 들어, 주사나 약을 통한 감기 환자 치료의 경우, 분명 치료라는 목적과 주사나 약이라는 수단은 구분되고, 또 주사나 약이라는 수단의 종류는 윤리적으로 상관이 없다. 하지만 모든 경우에 이 두 전제가 성립되는 것은 아니다. 목적이 수단을 정당화하지 않기 때문에, 우리는 수단의 윤리성을 목적과는 별도로 독립적으로 논의해야 한다. 그러니까 수단 자체도 도덕적으로 중요하다. 그뿐만 아니라 다른 수단은 궁극적으로는 다른 목적을 성취한다. 예를 들어, 기도와 신경안정제인 프로작(Prozac)은 모두 세라토민 수치를 낮춘다. 세라토민 수치라는 관점에서만 보면 기도나 프로작은 똑같아 보인다. 하지만 이 두 수단의 최종 상태는 전혀 다르다. 기도의 경우 마음의 평안과 더불어 신앙심이 높아지나, 프로작의 경우는 그렇지 않다. 따라서 서로 다른 수단은 단지 주어진 하나의 기준에서만 동일한 목

---

27) B. G. Prusak, "Rethinking Liberal Eugenics", p.33.

적을 성취하지, 도덕적으로 의미 있는 모든 면에서 똑같은 결과를 가져오지는 않는다. 따라서 우리는 수단과 목적을 분리하지 말고 하나의 단일체로 간주해야 한다. 그렇기 때문에 우리는 자질 함양이 도덕적 선이라고 해서 유전적 자질 함양 역시 무조건 도덕적으로 아무런 문제가 없다고 생각해서는 안 된다. 우리는 자질 함양을 가져다주는 유전공학기술을 윤리적으로 검토해야 할 뿐만 아니라, 유전공학기술을 통해 얻어진 자질 함양 및 그 과정 전체를 윤리학적인 관점에서 비판적으로 고찰해야 한다. 설사 양자 사이에 도덕적 차이가 존재하지 않는다 해도 생식과 양육에 있어서의 부모 재량권은 사회정의와 같은 다른 도덕적 고려사항에 의해 제한받을 수밖에 없기 때문이다.[28]

실제로 일부 생명윤리학자들은 "환경 변화는 표현형에 영향을 미치는 반면에, 출생 전 유전자 조작은 유전자형에 영향을 미친다."[29]라고 양자의 차이를 주장한다. 하버마스 역시 이런 노선에 따라 "자연적 운명과 사회화 운명은 도덕적으로 중요한 차이가 있다. 즉, 이 둘은 전혀 다르게 우리를 구속한다."라고 주장한다.[30] 하지만 양자의 도덕적 차이를 발견하기 어렵다. 자유주의 우생학을 옹호하는 대부분의 생명윤리학자들은 유전자 변형을 통한 자질 함양과 환경 개선을 통한 자질 함양을 구분하지 않는다. 사실 영향을 받는 것이 표현형이냐 아니면 유전자형이냐의 물음은 도덕적으로 아무런 의미가 없다. 또 유전자 결정론을 부인하게 되면,

---

28) D. B. Resnik, "Debunking the Slippery Slope Argument Against Human Germ-line Gene Therapy", p.36.

29) L. Kass, *Life, Liberty and the Defense of Dignity: The Challenge for Bioethics*(San Francisco, CA: Encounter Books, 2002), pp.121-122, n.2.

30) J. Habermas, *The Future of Human Nature*, p.61.

자연적 운명과 사회화의 운명은 그 종(kind)이 아니라 단지 정도(degree)에 있어서의 차이를 지닐 따름이다. 실제로 로버트슨(J. Robertson)은 이렇게 반문한다. "출생 전 자질 함양은 자녀 양육에 있어서의 부모 재량권의 하나로 옹호될 수 있다. 특수 교사, 훈련 프로그램, 신장 성장을 위한 성장 호르몬 주사 등이 부모의 자녀 양육 재량권 가운데 하나라면, 왜 자녀의 정상적인 자질을 함양하기 위한 유전적 간섭은 합당하지 않다는 말인가?"[31] 즉, 교육이나 운동을 통해 부모가 자녀의 자질을 함양시킬 자유를 지니듯이, 부모는 유전자 변형을 통해서도 자녀 자질을 함양할 자유재량권을 지닌다.

애거(N. Agar) 역시 이 둘 사이에는 도덕적 차이가 존재하지 않기 때문에 유전적 자질 함양은 허용되어야 한다고 주장한다. 애거는 유전공학과 환경공학의 도덕적 동등성 근거를, 유전자 결정론은 참이 아니며 한 인간의 발달에 유전자와 환경이 동등한 역할을 한다는 현대 과학의 발견에서 찾는다.[32] 교육 자원을 개인에게 할당하는 데 있어서 우리는 질병을 피하는 데에만 한정하지 않고 오히려 그 개인의 복지 내지는 삶의 질에 관심을 갖듯이, 유전공학기술에 대해서도 같은 논리가 적용되어야 한다. 즉, 유전공학기술을 질병 치료에만 한정할 것이 아니라 개인의 복지 내지 삶의 질 향상을 위해, 다시 말해, 자질 함양을 위해 개인이 자유롭게 이용할 수 있도록 허용해야 한다. 유전자가 인간의 개체동일성과 본질을 구성한다는 유전자 본질주의를 부인한다면 유전적 간섭에 대해 양심의 가책을 느낄 필요가 없다.[33] 부모가 환경 개선을 통해

31) J. Robertson, *Children of Choice: Freedom and the New Reproductive Technologies*(Princeton, NJ: Princeton University Press, 1994), p.167.
32) N. Agar, "Liberal Eugenics", p.173.

자녀의 자질을 함양하고 있다는 사실은 바로 유전자 결정론이 참이 아님을 반증한다.

2) 생식의 선행 원칙

또 일부에서는 선행 원칙을 들어 유전적 자질 함양을 적극 옹호한다. 생명의료윤리의 네 원칙 가운데 하나인 선행 원칙을 생식의 물음에 적용시키면, '생식의 선행 원칙(principle of procreative beneficience)'이 성립된다. 즉, "부모는, 자신이 가질 수 있는 가능한 아이들 가운데, 이용 가능한 관련 정보에 근거하여 최선의 삶을, 아니면 적어도 다른 아이만큼 좋은 삶을 살리라 기대되는 아이를 선택해야 한다."34) 줄리안 사불레스쿠(J. Savulescu)는 이러한 생식의 선행 원칙의 행사가 사회적 불평등을 증가시킨다 해도 존중되어야 한다고 주장한다. 비록 사불레스쿠는 유전자 교정 차원에서의 자질 함양이 아니라 유전자 선택 차원에서 생식의 선행 원칙을 옹호하지만, 그의 주장은 자질 함양 유전자 교정에도 그대로 적용될 수 있다. 왜냐하면 유전적 자질 함양의 방법이 유전자 선택이냐 아니면 유전자 교정이냐의 물음은, 유전자 자체를 신성시하지 않는 한, 윤리학적 관점에서 보면 본질적으로 중요하지 않기 때문이다. 생식의 선행 원칙을 받아들이면, 예비 부모는 지능이나 신장과 같은, 질병과 무관한 자질의 형성에 유전자가 어떠한 영향을 미치는지를 검사한 다음 그 정보를 출산 결정에 적극

---

33) A. Buchanan, et al., *From Chance to Choice: Genetics & Justice*(Cambridge: Cambridge University Press, 2000), p.161.

34) J. Savulescu, "Procreative Beneficience: Why We Should Select the Best Children", *Bioethics* 15, no. 5/6(2001), p.415.

활용해야 할 도덕적 의무를 지닌다.

생식의 선행 원칙을 옹호하는 사불레스쿠의 논변은 무엇인가? 자녀를 갖기 위해 부부가 IVF 시술을 하는 경우를 예로 들어 보자. 두 배아를 만든 다음 착상 전 유전자 검사 결과 A 배아는 정상인 반면에, B 배아는 천식 관련 유전자를 지녔다고 하자. 이 경우 B 배아가 아니라 A 배아를 선택할 충분한 도덕적 이유가 존재한다. A 배아를 선택하는 이유는 단순히 B 배아가 천식이라는 질병에 걸릴 개연성이 높기 때문이 아니라, 천식이 그 당사자의 복지에 중대한 영향을 미치기 때문이다. 즉, 천식과 관련하여 도덕적으로 중요한 사항은 천식이 질병이라는 사실이 아니라, 천식이 그 당사자의 삶의 질을 저하시킨다는 점이다. "중요한 것은 천식(질병)이 아니라 그 질병이 삶에 미치는 영향이다."[35] 질병 유전자뿐만 아니라 질병과 관련 없는 유전자도 최선의 삶을 살지 못하도록 방해하기도 한다. 따라서 우리는 질병 예방 차원을 넘어서, 한 개인의 삶의 질 내지 복지에 중대한 영향을 미치는 유전적 요인을 발견하여 예방할 도덕적 의무를 지니게 된다. 다시 말해, 예비 부모는 착상 전 유전자 진단을 통해 여러 배아 가운데 최상의 복지 내지 삶의 질을 영위하리라 예상되는 배아를 선택해야 한다. 이것이 바로 생식의 선행 원칙이다.

이러한 생식의 선행 원칙은 몇 가지 반론에 부딪힌다. 우선 천식 관련 유전자가 없는 A 배아를 선택하고 B 배아를 파기하면, 모차르트나 국가대표 선수가 될 수 있는 배아를 파기할 위험이 있기 때문에, A 배아를 선택할 충분한 이유가 없다는 반론이 제기된다. 물론 B 배아가 모차르트와 같은 위대한 음악가나 국가대표

---

35) Ibid., p.419.

선수가 될 개연성이 있다. 하지만 A 배아를 선택하지 않고 B 배아를 선택해도 똑같은 개연성이 존재한다. 왜냐하면 A 배아가 위대한 음악가나 국가대표 선수가 될 확률은 B 배아의 그것과 동일하기 때문이다. 이는 상황으로 인해 발생하는 도덕적 딜레마이지, 이러한 사실을 근거로 생식의 선행 원칙을 반박할 수 없다.

이와 관련된 두 번째 반론은 생식의 선행 원칙 실천이 오히려 선택된 배아의 미래 삶에 해악을 가져다준다는 주장이다. 사실 우리는 A 배아와 B 배아 가운데 어느 배아가 더 나은 삶을 살아갈지 백 퍼센트 확신할 수는 없다. 예상과는 달리 선택된 A 배아에게 더 큰 해악이 발생할 수 있다. 그러나 이는 B 배아를 선택하였을 경우에도 마찬가지다. 하지만 특정의 생식체(gamete)나 배아 혹은 태아를 대상으로 유전자 조작을 가하는 간섭과 여러 생식체나 배아 혹은 태아 가운데 어느 하나를 선택하는 선택적 간섭을 우리는 구분해야 한다.36) 전자의 경우 미래 삶에 대한 해악 발생의 우려를 제기할 수 있지만, 후자의 경우에는 그렇지 않다. 왜냐하면 아직 해악의 객체가 존재하지 않을 뿐만 아니라 어느 배아나 생식체를 선택해도 해악이 발생하는 개연성은 동일하기 때문이다. 사불레스쿠의 이 구분은 유전자 선택 자질 함양과 생식세포 유전자 자질 함양이 도덕적으로 구분된다는 의미로 해석될 수 있다. 하지만 이 둘은 도덕적으로 구분될 수 없다. 첫째, 이는 유전자 교정의 안전성 물음에 관한 것이지 유전자 교정 자체의 윤리에 관한 물음이 아니다. 즉, 유전적 자질 함양의 윤리적 허용 가능 물음은 안전성이 입증되고 난 다음의 물음이다. 둘째, 생식세포 유전자 자질 함양의 경우에도 해악의 객체가 존재하지 않는다. 생식세포

---

36) Ibid., p.422.

유전자 자질 함양 역시 '특정의 아이'로 발달할 배아나 생식체를 대상으로 하지 않기 때문이다. 이러한 이유로 필자는 사불레스쿠의 생식의 선행 원칙은 생식세포 유전자 자질 함양에도 그대로 적용되는 원칙으로 간주한다. 따라서 자녀에게 미치는 해악은 생식의 선행 원칙에 대한 반대 논거가 될 수 없다.

셋째는 최선의 삶(best life)이 무엇이냐에 따라 함양해야 할 자질이 달라지기 때문에 생식의 선행 원칙은 실천 불가능하다는 반론이다. 물론 최선의 삶이 무엇이냐에 관해서는 쾌락주의, 욕구만족설, 객관주의 등 여러 이론이 있다. 따라서 어떤 이론을 받아들이냐에 따라 함양해야 할 자질이 달라짐에 분명하다. 즉, 질병의 경우 예방해야 할 목록이 비교적 객관적이지만, 자질 함양의 경우 그 목록이 주관적일 수밖에 없다. 하지만 최선의 삶이 무엇이든지 간에 기본적으로 필요한 자질이 존재한다면 이러한 반론은 쉽게 극복될 수 있다. 실제로 많은 학자들은 인생의 목적이 무엇이든 상관없이 반드시 필요한 기본적인 자질이 있음을 주장한다. 즉, 전목적적 수단(all purpose means)에 해당되는 자질이 있으며, 그 대표적인 예가 지능과 기억력이다. 따라서 생식의 선행 원칙이 모든 형태의 유전적 자질 함양을 요구하지는 않지만 적어도 전목적적인 수단에 해당하는 유전적 자질의 함양을 요구한다는 데 대해서는 반론을 펴기가 어렵다.

그렇다고 사불레스쿠가 생식의 선행 원칙이 사회적 불평등을 야기하지 않는다고 말하지는 않는다. 그 역시 사회적 불평등이 결과할 수 있음을 인정하면서도 다른 처방책을 제시한다. 왜냐하면 생식의 영역은 개인의 사적 영역이기 때문에 공권력이 개입되어서는 안 되기 때문이다. 생식은 사회적 불평등을 해결하기 위한 정부의 수단이 되어서는 안 된다. 즉, 사회적 불평등은 생식 자체

에 대한 국가의 간섭을 통해 해결되어서는 안 되고 사회제도의 개
혁을 통해서 해결되어야 한다. 거의 모든 사회적 불평등은 생식이
아닌 다른 해결책이 존재한다.[37] 부모는 분명 생식의 자유를 지니
지만, 이러한 자유의 행사는 그것이 중대한 사회적 부정의를 낳을
개연성이 높을 경우 마땅히 제한되어야 한다.[38] 하지만 이는 어디
까지나 자질 함양을 구체적으로 어떻게 허용할 것인가에 관한 반
론이지, 자질 함양 자체에 대한 반론으로 보기는 어렵다. 따라서
사회적 부정의를 심화시킬 개연성이 높다고 해서, 유전적 자질 함
양에 반대하는 것은 합리적인 철학적 태도라 보기 어렵다. 오히려
우리는 자질 함양 자체는 윤리적으로 허용하고, 사회적 불평등을
야기하지 않는 자질 함양 분배 원칙 내지 정책을 마련하는 태도를
견지해야 할 것이다. 이로써 우리는 자연스럽게 자질 함양에 관한
결과주의 논의에 이르게 되었다.

4. 맺는 말: 결과주의와 자질 함양

지금까지의 논의는 유전적 자질 함양이 윤리학적인 관점에서
보아 조건부적으로 허용된다는 결론에 이르게 된다. 특히 전목적
적인 수단에 해당되는 유전적 자질 함양에 반대할 윤리학적 논거
는 찾아보기 어렵다. 윤리적으로 허용된다고 해서 곧바로 유전적

---

37) 최근에 린드세이 역시 유전적 자질 함양에 대한 국가 규제에 반대하면서,
  사회적 부정의에 대한 해결책으로 부의 재분배를 주장하고 있다. 부정의
  발생 원인이 자질 함양에 대한 불평등한 접근권에 있으며, 접근의 불평등
  은 부의 불평등에 기원하기 때문이다. 이에 관한 자세한 논의는 R. A.
  Lindsay, "Enhancement and Justice", pp.33-34를 참조하라.
38) D. B. Resnik, "Debunking the Slippery Slope Argument Against Human
  Germ-line Gene Therapy", p.36.

자질 함양은 개인의 자유에 맡겨야 한다는 입장이 얻어지지는 않는다. 왜냐하면 개인의 자유 행사는 타인에게 해악을 끼칠 경우 제한받아 마땅하기 때문이다. 따라서 유전적 자질 함양의 윤리적 허용 가능성 물음을 온전하게 다루자면, 유전적 자질 함양이 야기하는 사회적 결과도 고려해야 한다. 예를 들어, 부모는 분명 생식의 자유를 지니지만, 이러한 자유의 행사가 중대한 사회적 부정의를 낳을 개연성이 높을 경우 마땅히 제한되어야 한다.[39] 즉, 지금까지의 논의가 '의무론적 논변'이었다면, 앞으로 '결과주의 논변'이 보완되어야 한다.

유전적 자질 함양을 허용할 경우 어떤 사회적 결과가 예상되는가? 우리는 여기서 두 종류의 결과를 구분해야 한다. 하나는 자질 함양이 미래 세대에 중대한 해악을 가한다는 반론이고, 다른 하나는 자질 함양이 사회정의의 중요한 원칙, 즉 자유와 기회의 평등을 훼손한다는 반론이다.[40] 후자의 물음은 '부정의 논변'으로 별도의 철학적 논의가 필요할 정도로 광범위한 주제이다. 이 주제는 다음 두 장에서 논의하고, 이 장에서 필자는 전자의 물음에 국한하여 결론을 내리고자 한다. 미래 세대에 미치는 해악을 이유로 자질 함양에 반대하는 논변 중 대표적인 논변은 자녀의 '열린 미래에의 권리(the right to an open future)'에 근거한 반론이다.

파인버그에 따르면 자녀는 독립된 인격체로 스스로 자신의 삶

---

39) Ibid., p.36.
40) 물론 이 둘은 밀접한 관련성을 지니지만 개념적으로는 구분되어야 한다. 왜냐하면 사회정의의 원칙을 어기지 않으면서 해악을 가할 수 있고, 그 반대로 해악을 가하지 않으면서 사회정의를 훼손할 수 있기 때문이다. 예를 들어, 공장의 환경오염 배출은 모든 사람에게 해악을 가져다주지만 그 부담을 공평하게 분담하면 사회정의 물음을 야기하지 않는다. Ibid., pp.28-29 참조.

과 미래를 선택할 권리를 지닌다.[41] 그러자면 자녀가 미래를 선택할 수 있는 능력과 기회 및 자유가 보장되어야 한다. 자녀의 이러한 권리는 인간 일반이 갖는 자기 결정권으로부터 얻어진다. 생식세포 유전적 자질 함양은 부모가 자신의 가치관에 따라 자녀의 유전자를 결정하기 때문에 결과적으로 자녀의 열린 미래에의 권리를 훼손하게 된다는 것이 반대자들의 요지이다. 물론 열린 미래에의 권리의 구체적 내용이 무엇이고 그 한계는 어디까지인가, 또 자녀에 대한 부모의 어떤 행위가 이러한 권리 침해인가 등에 관해서는 많은 의견 불일치가 있다. 그러나 열린 미래에의 권리를 받아들일 경우, 자녀에 대한 부모의 자질 함양 간섭에는 도덕적 한계가 있음에 분명하다. 부모는 자녀의 미래를 결정할 권리가 없다. 부모가 자신의 인생 목적에 부합한 특질을 자녀가 갖도록 적극적인 유전공학 간섭을 자녀에게 취하는 것은 허용될 수 없다.[42]

하지만 다른 한편으로 열린 미래에의 권리는 자녀에 대한 부모의 자질 함양 간섭을 정당화하는 데 이용될 수도 있다. 왜냐하면 자질 함양 의술은 자녀의 능력이나 기회의 폭을 증대시켜 결과적으로 선택의 폭을 넓혀 주기 때문이다. 기본 교육이 부모의 의무인 이유도 여기에 있다. 실제로 자녀의 열린 미래에의 권리 침해와 부모의 책임 있는 간섭을 구분하기는 쉽지 않다. 부모가 행하는 모든 간섭은 자녀의 미래에 영향을 준다. 자녀에 대한 부모의 간섭은 원래부터 자녀의 미래에 영향을 주기 위함이다. 자녀의 미래에 영향을 준다고 해서, 부모의 간섭이 부당하다고 말할 수 없

---

41) J. Feinberg, "The Child's Right to an Open Future", W. Aiken & H. LaFollette, eds., *Whose Child? Children's Right, Parental Authority, and State Power*(Totowa, NJ: Rowman and Littlefield, 1980), pp.76-97 참조.

42) N. Agar, "Designing Babies", p.15.

다. 이것은 책임 있는 부모의 마땅히 행해야 할 바이다. 그 경계선을 긋기가 애매한 경우도 있지만, 일부의 간섭은 분명 자녀에게 더 많은 가능성을 열어 준다. 예를 들어, 기억력이나 지능과 같은 자질의 함양은 자녀의 미래를 폐쇄시키지 않고 오히려 그 문을 넓게 한다. 왜냐하면 이러한 자질은 모든 인생 계획의 실현에 꼭 필요한 전목적적 수단이기 때문이다.[43] 따라서 열린 미래에의 권리로부터 "유전적 자질 함양은 이 권리를 침해하기 때문에 도덕적으로 그르다."라는 결론이 얻어지지 않는다. 이 권리는 결코 유전적 자질 함양 일반에 대한 반대 논거가 될 수 없다. 우리는 유전적 자질 함양 각각에 대해 열린 미래에의 권리를 침해하는지 그렇지 않은지를 물어야 한다. 예를 들어, 일반적인 기억력 향상 자질 함양은 열린 미래에의 권리를 침해하지 않고 오히려 확장한다고 말할 수 있다.[44]

---

43) A. Buchanan, et al., *From Chance to Choice: Genetics & Justice*, p.167.
44) D. W. Brock, "Enhancement of Human Function: Some Distinctions for Policymakers", *Enhancing Human Traits*, p.55.

5장 정의와 유전적 자질 함양

1. 들어가는 말: 생명공학과 정의

인간 통제 밖의 자연에는 옳고 그름, 즉 윤리가 문제되지 않는다. 오직 통제 가능한 문화의 영역에서만 윤리가 문제된다. 하지만 자연과 문화의 경계는 고정불변의 것이 아니다. 인류는 과학기술을 통해 끊임없이 자연을 문화로 변화시키고 있다. 그 결과 지금은 '생명의 책'으로 알려진 유전자마저도 자연이 아니라 문화로 탈바꿈하고 있다. 이제 인간은 태어날 때 지니게 된 유전자의 지배를 받는 존재가 아니라, 거꾸로 유전자의 창조자가 되어 가고 있다. 그 대표적인 기술이 유전적 자질 함양이다. 아직 유전자 치료 기술도 걸음마 단계에 불과하지만, 생명공학은 단순한 질병 치료의 차원을 넘어, 유전적 자질 함양을 목표로 그 기술을 하나둘씩 개발해 나가고 있다.

자연의 문화화 뒤에는 항상 '새로운' 윤리 물음이 발생한다. 유전자 치료 및 유전적 자질 함양 역시 예외가 아니다. 특히 유전적 자질 함양은 정의의 물음에 중대한 도전을 주고 있다. 일반적으로 정의가 문제되는 상황은 두 가지이다. 하나는 객관적 조건으로 자원의 적절한 부족이고, 다른 하나는 주관적 조건으로 인간의 적절한 이기심이다. 하지만 더 근본적인 정의의 여건이 하나 더 있다. 그것은 바로 그 부족한 자원의 분배에 대한 인간의 통제 가능성이다.[1] 그러니까 이제까지 자연의 사실로 통제 불가능한 유전자가 통제 가능한 문화의 영역으로 편입됨으로 말미암아, 분배되어야 할 대상이 근본적으로 바뀌게 되었다. 즉, 이제 유전자는 정의의 고정적인 출발점이 아니라 정의의 대상이 되었다.

자질 함양과 연관된 유전자 분배는 '새로운 종류의' 도덕문제이다. 이제까지의 모든 정의론은 천부적인 유전적 재능을 정의의 문제가 아니라 자연의 사실로 간주하여 왔다.[2] 예를 들어, 노직(R. Nozick)은 "한 개인의 자연적 자산이 비록 도덕적 관점에서 임의적이라 할지라도, 개인은 각자의 자연적 자산에 대해 그리고 그로부터 결과하는 모든 것에 대해 자격 권한을 갖는다."라고 생각하였다.[3] 즉, 전통적인 정의론은 유전자를 고정불변의 사실로 전제한 다음 다른 사회적 재화의 분배를 문제 삼고 있는 반면에, 자질 함양 관련 유전자 분배는 바로 이 전제 자체, 즉 자연적 재화인 유전자 자체의 분배를 문제 삼고 있다. 이런 의미에서 유전공학은 자질 함양 기술을 통해 정의의 영역을 근본적으로 바꾸어 놓고 있다.[4]

---

1) P. S. Wenz, *Environmental Justice*(Albany: State University of New York Press, 1988), p.7.
2) J. S. Brown, "Genetic Manipulation in Humans as a Matter of Rawlsian Justice", *Social Theory and Practice* 27, no. 1(2001), p.83.
3) R. Nozick, *Anarchy, State, and Utopia*(New York: Basic Books, 1974), p.226.
4) A. Buchanan, et al., *From Chance to Choice: Genetics & Justice*(Cam-

물론 유전자 결정론이나 유전자 환원주의는 참이 아니지만, 유전자가 인간 발달의 청사진을 간직하고 있음은 과학적 사실이다. 신장, 외모, 수명, 질병, 자질, 능력 등 인간의 신체적 특질뿐만 아니라 정신적 특질까지도 유전자와 밀접한 상관성을 지닌다. 유전적 운은 질병과만 상관성을 지니는 게 아니라 신장이나 얼굴 등과 같은 신체적 매력과도 상관성을 지닌다. 또 실제로 연구보고에 따르면 신체적 매력은 거의 모든 사회에서 우대를 받고 있기에, "우리의 유전적 자질은 인생 전망에 중대한 영향을 미친다."5) 따라서 유전자 분배는 '인간 존재 자체'의 분배와 연관되어 있다고 말할수 있다. 유전적 자질 함양은 이런 의미에서 이미 정의의 관심 영역이 되었으므로 반드시 윤리학적으로 논의되어야 한다.6) 따라서 합당한 정의론은 유전자를 어떻게 분배하는 것이 정의로운가의 물음을 다루지 않을 수 없게 되었다. 이 글은 이러한 문제의식에서 출발하여 '유전자의 정의로운 분배' 물음에 관한 특정의 적극적 입장을 옹호하는 논변을 전개하지 않고, 최근 생명윤리학계에서 제기되고 있는 몇 가지 주요 입장을 비판적으로 논의하는 데 그 목적이 있다.

2. 유전적 자질 함양에 대한 반론: 부정의 논변

유전적 자질 함양에 반대하는 가장 강력한 논변은 '부정의 논변 (argument from injustice)'이다. 즉, 반대론자들은 아래에 정식화

---

bridge: Cambridge University Press, 2000), p.63.
5) C. Farrelly, "The Genetic Difference Principle", *The American Journal of Bioethics* 4, no. 2(2004), w.22.
6) A. Buchanan, et al., *From Chance to Choice: Genetics & Justice*, p.96.

된 부정의 논변을 통해 유전적 자질 함양이 현존하는 사회적 불평등을 심화시키기 때문에 윤리학적으로 허용될 수 없다고 주장한다.

(1) 자질 함양 유전공학기술은 고비용 의술이다.
(2) 고비용 의술은 부자만 이용 가능하고 대다수 가난한 자들은 이용할 수 없다.
(3) 부자만이 자질 함양 의술을 이용한다.
(4) 자질 함양 의술은 신체적 혹은 정신적 능력이나 재능을 향상시킨다.
(5) 따라서 부자는 자신의 신체적 혹은 정신적 능력이나 재능을 향상시킨다.
(6) 더 나은 재능이나 능력은 교육 고용 수입 등에서 더 나은 여건을 제공한다.
(7) 따라서 부자는 교육 고용 수입 등에서 가난한 자에 비해 우월하다.
∴ 사회적 계층화가 심화된다.

인간의 특질이나 자질 혹은 능력이 유전자와 깊은 상관성을 지닌다는 유전자 상관주의를 받아들이고 나아가 지불 능력에 따라 자질 함양 의술을 이용할 수 있다고 할 경우 이러한 사회적 계층화에 대한 우려가 우리의 현실이 될지 모른다.[7] 생식계열 유전자 조작을 통해 자자손손 자질 함양이 이어진다면, 평범한 자들이 유전적 사다리(genetic ladder)를 올라갈 수 있는 기회를 가질 개연

---

7) J. Bishop & M. Waldholz, *Genome*(New York: Simon and Schuster, 1990), p.322.

성은 희박해 보인다. 유전적 하층민들은 유전적 귀족이 되자면 자질 함양 의술을 받아야 한다. 그 유일한 수단은 부의 축적이다. 그러나 이는 현재보다 더 어려워 보인다. 왜냐하면 유전적 귀족이 자질 함양을 통해 얻은 우수한 자질과 능력으로 좋은 직업과 투자 기회를 독점할 것이기 때문이다. 이렇게 되면 불평등이 감소되기는커녕 오히려 심화되고 사회적 계층화가 발생할 것인데, 이는 분명 부정의하다. 왜냐하면 이는 계층 간의 사회적 이동을 가로막는 또 하나의 신분사회나 다름없기 때문이다. 이처럼 유전적 계층화는 사회적 평등 이념을 위협한다.[8] 이러한 반론은 생식세포 자질 함양뿐만 아니라 체세포 자질 함양에도 적용된다. 타인의 권리나 자유를 침해하지 않는 성인의 자기결정권은 존중되어야 하지만, 그것이 사회적 부정의를 가져다준다면 윤리학적인 관점에서 보면 '조건부적 악(a prima facie evil)'에 해당되기 때문이다. 즉, 유전적 간섭에 대한 불평등한 접근은 모든 인간은 평등하다는 우리의 기본적인 신념을 손상시킬 수 있기 때문에 윤리적으로 허용될 수 없다는 것이다.[9]

하지만 이 논변은 유전적 자질 함양 자체와 그 분배의 문제를 구분하지 못하는 논리적 오류를 범하고 있다.[10] 사회적 불평등의 근본적인 원인은 유전적 자질 함양 자체가 아니라 유전적 자질 함양을 분배하는 제도이기 때문이다. 즉, 이러한 논변 옹호자들이 반대하는 것은 유전적 자질 함양 자체의 부정의가 아니라 특정의

---

8) M. Mehlman & J. R. Botkin, *Access to the Genome: The Challenge to Equality*(Washington, D.C.: Georgetown University Press, 1998), p.102.
9) W. Glannon, *Genes and Future People*(Boulder, Col.: Westview Press, 2001), p.100.
10) F. Allhoff, "Germ-Line Genetic Enhancement and Rawlsian Primary Goods", *Kennedy Institute of Ethics Journal* 15, no. 1(2005), p.44.

분배제도와 결합된 유전적 자질 함양이다. 예를 들어, 노직류의 자유지상주의 정의론과 결합된 유전적 자질 함양은 분명 부정의한 결과를 야기하여 사회의 불평등을 심화시킬 수 있다. 하지만 유전적 자질 함양이 노직류의 정의론과 반드시 결합해야 할 이유는 없다. 우리는 다른 분배적 정의론을 채택할 수 있고, 적어도 이론적으로는 사회적 부정의를 낳지 않는 새로운 정의론을 개발해 낼 수도 있다.

의학의 발전 측면에서 보아도 부정의 논변은 설득력이 약하다. 거의 모든 의료기술은 개발 초기에 비용이 비싸 부자만이 이용 가능하였으나, 점점 기술이 보편화되고 사용 인구가 늘어남에 따라 비용이 떨어져 거의 모든 사람들이 이용할 수 있게 되었다. 유전적 자질 함양 기술 역시 이러한 발자취를 밟지 말라는 법이 없다. 또 설사 시술 비용이 비싸다고 해도 이러한 의술의 혜택을 받지 못하도록 하는 것은 단지 시기심에 지나지 않는 정신 나간 소리에 불과하다.11) 왜냐하면 이러한 반대는 "내가 가질 수 없다면 아무도 가져서는 안 된다." 내지는 "내가 고통 받고 있다면 그 밖의 다른 모든 사람들 역시 고통 받아야 한다."라는 억지 주장에 지나지 않기 때문이다. 그렇기 때문에 개발 초기에는 어느 정도의 분배적 불평등을 우리는 감내해야 한다.

비록 자질 함양에 관한 이러한 반론은 건전하지 못한 논변이지만 우리는 여기서 두 가지 중요한 윤리적 고려사항을 발견할 수 있다. 하나는 유전적 자질 함양이 야기하는 '결과의 불평등' 물음이고, 다른 하나는 유전적 자질 함양에 대한 '접근권의 불평등' 물

---

11) A. D. Moore, "Owning Genetic Information and Gene Enhancement Techniques: Why Privacy and Property Rights May Undermine Social Control of the Human Genome", *Bioethics* 14, no. 2(2000), p.118.

음이다. 나아가 이 논변은 접근권의 불평등과 결과의 불평등이 기회균등의 이념을 훼손하기 때문에 윤리적으로 문제가 된다고 주장한다. 물론 이 논변은 접근권의 불평등이 결과의 불평등을 야기한다고 주장한다. 그렇다고 접근권의 평등이 곧 결과의 평등을 보장하지는 않는다. 왜냐하면 이는 논리학적으로 전건긍정의 오류를 범하고 있기 때문이다. 다시 말해, 접근권의 물음에서 기회균등의 원칙이 지켜져도 결과의 불평등으로 인해 개인의 인생 전망에 있어서의 기회균등의 이념은 여전히 의심스러울 수 있다. 즉, 정의로운 유전자 분배는 접근권과 결과 모두에 있어서 기회균등의 원칙에 충실해야 한다.

3. 유전자 추첨제

부정의 논변의 핵심은 유전적 자질 함양 의술에 대한 접근권의 불평등이다. 즉, 접근권의 불평등에서 유전적 계층화가, 그리고 유전적 계층화에서 사회적 계층화가 발생한다. 그래서 자질 함양 접근권의 불평등 문제를 해결하고자 존 해리스(J. Harris)는 '대기자 제도(waiting lists)' 내지는 '유전자 추첨제(genetic lottery)'를 제안한다.[12] 맥스웰 멜만(M. Mehlman) 역시 유전자 추첨제를 주장한다.[13] 대기자 제도란 장기이식 대기자 제도와 유사하다. 장기이식의 경우, 장기 기증자가 나타나면 대기자 가운데 의학적 적합성

---

12) J. Harris, *Clones, Genes and Immortality*(Oxford: Oxford University Press, 1998), p.234.
13) M. Mehlman, "The Law of Above Average: Leveling the New Genetic Enhancement Playing Field", *Iwoa Law Review* 85(2000), pp.573-575; M. Mehlman & J. R. Botkin, *Access to the Genome: The Challenge to Equality*, p.125.

기준 및 장기이식윤리위원회의 심의를 통해 그 수혜자를 결정하는 데 실천적 어려움이 별로 없다. 하지만 유전적 자질 함양 대기자 제도는 그렇지 못하다. 자질 함양 자체가 함의하듯이, 정상 기능의 향상에는 객관적 기준이 없고 주관적인 선호 내지 가치관밖에 없다. 즉, 대기자 명단 가운데 자질 함양 의술을 받아야 할 수혜자를 결정할 합당한 기준이 없기 때문에 이 제도는 현실적으로 실천 불가능하다.14)

그러면 유전자 추첨제는 어떠한가? 추첨제는 계층 간의 이동 가능성, 즉 유전적 사다리를 올라갈 수 있는 가능성을 유전적 하층민에게 제공한다는 이점이 있다. 하지만 유전적 추첨제는 실제로 현재의 자연적 재능 분배와 유사하다. 왜냐하면 유전자의 결정이 인간의 손이 아니라 보이지 않는 '자연의 손'에 달려 있기 때문이다. 자연의 손에 의한 유전자 분배이기에 접근권의 불평등 문제는 발생하지 않는다. 하지만 이 제도는 현재의 순수 자연의 운보다 유전적 자질의 격차를 더 크게 하므로 두 가지 결함을 지닌다.15) 첫째, 이 제도는 자질 함양의 제한된 분배로 인해 발생하는 격차의 문제를 온전하게 다루지 못한다. 부자가 자질 함양 시장을 매점하는 위험은 발생하지 않아 부자와 빈자 사이의 격차는 증대하지는 않으나, 자질을 함양한 자와 그렇지 않은 자 사이에는 새로운 격차가 발생할 것이다. 자연적 열등 유전자 보유자가 추첨을 받아 자질 함양 혜택을 받으면 자연적인 유전적 격차가 줄어들 것이지만, 반대로 자연적 우등 유전자 보유자가 추첨을 받아 자질

---

14) R. A. Lindsay, "Enhancement and Justice: Problem in Determining the Requirements of Justice in a Genetically Transformed Society", *Kennedy Institute of Ethics Journal* 15, no. 1(2005), pp.5-6, note 5.

15) Ibid., p.12.

함양 혜택을 받으면 자연적인 유전적 격차에다 인위적인 자질 함양 격차가 더해질 것이다. 그러니까 추첨제는 사회적 계층화를 예방하기는커녕 오히려 더 심화시킬 따름이다. 유전자 추첨제는 결과나 능력의 평등이 아니라 단지 유전적 도움을 받을 수 있는 기회의 평등만을 보장해 주기 때문이다.[16] 기회균등은 단지 모든 사람에게 추첨의 기회가 주어졌다고 그 이념이 실현되는 것이 아니라 한 걸음 더 나아가 모든 사람에게 자원이 실제로 주어질 때 실현된다. 단지 자원을 얻을 수 있는 기회가 주어졌다는 사실은 추첨에서 떨어진 자에게 충분한 위로가 되지 못한다. 게다가 둘째, 이 제도는 우연의 문제를 해결하지 못한다. 롤즈가 주장하였듯이, 정의는 인간 통제 밖의 우연에 대한 응분 자격을 배제한다. 즉, 우리는 우연의 결과인 자연적 재능이나 그로부터 얻어지는 결과에 대해 응분 자격을 갖지 못하기에, 정의는 이러한 결과를 완화시킬 수 있는 뭔가를 요구한다. 추첨제 자체는 새롭게 발생하는 우연에 대해 아무런 해결책을 제시하지 못한다. 따라서 추첨제가 분배적 정의 원칙으로 기능하자면, 추첨을 통해 얻어진 뛰어난 자질을 어떻게 활용할 것인가에 관한 또 다른 정의 원칙이 필요하다.

그래서 멜만은 일정한 조건이 충족되는 경우에만 생식세포 자질 함양이 허용될 수 있다고 하면서 유전자 추첨제를 '자격증 프로그램(licensing program)'과 결합시킨다. "자질 함양 혜택을 받은 다음 자신의 능력을 미리 정해진, 사회에 도움을 주는 방식으로 사용하겠다는 조건에 서약한 자에게만" 자질 함양 자격증이 주어진다.[17] 이 제도에 따르면, 정부는 이러한 조건을 어기고 자

---

16) J. C. Peterson, *Genetic Turning Points: The Ethics of Human Genetic Intervention*(Grand Rapids: William B. Eerdmans Publishing Co., 2001), p.269.

질 함양·시술을 행한 자나 그 당사자에게 사회적 불이익, 특별 부가세, 금전상의 벌금, 투옥 등 여러 형태의 사회적 제재를 가할 수 있다. 그는 자질 함양 자격증 제도를 법적으로 보호받고 있는 전문가 자격증 제도와 유사하게 파악한다. 즉, 일반 시민에게는 없는 특권이 이런 자격증 소지자에게 주어진다. 그 대신 그 자격증을 지닌 전문가는 사회적으로 바람직하지 않은 방식으로 행동해서는 안 되며, 나아가 사회적 공동선의 실현에 이바지하도록 만들어진 규칙을 준수하기로 서약해야 한다. 좀 더 구체적으로 말하면, 의사와 환자, 변호사와 의뢰인 사이와 같은 신뢰 관계를 자질 함양 자격증 제도의 모델로 그는 간주한다.[18]

하지만 자질 함양 자격증 제도를 현행의 전문가 자격증 제도에 비유하는 것은 적절하지 못하다. 물론 의사는 의사협회와 의사 윤리지침을 통해, 그리고 변호사는 변호사협회와 변호사 윤리지침을 통해 각각 자신의 특권을 사회적인 공동선을 위해 사용하도록 규제를 받고 또 실제로 이를 어긴 경우 제재를 받기도 한다. 하지만 전문가에 대한 이러한 규제는 현실적으로 솜방망이에 불과하고 그것도 제대로 지켜지지 않는다. 예를 들어, 변호사는 무료 변론은 거의 하지 않고 부자들의 세금 관련 업무에만 몰두하고, 의사는 낙후 지역을 찾아 진료를 하기보다 도심에서 일평생 성형수술에만 전념한다. 그러나 이런 변호사나 의사가 자격증을 박탈당하는 경우는 없으며 심지어 아무런 처벌조차 받지 않는다. 또한 변호사나 의사는 자기들끼리 거의 아무런 제약 없이 자유롭게 경쟁

---

17) M. Mehlman, "The Law of Above Average: Leveling the New Genetic Enhancement Playing Field", p.570.

18) M. Mehlman, *Wondergenes*(Bloomington: Indiana University Press, 2003), p.179.

한다. 자질 함양 자격증 제도가 이와 같은 전문가 자격증과 유사하다면, 아마도 멜만이 희망하는 사회적 평등은 실현되지 않을 것이다. 물론 이러한 난점을 피하기 위한 자질 함양 자격증에 대해 이보다 더 엄격한 규제 방안을 구상할 수 있으나, 이는 실천적 작동 가능성이 희박해 보인다. 왜냐하면 정의는 평등의 이념뿐만 아니라 다른 중대한 가치인 자유도 균형 있게 고려해야 하는데, 이러한 방안은 개인의 자율성을 심각하게 훼손할 우려가 있기 때문에 도덕적으로 정당화되기 어렵다.[19]

4. 유전자 평등주의

자질 함양과 관련된 접근권의 불평등 문제뿐만 아니라 결과의 불평등 문제까지 해결해 주는 접근법으로 생명윤리학자들이 제안하는 입장은 크게 세 가지이다. 유전자 평등주의(genetic equality, GE), 유전자 최소주의(a genetic decent minimum, GDM), 그리고 유전자 차등 원칙(the genetic difference principle, GDP)이 바로 그것이다.[20] 여기서 필자는 앞의 두 입장을 비판적으로 검토하면서 유전자 차등 원칙이 '유전자의 정의로운 분배'에 관한 가장 합당한 입장이라는 결론을 내리고자 한다.

평등주의는 평등 그 자체가 매우 중대한 도덕적 가치를 지닌다고 주장한다. 그렇다고 평등주의자가 모든 불평등에 반대하는 것은 아니고, 다만 '단순 운(brute luck)'의 결과로 인한 불평등에 반대할 따름이다. 즉, '운 평등주의자들'은 자신의 자발적인 선택의 결과로 발생하는 불평등한 이득을 누리는 것은 정의로우나, 자기

---

19) R. A. Lindsay, "Enhancement and Justice", p.25.
20) C. Farrelly, "The Genetic Difference Principle", w.22.

선택이 아닌 자질이나 특성으로부터 발생하는 불평등은 정의롭지 않다고 주장한다. 예를 들어, 열심히 연구하고 일한 결과로 그렇지 않은 자에 비해 더 많은 임금을 받아도 이는 도덕적으로 정당화되나, 단순히 키가 크다는 이유로 더 많은 임금을 받는 것은 도덕적으로 정당화되지 않는다. 이러한 입장을 유전자 분배 물음에 적용한 것이 유전자 평등주의이다. 유전적 자질은 선택하지 않은 특질임에 분명하다. 그래서 평등주의자는 이로부터 발생하는 사회적 불평등의 시정을 주장한다. 하지만 유전공학기술의 발달로 유전적 자질 자체를 조정할 수 있게 되자, 평등주의자들은 유전적 자질 자체를 평등하게 분배해야 한다고 그 목소리를 높이고 있다.

이렇게 되면 사회적 평등 이념 실현에 도움이 될지 모른다. 물론 이러한 유전자 평등주의는 자연적 운으로 인한 불행의 교정이라는 정의의 일반적 목적과 잘 부합하지만, 우리는 완전한 평등의 실현 및 정상에서 벗어난 결함의 완전한 교정이 정의의 일차적 목적이라고 생각해서는 안 된다.[21] 즉, 정의가 자연적 불평등에 대한 유전적 간섭을 요구한다고 해서 이로부터 곧바로 유전자 평등주의가 논리적으로 귀결되는 것은 아니기 때문이다. 유전자 평등주의가 윤리적 정당성을 얻자면 몇 가지 문제를 해결해야 한다. 그 첫째는 '통용의 문제(the currency problem)'이다. 통용의 문제란 평등하게 분배되어야 할 대상이 무엇인가의 물음을 말한다.[22] 그러니까 모든 인간을 모든 면에서 평등하게 만들 수 없고, 또 그러한 평등은 윤리적으로 바람직하지도 않다. 건강, 신장, 외모상의 매력 등의 유전적 잠재력을 평등하게 하도록 노력해야 하는가?

---

21) M. A. Hall, "Genetic Enhancement, Distributive Justice, and the Goals of Medicine", *San Diego Law Review* 39, no. 3(2002), p.673.
22) C. Farrelly, "The Genetic Difference Principle", w.23.

사실 이 모든 특질들은 도덕적으로 자의적이기에, 논리적 일관성에 따를 경우 평등주의자는 우리의 인생 전망에 중대한 영향을 미치는 모든 주요 유전적 잠재력이 평등해야 한다고 주장해야 할 것이다. 이를 우리는 '광의의 유전자 평등주의'라고 부를 수 있다. 이런 평등주의가 가능하자면 우리는 유전자가 어떻게 작동하는지에 대해 완전한 지식을 가져야 할 뿐만 아니라 유전자를 마음대로 조작할 수 있는 완전한 능력을 지녀야 한다. 하지만 이는 현실적으로 불가능하다.

이런 실천적 어려움 외에도 광의의 유전자 평등주의는 통용의 문제와 관련하여 두 가지 이론적 난점도 지닌다. 하나는 무엇이 자산(asset)인가의 물음은 그 사회를 지배하고 있는 협동체에 의해 규정된다는 점이다.[23] 즉, 우리가 가치 있다고 생각하는 자질은 시대에 따라 변한다. 그래서 지금 가치 있다고 여겨지는 자질(A)을 미래 세대가 평등하게 갖도록 하기 위해 그와 연관된 유전자 풀을 유전공학기술을 이용하여 평등하게 조작한다 해도, 미래 세대가 가치 있는 자질을 평등하게 갖는다고 장담할 수 없다. 왜냐하면 미래 세대에는 자질 A는 아무런 가치가 없고 반대로 지금 가치가 없는 자질 B가 가치 있을 수 있기 때문이다. 실제로 농경 사회에서는 활 쏘는 자질이 가치 있었으나, 오늘날의 정보화 사회에서는 이런 자질은 가치가 없고 컴퓨터 수행 능력이 중요한 가치를 지닌다. 이처럼 무엇이 가치 있는가의 물음은 사회의 지배적인 협동체제가 무엇인가에 따라 그 답이 달라진다. 우리 인간에게는 미래에 가치 있는 자질이 무엇인지를 예견할 수 있는 통찰력이 없다. 따라서 평등의 이름으로 행해지는 자연적 운에 대한 간섭은

---

23) A. Buchanan, et al., *From Chance to Choice: Genetics and Justice*, p.79.

평등주의자가 소망하는 바를 성취하는 데 실패할 수밖에 없다. 그 자체로 절대적인 자원은 존재하지 않는다.

다른 하나는 "자연적 자산을 평등하게 하고자 하는 모든 생각은 소위 가치 다원주의(value pluralism)라는 사실을 망각하고 있다."[24] 가치 다원주의는 부인할 수 없는 실재이다. 자연적 자산의 가치는 좋은 삶이 무엇인가에 관한 도덕적 이상에 따라 달라진다. 그런데 가치 다원주의는 선의 다양성을 하나의 사실로 받아들인다. 이렇게 되면 자연적 자산의 가치에 관한 객관적 기준이 불가능하게 된다. 가장 가치 있는 것이 무엇인가는 물론이고, 합리적인 모든 사람이 가치 있다고 동의하는 신체 내지 행동 특질의 객관적 목록도 존재하지 않는다. 즉, 통용의 문제를 해결하자면 평등하게 해야 할 자질이 무엇인지를 결정할 수 있어야 하는데, 가치 다원주의로 인해 유전자 평등주의는 이를 결정할 수 없다.

둘째, 유전자 평등주의는 가중치 문제(problem of weight)에 봉착하게 된다. 유전자 평등주의에게 중요한 것은 유전자 자체의 평등이 아니라 자질의 평등이다. 자질은 유전자형이 아니라 표현형이다. 유전자형이 표현형으로 현실화되는 데는 환경적 요인도 중요하게 작용한다. 아무리 유전자형이 평등해도 환경적 요인이 불평등하면 자질의 평등은 기대하기 어렵다. 따라서 유전자 평등주의자는 유전자형의 평등뿐만 아니라 표현형에 중대한 영향을 미치는 부, 수입, 교육, 보건의료 등과 같은 사회적 자원의 평등에도 관심을 기울여야 한다. 하지만 사회의 자원은 한정되어 있다. 일반적으로 유전적 자질 함양 프로그램에 공공기금을 더 많이 쓰면 쓸수록, 교육이나 보건의료 등에 사용할 수 있는 기금은 그만큼

---

24) Ibid., p.80.

줄어든다. 따라서 우리는 희소한 자원을 유전자 평등과 사회적 자원의 평등 실현에 균형 있게 분배해야 한다. 그러자면 유전자 평등주의자는 유전자형 및 교육, 보건의료 등에 가중치를 부여하여 자원의 희소성과 현실적 효율성을 염두에 두고 우선성을 매겨야 한다. 이 역시 가치 평가를 전제하는데, 앞에서 언급한 가치 다원주의로 인해 합당한 가중치 부여는 현실적으로도 이론적으로도 불가능하다. 따라서 유전자 평등주의는 가중치 문제를 해결할 수 없다는 비난을 면하기 어렵다.

이런 난점을 피하기 위해 평등주의자는 '협의의 유전자 평등주의'를 제안한다. 협의의 유전자 평등주의는 모든 자질의 평등이 아니라 중요한 몇몇 자질의 평등을 강조한다. 일부 유전자 평등주의자들은 건강 및 수명을 중요한 자질로 간주하고 이와 연관된 유전자가 모든 사람들에게 평등해야 한다고 주장한다. 물론 평등주의자들이 이 두 재화 외에 다른 재화를 평등의 목록에 추가할 수 있다. 협의의 GE가 광의의 GE보다 자원의 희소성을 더 진지하게 고려하는 입장이며, 또·평등과 유용성을 더 균형 있게 고려하고 있는 것은 사실이다. 또 평등의 대상에 대한 합의가 이루어지면, 앞에서 말한 통용의 문제와 가중치 문제는 상당한 정도 극복될 수 있다. 하지만 협의의 유전자 평등주의는 선결문제 요구의 오류를 범하고 있다. '무엇의 평등' 물음이 유전자 평등주의에서 핵심적인 논의 사항인데 협의의 평등주의자는 합당한 논의 없이 이를 그냥 미리 전제하고 있기 때문이다. 가치 다원주의 사회에서 '무엇의 평등' 물음에 관한 합의를 얻어 내기가 쉽지 않다. 설사 롤즈식으로 자연적인 기본적 재화에 관한 합의가 이루어진다 해도, '무엇의 평등' 물음을 우리는 유전자에 국한하여 논의할 수 없다. 왜냐하면 유전자는 하나의 잠재태에 불과하여 표현형화하는 데는 유전자 외의 환경적 요인이 복합적으로 작용하므로 우리는 환경 요인에 관해서도 '무엇의 평등' 물음을 논의해야 하기 때문이다. 환경적 요인이 평등하지 않으면 유전자의 평등은 현실적으로는 아무런 의미가 없어, 평등주의 실현에 전혀 도움이 되지 않는다. 즉, 통용의 문제와 가중치 문제는 협의의 GE에서도 여전히 해결되지 않는다.

무엇보다 협의의 유전자 평등주의에서조차도 자유의 가치를 손상하지 않고서는 현실적인 작동 가능성이 희박하다. 평등주의자는 경제적 평등을 성취하기 위해서는 세금과 같은 어떤 형태의 국가 강요는 정당화된다고 생각한다. 그러면 유전자의 평등을 어떻게 정당하게(justly) 추구할 것인가?[25] 재원이 마련되지 않으면 이는 불가능하다. 평등주의자는 수입에 대한 세금 부과가 자기 소유권 침해라는 자유지상주의자들의 비난을 합당하게 반박할 수 있기 때문에 재원 마련의 문제는 상당 정도 해결할 수 있다. 그런데 유전자 평등은 유전공학기술을 이용하여 개인의 유전자 풀을 조작해야만 실현 가능하다. 유전자 풀 조작은 인체를 대상으로 하는 침습적 행위이다. 따라서 '충분한 정보에 근거한 동의'를 얻지 못하면 개인의 자율성이 침해된다. 그런데 개인으로부터 이러한 동의를 얻기가 거의 불가능하다. 결함 혹은 열등 유전자를 함양시켜 준다고 하면 그 당사자는 아마 손쉽게 동의할 것이다. 하지만 평등의 이념을 실현하자면 열등 유전자를 향상시키는 것만으로는 부족하고 우등 유전자도 하향 평준화시켜야 한다. 그러자면 우등 유전자를 가진 개인에 대해서도 유전자 수술을 실시해야 하는데, 과연 자신의 유전자를 더 열등하게 만드는 데 동의할 개인이 어디

---

25) C. Farrelly, "The Genetic Difference Principle", w.24.

있을까? 이는 불가능한 일이다. 이런 난점에서 벗어나고자 일정 수준까지만의 평등을 주장한다면, 이는 엄밀히 말해 유전자 평등 주의가 아니라 다음에 논의하고자 하는 유전자 최소주의가 되고 만다. 또한 효율성에 집착한 나머지 체세포가 아닌 생식세포의 유 전자 평등을 강요할 경우 유전자 평등주의는 또 하나의 우생학 운 동으로 전락하여 개인의 생식의 자유에 대한 중대한 위협이 된다. 과거 우생학 운동의 잔학성을 고려한다면 이는 단순한 기우가 아 니라 현실이 될 수 있다. 따라서 유전자 평등주의는 비록 그것이 협의로 해석되어도 이론적, 실천적 한계를 지니기에 유전자의 정 의로운 분배에 관한 합당한 이론으로 보기 어렵다.

5. 유전자 최소주의

완전한 평등은 실천적으로 실현하기 어려울 뿐만 아니라 윤리 적으로 바람직하지도 않다. 실제로 우리는 사회적 재화에 대해서 도 완전한 평등을 주장하지 않는다. 그래서 평등주의자와 달리 충 분주의자는 평등이 아니라 모든 개인이 인간다운 삶을 사는 데 필 요한 '최소한의 유전적 자질(a decent genetic constitution)'을 갖 는 것이 중요하다고 주장한다. 정의가 모든 개인으로 하여금 지배 적인 사회 협동 체제에 참여할 수 있도록 최소한의 수준 보장을 요구하는가의 물음에 대해 충분주의자는 '그렇다'고 답한다.[26] 즉, "다른 사정이 같다면 그 어떤 사람도, 마땅히 받아야 할 것이 아 닌 자연적 (혹은 사회적) 결핍으로 인해 최소한의 인간다운 삶을

---

26) 이를 캄은 '정의로운 포함의 물음(the Just Inclusion Question)'이라고 부 른다. F. M. Kamm, "Genes, Justice and Obligation to Future People", *Social Philosophy and Policy* 19(2002), p.362.

살아갈 수 있는 기회를 방해받아서는 안 된다."27) 이를 우리는 '유전자 최소주의 원칙(the principle of a genetic decent minimum, GDM)'이라고 부른다. 따라서 자질 함양은 최소한의 인간다운 삶을 영위하는 데 필요한 유전적 자질에만 적용된다. 다시 말해, 자연적 운이 최소한의 인간다운 생활을 방해할 정도로 중대한 경우에는 정의가 자질 함양을 요구하나, 그 이상의 경우에는 개인의 자유에 맡겨진다.

GDM이 작동하자면 한 가지 이론적 물음과 두 가지 실천적 물음이 해결되어야 한다. "인간다운 삶에 필수적인 자질이 무엇인가?"의 물음이 전자에 속한다. 이 물음에 답하게 되면 그 다음 충분주의자는 첫째, 그 최소한의 수준은 어느 정도인가의 물음 및 둘째, 그와 관련된 유전적 자질이 무엇인가의 물음에 답해야 한다. GDM 역시 필수적인 자질의 외연에 따라 광의의 GDM과 협의의 GDM로 구분될 수 있다. 예를 들어, 누스바움(M. C. Nussbaum)은 아리스토텔레스와 같은 완전주의 입장을 취하여, 생명, 신체적 건강, 신체적 온전성 등의 열 가지 능력이 인간다운 삶에 필수적이라고 주장한다.28) 물론 GE에 비해 GDM이 통용의 문제에 답하기에 용이하나 그리 쉽지는 않다. 왜냐하면 '인간다운 삶'이란 개념 자체가 '좋은 삶'과 마찬가지로 도덕 형이상학에 속하므로 이에 관한 합의점에 도달하기가 쉽지 않기 때문이다. 또 GE와 마찬가지로 GDM 역시 분배적 정의 영역에 포함되는 인간 능력의 목록을 넓게 잡으면 잡을수록 그만큼 실천적 작동 가능성은 떨어지게

---

27) A. Buchanan, "Equal Opportunity and Genetic Intervention", *Social Philosophy and Policy* 12(1995), p.129.

28) M. C. Nussbaum, *Sex and Social Justice*(Oxford: Oxford University Press, 1999), 여기서는 C. Farrelly, "The Genetic Difference Principle"에서 참조하였다.

된다. 이러한 광의의 GDM은 두 가지 실천적 물음을 효과적으로 해결하기가 그만큼 어렵기 때문이다.

무엇보다 자원의 희소성과 비용 문제를 고려할 경우 광의의 GDM은 가중치 문제를 해결하는 데도 상당한 어려움에 직면하게 된다. 자원은 희소하고 또 유전공학기술이 고비용이기 때문에 인간다운 삶에 필수적인 모든 자질과 관련된 모든 유전자를 일정 수준 이상으로 향상시키기가 현실적으로 불가능하다. 따라서 GDM은 필수적인 자질 각각에 대해 다시 가중치를 부여하여 우선순위를 책정해야 한다. 또 필수적인 자질 함양에는 유전자뿐만 아니라 교육이나 보건의료와 같은 다른 사회적 자원도 필요하다. 이렇게 되면 GDM은 인간다운 삶에 필수적인 자질을 함양하는 데 관련된 여러 유전적 자원과 사회적 자원 모두에 대해 가중치를 부여하여 그 우선성을 밝혀야 하는데 이는 현실적으로 쉬운 일이 아니다.

이러한 이론적, 실천적 어려움으로 인해 충분주의자는 GDM을 협의로 해석하고자 한다. 그러면 협의의 GDM은 인간다운 삶에 필수적인 자질이 무엇인지, 그리고 그 최소치가 얼마인지를 어떻게 결정하고 있는가? GDM의 대표적인 주창자인 대니얼스(N. Daniels)는 '종 정상성' 개념을 사용하여 그 해결책을 제시하고 있으므로, 정의로운 보건의료에 관한 그의 입장을 간단하게 살펴보자.29) 대니얼스는 롤즈의 정의론을 보건의료 영역에 적용하면서,

---

29) 브라운도 롤즈의 공평한 기회균등 원칙을 유전자 분배에 적용시켜 유전자 최소주의와 유사한 입장을 주장하고 있다. 그는 질병 치료와 자질 함양 구분을 받아들이지만, 대니얼스와는 달리 유전자가 개인의 기회에 미치는 영향에 따라 윤리적으로 의무인 것과 그렇지 않은 것을 구분하고 있다. 먼저 질병 치료와 관련하여, 그는 인생 전망에 미치는 영향에 따라 유전적 변이를 세 범주로 구분한 다음 개인의 기회를 중대하게 제한하는 유전적 결함의 치료는 도덕적 의무라고 주장한다. 즉, 그는 유전적 변이를, (1) 사회의

'정상 기회 범위(normal opportunity range)'라는 개념을 새로 사용

협동적 활동에의 참여 자체를 어렵게 만드는 '근본적인 결함(sub-threshold defects)', (2) 정치적 생활에의 참여를 불가능하게 할 정도로 심각하지는 않지만 개인이 원하는 인생 계획을 추구할 수 있는 능력을 중대하게 방해하는 '한정적인 결함(restriction defects)', 그리고 (3) 단지 개인이 원하는 인생 계획 추구를 방해하나 그렇게 중대하게 방해하지는 않는 '성형적 결함(cosmetic defects)' 등 세 범주로 구분한 다음, (1)은 도덕적 의무이고, (3)은 윤리적으로 허용되고, 그리고 (2)는 개인의 인생 기회를 얼마나 중대하게 제한하느냐에 따라 (1) 혹은 (3)과 같은 범주로 취급될 수 있다고 주장한다.

자질 함양에 대해서도 그는 ① 성형적 함양(cosmetic enhancements), ② 건강 관련 함양(health-related enhancements), ③ 실질적 함양(substantative enhancements) 등 세 범주로 구분한 다음 그 윤리적 평가를 각각 달리하였다. ①은 개인의 기회 폭에 중대한 영향을 미치지 않고 다만 성형적 기질을 함양시키는 것에 불과하기 때문에 개인의 자유에 맡겨져야 한다. ②는 다시 백신형 자질 함양과 비타민형 자질 함양으로 구분된다. 전자는 인생 기회에 중대한 영향을 미치기 때문에 윤리적 의무인 반면에, 후자는 기회의 폭에 큰 영향을 미치지 않기 때문에 ①과 같이 취급되어야 한다. ③은 정의의 원칙이 확고하게 주장하는 공평한 기회균등의 여건과 자유의 균등한 가치의 균형을 깨뜨리는 방식으로 기획 폭을 증진시키는 잠재력을 갖고 있기 때문에 사례별로 사회적 합의에 따라 서로 다른 윤리적 처방이 가능하다. 즉, ③은 의무적일 수도 있고 금지될 수도 있고, 아니면 개인에게 허용될 수도 있다. 이에 관한 자세한 논의는 J. S. Brown, "Genetic Manipulation in Humans as a Matter of Rawlsian Justice", pp.95-108을 참조하라.

그리고 캄은 '동등한 관심과 존중(equal concern and respect)'의 원칙을 들어 유전자 최소주의와 유사한 입장을 개진하고 있다. 그는 재능 및 인생 기회와 관련된 유전물질을 알고 있는 상태에서, 무에서 3명의 아이를 창조하는 가상적 상황이라면, 우리는 어떻게 창조하는 것이 윤리적으로 바람직한가라고 묻는다. 이 물음에 대해 그는 두 대안 ― 평등하게 분배하는 방안과 불평등하게 분배하되 최소수혜자를 우대하는 방안 ― 을 거부한 다음, 인격체로서 갖추어야 할 바를 창조자가 제공하였다면 '동등한 관심과 존중'의 요구사항이 충족되었다고 본다. 따라서 중요한 재화(certain important goods) 내지는 충분한 기회(a good chance)를 제공하였다면 그 나머지에 대해서는 어느 한 사람에게 더 많이 주어도 윤리적으로 아무런 하자가 없다. 왜냐하면 당사자가 그러한 자질을 얻을 만한 응분 자격을 지니기 때문

하였다. 주어진 사회에서 정상 기회 범위란 그 사회에 속하는 합리적인 개인이 스스로 수립한 인생 계획 영역을 말한다.[30] 이 범위는 사회의 여러 요인, 즉 역사적 발달 단계, 물질적 부의 수준, 기술수준, 문화적 배경 등에 의존적이라는 의미에서 상대적이기는 하지만 강한 생물학적 요소를 지닌다. 즉, '종 정형적인 정상 기능'의 범위는 생물학에 의해 비교적 객관적인 그리고 비평가적인 방식으로 규정될 수 있다.[31] 정상 기능 범위의 생물학적 토대는 건강과 질병에 관한 생물학적 모델에서 얻어진 '종 정형적인 정상 기능 (species-typical normal functioning)'이라는 개념이다. 모든 종에서는 그 종에 정형적인 정상 기능이 존재하는데 이로부터의 일탈이 곧 질병이다. 여기서 질병은 장애를 포함하는 포괄적인 개념이다. 종 정상 기능이 훼손되면, 그 개인은 자신의 인생 계획이나 가치관을 구현하는 데 있어서 기회의 범위가 제한될 수밖에 없다.[32]

이러한 '정상 기회 범위' 개념을 대니얼스는 롤즈의 차등 원칙과 공평한 기회균등 원칙에 적용한다. 일반적으로 차등 원칙은 최소수혜자에게 이득이 갈 경우 사회적, 경제적 재화의 불평등을 인정한다. 마찬가지로 최소수혜자를 비롯하여 모든 개인에게 상호이득이 될 경우, 차등 원칙은 각 개인의 기회 범위가 불평등한 것을 허용한다. 따라서 개인의 기회 범위 차이를 완전히 제거하여

이 아니라 창조자가 특정 형태의 인간, 예를 들어, 음악적 재능을 가진 자를 원하기 때문이다. 이에 관한 자세한 논의는 F. M. Kamm, "Genes, Justice and Obligation to Future People", pp.367-368을 참조하라.

30) N. Daniels, *Just Health Care*(Cambridge: Cambridge University Press, 1985), p.33.

31) N. Daniels, "Normal Functioning and the Treatment-Enhancement Distinction", *Cambridge Quarterly of Healthcare Ethics* 9(2000), pp.309-22 참조.

32) Ibid., p.27.

평등하게 만들 필요는 없다.33) 하지만 공평한 기회균등 원칙에 따르면 모든 개인에게 기회가 균등하게 돌아가야 한다. 그런데 질병에 걸린 자는 그 기회가 제한받고 있다. 기회균등 원칙은 이에 대한 보상을 요구한다. 왜냐하면 질병은 개인 책임이 아니므로 도덕적 관점에서 보아 자의적이기 때문이다. 즉, "다른 사정이 같다면, 어느 누구도 자기 책임이 아닌 자연적 (혹은 사회적) 결함의 결과로 최소한의 인간다운 삶을 살아갈 수 있는 기회를 박탈당해서는 안 된다. 달리 말해, 여기에 관련된 관심은 불평등 자체가 아니라 기회 박탈이다."34)

그러면 어떻게 보상해야 하는가? 그 질병을 치료하여 정상 기회를 갖도록 해주어야 한다. 대니얼스에 따르면, "보건의료 제도는 공평한 기회균등 원칙에 의해 규제되어야 한다."35) 즉, 공평한 기회균등 원칙의 지배를 받는 보건의료는 각 개인으로 하여금 종 정형적인 정상 기능을 갖도록 질병을 예방 및 치료하도록 제도화될 필요는 있지만, 그렇다고 정상 기회 범위를 넘어선 영역에까지 이를 확장하여 모든 개인의 기회 범위를 평등하게 만들 필요는 없다. 정의는 결코 모든 개인을 평등한 경쟁자(equal competitors)로 만들 것은 요구하지 않고 다만 정상적인 경쟁자(normal competitors)로 만들 것을 요구한다.36) 롤즈 자신도 후기 저서에서 사회의 정상적인 구성원이 되는 데 필요한 최소한의 능력 회복을 보건의료의 목적으로 규정하였다.37)

---

33) Ibid., p.33.
34) A. Buchanan, "Equal Opportunity and Genetic Intervention", p.129.
35) N. Daniels, *Just Health Care*, p.45.
36) N. Daniels, "The Genome Project, Individual Difference and Just Health Care", T. F. Murphy & M. A. Lappe, eds., *Justice and the Human Genome Project*(LA: University of California Press, 1994), p.122.

유전적 간섭을 보건의료의 하나로 간주할 경우, 대니얼스의 이러한 입장은 두 가지 윤리학적 함의를 지닌다.[38] 첫째, 질병의 예방 및 치료에 필요한 일부 형태의 인간 유전공학은 도덕적 의무로 요구된다. 사회정의의 관점에서 보면, 유전병과 다른 형태의 질병 사이에는 아무런 도덕적 차이가 존재하지 않는다. 유전병을 치료할 다른 의술이 없고 비용효율적인 안전한 유전공학의술이 가능하다면, 공평한 기회균등 이념 실현을 위해 이를 이용할 충분한 이유가 성립된다. 둘째, 모든 개인에게 상호 이득이 된다면, 질병 치료를 넘어 자질 함양을 위한 인간 유전공학기술도 윤리적으로 허용되어야 한다. 우리는 자연적 재능을 동등하게 만들 필요가 없다.

단지 기회균등에만 관심을 갖는다면 상향 평준화와 하향 평준화 사이에는 아무런 차이가 없다. 하지만 '기회균등 = 정의'의 등식은 성립되지 않는다. 즉, 정의는 평등뿐만 아니라 자유와 효율성마저 고려해야 한다. "기회균등 원칙이나 자원의 정의로운 분배 이념은 결코 자연적 자산의 모든 불평등 제거를 요구하지 않는다."[39] 따라서 정의와 기회균등은 완전한 평등을 요구하지 않고, 최소한의 인간다운 삶을 영위하기 위한 조건으로 인간 종의 정상기능의 회복을 요구한다. 즉, 질병으로 인한 중대한 기회 제한을 예방 내지 완화하기 위한 유전적 간섭은 원칙적으로 정의의 요구사항이며, 나아가 정의는 현존하는 정의롭지 못한 불평등의 심화를 예방하기 위해 유전적 자질 함양에 접근할 수 있는 여건을 규

37) J. Rawls, *Justice as Fairness: A Restatement*(Cambridge, MA: Harvard University Press, 2001), p.172.
38) D. B. Resnik, "Genetic Engineering and Social Justice", *Social Theory and Practice* 23, no. 3(1997), pp.435-436.
39) A. Buchanan, et al., *From Chance to Choice: Genetics and Justice*, p.101.

제할 것을 요구한다.[40] 이러한 입장은 대체로 치료와 자질 함양의 구분 및 소극적 우생학과 적극적 우생학의 구분과도 일치한다. 이 것이 바로 협의의 GDM이다.

하지만 가장 온건한 형태의 GDM조차도 희소성 문제를 충분히 고려하지 못한다. 아주 희귀한 중증 장애를 유전적으로 치료하는 비용이 매우 비싸서, 사회가 그 비용을 마련할 수 있는 유일한 길 이 공립학교 학생들에게 제공되는 건강 식단을 줄이는 길밖에 없 다고 한다면 어떻게 해야 하는가? 달리 말해, 모든 사람이 최소한 수준의 유전적 자질을 갖도록 하는 데 얼마나 큰 가중치를 부여하 는가? 평등주의자처럼 충분주의자도 효율성 문제를 고려하지 않 을 수 없다. 유전적 최소주의 권리 옹호는 현실적으로 옹호되기 어렵다. 왜냐하면 권리 실현에는 비용이 들어가고 비용이 들어가 는 것은 그 어떤 것도 절대적일 수 없기 때문이다. 희소성을 진지 하게 고려한다면 우리는 여러 종류의 권리 충족 가운데 타협하지 않을 수 없다. GE처럼 GDM도 이렇게 하지 못한다. 따라서 GDM 의 실천적 의미는 아주 제한적일 수밖에 없다. 이런 원칙은 주거, 교육, 영양, 부 등과 같은 다른 재화가 이미 최소한의 수준이 충족 되고 그리고 또 유전적 치료가 광범위하게 이루어지고 있는 사회 에서만 실현 가능하다. 이 조건을 충족시키는 사회는 아마 이 세 상에는 존재하지 않을 것이다.

또한 GE처럼 GDM도 자유의 문제를 진지하게 고려하지 않고 있다. 모든 사람이 인간다운 유전적 자질을 가져야 한다는 말은, 예를 들어, 부모의 생식의 자유가 이러한 목적 실현을 방해할 때, 이 목적을 어떻게 추구해야 하는지에 대해 아무것도 말해 주지 않

---

40) Ibid., p.101.

는다.[41] 물론 자녀를 낳을 수 있는 대상을 규제하는 우생학적 정책을 통해 우리는 GDM을 실현할 수 있다. 하지만 이러한 방법은 개인의 자율성을 침해하기 때문에 충분주의자는 찬성할 수 없다. 충분주의자 자신이 주장하는 바처럼, 분배적 정의는 현실 세계에서 발생하는 다양한 고려사항, 즉 평등뿐만 아니라 자유와 효율성도 고려해야 하기 때문이다. 이런 사실을 무시하기 때문에 GE처럼 GDM도 적용에 실천적 한계가 있을 수밖에 없다.

이러한 실천적 난점뿐만 아니라 유전자 최소주의는 이론적 난점을 지닌다. 즉, 최소한의 인간다운 유전적 자질을 종 정상 기능으로 규정하고자 하는 대니얼스의 이러한 입장은 유전적 간섭의 가능성으로 인해 그 근본 전제가 의문시된다. 즉, 그는 종 정상성의 상대성을 인정하면서도 생물학적 토대를 인정한다. 사실 생물학적 정상성을 염두에 두지 않으면 종 정상성이라는 개념은 그 토대가 무너지고 만다. 유전공학기술의 발달로 유전물질에 대한 간섭이 현실화되고 있다. 앞으로 기술이 더 발달하여 정상적인 유전자 변이에서 벗어난 인간 '하위 종(sub-species)'과 '슈퍼 종(super-species)'의 창조가 가능하면, 우리는 유전적 변이의 정상적인 범위를 새롭게 정의하지 않을 수 없다. 즉, 인간이 우리 자신의 진화를 통제할 수 있다면, 그래서 우리 자신의 정상적인 종 기능을 새롭게 디자인할 수 있다면, 우리는 이러한 진화 내지는 종의 정상 기능 범위를 어떻게 통제할 것인지를 결정해야 한다.[42] 따라서 우리는 "어느 정도의 유전적 변이가 공평한가?"라는 중요한 물음에 해답을 얻기 위해 유전적 정상성 개념을 새롭게 발전시켜 나가야 한다. 이렇게 되면 종 정형적인 정상 기능으로 최소한의 인간다운

41) C. Farrelly, "The Genetic Difference Principle", w.25.
42) D. B. Resnik, "Genetic Engineering and Social Justice", p.437.

유전적 자질을 규정하고자 하는 시도는 실패할 수밖에 없다. 왜냐하면 유전적 정상성은 기회균등 원칙이 따라야 할 준거점이 아니라 거꾸로 기회균등 원칙에 의해 앞으로 새로이 규정되어야 할 대상이기 때문이다.

6. 맺는 말: 유전자 차등 원칙

유전적 자질 함양은 윤리적으로 허용될 수 있다. 하지만 자유방임에 맡길 수는 없다. 왜냐하면 자유방임에 맡길 경우, 유전적 자질 함양은 사회정의에 중대한 위협이 될 것이기 때문이다. 따라서 유전자 분배에 관한 윤리적 입장은 접근권의 불평등 문제와 결과의 불평등 문제 모두를 해결해야 한다. 유전자 추첨제는 접근권의 불평등 문제를 해결하는 장점이 있지만, 결과의 불평등 문제를 때로 더 심화시키는 결함을 안고 있다. 이 두 문제를 해결하고자 제안된 입장이 유전자 평등주의와 유전자 최소주의이다. 이 두 입장역시 통용의 문제와 가중치 문제를 해결하지 못하므로 실천 가능한 합당한 대안이 되기에는 이론적 난점을 지닌다. 따라서 앞으로이러한 모든 문제점을 극복할 수 있는 대안적 입장이 필요하다. 그 대안적 입장이 바로 '유전자 차등 원칙'이다. 존 롤즈의 차등원칙을 자질 함양에 적용한 유전자 차등 원칙은 "자연적인 기본적 재화에 중요한 함의를 지니는 유전자의 불평등한 분배는 최소수혜자에게 합당한 최대 이득이 돌아가도록 해야 한다."라는 윤리원칙을 말한다.[43] 이는 그 자체로 별도의 철학적 논의가 필요하기때문에 여기서 다루지 않고 다음 장에서 논의하고자 한다.

---

43) C. Farrelly, "The Genetic Difference Principle", w.26.

6장 기회균등의 원칙과 정의로운 유전자 분배

1. 들어가는 말: 유전적 자질 함양과 부정의 논변

인류의 역사는 '자연의 문화화(culturalization of nature)' 역사라고 말할 수 있다. 자연의 문화화란 인간 통제 밖의 자연이 인간이 통제할 수 있는 문화의 영역 안으로 편입됨을 말한다. 한 예로써, 유전공학은 이제까지 생물학적 운으로 여겨졌던 유전자에 대한 인간 간섭의 길을 열어 주고 있다. 유전적 자질 함양이 그 대표적인 예이다. 자연의 문화화 뒤에는 언제나 새로운 윤리 물음이 발생한다. 특히 유전적 자질 함양은 정의론에 새로운 도전을 던져준다. 지금까지 정의론은 유전적 자산을 정의의 문제가 아니라 자연의 사실로 당연하게 간주하여 왔으나,[1] 유전자의 문화화로 유전적 자질마저 분배의 대상이 됨으로써, 분배되어야 할 재화의 종류가 근본적으로 바뀌게 되었다.[2] 그 결과 "유전자를 어떻게 분배

---

1) J. S. Brown, "Genetic Manipulation in Humans as a Matter of Rawlsian Justice", *Social Theory and Practice* 27, no. 1(2001), p.83.

하는 것이 정의로운가?"라는 새로운 윤리 문제가 발생하였다. 따라서 합당한 정의론은 유전자의 정의로운 분배 문제마저 다루지 않을 수 없게 되었다.

현재 생명윤리학계에서는 질병 치료를 넘어선 유전적 자질 함양에 관한 윤리학적 찬반 논쟁이 치열하게 전개되고 있다. 유전적 자질 함양에 반대하는 논변은 여럿 있으나, 가장 강력한 논변은 '부정의 논변(argument from injustice)'이다. 즉, 반대론자들은 유전적 자질 함양이 현존하는 사회적 불평등을 심화시키기 때문에 윤리학적으로 허용될 수 없다고 주장한다. 왜냐하면 자질 함양 의술은 고비용이므로 부자들만 접근 가능한데, 이렇게 되면 생물학적 차원에서 유전적 우등자와 유전적 열등자로 계층화될 우려가 높기 때문이다. 그러나 이러한 부정의 논변은 유전적 자질 함양 자체와 그 분배의 문제를 구분하지 못하는 논리적 오류를 범하고 있다.[3] 사회적 불평등의 근본적인 원인은 유전적 자질 함양 자체가 아니라 유전적 자질 함양을 분배하는 제도이기 때문이다. 적어도 이론적으로는 사회적 불평등을 야기하지 않는 유전적 자질 함양이 가능하다. 따라서 유전적 자질 함양이 현존하는 분배 원칙과 부합하지 않는다고 반대하기에 앞서, 우리는 유전적 자질 함양을 현존하는 분배 원칙이 잘못되었음을 보여주는 '윤리학적 사실'로 간주한 다음, 유전적 자질 함양까지 포괄할 수 있는 새로운 정의로운 분배 원칙을 개발해 내야 할 것이다. 이런 관점에서 보면 부정의 논변은 현행 분배 원칙의 결함을 보여줄 따름이지 결코 유전

---

2) C. Farrelly, "Genes and Social Justice: A Rawlsian Reply to Moore", *Bioethics* 16, no. 1(2002), p.78.

3) F. Allhoff, "Germ-Line Genetic Enhancement and Rawlsian Primary Goods", *Kennedy Institute of Ethics Journal* 15, no. 1(2005), p.44.

적 자질 함양 자체에 반대하는 논거가 될 수 없다.

부정의 논변은 건전하지 못한 논변이지만 우리는 여기서 두 가지 중요한 윤리적 고려사항을 발견할 수 있다. 하나는 유전적 자질 함양이 야기하는 '결과의 불평등' 물음이고, 다른 하나는 유전적 자질 함양에 대한 '접근권의 불평등' 물음이다. 나아가 이 논변은 접근권의 불평등과 결과의 불평등이 기회균등의 이념을 훼손하기 때문에 윤리적으로 문제가 된다고 주장한다. 물론 이 논변은 접근권의 불평등이 결과의 불평등을 야기한다고 주장한다. 그렇다고 접근권의 평등이 곧 결과의 평등을 보장하지는 않는다. 왜냐하면 이는 논리학적으로 전건긍정의 오류를 범하고 있기 때문이다. 실제로 몇몇 생명윤리학자들이 주장하는 유전자 추첨제에 따르면, 접근권의 불평등 문제는 해결되나 결과의 불평등 문제는 여전히 남아 있다.4) 다시 말해, 접근권의 물음에서 기회균등의 원칙이 지켜져도 결과의 불평등으로 인해 개인의 인생 전망에 있어서의 기회균등의 이념은 여전히 의심스러울 수 있다. 즉, 정의로운 유전자 분배 원칙은 접근권과 결과 모두에 있어서 기회균등의 원칙에 충실해야 한다. 이러한 윤리 원칙을 필자는 존 롤즈의 정의론에서 찾고자 한다. 이를 위해 필자는 먼저 롤즈의 기회균등 원칙을 재해석한 다음, 롤즈의『정의론』에 산재해 있는 유전적 자질 함양에 관한 언급들을 찾아 유전자 차등 원칙을 제시하고 이를 비판적으로 논의하고자 한다.

---

4) 유전자 추첨제에 관한 논의는 M. Mehlman, "The Law of Above Average: Leveling the New Genetic Enhancement Playing Field", *Iwoa Law Review* 85(2000), pp.573-575; M. Mehlman & J. R. Botkin, *Access to the Genome: The Challenge to Equality*(Washington, D.C.: Georgetown University Press, 1998), p.125를 참조하라.

2. 존 롤즈: 기회균등의 원칙과 유전자 분배

1) 기회균등의 원칙[5]

기회균등의 원칙은 '무엇의 평등(equality of what)'에 따라 크게 몇 가지 해석이 가능하다. 첫째는 가장 약한 해석으로 법 앞에서의 기회의 평등이다. 기회의 공평성을 가로막는 법적인 장애 요인의 제거가 여기에 해당된다. 둘째는 사회제도를 확대 해석하여 법적 제도뿐만 아니라 인종, 성별, 종교 등의 비공식적인 사회적 관행에 근거한 차별적인 요소까지 제거하는 일이다. 이 두 입장은 '기회균등에 관한 무차별적 입장(the nondiscrimination conception of equal opportunity)'으로 불리며, 형식적 의미의 기회균등에 불과하다. 왜냐하면 기회를 가로막는 법적 장애 요소와 비공식적인 장애 요소가 모두 제거되어도 '사회적 운(social lottery)'의 불평등으로 인해 개인의 기회는 여전히 공평하지 않을 수 있기 때문이다. 예를 들어, 불우한 가정에 태어나 교육을 제대로 받지 못해 자신의 재능을 충분히 계발하지 못하면, 그 개인이 자신의 인생 계획 내지 이상을 실현하는 기회는 여전히 제한될 수밖에 없다. 사회적 추첨에 있어서의 불운 역시 한 개인의 기회에 중대한 영향을 미치기 때문에 이런 현상이 발생한다. 여기서 사회적 추첨이란 한 개인이 태어난 최초의 사회적 환경, 즉 가정, 부모의 사회적 신분이나 종교 등을 말한다.

그런데 이와 같이 한 개인이 태어나는 가정의 부나 종교, 사회적 신분, 부모 등은 그 개인 당사자의 선택 사항도 아니고, 또 변

---

5) 이 부분은 김상득, 「인간 유전정보와 정의의 물음」, 『대동철학』 제30집 (2005), pp.70-72를 수정 보완하였음을 밝혀 둔다.

경시킬 수 있는 요소도 아니다. 한마디로 이 역시 사회적 운으로 개인의 통제 밖 영역이다. 따라서 기회균등의 원칙을 실현하자면, 이러한 사회적 운으로 인한 기회 제한을 가능한 한 최소화해야 한다. 이러한 제3의 입장은 '기회균등에 관한 공정 경쟁의 장 이론 (the level playing field concept of equal opportunity)'이라 불리며, 실질적 의미의 기회균등 실현을 그 목표로 한다.6) 전통적으로 자유주의자는 이러한 제3의 입장을 받아들이지 않는다. 즉, 어떤 사람이 가난한 가정에 태어나 교육을 제대로 받지 못해 기회를 상당한 정도로 박탈당하고 있다 해도, 이는 어디까지나 그 개인의 불운일 따름이지 정의의 이름으로 시정해야 할 사항은 아니었다. 하지만 세 번째 입장에 따르면, 어떤 사람이 사회경제적 혹은 교육적으로 열등한 가정에 태어났다는 사실이 유사한 재능과 능력을 지닌 자에 비해 그 사람의 인생 전망을 더 어둡게 해서는 안된다는 결론이 얻어진다. 그래서 대부분의 선진국에서는 정의의 이름으로 기본 교육을 무상으로 실시하고 있다.

공정 경쟁의 장 이론은 '사회적 추첨의 운'을 어떻게 해석하느냐에 따라 다시 두 입장으로 나누어진다. 실질적 의미의 기회균등을 실현하자면 사회는 오랫동안 지속되어 온 부정의한 사회구조에 기인하는 불운으로 인한 기회의 장벽을 제거 내지 보상하는 정책을 채택해야 한다. 교육의 평등은 가능하지만, 한 개인의 가정환경, 즉 부모, 사회적 신분, 종교, 재산 등을 모두 평등하게 만들수도 없고 또 그렇게 하는 것은 윤리적으로 바람직하지도 않다. 이렇게 되면 형식적 의미의 기회균등이 사회적으로 보장되고, 또

---

6) '기회균등에 관한 무차별적 해석'과 '공정 경쟁의 장 이론'이라는 용어는 J. Roemer, *Theories of Distributive Justice*(Cambridge, MA: Harvard University Press, 1996)에서 원용하였다.

교육까지 평등하게 실현되어도 동일한 재능과 능력을 지닌 자의 인생 전망은 태어난 가정환경에 의해 달라질 수밖에 없게 된다. 그러니까 정의는 가정환경과 같은 사회적 요소를 완전히 평등하게 만들 수 없다면, 이러한 사회적 불운으로 인해 결과하는 사회적 불평등을 최소화할 것을 요구한다. 다시 말해, 가정환경의 불평등한 분배를 허용하되, 그 불평등으로 얻어지는 사회적 재화나 혜택은 가장 불우한 처지에 있는 사람들에게 최대한 이득이 가도록 재분배해야 기회균등의 이념이 실현된다. 이를 우리는 '기회균등에 관한 공정 경쟁의 장 이론'에 관한 '사회구조 입장(the social structural view)'이라 부를 수 있다. 이 입장의 강조점은 개인들 사이의 자연적 차이가 아니라 부정의한 사회적 운에 기인하는 기회 제한의 극복이다.

이렇게 해도 아직 한 가지 문제가 더 남아 있다. 그것은 바로 '자연적 운(natural lottery)'에 의한 기회의 제한 문제이다. 인간은 천부적 재능과 능력에 있어서 차이가 난다. 정의는 이 차이로 인한 사회적 불평등의 제거까지 요구하는가? 자연적 운으로 인한 사회적 불평등의 제거까지 정의의 요구에 포함되어야 한다는 입장을 스캔론(T. Scanlon)은 '기회균등에 관한 단순 운 입장(the brute fact view of equal opportunity)'이라 부른다.7) 이 입장에 따르면 우리는 자연적 운의 결과로 장애나 질병을 안고 태어난 자에게도 기회균등을 보장해 주어야 한다. 왜냐하면 한 개인의 기회는 자신의 통제 밖의 요소에 의해 제한을 받아서는 안 되는데, 선천적인 건강 상태에 해당되는 장애나 질병은 자연적 운으로 개인의 통제 밖에 있기 때문이다. 그러니까 사회구조 입장은 사회적 운으

---

7) T. Scanlon, "A Good Start: Reply to Roemer", *Boston Review* 20(1989), pp.8-9.

로 인한 사회적 불평등의 제거만을 문제 삼는 반면에, 단순 운 입장은 한 걸음 더 나아가 자연적 운으로 인한 사회적 불평등의 제거까지 문제 삼고 있다.[8]

이러한 단순 운 입장은 다시 둘로 세분할 수 있다. 하나는 자연적 운의 불평등으로 인한 기회 제한을 사회적 자원으로 보상하는 방안이고, 다른 하나는 자연적 운 자체를 교정하는 방안이다. 전자는 자원 보상 원칙(Resource Redress Principle)으로 "기회균등(혹은 인간은 근본적으로 평등하다는 이념)에 따르면, 자신의 자연적 재능 내지는 사회적 재능(이는 단지 불운이요 그래서 마땅히 받아야 할 몫이 아니다)의 결과로 인한 낮은 수준의 인생 전망을 갖는 개인은 마땅히 보상되어야 한다."라는 윤리 원칙을 말한다. 반면에 후자는 "모든 자연 자원과 사회 자원은 (적어도 이에 대한 응분 자격이 없다고 전제하는 한) 평등하게 분배되어야 한다."라는 자원 평등 원칙(Resource Equality Principle)을 말한다.[9] 그러

---

8) A. Buchanan, et al., *From Chance to Choice: Genetics & Justice*(Cambridge: Cambridge University Press, 2000), pp.66-76 참조.

9) 자원 평등 원칙은 두 가지 해석이 가능하다. 하나는 평등을 총합적 의미 (an aggregative sense)로 해석하는 방안이고, 다른 하나는 분배적 의미(a distributive sense)로 해석하는 방안이다. 전자에 따르면 자원 평등 원칙은 단지 각자의 전체적인 자원 꾸러미가 모든 사람에게 평등하게 분배될 것을 요구한다. 이렇게 해석하면 전체적인 꾸러미의 구성 요소가 되는 자원이 서로 불평등하여도 전체가 평등하면 자원 평등 원칙은 충족된다. 따라서 이런 해석에 따를 경우, 유전적 재능이 열등해도 전체적인 자원 꾸러미가 평등하도록 사회 자원의 보상이 이루어지면 두 사람은 평등한 자원을 지닌다고 말할 수 있다. 이와 대조적으로 분배적 해석은 적어도 주요 범주에 속하는 자연 자원과 사회 자원이 평등하게 분배될 것을 요구한다. 따라서 이런 해석에 따르면, 자연 자원(유전적 재능)은 평등하게 만들 수 있는 방안이 존재하지 않는 경우에는 자원 보상 원칙에 만족해야 하지만 그렇지 않는 한, 평등해야 한다. 자원 평등 원칙에 관한 이 두 해석의 근본적인 차이는, 분배적 해석은 유전적 평등을 요구하는 반면에 총합적 해석은 사

204

나 여기서의 자원 평등 원칙은 모든 자원의 평등한 분배를 뜻하지 않고, 단지 자연적 자원에 해당하는 유전자 자체도 정의의 근본정 신에 따라 평등의 이념에 근거하여 분배되어야 함을 의미한다.

기회균등의 원칙에 관한, 보수주의적 입장에서 급진주의적 입 장에 이르는 지금까지의 다양한 해석을 정리하면 다음과 같다.

(1) 기회를 제한하는 법률 등의 공적인 요소를 제거하는 방안
(2) 기회를 제한하는 사회 관행 등의 비공적인 요소를 제거하는 방안
(3) 가정환경과 같은 사회적 운의 불평등을 사회적 자원으로 보 상하는 방안
(4) 자연적 운의 불평등을 사회적 자원으로 보상하는 방안
(5) 자연적 운의 불평등을 자연적 자원 자체로 보상 내지 교정 하는 방안

(1)과 (2)는 '형식적 기회균등'으로 전통적인 자유주의자들은 여

회 자원의 재분배를 통해 자연적 재능의 불평등을 보상하여 전체적인 평 등을 얻을 수 있다면 유전적 평등을 강하게 요구하지 않는다는 점이다. 유 전적 간섭이 어렵다고 생각한 자들은 총합적 해석이 더 적합하다고 간주 한다. 하지만 총합적 해석은 유전적 평등을 요구하지는(require) 않지만 허 용한다(permit)는 점을 우리는 기억해야 한다. 전체적인 자원 평등을 구현 하는 유일한 길이 유전적 간섭이라면, 이 두 해석은 모두 이를 요구한다. 즉, 유전적 간섭이 전체적인 자원 평등을 구현하는 가장 효과적인 방안인 경우에는 총합적 의미의 자원 평등 원칙조차도 이를 요구하지 않을 수 없 다. 따라서 유전공학 시대에는 자원 평등 원칙을 분배적 의미에 반대하여 총합적 의미로 해석해도 유전적 간섭의 허용 가능성은 배제되지 않는다. 자원 평등 원칙에 관한 이러한 논의는 A. Buchanan, "Equal Opportunity and Genetic Intervention", *Social Philosophy and Policy* 12(1995), pp. 107-109를 참조하라.

기까지만 정의의 문제로 간주하였다. 이보다 좀 더 평등을 강조하는 평등주의적 자유주의자들은 '실질적 기회균등'을 뜻하는 (3)도 정의의 문제에 포함시켰다. 자원 보상 원칙을 수용하는 (4)는 '공정한 기회균등'을, 그리고 자원 평등 원칙을 수용하는 (5)는 '완전한 기회균등'을 각각 의미한다. 유전자 분배와 관련된 기회균등의 원칙은 (4)와 (5)이다. 그러니까 기회균등의 원칙은 (4)만을 윤리적 의무로 요구하는가, 아니면 (5)까지 윤리적 의무로 요구하는가? (5)를 받아들일 경우 기회균등의 원칙은 유전적 자산을 어떻게 분배할 것을 윤리적으로 요구하는가? 필자는 기회균등에 관한 존 롤즈의 입장을 출발점으로 삼아 이러한 물음을 비판적으로 논의하고자 한다.

2) 롤즈와 유전자 분배

기회균등에 관한 이러한 스펙트럼 가운데 롤즈의 입장이 무엇인지 명확하게 선을 긋기는 쉽지 않다. 롤즈는 자연적 불운에 대한 보상을 요구하는 (4)의 공정한 기회균등을 받아들이는가? 그는 분명 (4)와 같은 공정한 기회균등을 인정하는 언급을 하고 있다. 롤즈에 따르면 응분 자격이 없는 차이가 사회적 추첨 및 자연적 추첨에서 불운한 자들의 인생 전망을 낮게 만들도록 내버려 두는 것은 정의롭지 못하기 때문이다. 이는 인간의 도덕적 평등 이념에 어긋난다. 즉, 그는 자원 보상 원칙을 인정한다. 다음 두 인용 구절이 이를 뒷받침한다.

응분의 몫이 아닌 불평등은 보상을 요구한다. 출생과 자연적 재능의 불평등은 응분의 몫이 아니기 때문에, 이러한 불평등은 보상되어야

한다.10)

더욱 분명하게 말하면 천부적 자산을 분배할 수 있다고 가정할 경우 동일한 수준의 재능과 능력을 가진 사람들로서 그것을 사용할 동일한 의향을 가진 사람들은 사회 체제 내에서의 그들의 최초의 지위와 관계없이 동일한 성공의 전망을 가져야 한다는 것이다. 사회의 모든 계층에 있어서 유사한 동기와 능력을 가진 사람들은 대체로 교양이나 성취에 대한 동등한 전망을 가져야 한다. 동일한 능력과 포부를 가진 사람들의 인생 전망 기대치는 그들이 처한 사회적 계급에 영향을 받아서는 아니 된다.11)

하지만 롤즈는 (4)를 하나의 이념으로만 수용하고 실제로는 자신의 정의의 두 원칙에 반영하지 않았다. 그 단적인 증거가 최소수혜자 규정에서 아예 자연적 자원을 배제하였다는 사실이다. 뒤에서 자세히 논의하겠지만, 롤즈는 오직 부와 수입이라는 두 가지 요소만 고려하여 최소수혜자를 규정함으로써, 응분의 몫이 아닌 자연적 불운을 어떻게 보상할 것인가의 물음을 전혀 고려하지 않았다. 이러한 결과는 롤즈가 처음부터 사회 협동 체제에 참여할 수 있는 정의감을 갖는 합리적인 개인만을 문제 삼았기 때문이다. 아마도 자연적 불운으로 이러한 집단에 속하지 못하는 개인의 문제는 원초적 입장에서가 아니라 입법화의 단계에서 고려해야 할 문제일지도 모른다. 실제로 롤즈는『정치적 자유주의』에서 자신의 정의론이 불완전함을 인정하면서 정의의 두 원칙이 보건의료 문제에 연장 적용될 수 있다는 입장을 피력하였다.12) 그럼에도 롤

10) J. Rawls, *A Theory of Justice*(Cambridge, MA: Harvard University Press, 1971), p.100.

11) Ibid., p.73.

12) J. Rawls, *Political Liberalism*(New York: Columbia University Press,

즈는 다음 인용 구절이 말하듯이, 원초적 입장의 당사자들이 우생학적 정책에 합의하리라고 예상하고 있다. 즉, 『정의론』이 쓰인 당시에는 아직 유전적 간섭의 개연성이 과학적으로 밝혀지지 않았기 때문에 이런 비일관성이 발생하였다고 볼 수 있다.

그렇다고 해도 롤즈가 (5)까지 수용하였다고 결론짓기는 어렵다. 비록 우연적으로 부여받았다 할지라도, 각 개인은 자신의 기질, 재능, 능력, 유전자 등을 소유한다고 믿었던 로버트 노직[13])과는 달리, 롤즈는 자연적 불평등에 대한 자원 보상 원칙은 인정하면서도 자연적인 기본적 재화는 직접적인 사회적 통제의 대상이 아니라고 가정하기 때문이다.[14) 실제로 그는 유전자 분배에 대해 구체적으로 어떤 입장을 개진한 바는 없다. 다만 우리는 그의 입장을 추론할 수 있는 진술들을 『정의론』에서 찾아볼 수 있다.

나는 지금까지 타고난 천부적 자산은 자연의 사실로 변경할 수 없으므로 고려할 가치가 없다고 가정하여 왔다. … 개방 사회는 가장 광범위한 영역의 유전적 다양성을 권장한다. 이에 더하여 어느 정도 분명하게 우생학적인 정책을 채택할 수도 있다 여기서는 우생학적 문제는 생각하지 않기로 한다. 하지만 우리가 주목해야 할 바는 타인의 재능을 감소시키는 정책을 제안하는 것은 일반적으로 더 불운한 자에게 이익이 되지 않는다는 점이다. 그 대신에 차등 원칙을 받아들임으로써 그들은 더 훌륭한 능력을 공동의 이익을 위해 소용될 사회적 자산으로 보게 된다. 그러나 더 훌륭한 천부적 자질을 갖는 것은 그 각자에게 이익이 된다. 이것은 그로 하여금 더 나은 인생 계획을 추구하도록 해준다. 그런데 원초적 입장에서 볼 때 당사자들

1993), pp.244-245.

13) R. Nozick, *Anarchy, State, and Utopia*(New York: Basic Books Inc, 1974), p.226.

14) J. Rawls, *A Theory of Justice*, p.62.

은 그들의 후손에게 최선의 유전적 자질이 (자기 자신의 것은 고정되어 있다고 생각할 때) 확보될 것을 바란다. 이런 관점에서 볼 때 세대 간에 발생하는 문제로서 생각할 경우 합당한 정책의 추구는 전세대가 후세대를 위해 마땅히 해야 할 일이다. 그래서 사회는 언제나 적어도 천부적 능력의 일반적 수준을 유지하고 심각한 결점이 전파되는 것을 막기 위한 조치를 취해야 한다. 이러한 대책은 당사자들이 그들의 후손을 위해서 기꺼이 합의하게 될 원칙에 의해 이루어져야 한다.15)

위의 인용문에서 롤즈는 유전자 분배와 같은 우생학적 문제를 두 가지 관점에서 접근하고 있음을 우리는 알 수 있다. 하나는 사회계약론적 접근법이다. 즉, 롤즈는 순수 절차적 정의관을 주장하면서 원초적 입장에서의 계약 당사자들의 합의를 통해 정의의 두 원칙을 도출하였듯이, 우생학적 문제도 원초적 입장에서의 합의라는 방법을 통한 해결책을 예상하고 있다. 다른 하나는 원칙론적 접근법이다. 즉, 롤즈는 계약 당사자들이 합의한 두 원칙을 우생학적 문제에 연역적으로 적용시켜 유전자 분배의 물음이 해결될 수 있음을 시사하고 있다. 결론적으로 다음 세대의 유전적 자질 함양은 이 두 관점에서 비추어 보건대 윤리적으로 허용될 수 있다는 입장을 롤즈는 취하고 있다. 다시 말해, 소극적 우생학에 해당하는 유전자 치료는 물론이거니와 적극적 우생학이라고 말할 수 있는 유전적 자질 함양도 차등 원칙과 부합할 뿐만 아니라, 원초적 입장의 계약 당사자들도 찬성하리라고 그는 예상한다. 실제로 레스닉(D. B. Resnik)은 유전자 분배에 관한 롤즈의 언급 및 그의 정의 원칙에 비추어, 롤즈의 분배적 정의론은, ① 모든 사람에게 이득이 되고, ② 공평한 기회균등 및 자유의 평등을 훼손하지 않

---

15) Ibid., pp.107-108.

는 한, 개인 사이의 유전적 불평등을 허용한다고 해석한다.[16]

하지만 롤즈는 유전적 자산을 어떻게 분배하는 것이 자신의 정의론과 부합하는지에 대해서는 구체적인 입장을 명확하게 밝히지 않았다. 일부에서는 위의 인용문에 근거하여 "롤즈의 정의론에 따르면 유전적 자질 향상은 일종의 사회적 책임이요 도덕적 의무"라고 주장하나,[17] 이러한 해석은 그 근거가 충분하지 않다. 왜냐하면 롤즈는 다만 세대 간의 정의 문제로 유전적 분배에 관한 '합당한(reasonable)' 정책의 입안을 도덕적 당위로 주장하였지, 그 합당한 정책이 무엇인지에 관해서는 실질적으로 논의한 바가 없기 때문이다. 즉, 그는 정의가 유전적 자질 함양을 의무적으로 요구하는지에 대해서도 명확한 입장을 밝히지 않았다. 이런 의미에서 롤즈는 천부적 자질의 함양 문제를 자신의 정의론 내에서 다룰 수 있는 가능성을 열어 두고 있지만, 그 자신은 이를 정의의 영역 밖의 문제로 간주하였다.[18] 그에게 있어서 자연적 불평등은 그 자체로는 부정의한 것도 비도덕적인 것도 아니며, 그것은 단지 주어진 자연적 사실에 불과하다. 무엇보다 롤즈는 유전적 간섭의 개연성을 높게 평가하지 않았기 때문에, 자연적 자질 자체의 정의로운 분배보다는 자연적 자질에 영향을 주는 사회적 여건을 통해 그 차등적 결과를 간접적으로 감소시키는 방안에 관심을 가졌다.[19]

---

16) D. B. Resnik, "Genetic Engineering and Social Justice", *Social Theory and Practice* 23, no. 3(1997), p.444.

17) A. Buchanan, et al., *From Chance to Choice: Genetics & Justice*, p.50; F. Allhoff, "Germ-Line Genetic Enhancement and Rawlsian Primary Goods", p.50.

18) D. B. Resnik, "Debunking the Slippery Slope Argument Against Human Germ-line Gene Therapy", *Journal of Medicine and Philosophy* 19(1994), p.34.

19) 황경식, 「분배정의의 이념과 사회구조의 선택」, 황경식, 『개방사회의 사회

예를 들어, 네이글(T. Nagel)은 기회균등을 보장하기 위해 자연적 재능을 일정 수준 이상으로 회복시킬 것을 혹은 종 정상 기능의 회복을 정의가 요구한다는 입장을 부정한다.[20] 네이글은 롤즈의 기회균등은 동등한 재능과 유사한 동기 부여를 지닌 개인의 기회를 불평등하게 만드는 사회적 장애 요인의 제거를 요구하지, 자연발생적 장애 요인의 제거까지 요구하지 않는다는 논변을 전개하고 있다. 즉, 기회의 불평등 원인이 사회에 있으면 교정되어야 하지만, 사회가 원인이 아니면 정의의 문제로 교정할 필요가 없다. 이러한 입장을 옹호하자면 기회의 불평등 원인이 자연인지 아니면 사회인지를 분석할 수 있는 인과론이 선결되어야 한다. 사회와 자연의 상호작용 결과로 기회가 제한되는 경우가 있음을 인정하면서도, 네이글은 다음과 같은 세 가지 요건이 충족되면 그 일차적 원인은 사회가 아니라 자연으로 간주하는 것이 적합하다고 주장한다. 즉, ① 사회가 관련된 신체적 혹은 정신적 차이를 가진 자들을 짓누르고자 하는 의도를 갖고 제도화되어 있지 않고, ② 사회가 현재와 같은 방식으로 구조화할 만한 독립적인 다른 이유가 충분히 존재하고, ③ 이러한 차이가 기회에 영향을 미치지 않도록 사회를 변경시키는 데 비용이 아주 많이 들어간다.

하지만 이러한 인과 분석은 받아들이기 어렵다.[21] 예를 들어, 육손은 과거에는 사회에서 아무런 중요성을 지니지 않았지만, 컴

윤리』(철학과현실사, 1995), p.123.

20) T. Nagel, "Justice and Nature", *Oxford Journal of Legal Studies* 17, no. 2(1997), p.303. 여기서는 F. M. Kamm, "Genes, Justice and Obligation to Future People", *Social Philosophy and Policy* 19(2002), p.370에서 재인용.

21) 육손 반례는 F. M. Kamm, "Genes, Justice and Obligation to Future People", pp.371-372에서 원용하였다.

퓨터를 조작하는 데는 매우 중요한 차이를 보인다. 따라서 오늘날의 정보화 사회에서는 육손이냐 아니냐에 따라 기회가 달라진다. 하지만 네이글의 인과 분석에 따르면 위의 세 요건을 모두 충족시키기 때문에, 사회가 아니라 자연이 이러한 기회 차이의 원인으로 작동한다는 결론이 얻어진다. 이렇게 되면 육손인 자는 비록 현대 사회에서 기회의 제한을 받아도 정의의 이름으로 그 교정을 요구할 수 없게 된다. 반면에 부유한 어린이들이 질 높은 교육을 받아 기회의 제한이 발생한다면, 공평한 기회균등의 원칙에 따라 사회는 그들과 동등한 수준의 교육을 가난한 어린이들에게도 제공할 것을 요구할 것이다. 네이글의 이러한 입장이 설득력을 얻으려면 자연이 원인인 기회 제한과 사회가 원인인 기회 제한이 도덕적으로 어떤 차이가 있는지를 해명해야 한다. 하지만 두 원인 모두 자기 책임이 아니기 때문에, 롤즈의 입장에 따르면 응분 토대 구실을 할 수 없으므로 도덕적 차이를 발견하기가 어렵다. 따라서 롤즈의 기회균등 이념을 이렇게 협의로 해석하기는 곤란해 보인다.

그렇다고 롤즈가 천부적 자산의 분배에 관해 특정의 입장을 개진하였다고 볼 수는 없다. 즉, 롤즈는 도덕적 자의성을 이유로 천부적 재능 및 이로부터 얻어지는 사회적 재화에 대한 응분 자격을 부인하지만, 이로부터 천부적 재능의 불평등 자체가 제거되어야 한다거나, 아니면 어떤 특정의 분배가 실행되어야 한다는 결론은 도출되지 않기 때문이다.[22] 즉, 생물학적 운에 대한 응분 자격 부인과 생물학적 운 자체의 제거 내지는 특정한 분배 물음은 서로 다른 물음이다. 그러나 적어도 천부적 재능이 응분 토대가 될 수 없다면, 천부적 재능의 결핍이나 부족으로 인해 발생하는 불이익

---

22) N. Holtung, "Does Justice Require Genetic Enhancement?", *Journal of Medical Ethics* 25(1999), p.138.

은 재분배를 통해 보상되어야 한다는 결론은 얻어진다. 왜냐하면 자기 원인이 아닌 불이익은 보상받아야 한다는 것이 우리의 숙고된 도덕판단이요, 자원 보상 원칙의 요구사항이기 때문이다. 생물학적 불운을 사회적 자원으로 보상해야 한다는 데 대해서는 롤즈도 동의한다. 즉, 천부적 재화의 불균형을 조정할 수 있는 아무런 능력이 없다면, 사회는 더 적은 재능을 갖고 태어난 사람에게 더 많은 관심을 기울여야 한다. 예를 들어, 지능이 낮은 사람을 교육하는 데 우리는 더 많은 교육 자원을 투자해야 한다. 하지만 이러한 방안 외에 유전자 교정을 통해 유전적 불운 자체를 보상하는 방안까지 그는 받아들이는가? 유전자 자체를 보상하는 방안이라면 유전자 분배에 대해 그는 어떤 원칙을 마음속에 그리고 있는가? 유전자의 정의로운 분배 물음이 새로운 윤리 물음이 되었다. 즉, 정의는 재능이 동등한 사람을 창조할 것을 요구하는가, 아니면 최소수혜자에게 이득이 가는 방식으로 불평등한 사람을 창조할 것을 요구하는가? 이를 캄(F. M. Kamm)은 '정의로운 창조의 물음(the Just Creation Question)'이라고 부른다.23) 롤즈의 정의론은 이 물음에 대해 명확한 입장을 밝히지 않고 있다는 의미에서, 롤즈에게 있어서는 여전히 열린 물음이다. 그래서 몇몇 철학자들은 롤즈의 『정의론』을 출발점으로 삼아 유전자의 정의로운 분배 원칙을 찾아내고자 시도하고 있다.

유전자의 정의로운 분배 물음을 직접 논하기에 앞서 자연적 불평등을 사회적인 기본적 재화로 보상하고자 하는 롤즈의 차등 원칙에 대한 비판적 논의가 필요하다. 자원 보상 원칙으로 충분하다면 자연적 자산의 분배에 관한 논의는 아예 필요조차 없기 때문이

---

23) F. M. Kamm, "Genes, Justice and Obligation to Future People", p.362.

다. 롤즈는 차등 원칙에서 최소수혜자 우대를 주장한다. 그러면 최소수혜자는 어떤 집단인가? 롤즈는 부와 수입이 가장 낮은 집단을 최소수혜자로 간주한다. 롤즈의 차등 원칙의 문제점은 바로 여기서 발생한다. 최소수혜자 선정과 관련하여 차등 원칙은 두 가지 비판을 받고 있다.[24]

첫째, 롤즈는 자연적 자원을 배제하고 오직 사회적 재화만을 고려함으로써 최소수혜자를 잘못 선정하는 우를 범하였다. 롤즈는 부와 수입이라는 두 가지 사회적 요소에만 의거해서 최소수혜자를 선정하였다. 롤즈가 밝혔듯이, 이는 단지 이론의 단순화를 위해서이다. 따라서 최소수혜자 선정에 다른 요소도 고려할 여지를 롤즈는 남겨 두고 있다. 하지만 롤즈가 최소수혜자 선정에 필요한 개인 간의 상호 비교 목록에서 자연적 자산을 배제하였다는 점은 의심의 여지가 없다. 즉, 그는 자연적 불평등은 불가피하기 때문에 자연적 자산을 정의의 영역 밖으로 간주하였다. 이러한 견해에 따르면, 유전적 장애우라 할지라도 더 많은 사회적 재화를 갖고 있다면 이를 더 적게 가진 유전적 정상인보다 더 나은 자로 간주하지 않을 수 없다. 다시 말해, 이러한 유전적 장애우는 최소수혜자가 될 수 없다. 그러나 우리들 대부분은 사지마비의 장애우를 그렇지 않은 정상인보다 더 나은 자로 간주하지 않는다. 따라서 최소수혜자 선정에서 자연적 자산의 배제는 진정한 최소수혜자가 누구인지를 결정하는 데 있어 그릇된 결론을 낳고 만다. 최소수혜자 선정에는 부와 수입뿐만 아니라 건강과 같은 자연적 자산도 반드시 고려되어야 한다.[25]

---

24) J. S. Brown, "Genetic Manipulation in Humans as a Matter of Rawlsian Justice", pp.87-89 참조.

25) W. Kymlicka, *Contemporary Political Philosophy*(Oxford: Clarendon Press,

둘째, 최소수혜자 선정에 자연적인 재화를 고려한다 해도, 롤즈 정의론은 사회적 재화로는 신체적 장애를 온전하게 보상하지 못한다. 하나의 예로써 팔다리가 불구인 장애우를 보상하는 두 가지 방안이 있다고 하자. 하나는 사회적 재화로 보상하는 방안이고, 다른 하나는 팔다리 자체를 정상으로 회복시켜 주는 방안이다. 평가된 가치 이상으로 사회적 재화로 보상해 준다 해도, 대부분의 상식인들은 후자의 방안을 원할 것이다. "팔다리가 없는 자는 돈을 원하지 않고 팔다리 자체를 원한다." 아무리 많은 사회적 재화로도 팔다리를 보상하지 못한다. 자원 보상 원칙은 자연 자원과 사회 자원이 비교 계산이 가능하다고 전제하지만, 이 두 자원은 원천적으로 통약 불가능하기 때문이다.26) 팔다리를 정상으로 회복시킬 수 있는 의료기술이 불가능한 유전공학 이전 시대에는 롤즈적인 자원 보상 방안이 최선이었을지 모르나, 이러한 의술이 물리적으로 가능한 유전공학 이후 시대에는 그렇지 않다. 자원 보상 원칙은 차선의 원칙에 지나지 않는다. 따라서 자연적 자산마저도 정의의 영역 내로 편입시켜 공평하게 분배하는 방안을 우리는 고려하지 않을 수 없다.

차등 원칙과 관련된 이러한 비판은 '사회적인 기본적 재화의 유연성(the flexibility of social primary goods)'에 대한 잘못된 가정 탓이다. 개인의 능력이 다르기 때문에, 동일한 재화가 주어져도 얻어지는 결과는 서로 다를 수밖에 없다. 코헨(J. Cohen)은 이렇게 말한다. "장님과 정상 시력을 가진 자는 동일한 수준의 수입과 부로부터 똑같은 혜택을 향유할 수 없다. 페닐케톤 요증(PKU)에 걸린 자와 그렇지 않은 자는 똑같은 음식을 먹어도 그 영양 상태

1990), p.71.

26) A. Buchanan, "Equal Opportunity and Genetic Intervention", p.107.

는 다르게 나타난다."27) 실제로 중증 정신 장애우는 아무리 많은 돈이 주어져도 이를 욕구 만족으로 활용하지 못한다. 휠체어 제공, 법적 차별 금지, 편의시설 설치 등을 통해 우리는 장애를 상당 정도 보상해 줄 수 있지만, 장애우가 사회적 재화로 보상받을 수 있는 데는 한계가 있다. 우리는 보상하는 사회적 재화의 양보다 그 재화를 선용할 수 있는 재능과 능력에 일차적 관심을 두어야 한다. "기본적 재화, 광범위하게 말해, 자원은 결코 한 사람이 실제로 향유할 수 있는 능력을 의미하지 않는다."28)

롤즈의 기본적인 재화 접근법은 재화를 선용할 수 있는 능력이 어느 정도의 기준선을 넘어선 개인들에게는 적절한 방안이 될 수 있을지 모르나, 특별한 의학적 필요가 요구되는 개인들의 경우에는 재화가 아니라 능력 자체의 보상이 절대적으로 필요하다. 롤즈 자신도 "특별한 의학적 필요 및 건강상의 필요 문제를 다룰 때는 기본적인 재화를 넘어서 더 포괄적인 개념이 필요하다."라고 인정하였다.29) 적절한 수준의 능력이 전제되지 않으면, 롤즈의 공평한 기회균등 조건은 불만족스러울 수밖에 없다. 공평한 기회균등이 단지 '동등한 능력을 지닌 자에 대한 동등한 기회 부여'를 의미한다면, 신체적, 정신적 중증 장애우들은 숙련된 기술이 요구되는 공적 의무와 같은 가치 있는 지위를 얻을 수 있는 기회가 거의 없을 뿐만 아니라 직업 선택의 기회조차 줄어들어 기회균등의 이념

---

27) J. Cohen, "Review of Amartya Sen, Inequality Reexamined", *Journal of Philosophy* 92(1995), p.281.

28) A. Sen, "Justice: Means versus Freedom", *Philosophy and Public Affairs* 19(1990), p.116.

29) J. Rawls, "Social Utility and Primary Goods", A. K. Sen & B. Williams, eds., *Utilitarianism and Beyond*(Cambridge: Cambridge University Press, 1982), p.168 n.

은 공염불이 될 수밖에 없다.

따라서 롤즈 이론은 개인이 타고나는 천부적 자산에 덜 민감하면서 동시에 개인의 의지 및 포부에 더 민감하도록 수정될 필요가 있다. 롤즈 이론은 기본적 재화를 복지로 전환시킬 수 있는 능력이 개인에 따라 다르다는 사실을 간과하고 있다. 이러한 수정안의 근본 아이디어는 모든 개인에게 가능한 한 기본적 능력을 최소한 수준 이상으로 보장해 주어야 한다는 이념이다. 그 유전적 자산으로 인해 최소한의 기회마저 누리지 못하는 개인들에게는 자신이 원하는 인생 계획을 추구할 수 있도록 기본적 자유를 실천에 옮길 수 있는 정도의 능력 내지 기능을 보상해 주어야 한다. 즉, 비록 일반적으로는 자연적 불운으로 중대한 질병을 앓고 있는 사람을 의학적으로 보상할 더 강한 이유가 존재하지만, 어떤 경우에는 정의의 측면에서 보아도 의학적 자질 함양을 통해 자연적 추첨의 불운을 보상해 줄 충분한 이유가 존재한다.[30] 이런 여건이 충족되지 않으면 차등 원칙과 공평한 기회균등 원칙이 실현되어도, 중증 장애우에게는 자신의 인생 계획을 성취할 수 있는 실질적인 기회가 주어지지 않을 것이다. 유전공학기술 및 비용 문제가 해결되어야 하기 때문에 이러한 이념의 실제적 적용이 현실적으로 불가능할지 모른다. 하지만 적어도 이론상으로는 이렇게 하는 것이 바람직하다는 점이 인정되어야 한다.

3. 유전자 차등 원칙

이러한 비판을 수용하면서 자질 함양 유전공학기술에 관한 접

---

30) N. Holtung, "Does Justice Require Genetic Enhancement?", p.140.

근권의 불평등 문제와 결과의 불평등 문제를 동시에 해결할 수 있는 입장 가운데 하나가 바로 '유전자 차등 원칙(the genetic difference principle, GDP)'이다. 유전자 차등 원칙은 '공정으로서 정의'라는 존 롤즈의 '우선주의(prioritarianism)' 논리를 유전적 자산에 확대 적용한 원칙을 말한다. 우선주의는 더 열악한 위치에 있는 사람들에게 혜택이 돌아가도록 하는 것이 도덕적으로 중요하다는 도덕 입론이다. 즉, 롤즈는 사회 경제적 재화의 불평등을 정의의 제2원칙으로 인정하면서 그 전제조건으로 두 가지를 제시한다. 하나는 기회균등의 원칙이고, 다른 하나는 최소수혜자 우선성 원칙이다. 롤즈에 따르면, 모든 사람에게 기회가 공평하게 주어져 있다면, 최소수혜자에게 최대 이득이 가도록 사회 경제적 재화를 차등 있게 분배하는 것은 정의의 원칙에 어긋나지 않는다. 불평등한 분배를 규제하는 롤즈의 최소수혜자 우선성 원칙을 유전적 자산에 적용하면 우리는 유전자 차등 원칙을 얻게 된다. 실제로 롤즈는 유전적 자산의 향상이 최소수혜자에게 궁극적으로 긍정적인 혜택을 가져오리라 낙관하고 있다. 즉, "재능이 높은 상류층이 존재하면 결국에는 사회의 모든 구성원들이 최대의 평등한 재능을 향유할 수 있는, 최대의 평등한 자유가 보장되는 사회에 우리는 도달하게 될 것이다."[31]

GDP는 모든 유전적 자산에 적용되지 않는다. GDP는 오직 "자연적인 기본적 재화(Natural Primary Goods, NPG)에 중요한 함의를 지니는 유전자의 불평등한 분배는 최소수혜자에게 최대의 이득이 돌아가도록 해야 한다."라는 원칙을 말한다.[32] 달리 말해, 롤

---

31) J. Rawls, *A Theory of Justice*, p.108.
32) C. Farrelly, "Genes and Social Justice: A Rawlsian Reply to Moore", p.81.

즈가 사회적인 기본적 재화(Social Primary Goods, SPG)에 최소극대화(maximin) 원칙을 적용하였듯이, 우리는 자연적인 기본적 재화와 연관된 유전자에 대해 최소극대화 원칙을 적용해야 한다. 따라서 GDP는 유전자의 평등한 분배를 강요하지 않으며, 오직 NPG와 연관된 유전자에 대해서는 최소수혜자에게 혜택이 돌아가는 경우에만 자질 함양이 허용될 수 있다고 주장한다. 이러한 GDP가 유전자 분배 물음을 해결할 수 있는 실천적 작동 가능성을 지닌 원칙이 되자면 몇 가지 문제가 해명되어야 한다. 우선 NPG와 연관된 유전자가 무엇이냐의 물음이다. 이 물음은 소위 '통용의 문제(the currency problem)'와 관련되어 있다. 통용의 문제란 "평등하게 분배되어야 대상이 무엇인가?"의 물음을 말한다. 롤즈는 기본적 재화를 '모든 합리적인 인간이 원하리라 예상되는 재화'로 규정한 다음, 이를 사회적인 기본적 재화와 자연적인 기본적 재화로 구분한다.[33] 이러한 롤즈의 견해를 받아들여, GDP 옹호자는 롤즈가 제안한 권리와 자유, 권력과 기회, 수입과 부, 자존감 등의 '사회적인 기본적 재화' 목록에 합의할 수 있다면, 인생 계획 내지 삶의 목적이 무엇이든지 상관없이 그 계획 내지 목적의 실현에 꼭 필요한 '전목적적인 유전적 자질'의 목록에 대해서도 합리적인 합의가 가능하며, 이러한 자질이 바로 NPG에 해당한다고 주장한다.[34] 즉, 가치 다원주의의 현실을 인정하면서도 우리는 건강과 체력, 지성과 상상력 등은 인생 계획이나 삶의 목적이 무엇이든지 꼭 필요한 '자연적인 기본적 재화'에 해당된다고 말할 수 있다.[35]

---

33) J .Rawls, *A Theory of Justice*, p.62.
34) F. M. Kamm, "Genes, Justice and Obligation to Future People", p.361.
35) 사회적인 기본적 재화와 자연적인 기본적 재화의 구분은 롤즈의 입장에 따랐다. J. Rawls, *A Theory of Justice*, p.62 참조.

물론 NPG의 이러한 목록에 대한 반론이 가능하다. 현실적으로 이러한 목록에 동의하지 않을 사람이 분명 존재하기 때문이다. 또 역사적 상황과 문화적 여건에 따라 NPG가 달라질 수도 있기 때문이다. 사실 NPG 목록에 대한 모든 사람들의 실제적 합의란 불가능하고, 또 NPG 역시 문화적 상대성으로부터 자유로울 수 없다. GDP 옹호자는 NPG 목록의 절대성이나 현실적 합의를 주장하지 않는다. 다만, GDP 옹호자는 롤즈의 SPG 목록만큼 NPG 목록에 대한 합의가 가능하다고 주장할 따름이다. 롤즈가 말한 대로, 건전한 상식인의 숙고된 도덕판단 내지 원초적 입장의 당사자들의 가상적 합의 이념을 받아들이면, NPG 목록에 대한 GDP의 입장은 충분히 설득력이 있고, 적어도 SPG만큼의 합의가 가능하리라 생각된다. NPG 목록이 해명되어도 "NPG와 연관된 유전자가 무엇인가?"의 물음은 여전히 남아 있다. 그러나 이 물음은 GDP가 해결해야 할 '원칙의 물음'이 아니라 생명과학과 의학 등이 해결해야 할 '경험과학의 문제'이다. 물론 현실적으로 유전자와 자질 내지 능력의 상관관계를 인과적으로 규명한다는 것은 쉬운 문제가 아니다. 왜냐하면 유전자형과 표현형은 '일대일'의 관계가 아니라, '일대다' 내지는 '다대일'의 관계이기 때문이다. 하지만 유전자와 천부적 자질 사이의 인과적 연관관계를 해명하지 못하면 유전적 자질 함양 자체가 불가능하기 때문에, 이러한 경험과학의 난제는 GDP에 대한 반론이 되지 못한다. 즉, GDP는 "유전적 자질 함양이 가능할 경우, 유전자를 어떻게 분배하는 것이 정의로운가?"의 물음에 대한 윤리적 입장이므로, 전건이 성립되지 않을 경우 후건의 물음 자체가 아예 성립되지 않기 때문이다.

유전적 자질 함양의 대상을 NPG와 연관된 유전자에만 국한해도 자원의 희소성으로 인해 '가중치 물음(problem of weight)'은 여전히 발생할 수 있다. 즉, 한 사회의 경제적 여력이나 유진공학 기술은 한계를 지녀 모든 NPG와 연관된 유전적 자질 함양이 불가능하기 때문에, 어느 NPG와 연관된 유전자 간섭에 우선성을 부여할 것인가의 문제가 발생한다. NPG에 대해 축차적으로 서열화되지 않은 다원주의 입장을 취할 경우 이는 회피할 수 없는 문제이다. 예를 들어, 건강 관련 유전적 자질 함양과 상상력 관련 유전적 자질 함양 가운데 어느 것이 더 중요한가? NPG와 연관된 유전적 자질 상호간의 우선성 비교 문제뿐 아니라, 유전적 자질 함양과 유전자와 무관한 자질 함양 — 예를 들면, 공교육 — 사이의 우선성 문제도 야기된다.36) GDP는 최소수혜자의 유전적 자질 극대화를 주장하나, 이러한 목표 추구는 불우한 처지의 다른 사람들에게 불공평한 결과를 야기할 수 있다. 예를 들어, 모든 국민을 위한 질 높은 공교육을 실시하기보다 최소수혜자의 유전적 지적 능력 향상에 고비용을 지출하는 경우를 생각해 보자. 분배적 정의에 관한 우선주의 입장에 따를 경우, 정부는 예산이 한정되어 있으므로 다음 두 대안 중 하나를 선택해야 한다. 즉, 공교육에 더 많은 투자를 할 것인가, 아니면 최소수혜자의 유전적 자질 함양에 더 많은 투자를 할 것인가? 두 정책 모두 최소수혜자 그룹에게 혜택이 돌아가지만, 아마도 후자가 더 큰 혜택을 제공할 것이다. 이런 경우 GDP는 후자의 정책을 채택하도록 요구한다.

그러나 최소수혜자의 이득에 대한 이러한 절대적 우선성 부여는 불공평하다. 왜냐하면 공교육 우선 정책이 유전적으로 불우하지 않은 다른 많은 사람들의 인생 전망을 개선시킬 개연성이 높기

---

36) 이에 대한 자세한 논의는 C. Farrelly, "The Genetic Difference Principle", *The American Journal of Bioethics* 4, no. 2.(2004), ww.25-26을 참조하라.

때문이다. 즉, 우수한 유전적 자질을 갖고 태어났으나 불우한 사회적 환경으로 그 자질을 계발하지 못하고 있는 많은 사람들이 공교육으로부터 큰 혜택을 누릴 수 있기 때문이다. 그뿐만 아니라 우수한 유전적 자질을 갖고 좋은 환경에 태어난 사람도 공교육으로부터 큰 혜택을 누릴 개연성이 높다. 하지만 유전적 자질 함양 우선 정책은 최소수혜자 집단에게만 혜택이 돌아간다. 유전적 간섭과 상관없는 의학적 치료를 필요로 하는 사람들의 이익까지 고려하게 되면 문제는 더욱 복잡해진다. 생명을 구하는 수술이나 백신주사와 같이 다른 형태의 의학적 치료를 필요로 하는 사람들이 존재함에도 불구하고 왜 우리는 유전적 열등자를 우선적으로 고려해야 하는가? 다른 불우한 처지에 있는 사람보다 유전적 열등자에게 절대적 우선성을 부여하고 있는 GDP는 이처럼 반직관적인 결과를 낳을 뿐만 아니라 공평한 기회균등의 이념에 어긋난다는 비난을 면하기 어렵게 된다. 따라서 유전적 최소수혜자뿐만 아니라 사회적 최소수혜자도 함께 고려할 수 있도록 GDP는 수정될 필요가 있다.

유전적 최소수혜자에게 어느 정도의 우선성을 부여해야 하는가의 물음은 추상성의 수준에서는 답해질 수 없다. 왜냐하면 우선성 물음은 NPG와 SPG의 분배가 고려되는 사회의 실질적 여건 — 경제적 여건, 유전공학기술 수준, 공동체의 가치관 등 — 이 구체적으로 밝혀져야만 답해질 수 있기 때문이다. 이는 롤즈의 차등원칙 역시 예외가 아니다. 하지만 GDP는 적어도 앞에서 제기된 '가중치 문제'를 고려할 수 있게끔 개방되어야 한다. 열린 원칙이 되자면 GDP는 유전적 최소수혜자에 대한 절대적 우선성을 포기해야 한다. 그래서 이제까지 논의된 엄격한 GDP에 대한 수정안으로 패럴리는 '온건한 GDP(the lax GDP)'를 제안한다. 즉, "NPG

에 중요한 함의를 지니는 유전자의 불평등한 분배는 최소수혜자에게 합당한 최대 이득이 돌아가도록 해야 한다."[37] 온건한 GDP는 원래의 원칙에서 '합당한(reasonable)'이라는 단어가 추가되었다. '합당한 최대 이익'을 어떻게 산정하느냐의 물음은 원칙의 수준에서는 해결 불가능하다. 다만 합당성 조건이 삽입됨으로써 이상 사회가 아닌 현실 세계에서 제기되는 가중치 물음을 논의할 수 있는 길이 GDP에서도 열리게 되었다.

GDP는 어디까지나 '유전자' 분배에 관한 정의 원칙이지, 결코 분배 일반에 관한 정의 원칙이 아니다. 따라서 GDP는 정의 원칙과 달리 축차적 서열 원칙이 아니다. 즉, 롤즈의 정의론에서는 자유 우선성 원칙이 차등 원칙에 우선하며, 차등 원칙에서는 공평한 기회균등의 원칙이 최소수혜자 우대 원칙에 우선한다. 하지만 GDP는 이러한 축차적 서열을 인정하지 않고 정의에 관한 다른 원칙들의 요구사항을 모두 형평성 있게 고려할 것을 요구한다. 예를 들어, 생식의 자유 문제를 생각해 보자. 다음 세대 최소수혜자의 유전적 자질 극대화를 고려한다면, 예비 부모, 특히 산모로 하여금 산전 유전자 검사, 유전자 치료 내지는 유전자 자질 함양 등을 의무적으로 받도록 하는 법률이나 제도 제정이 필요할 것이다. 그런데 부모가 이러한 '유전자 분배'에 동의하지 않으면 어떻게 하는가? 엄격한 GDP는 최소수혜자에게 절대적 우선성을 부여하므로 여성의 생식의 자유는 단지 부차적일 수밖에 없다. 그 결과 여성의 생식의 자유 침해는 불가피하다. 과연 GDP의 이러한 입장이 현실적인 실천적 작동 가능성을 지니는가? 여성이 반대할 경우, 강제적인 산전 유전자 진단이나 유전자 치료는 현실적으로 불

---

37) C. Farrelly, "The Genetic Difference Principle", w.26.

가능할 뿐만 아니라, 그 실천적 함의도 정의의 일반적인 이념에 어긋난다. 즉, 생식의 자유를 침해하는 이러한 강제적인 산전 진단이나 치료가 허용될 경우, 최소수혜자의 유전적 자질을 이유로 불임시술마저 윤리적으로 정당화되기 때문이다.

유전자 분배에 관한 정의 원칙은 자유의 문제도 온전하게 다루어야 한다. 따라서 최소수혜자 우선성 원칙은 절대적일 수 없고, 개인이 갖는 생식의 자유와 조화를 이루어야 한다. 하지만 온건한 GDP는 유전자와 관련된 다른 원칙, 한 예로서, 부모가 갖는 생식의 자유 원칙과 해악 방지의 의무를 '최소수혜자에 대한 합당한 최대 이득'의 관점에서 형평성 있게 고려할 수 있는 이점이 있다. 즉, 생식의 자유 제한이 최소수혜자에게 이득이 된다 해도, 그 비용과 유전적 최소수혜자가 얻는 이득 사이에 비례성 원칙이 지켜지지 않을 경우, 온건한 GDP는 유전적 최소수혜자 이득에 무조건적인 우선성을 요구하지 않는다. 이런 측면에서 보면, 온건한 GDP 는 '합당한 유전적 간섭 모델(Reasonable Genetic Intervention Model)'이라 말할 수 있다.[38]

---

38) 패럴리가 제안한 이 모델에 따를 경우, 유전적 간섭과 관련하여 부모의 생식의 자유는 다음 두 조건 하에서는 제한될 수 있다.
(1) 생식의 자유를 제한하고자 하는 목적이 자유민주주의 사회에서 긴급하고도 실질적으로 중대한 이해관계와 관련되어 있어야 한다.
(2) (a) 생식의 자유를 제한하기 위해 선택된 수단은 생식의 자유를 제한하여 얻고자 하는 목적과 합당할 정도로 밀접한 상관성을 지녀야 한다. (b) 선택된 수단은 가능한 한 생식의 자유를 최소한으로 침해하는 방안이어야 한다. (c) 선택된 수단을 이용한 생식의 자유 제한의 결과와 충분히 중요하다고 여겨지는 원래의 목적 사이에는 비례성 원칙이 지켜져야 한다.
이에 관한 자세한 논의는 C. Farrelly, "The Genetic Difference Principle", ww.26-27를 참조하라.

4. 맺는 말: 유전적 최소수혜자는 누구인가?

GDP는 완전무결한 유전자 분배 원칙이 아니다. GDP에 관한 몇 가지 반론을 비판적으로 검토함으로써 필자는 결론을 대신하고자 한다. 일부에서는 GDP가 유전자나 자연적 재능을 인류의 공유자산으로 간주한다고 비판한다. 자연적 재능 자체를 공유자산으로 간주하는 것은 설득력이 약하다. 왜냐하면 만약 나의 유전적 자산이 공유자산이라고 한다면, 공동 소유주의 동의 없이는 나는 나의 유전적 자산을 사용할 수조차 없게 되기 때문이다. 따라서 GDP가 유전자의 공유자산을 주장한다면 결함 있는 이론이라 아니 할 수 없다. 하지만 "어느 누구도 자신의 유전자에 대한 응분 자격을 갖지 않는다."라고 해서 이로부터 "유전자는 공유자산이다."라는 명제가 귀결되지는 않는다.[39] "자기 선택이 아닌 유전자에 대해 응분 자격을 갖지 않는다."라는 명제는 유전자 자체가 개인 소유인지 아니면 공유자산인지에 대해서는 아무런 입장을 표명하지 않는다. 다만 이 명제는 자기 선택이 아닌 유전자로부터 얻어진 결과물에 대해 어느 누구도 응분 자격을 요구할 수 없다는 뜻이다. 따라서 유전자에 대한 응분 자격을 GDP가 부인한다고 해서 GDP가 유전자를 인류의 공유자산으로 간주한다는 비판은 적절하지 않다. 무엇보다 GDP는 유전자를 인류의 공유자산으로 전제할 필요가 없다. GDP는 유전자로부터 얻어진 결과물에 대해서만 응분 자격을 부인할 따름이다. 즉, 자연적 재능과 그 재능의 결과물은 구분되어야 하며, 공유자산으로 간주되는 것은 자연적 재능 자체가 아니라 자연적 재능의 결과물일 따름이다. 즉, 각 개인

---

39) F. M. Kamm, "Genes, Justice and Obligation to Future People", p.369.

의 유전적 재능이나 자질이 문자 그대로 전체 사회에 귀속되는 공유자산이 아니라 개인 간의 유전적 차이, 재능의 다양성, 재능 성취 수준의 차이 등이 최소수혜자에게 이익이 되도록 사용되어야할 공동의 행운으로 간주되어야 한다.[40) 유전자 차등 원칙은 자연적 재능의 결과물을 공유자산으로 보는 입장만으로도 충분하다. 유전자에 대한 응분 자격이 부인되면 공리주의나 사회계약론을 통해서 유전자 차등 원칙을 얻는 데 아무런 논리적 어려움이 없다.

합당성 제약조건의 수용으로 GDP는 그 실천적 작동 가능성이 높아졌으나, 다른 한편으로는 미결정 영역의 외연이 커짐으로 말미암아 실제로는 무용지물이라는 비판을 받게 된다. 즉, '최소수혜자의 합당한 최대 이득' 개념의 불명확성으로 온건한 GDP 자체만으로는 적극적인 유전자 분배 정책의 도출이 어렵게 되었다. 사실 '합당한 최대 이득'이라는 개념은 너무 모호하여 실천적 지침을 제공하기에는 역부족이다. 하지만 우리는 여기서 두 가지 점을 고려해야 한다. 하나는 최소수혜자에 대한 절대적 우선성은, 앞 절에서 논의하였듯이, 공정한 기회균등의 이념과 어긋나기 때문에 시정되어야 한다는 점이다. 그러자면 최소수혜자에 대한 합당하지 못한 혜택을 걸러 낼 수 있는 안전장치가 필요하다. 예를들어, 유전적 열등자가 자신들의 지능 관련 유전적 잠재력을 조금 향상시키기 위해 한 사회의 평등 교육을 무너뜨리는 것은 분명 공정한 기회균등의 이념에 어긋나는 것으로 합당하지 못하다. 또한 유전적 열등자가 자신들에게 돌아올 조그만 이득을 위해 다른 사람이 절대적으로 필요한 중대한 보건의료 서비스— 생명유지 수

---

40) 황경식, 「분배정의의 이념과 사회구조의 선택」, p.127.

술이나 백신주사 등— 의 제공을 방해하는 것은 합당하지 못하다. 비록 '합당한 최대 이득'의 객관적 기준은 불가능하지만, 합당성 제약 조건은 이와 같은 합당하지 못한 혜택을 걸러 낼 수 있는 안전장치 역할을 감당한다. 다른 하나는 GDP는 윤리 원칙이지 유전자 분배에 관한 실질적인 도덕 규칙이 아니라는 점이다. 도덕 규칙과 윤리 원칙은 구분되어야 한다. 윤리 원칙이 도덕 규칙화하기 위해서는 반드시 현실적 여건이 고려되어야 한다. 미결정 영역의 존재는 도덕 규칙에 대한 반론은 될 수 있으나, 윤리 원칙에 대한 반론으로는 적절하지 않다. 오히려 윤리 원칙은 미결정 영역을 남겨 두어야, 다양한 현실적 여건에 적용될 수 있는 보편성을 확보할 수 있다. 이런 의미에서 합당성 제약 조건은 불가피하며, 이로 인해 발생하는 미결정 영역의 존재는 GDP의 단점이라기보다는 오히려 장점이라 아니 할 수 없다.

하지만 온건한 GDP조차도 최소수혜자 선정의 어려움은 여전히 상존한다. 롤즈는 부와 수입이라는 두 가지 요소만을 고려하여 최소수혜자를 규정하였다. 즉, 중간 이하의 부와 수입을 지닌 자가 바로 최소수혜자이다. 하지만 이는 어디까지나 논의의 편의를 위해 롤즈가 부와 수입만을 고려하였을 따름이지 실제로 최소수혜자가 부와 수입에 의해 규정된다는 말은 아니다. 다시 말해, 이론이 아니라 현실에서는 부와 수입 외의 다른 사회적 재화도 최소수혜자 선정에 고려되어야 한다. 그래서 롤즈 자신도 최소수혜자 선정에 이론적 어려움이 있음을 실토한 바 있다.[41] 유전적 최소수혜자 역시 마찬가지다. 논의의 편의를 위해, GDP 주창자는 건강과 지능이라는 두 NPG를 기준으로 유전적 최소수혜자를 규정할 수

---

41) J. Rawls, *A Theory of Justice*, pp.90-100, esp.97-98.

있다. 하지만 이 역시 어디까지나 논의의 편의를 위한 이론적 차원의 최소수혜자 선정 기준일 따름이다. 현실은 이보다 훨씬 더 복잡함을 인정하지 않을 수 없다. 한 가지 대안은 유전적 정상성 (genetic normality) 개념이다.[42] 즉, 유전적 결함으로 인해 종 정상 기능을 발휘하지 못하는 자가 바로 유전적 최소수혜자라 할 수 있다. 물론 이 역시 '종 정상 기능'의 객관적 기준이 마련되지 않으면 실천적 어려움이 발생한다. 롤즈가 시인하듯이, 유전적 최소수혜자 선정에 있어서의 이러한 실천적 어려움은 불가피하다.

유전자가 분배되어야 할 재화가 됨으로 말미암아, 앞으로 롤즈의 정의론은 새로운 과제를 안게 되었다. 사회적 최소수혜자는 물론이거니와 유전적 최소수혜자마저 고려해야 하는, 즉 유전자 차등 원칙까지 수용할 수 있게끔 정의론이 포괄적이어야 하기 때문이다. 이는 롤즈주의자에게 주어진 앞으로의 숙제이다.

---

42) D. B. Resnik, "Genetic Engineering and Social Justice", pp.438-440 참조.

7장 생물 특허의 윤리적 정당화

1. 들어가는 말: 생물 특허의 정당화

생명체에 관한 특허는 윤리적으로 정당화되는가? 이 물음에 합당하게 답하려면 적어도 특허가 무엇인지 먼저 해명되어야 한다. 특허의 대상은 지적 재산이다. 지적 재산은 그 소유자의 사용 가능성을 제한하지 않고서도 공유될 수 있다는 점에서 유형의 재산과 구분된다. 이런 점에서 지적 재산은 '비경쟁적 재화(nonrivalrous goods)'이다. 특허권은 저작권, 상표권 등과 더불어 지적 재산권의 하나이다. 대부분의 국가에서는 과학의 진보 및 유용한 기술을 증진시키기 위해 그 저자 및 발명자에게 배타적인 권리로서 특허권을 법적으로 부여하고 있다. 즉, 특허권은 발명(품)의 세부 사항을 공개한 데 대한 보상으로 다른 사람들이 그 발명을 제조, 사용, 시장화하지 못하도록, 그 발명자에게 부여된 독점적 권리이다. 따라서 "특허는 본질적으로 특허 소지자의 동의 없이 특허 발명(품)을 다른 사람이 이용하지 못하도록 배제하는 권리를 발명자에게 부여하는 소극적 권리(negative right)이다."[1]

특허 소지자는 사용료나 로열티를 받고 다른 사람들이 그 발명을 제조, 사용, 시장화할 수 있는 자격을 부여할 수도 있다. 하지만 특허권은 발명자에게 그 발명에 대한 완전한 통제권을 허용하지는 않는다. 따라서 특허 소지자는 자신의 발명을 소유하지(own)는 않는다. 이런 의미에서 특허는 기껏해야 불완전한 혹은 부분적인 상품화에 지나지 않는다. 미국의 특허법과 달리 유럽연합의 특허법에는 두 가지의 예외 조항이 있다. 하나는 '공공질서(public order)' 내지 '도덕(morality)' 조항이고, 다른 하나는 '공평한 사용(fair use)' 조항이다. 즉, 유럽연합에서는 공공 도덕에 반하는 발명에 대해 특허를 인정하지 않을 뿐만 아니라, 상업적 목적이 아닌 기초 연구에 대해서는 예외를 인정한다. 미국 특허법은 이런 조항이 없지만, '연구 예외 조항(research exemption)'을 통해 공평한 사용을 허용하고 있다. 이 예외 조항은 상업 제품 생산이나 발명을 위한 연구에는 적용되지 않고 대학이나 연구소에서 행해지는 기초 연구(basic research)에 국한된다.

하지만 공공 도덕 조항을 두지 않기 때문에 미국 특허청은 특허 신청 발명(품)의 도덕적 측면을 고려하지 않고 다만 특허의 일반적 기준을 충족시키느냐의 문제만을 심의한다. 이는 최초로 유전자 조작된 생물에 대해 특허를 확정지은 '다이아몬드 대 차크라바티 판례(*Diamond v. Chakrabarty*)'에서 확인되었다. 즉, 이 사건을 심의하면서 미 대법원은 5 대 4의 다수 의견으로 다음과 같이 판결하였다. "생물학자 차크라바티는 하이브리드 박테리아에 대해 특허권을 가질 수 있다. 왜냐하면 그의 발견은 자연의 작품

1) O. Mills, *Biotechnological Inventions: Moral Restraints and Patent Law* (Burlington, VT: Ashgate Publishing Company, 2005), p.2.

이 아니라 그 자신의 작품이기 때문이다."2) 이러한 판결은 인간 창의성의 산물인 한, 그것이 생명체라 하더라도 특허가 가능하다는 주장을 함의한다. 이 판례를 계기로 미 특허청은 동물, 세포, 식물, 단백질, DNA 등에 대해서도 특허를 부여하기 시작하였다. 과연 이러한 생물 특허, 특히 인간 유전자나 DNA 특허는 정당화될 수 있는가?

특허 제도가 어떻게 정당화될 수 있는가의 물음은 여러 차원에서 논의될 수 있다.3) 하지만 여기서는 두 가지 차원만을 문제 삼고자 한다. 하나는 특허 일반의 윤리적 정당화 물음이고, 다른 하

---

2) *Diamond v. Chakrabarty*, 447 U.S. 303, 310(1980) 참조.

3) 사바토스는 특허에 관한 윤리학적 관심을 (1) 특허제도 일반의 정당화 물음, (2) 특허제도를 컴퓨터 과학이나 생명공학과 같은 새로운 학문 분야에 확대 적용할 수 있는가의 물음, (3) 특허제도를 컴퓨터 프로그램, 의학적 진료, 인간 유전자, 유전공학 동물 등에 확대 적용할 수 있는가의 물음, (4) 생식 계열 유전공학 등과 같은 특정의 발명에 특허를 부여하는 물음, (5) 특허제도를 생식 계열 유전자 치료 등과 같은 특정의 발명을 위한 휴먼스 (humans) 생식 계열 유전공학과 같은 특정의 맥락 혹은 모든 포유동물에 적용할 수 있는가의 물음, (6) 특허제도에 대한 예외를 어떻게 정당화할 것인가의 물음, (7) 국제적인 역학관계에서 특허제도를 어떻게 적용할 것인가의 물음 등을 포함하여 일곱 가지 차원에서 제기하고 있다. 반면에 회더매커스는 이를 ① 특허제도 자체의 도덕적 정당화 물음, ② 특허를 생명체(life forms)에 확대 적용하는 물음, ③ DNA 물질에 확대하는 물음, ④ 인간 유전물질에 확대하는 물음, ⑤ 유전공학기술을 통해 발명된 유전자 변형 미생물, 동식물 등의 특정 생명체에 적용하는 물음, 그리고 ⑥ 유전자 특허의 국제적 영향에 관한 도덕적 평가 등 여섯 가지 형태로 구분하여 설명하고 있다. 이에 관한 논의는 M. Savatos, "Patents and Morality: a Philosophical Commentary on the Conference 'Biotechnology, Patents and Morality'", S. Stercks, ed., *Biotechnology, Patents and Morality* (Aldershot: Ashgate Press, 1997), pp.291-292 및 R. Hoedemaekers, "Commercialization, Patents and Moral Assesment of Biotechnology Products", *Journal of Medicine and Philosophy* 26, no. 3(2001), pp.275-276 참조하라.

나는 이러한 특허가 생물체, 특히 인간 유전자에 확대 적용될 수 있는가의 물음이다. 전자의 물음부터 살펴보자. 특허 일반의 윤리적 정당화는 두 가지 접근법이 가능하다. 하나는 자유지상주의이고, 다른 하나는 공리주의이다. 전자는 응분 자격 논변(the desert approach), 후자는 공리주의 논변(the utilitarian approach)으로 각각 불린다.4) 전자는 지적 재산의 발명 내지 생산에 누군가가 공헌하였다면, 그 노력과 공헌에 대한 정당한 보상이 이루어져야 한다고 주장한다. 그 보상책이 바로 특허를 비롯한 지적 재산권이다. 특허는 유용한 품목(items)을 발명 및 개발하고자 하는 자들의 권리 보호를 통해 그 노력을 격려하고 보상하는 제도이기 때문에 공평성과 정의의 이념을 보증하는 제도이다.5) 이와 관련된 정의의 근본이념은 응분 자격(desert)이다.6) 예를 들어, 누군가가 어떤 기계를 발명하였다면, 그 사람이 그 기계에 대해 통제권을 행사할 응분의 자격을 갖는다. 이 접근법은 역사적으로 존 로크의 노동 혼입설에 그 토대를 두고 있다. 이 논변은 과거 행위에 대한 정당한 보상에 초점이 맞추어져 있다는 점에서 과거지향적인 접근법이라고 말할 수 있다. 반면에 후자에 따르면 특허를 비롯한 지적 재산권은 사회적으로 유용성을 극대화시키기 때문에 정당화된다. 즉, 지적 재산권은 과학과 기술의 진보를 가져다주기 때문에 정당

4) D. B. Resnik, "The Morality of Human Gene Patents", *Kennedy Institute of Ethics Journal* 7, no. 1(1997), p.48.

5) L. R. Kass, *Toward a More Natural Science: Biology and Human Affairs*(New York: Free Press, 1985), p.135.

6) G. Hermerern, "Patents and Licensing, Ethics, International Controversies", T. H. Murry & M. Mehlmann, eds., *Encyclopedia of Ethical, Legal, and Policy Issues in Biotechnology*, vol. 2(New York: John Willey & Sons, Inc., 2000), p.821.

화된다. 공리주의 논변에 따르면, 특허는 보상이나 자연권 혹은 분배적 정의가 아니라 사회적 규약의 문제이다. 이 논변은 그러한 권리 인정이 가져올 미래의 결과에 초점을 맞추고 있다는 점에서 미래지향적인 접근법이라 할 수 있다.

물론 이 두 논변은 이론적 결함을 지닌다. 응분 자격 논변의 경우, 특허는 투입된 노동에 대해 응분의 대가를 지불하는 데 적합하지 않다. 특허는 투입된 노동만을 문제 삼지 않는다. 아무리 많은 노동을 투입하였다 해도, 누군가가 이미 먼저 특허를 받았다면 그 사람의 노동은 전혀 보상받지 못한다. 또 로크의 노동 혼입설이 성립되자면 적어도 두 가지가 전제가 성립되어야 한다. 하나는 무소유 조건이고, 다른 하나는 충분성 조건이다. 예를 들어, 내가 노동력을 투입하여 산을 개간하여 농토로 만들었다고 하자. 이때 이 농지가 내 소유가 되려면 두 가지 전제조건이 충족되어야 한다. 하나는 그 어느 누구도 내가 개간하기 이전에 그 산을 소유하고 있지 않아야 한다는 무소유 조건이고, 다른 하나는 내가 개간하고 난 다음에도 다른 사람이 개간할 수 있는 충분한 땅이 여분으로 남아 있어야 한다는 충분성 조건이다. 특허의 경우 과연 이 두 조건이 충족되는가? 일부에서 주장하듯이, 유전자가 인류의 공유자산이라면 무소유가 아니라 공동소유에 해당된다. 또 누군가가 특정 분야에서 특허를 획득하게 되면 나머지 사람들이 특허를 얻을 수 있는 기회가 그리 많지 않다는 면에서 보면 충분성 조건 역시 논란의 여지가 많다. 게다가 로크는 낭비 금지의 제한조건까지 두고 있다. 예를 들어, 누군가가 너무 많은 사과를 거두어 창고에 보관하여 썩게 만든다면, 그러한 재산권은 제한받아 마땅하다고 로크는 주장한다. 특허를 받고 사용하지 않거나 혹은 다른 사람이 사용하지 못하도록 방치한다면 이는 낭비 금지 조건에 위배된다고 말할 수 있다.

공리주의 논변 역시 액면 그대로 받아들이기가 어렵다. 특허를 공리주의적으로 정당화하자면, 우리는 특허 제도가 유용성 원리에 부합함을 보여주어야 한다. 이 작업을 수행하자면 특허 제도가 존재하는 경우와 특허 제도가 존재하지 않는 경우를 대조 실험을 통해 밝혀 주어야 하지만 이는 현실적으로 쉽지 않다. 즉, 유전자 특허 옹호 논거로 제시하는 사회적 유용성은 실질적으로 검증된 유용성이 아니라, 하나의 '억측(guesswork)'에 불과하다. 실제로 과연 특허가 과학기술의 진보 및 인류의 진보에 도움이 되는가의 철학적 논쟁은 여전히 계속되고 있다. "공리주의적 관점에서 보건대 유전자 특허는 양날을 가진 검이다."[7] 이러한 논쟁이 해결되자면, 근본적으로 얼마나 많은 개발이, 어떤 종류의 개발이 바람직한지를, 그것도 얼마의 비용으로 그러한 개발이 이루어져야 하는지를 묻고 대답하여야 하나, 이를 경험적으로 입증하기란 쉬운 일이 아니다.[8] 그리고 특허 제도의 비용은 단순히 경제적인 관점에서만

---

7) D. B. Resnik, "The Morality of Human Gene Patents", p.52. 레스닉은 인간 유전자 특허가 야기할 수 있는 부정적 결과 아홉 가지를 지적한다. Ibid., p.50.
   (1) 고용주, 보험회사, 정부 및 기타 기관의 무분별한 유전자 검사의 사용
   (2) 인간 유전자 간섭의 결과로 발생하는 돌연변이 등과 같은 미래 세대에 미치는 해악
   (3) 유전적 질병 제거와 인간게놈 향상의 결과로 인한 인간 유전자 다양성의 상실
   (4) 유전자 차별과 편견
   (5) 인간관의 급격한 변화, 즉 존엄성을 지닌 인격체에서 시장 가치를 지닌 상품으로의 전락
   (6) 유전공학의 결과로 인한 현존하는 사회적 불평등의 심화
   (7) 유전정보에 대한 접근의 용이성으로 인한 사생활 침해
   (8) 생물학적 무기 개발을 위한 유전학적 악용
   (9) 유전자 자원을 제공하는 제3세계 국가에 대한 착취

평가되어서는 안 되며, 과학기술의 진보에 대해서도 무엇을 향한 진보인가의 물음까지 답해야 한다. 이러한 작업은 특정의 세계관을 전제하지 아니하고는 답하기 어려운 주제이다. 무엇보다도 공리주의적 정당화는 공리주의 이론 자체가 지닌 결함으로 인해 특허 옹호에 한계가 있다는 비판이 제기된다.9) 특허는 일종의 권리이다. 반면에 공리주의는 사회적 유용성을 묻는다. 사회적 유용성에 의해 권리가 정당화될 경우 그 정당화는 한계를 지닐 수밖에 없다. 왜냐하면 설사 규칙 공리주의를 받아들인다 해도, 상황에 따라 특허 허용이 사회적 유용성 산출에 도움이 되지 않을 수 있기 때문이다. 권리와 유용성은 본래적으로 긴장관계에 놓여 있다. 그리고 공리주의가 정의 물음을 해결하는 데 한계를 지닌다는 점은 이미 널리 알려진 사실이다. 그러니까 특허의 공리주의적 정당화는 정의가 요구하는 공정한 경쟁의 이념을 훼손하기 쉽다. 즉, 특허는 비록 소극적 권리이지만 특허 소유자에게 배타적인 권리를 부여함으로써 다른 사람에 비해 그 소유자에게 우월적인 지위를 부여한다. 사회적 유용성은 하나의 가치이지, 근본적인 유일한 가치는 아니다. 권리나 공정성 역시 우리 사회가 소중하게 여기는 기본 가치 중 하나이다.

이런 비판적인 관점에서 보면 응분 자격 논변과 공리주의 논변이 특허 제도 일반의 정당화 논거로 부족하다는 결론을 내릴 수밖에 없다. 그렇다고 해서 특허 자체가 윤리적으로 잘못되었다고 말할 수도 없다. 왜냐하면 특허를 옹호할 수 있는 또 다른 논거를

---

8) M. Savatos, "Biotechnology and the Utilitarian Argument for Patents", *Social Philosophy & Policy* 13, no. 2(1996), p.138.

9) M. Wreen, "Patents", *Encyclopedia of Applied Ethics*, vol. 1(New York: Academic Press, 1998), pp.444-445.

찾아낼 수도 있기 때문이다. 무엇보다 철학적인 정당화 논변과 상관없이 특허는 이미 우리 삶의 현실(realty)이 되어 버렸다. 물론 이론적으로는 특허가 없는 세상을 얼마든지 상상할 수 있지만, 마치 우리가 화폐 없이 살아갈 수 없듯이, 특허는 자본주의 사회의 한 부분으로 굳게 자리 잡고 있다. 따라서 특허 일반의 윤리학적 정당화 논변의 타당성 물음과 상관없이 우리는 생명공학이 가져다준 새로운 '발명'인 유전자에 대해서도 현재의 특허가 확대 적용될 수 있는가를 묻지 않을 수 없다. 물론 이러한 논의에는 인간 유전자에도 특허가 적용되자면 현행의 특허 기준에 대한 수정이 필요하며, 또 어떻게 수정하는 것이 바람직한가의 물음도 중요한 철학적 과제이지만, 여기에서는 단지 특허 일반이 인간 유전자에도 적용될 수 있는가의 물음만을 고찰하고자 한다.

2. 유전자 특허에 대한 과학적 반대 논변

인간 유전자의 특허 가능성 논쟁은 생명공학이 제기한 앞선 두 논쟁, 즉 미생물 특허 논쟁 및 유전자 변형 동물에 대한 특허 논쟁의 연장선상에 있다. 그러니까 이제까지 특허는 무생물에 대해서만 적용되었는데, 생명공학의 발달로 미생물과 유전자 변형 동물을 거쳐 오늘날에는 인간 유전자에게까지 확대 적용되고 있다. 특허 제도는 생명체에, 특히 인간 유전자에 적용할 수 없다는 논변은 크게 둘로 구분된다.[10] 하나는 과학적인 반대 논변이고, 다

---

10) 레스닉은 인간 DNA 특허에 반대하는 논거를 다음과 같이 다섯 가지로 정리하였다.
   (1) DNA 특허는 인간존엄성을 위협한다.
   (2) DNA 특허는 자연 내지 하나님의 피조물을 상품화한다.
   (3) DNA 특허는 인류의 공유자산인 유전물질을 제멋대로 사용하는 짓이

른 하나는 윤리학적 반대 논변이다. 과학적 반론은 인간 유전자는 특허 기준을 충족시킬 수 없다는 논변이다.

그러면 미국 법률이 규정하고 있는 특허 기준은 무엇인가? 미 특허법에 따르면 다음과 같은 기준을 충족시키는 기계, 과정, 물질 구성요소 등에 대해 그 발명자는 특허를 받을 수 있다.[11]

(1) 특허 대상은 인간 창의성의 산물, 즉 창의적인 노력의 산물이어야 한다.
(2) 특허 대상은 유용하여야 한다. 즉, 특허 대상은 특정의 실천적 내지는 과학적인 유용성이 있어야 한다.
(3) 특허 대상은 자명하지 않을 정도(nonobvious)로 혁신적인 결과물이어야 한다.
(4) 특허 대상은 새롭거나 독창적이어야 한다. 즉, 특허 대상은 이전에 이미 특허 받은 적이 없어야 하며, 공적인 문서로 서술되지 않아야 한다.

한마디로 말해, 특허가 가능하자면, 그 대상은 자연의 발견이

다.
(4) DNA 특허는 질병의 진단, 예방, 치료를 위한 유전자 검사 사용을 방해한다.
(5) DNA 특허는 과학의 발견과 혁신을 방해한다.
D. B. Resnik, "DNA Patents and Scientific Discovery and Innovations", *Science and Engineering Ethics* 7, no. 1(2001), p.31 참조. 하지만 필자는 이를 과학적 논변과 윤리학적 논변으로 나누어 논의하고자 한다. 대체로 (1), (2) 그리고 (3)은 윤리학적 논변에, 그리고 (4)와 (5)는 과학적 논변에 해당된다.
11) D. B. Resnik, "Discoveries, Inventions, and Gene Patents", D. Magnus, A. L. Caplan, & G. McGee, eds., *Who Owns Life?*(Amherst, NY: Prometheus Books, 2002), p.137.

아니라 인간 창의성(human ingenuity)의 산물로 발명(품)이어야 한다. 그러면 특허 대상이 되는 인간 유전자가 이러한 기준을 충족시키는가? 이는 유전자의 존재론적 특성을 묻는 질문이다. 실제로 일부에서는 유전자 특허 논쟁에서 핵심적인 문제는 "유전자 및 그 혼합물(components)이 무엇인가?"의 물음이라고 주장한다.[12] 리프킨(J. Rifkin)은 이렇게 말한다. "특허성(特許性)을 둘러싼 쟁점의 핵심은 조작된 유전자, 세포, 조직, 기관 그리고 전체 유기체가 진정으로 인간의 발명인가, 또는 인간에 의해 교묘하게 수정된 자연의 단순한 발견인가 하는 문제이다."[13] 그래서 일부에서는 유전자의 존재론적 특성, 즉 유전자는 자연이기에 발명(품)일 수 없다는 명제에 근거하여, 유전자 특허에 반대하는 논증을 전개하고 있다.[14]

(1) 유전자는 자연에도 존재한다. 따라서 자연 유산과 마찬가지로 유전자는 어느 특정 개인이나 집단에 의해서도 소유되어서는 아니 된다.

(2) 유전자는 발명이 아니라 발견이다.

(3) 자연에 존재하기 때문에, 유전자는 결코 '새롭다(new)'고 말할 수 없다.

(4) 유전자 분리와 유전자 복제는 이미 통용되는 기술이기에,

---

12) M. Hanson, "Religious Voices in Biotechnology: The Case of Gene Patenting", *Hasting Center Report* 27, no. 6, special supplement(1997), p.3.

13) J. Rifkin, *The Biotech Century*, 전영택 · 전병기 옮김, 『바이오테크시대』 (민음사, 1999), p.94.

14) R. S. Crespi, "Patents on Genes: Clarifying the Issues", *Natural Biotechnology* 18(2000), p.683.

유전자를 분리하거나 복제하는 일은 이제는 더 이상 혁신적이지 않다.

이는 "유전자는 발명인가, 아니면 발견인가?"의 논쟁으로 일부에서는 '발견 논증(discovery argument)'이라고 부른다.[15] 여기서 위의 네 가지 주장을 하나하나 검토하지는 않을 것이다. 왜냐하면 이는 사실에 관한 주장으로 철학의 영역이 아니라 과학의 영역이기 때문이다. 여기서는 다만 이러한 주장에 함의된 철학적 물음을 찾아내어 비판적으로 검토하고자 한다. 적어도 위의 주장이 성립하려면 두 가지 물음에 대한 답이 선행되어야 한다. 하나는 특허의 대상이 되는 인간 유전자가 무엇인가의 물음이고, 다른 하나는 발견과 발명을 구분 짓는 기준이 무엇인가의 물음이다. 물론 표준적인 대부분의 경우 우리는 자연과 인공물을, 그리고 발견과 발명을 손쉽게 구분할 수 있다. 인간 존재와 독립적으로 존재하면 그것은 자연의 산물이고, 그 존재가 인간에게 의존한다면 그것은 인공물이다. 그리고 발견은 이미 존재하는 것을 드러내는 과정인 반면에, 발명은 이제까지 존재하지 않았던 것을 새롭게 구성 내지 만들어 내는 과정이다.[16] 하지만 이 구분이 명쾌하지 않은 회색지대가 존재한다. 인간 유전자가 바로 여기에 속한다. 그래서 "유전자는 발견인가, 발명인가?"의 논쟁이 발생하고 있다.

위 논증에서 알 수 있듯이 특허 반대자들은 유전자는 자연에 존재한다고 주장한다. 물론 자연에는 유전자가 존재한다. 그러면

---

15) U. Schtz, "Patents and Morality", S. Stercks, ed., *Biotechnology, Patents and Morality*, p.168.

16) 발견과 발명의 구분에 관한 자세한 논의는 D. B. Resnik, "DNA Patents and Scientific Discovery and Innovations", pp.36-40 및 D. B. Resnik, "Discoveries, Inventions, and Gene Patents", pp.140-151 참조.

모든 유전자가 이미 자연에 존재하는가? 실제로 30년 전까지만 해도 유전자는 신체 밖에서 존재하지 못하였으며, 오직 자연에만 존재하였다. 하지만 생명공학기술로 인해 몸 밖에서 유전자 배양은 얼마든지 가능하다. 실제로 특허 대상이 되는 유전자는 단순히 자연에 존재하는 유전자가 아니라 특정의 기능과 배열을 지닌 분리 정제된 DNA(an isolated or purified DNA)이다. 즉, 생물 특허의 대상이 되는 DNA는 자연적으로 존재하는 게놈 DNA가 아니라 cDNA이다. 이는 과학자의 손에 의해 만들어진 인위적인 구성물이다. 물론 유전자의 경우, 자연과 인공물의 정확한 경계선을 구분 짓기란 쉽지 않은 일이다. 하지만 객관적인 구분 경계선이 존재하지 않는다고 해서, 과학자의 손에 의해 분리 정제된 유전자란 아예 존재하지 않는다는 결론이 얻어지지는 않는다.

이러한 논리는 특정 기능 유전자의 발견에도 그대로 적용될 수 있다. 예를 들어, 누군가가 유방암 유발 유전자를 찾아내었다고 하자. 물론 이 유전자는 이미 자연에 존재하였고, 또 이 유전자와 유방암과의 인과적 관계 역시 이미 자연에 존재하였다. 이런 면에서 보면 이러한 유전적 정보는 자연의 일부라고 말할 수 있다. 하지만 생물 특허의 대상은 이러한 질병 유전자 자체가 아니라 그 유전자를 질병의 진단과 치료에 활용하는 과정이다. 우리는 'DNA를 단순히 관찰하는 일(observing DNA)'과 '특정 질병을 진단하기 위하여 DNA 산물을 구성하는 일(constructing a DNA-based product for diagnosis of some disease)'을 구분해야 한다.[17] 즉, DNA를 찾아내는 일은 발견이나, 이를 진단을 개발할 목적으로 인간 삶과의 상관관계를 밝혀내는 일은 발명이다.

---

17) G. McGee, "Gene Patents can Be Ethical", *Cambridge Quarterly of Healthcare Ethics* 7(1998), p.418.

무엇보다 현존하는 특허 기준은 어디까지나 무생물을 대상으로 만들어진 것이다. 이 기준을 살아 있는, 그리고 자가 생산이 가능한 생명체에 그대로 적용하여, 유전물질이 이 기준에 맞지 않다고 특허를 배제하는 것은 앞뒤가 맞지 않는 주장이다.[18] 실제로 이제까지는 발견과 발명의 구분에 따라 발명에만 특허가 허용되었지만, 생명공학은 이 구분을 허물고 있지 않는가? "유전자 특허 논쟁은 발견과 발명에 관한 어떤 '객관적인' 구분에 호소해서 해결될 수 없고, 오직 문제가 되고 있는 서로 다른 가치들을 진지하게 평가하여 거중 조절함으로써 비로소 해결 가능하다. 어떤 것을 발견 혹은 발명이라고 부를 때 우리는 이미 인간 가치에 대해 중요한 함의를 지닌 판단을 내리고 있다."[19] 즉, 마치 임신중절 논쟁이 태아가 인간이냐 아니냐에 관한 생물학적 사실에 의해 해결되지 않듯이, 인간 유전자가 발견이냐 아니면 발명이냐에 관한 사실적 주장에 의해 특허 가능성 물음이 해결되지는 않는다. 왜냐하면 태아가 인간이냐 아니냐의 물음 자체가 가치 판단을 전제하듯이, 인간 유전자가 발견이냐 발명이냐의 물음 역시 가치 판단을 전제하기 때문이다.

따라서 우리는 발견과 발명을 구분 짓는 객관적 기준이 무엇인가의 물음과 상관없이, 적어도 자연에 존재하지 않는 유전자나, 비록 자연에 존재하였지만 특정 기능을 유용하게 활용할 수 있도록 만들어 주는 유전정보에 대해서 '인간 창의성의 발명'이라고 말할 수 있기에, 유전자 특허의 문을 열어 두어야 할 것이다.[20]

---

18) M. Savatos, "Patents and Morality: a Philosophical Commentary on the Conference 'Biotechnology, Patents and Morality' ", p.293.

19) D. B. Resnik, "Discoveries, Inventions, and Gene Patents", p.148

20) 물론 이러한 주장에 대해 두 가지 의문을 제기할 수 있다. 하나는 인간의

발견/발명의 구분에 근거한 유전자 특허 반대 논증은 물론 그 속에는 철학적 물음이 함의되어 있지만 윤리학적 논변이라기보다는 과학적인 논변이다. 생물 특허의 윤리학적 정당화는 과학적 논변 이상이다. 엄밀히 말하면 생물 특허에 관한 과학적 반대 논변이 성공을 거둔다면 윤리학적 반론은 아예 필요조차 없게 된다. 왜냐하면 이렇게 되면 윤리학적 논의의 대상이 되는 생물 특허 자체가 성립되지 않기 때문이다. 칸트가 말한 대로 당위는 가능을 함축한다. "도덕적으로 말하면, 유전자와 유전자 조합이 특허 가능하다면, 특허를 허용해야 하는가?"[21] 즉, 윤리는 가능한 것에 대해 그렇게 하는 것이 윤리적으로 옳은가를 묻는다. 따라서 생물 특허의 윤리적 정당화 물음을 다루는 이 글에서 필자는, 이에 관한 과학적 반대 혹은 찬성 논변의 설득력과 상관없이 생물 특허가 과학적으로 가능하다고 전제하고, 이에 관한 윤리학적 논변을 비판적으로 천착하고자 한다.

발명에 해당하는 인간 유전자나 유전정보가 과연 현실적으로 존재하는가의 물음이고, 다른 하나는 자연의 발견이 아니라 인간 창의성의 발명이 되기 위해 갖추어야 할 구체적인 조건은 무엇인가의 물음이다. 전자는 사실적으로 해명되어야 할 물음이고, 후자는 특허 옹호자들이 해결해야 할 과제이다. 실제로 '다이아몬드 대 차크라바티 판례(Diamond v. Chakrabarty)'를 통해 특허를 받은 하이브리드 박테리아가 과연 인간 창의성 산물로 발명인가, 아니면 자연적으로 발생하는 현상에 대한 발견인가의 논쟁은 계속되고 있다. M. Sagoff, "DNA Patents: Making Ends Meet", A. Chapman, ed., *Perspectives on Genetic Patenting: Religion, Science and Industries in Dialogue*(Washington, D.C.: American Association for the Advancement of Science, 1999), pp.254-257 참조. 하지만 여기서는 이 두 물음에 대한 비판적 논의 없이, 긍정적인 답을 전제하고 논의하고자 한다.

21) M. Wreen, "Patents", p.445.

3. 윤리학적 반대 논변: 인간존엄성 반론

카플란(A. L. Caplan)은 인간 유전자 특허에 대한 도덕적 반대 논변을 세 범주로 구분한다.[22] 첫째, 인간 유전자 특허는 오만불손한 행위이기에 도덕적으로 그르다. 둘째, 인간 유전자 특허는 상품화되어서는 안 되는 혹은 상업의 대상으로 전락해서는 안 되는 존재에 대한 소유권을 부여하기에 도덕적으로 그르다. 셋째, 유전자 특허는 인류의 공유자산 내지는 공적 재화인 대상을 사적으로 소유하게 만들기 때문에 도덕적으로 그르다. 세 반론 가운데 첫 번째 반론은 인간의 지적 겸손함에 근거하고 있다. 지적 겸손함이란 인간 지식 내지 지혜는 한계가 있음을 겸허하게 인정하라는 말이다. 즉, 인간이 아무리 유전자에 대한 지식을 많이 소유한다 해도, 그것을 인류 선을 위해 유용하게 사용할 수 있는 지혜가 부족하기에, 인간 유전자나 유전정보에 관한 특허는 오만불손하다고밖에 말할 수 없다. 간단히 말해, 이 주장은 유전자 특허는 '하나님 놀이(playing God)'에 해당되는 '불경스러운 행위'이기 때문에 윤리적으로 허용될 수 없다는 반론과 흡사하다. 하지만 이러한 반론이 설득력 있으려면 인간의 영역과 신의 영역 구분에 관한 형이상학이 전제되어야 한다. 이는 종교적 주장이요, 생명체에 관한 세계관(world view)의 물음이다.[23] 따라서 이는 인간 유전자 특허의 윤리적 정당화 논의 이상을 요구하기에, 여기서는 논외로 하고자 한다.

---

22) A. L. Caplan, "What's So Special about the Human Genome?", *Cambridge Quarterly of Healthcare Ethics* 7(1998), p.423.

23) P. Baird, "Patenting and Human Genes", *Perspectives on Biology and Medicine* 41, no. 3(1998), pp.399-400.

두 번째 반론은 인간 유전자 특허 허용은 인간존엄성을 훼손하기에 허용될 수 없다는 주장이고, 세 번째 반론은 인간 유전자는 개인이 아니라 인류의 공유자산이기에 사적인 특허가 허용될 수 없다는 주장이다. 필자는 전자를 '인간존엄성 반론(Human Dignity Argument)'으로 그리고 후자를 '공유자산 반론(Common Heritage Argument)'으로 각각 부르고자 한다. 인간 유전자 특허에 관한 윤리학적 논의에 이 두 반론은 필수적이지만, 여기서는 지면상 인간존엄성 반론만을 다루고, 후자의 물음은 다른 글을 통해 논의하고자 한다.24)

유럽연합의 '생명윤리위원회'는 인간존엄성에 관한 도덕적 관심과 특허법의 관계에 대해 다음과 같이 말한다. "인간 기원의 요소에 관한 생명공학적 발명의 특성이 무엇이든지 간에, 특허가 인격권 및 인간존엄성 존중을 해치는 한, 특허 부여에 대한 거부가 합법적으로 정당화될 수 있도록 <지침서>는 확실하게 보장해야 한다."25) 실제로 유럽연합의 <특허 규약> 53(a)조는 그 출판이나 이용이 공공의 질서 내지 도덕에 반하는 경우 특허를 부여할 수 없다고 규정하고 있다.26) 그 어느 누구도 인간존엄성을 부인하지

---

24) 공유자산 반론에 관한 자세한 논의는 P. Ossorio, "Common Heritage Arguments Against Patenting Human DNA", A. Chapman, ed., *Perspectives on Genetic Patenting: Religion, Science and Industries in Dialogue* (Washington, D.C.: American Association for the Advancement of Science, 1999), pp.89-108을 참조하라.

25) *Opinions of the Group of Advisers on the Ethical Implications of Biotechnology of the European Commission*(Brussel, 1996), Section 2.1.

26) <생명공학 관련 발명의 법적 보호에 관한 유럽연합 지침(The EU Directives on the Legal Protection Biotechnological Inventions)>은 사람의 신체나 신체 구성 부분, 동물과 식물의 품종, 기능이 알려지지 않은 유전자 등에 대해서는 특허할 수 없다고 명시하면서, 생명체 특허에 대해 윤리 심사를 전제하고 있다. 이에 비추어 보면 인간 유전자는 신체의 한 부분이므

는 않는다. 따라서 인간존엄성을 훼손하는 경우, 특허는 제한받아야 한다는 '인간존엄성 반론' 자체에 대해 이의를 제기하기는 어렵다. 문제는 인간 유전자에 대한 특허가 실제로 인간존엄성을 훼손하는가의 물음이다. 이 물음에 답하자면 먼저 인간존엄성 존중이 구체적으로 의미하는 바가 무엇인가의 물음이 해명되어야 한다.

인간존엄성이란 가치론의 용어로 말하면 "인간은 본래적 가치를 지닌다."라는 명제로 정식화할 수 있다. 본래적 가치란 외래적 가치와 대비되는 개념이다. 외래적 가치란 쉽게 말해 수단적 가치 내지 시장 가치를 의미한다. 인간은 본래적 가치를 지닌 독특한 존재로, 그 자체 목적이며 그 자체 가치를 지니기에 다른 사람의 욕구나 목적 성취를 위한 수단이 될 수 없다.[27] 예를 들어, 돈은 그 자체로는 아무런 가치가 없다. 돈은 시장에서 다른 상품을 구입하는 데 또는 질병을 치료하거나 식량을 구입하는 데 유용하다는 의미에서 수단적 가치를 지닌다. 이런 의미에서 돈은 외래적 가치를 지닌다고 말할 수 있다. 하지만 인간은 다른 무엇의 수단이 될 수 없는, 그래서 그 자체로 목적적 존재이다. 목적적 존재로서 인간은 본래적 가치를 지닌다고 하겠다. 물론 인간이 이러한 본래적 가치를 지니는 이유에 관해서는 학자들 사이에 의견이 다

로 특허가 불가능하다. 하지만 신체에 관한 규정을 해석하면서 유럽연합도 생명공학적 기술의 도움을 받아 인체로부터 분리된 인간 유전자나 세포는 산업적으로 이용할 수 있으므로 특허가 가능하다는 입장을 채택하고 있다. 인간 유전자 특허에 대한 유럽연합과 미국의 법률 및 제도에 관한 자세한 논의는 박은정, 『생명 공학 시대의 법과 윤리』(이화여자대학교 출판부, 2000), pp.450-454 참조하라.

27) J. Pietarinen & V. Launis, "Patenting Non-Human and Human Life", V. Launis, J. Pietarinen, & J. Raike, eds., *Gene and Morality: New Essays* (Amsterdam, Atlanta: Rodopi, 1999), p.151.

를 수 있다. 예를 들어, 칸트주의자들은 도덕 법칙에 따라 행할 수 있는 도덕 행위자이기 때문에 인간은 본래적 가치를 지닌다고 주장하는 반면에, 기독교 신학자들은 하나님의 형상대로 지음 받았기 때문에 인간은 본래적 가치를 지닌 존엄한 존재라고 주장한다. 하지만 인간존엄성 자체를 부인하는 사람은 존재하지 않는다.

1) 인간 소유 논변

브로디(B. A. Brody)는 인간존엄성 반론을 네 가지 유형으로 구분하여 설명한다.[28] 첫째, 인간 유전자 소유는 인간의 소유와 동치이기 때문에 인간존엄성을 침해한다. 둘째, 인간 유전자 특허는 상품화되어서는 안 되는 신체 부분을 상품화한다. 셋째, 유전자 특허는 인간의 자아동일성을 구성하는 요소를 타락시킨다. 넷째, 인간의 유전적 온전성을 유전자 특허는 부당하게 조작한다. 먼저 첫 번째 해석부터 살펴보자. 인간은 목적적 존재로 그 어느 누구에 의해서도 소유될 수 없다. 따라서 유전자 특허가 인간 소유를 함의한다면, 인간존엄성을 훼손함에 분명하기에 도덕적으로 그르다는 결론이 얻어진다. 실제로 일부 인간 유전자 특허 반대자들은 "인간 유전자 특허는 노예제와 도덕적 동치이다."라고 주장한다.[29] 유럽연합의 '생명윤리위원회'도 이 논리에 따라 <지침서>의 서문을 다음과 같이 수정하였다. "인간 존재의 소유는 금지된다는 일반 원칙에 비추어 보건대, 인간의 신체 및 그 부분 자체도

---

28) B. A. Brody, "Protecting Human Dignity and the Patenting of Human Genes", A. Chapman, ed., *Perspectives on Genetic Patenting: Religion, Science and Industries in Dialogue*, p.112.

29) A. L. Caplan, "What's So Special about the Human Genome?", p.423.

특허에서 배제되어야 한다."30) 이를 칸트적 관점에 따라 하나의
논증으로 구성하면 다음과 같다.

(1) 인간 소유는 도덕적으로 그르다.
(2) 인간 유전자 특허는 인간을 소유하게끔 만든다.
(3) 따라서 인간 유전자 특허는 도덕적으로 그르다.

이 논증에서 문제는 전제 (2)이다. 정말로 인간 유전자 특허는
인간을 소유하게 만드는가? 이를 입증하자면 우리는 두 가지 관
계를 해명해야 한다. 하나는 특허와 소유의 관계이고, 다른 하나
는 부분 소유와 전체 소유의 관계이다. 이 관계에 대해 인간존엄
성 반론은 몇 가지 문제점을 지닌다. 우선 부분의 소유와 전체의
소유는 구분되어야 한다.31) 인간 유전자 특허는 말 그대로 '특정
유전자의 특허'이지, 인간 존재 전체에 대한 특허가 아니다. 물론
특수한 경우 생명체 전체에 대한 특허가 발생할 수 있다. 실제로
현재 일부 생명공학 기업에서는 유전자 변형 쥐 등 동물에 대한
특허를 보유하고 있다. 이는 동물 전체에 대한 소유를 함의한다.
이와 같은 맥락에서 '유전자 변형 인간'을 누군가가 발명하여 특
허를 얻는다면 인간 소유 물음이 발생할 수 있다.32) 뒤에서 논의
하겠지만 이런 '인간 소유'라는 도덕적 대재앙을 예방하자면, 인
간게놈이나 '유전자 변형 인간' 자체에 대한 유전자 특허는 불허

---

30) Commission of the European, "Amended Proposal for a Council Direc-
   tives on the Legal Protection of Biotechnological Inventions", COM(92)
   589 final-SYN 159(Brussel, December 16, 1992).
31) D. B. Resnik, "DNA Patents and Human Dignity", *Journal of Law,
   Medicine & Ethics* 29(2001), p.158.
32) D. B. Resnik, "The Morality of Human Gene Patents", pp.54-55.

되어야 할 것이다. 하지만 지금 특허 논란이 되고 있는 유전자는 특정의 개별적인 유전자이다.

유전자는 인간 신체의 한 부분에 지나지 않는다. 부분의 소유에서 전체의 소유 주장은 합성의 오류에 해당하는 논리적 비약이다. 더군다나 특허 대상이 되는 유전자는 특정 개인의 신체 부분이 아니라, 신체 밖에서 인위적으로 만들어진 물질이다.33) 그러니까 설사 인간 신체 부분에 대한 특허가 실천적으로 신체 부분의 소유를 넘어서 인간 존재 전체의 소유를 낳는다 해도, 해당되는 신체 부분이 특정 개인의 신체 부분이 아니기 때문에 특정 개인에 대한 소유, 즉 노예화 물음은 발생하지 않는다. 둘째로 특허는 이미 앞서 언급하였듯이 소유를 함의조차 하지 않는다. "유전자 특허는 그 소지자에게 유전자에 대한 소유권을 부여하지 않는다. 유전자 특허는 제삼자가 특허 보유자의 발견이나 발명(품)을 상품화하지 못하도록 법을 통해 일시적으로 보호할 따름이다."34) 따라서 인간에 대한 특허는 인간 소유와 그 의미가 다르다. 즉, 인간에 대한 특허가 부여하는 유일한 권리는 다른 사람이 그 인간을 제조, 사용, 시장화하지 못하도록 배제하는 권리뿐이다. 따라서 특정의 DNA 염기서열에 대한 특허 소유를 인간 인격체에 대한 소유와 동등하게 여기는 것은 잘못이다.35) 그렇기 때문에 인간 유전자에 대한 특허는 노예제와는 전혀 다르다. 셋째, 우리는 신체 내에 존재하는 유전자와 신체 밖에 존재하는 유전자를 구분해야 한다.36)

33) B. A. Brody, "Protecting Human Dignity and the Patenting of Human Genes", pp.114-115.

34) R. Rhein, "Gene patent crusade moving from church to court", *Biotechnology Newswatch*(June 5, 1995), p.21. M. Sagoff, "DNA Patents: Making Ends Meet", p.246 재인용.

35) P. Baird, "Patenting and Human Genes", p.405.

내 몸속에 있는 유전자의 소유가 내 몸 전체의 소유로 발전할 개연성은 존재하지만, 내 몸 밖에 존재하는 유전자의 소유가 내 몸 전체의 소유로 발전할 개연성은 거의 없다. 특허의 대상이 되는 유전자는 내 몸속에 존재하는 유전자가 아니라 내 몸 밖에 존재하는 유전자이다. 실제로 이미 내 몸 밖에 존재하는 신체 부분에 대한 소유는 이루어지고 있다. 예를 들어, 나의 몸 밖의 혈액에 대해서는 제삼자가 이미 소유하고 있지만, 내 신체의 일부분이나 내 몸 전체에 대한 소유 물음은 발생하지 않는다.

2) 상품화 논변

그러면 상품화에 근거한 인간존엄성 반론은 어떠한가? 인간은 상품이 아니라 작품이다. 즉, 인간은 시장 가치 내지 교환 가치로 환원될 수 없는 본래적 가치를 지닌다. 이런 논리에 따르면, 인간 존재에 시장 가치를 부여하게 되면 인간은 외래적 가치를 지니게 되며, 그 결과 인간이 상품화되지 않느냐의 우려가 발생하게 된다. 사고팔 수 있는 사랑이 진정한 사랑이 아니듯이, 인간에게 시장 가격이 매겨진다면 인간 존재도 매매가 가능한 상품에 불과하기 때문이다. "인간존엄성을 온전하게 존중하자면 신체와 그 부분은 상업의 대상이 되어서는 아니 된다."37) 그런데 특허가 허용되면 인간 유전자에 대해 시장 가치가 매겨지고 그 결과 인간이 상품화되기에 인간존엄성을 훼손한다는 명제는 참이 된다.38) 실제로 이

---

36) B. A. Brody, "Protecting Human Dignity and the Patenting of Human Genes", p.114.

37) A. L. Caplan, "What's So Special about the Human Genome?", p.423.

38) 물론 일부 극단적 자유지상주의자들은 상품화가 인간존엄성을 훼손하지

미 이러한 논리에 따라 혈액이나 신장 등 장기의 상업적 매매 금지는 법으로 명문화되어 있을 뿐만 아니라 널리 공감대까지 형성하고 있다. 이런 면에 있어서 상품화에 근거한 인간 유전자 특허 반대 논변은 앞의 인간 소유에 근거한 논변보다 그 출발점이 견실하다고 말할 수 있다.

하지만 이러한 논변은 크게 두 가지 반론에 직면하게 된다. 하나는 논리적 반론으로 상품화 논증에 사용된 유비추론의 타당성 물음이요, 다른 하나는 신체 부분의 상품화와 인간 전체의 상품화는 구분되어야 한다는 반론이다. 우선 장기와 유전자의 유비추론이 논리적으로 타당한가의 물음부터 살펴보자. 혈액이나 신장 등은 유전자와 적어도 다음 두 가지 점에서 다르다.[39] ① 수혈이나 이식에 이용되는 혈액이나 신장 등은 특정 개인의 혈액이나 신장으로 그 사람의 신체 일부분이지만, 특허의 대상이 되는 유전자는 특정 개인의 유전자가 아니다. 특허 받는 유전자는 생명공학기술을 통해 상업화를 목적으로 만들어진 유전자이다. ② 매매되는 수혈용 혈액이나 이식용 장기는 대개 가난한 자 혹은 사회적 약자로부터 얻어진 것이기에, 이들의 건강에 상당한 위험을 가져오나 인

않고 오히려 더 잘 실현한다고 주장하기도 한다. 그러니까 자율적인 존재로서 인간은 자기 자신 및 신체 부분에 대한 소유와 통제권을 온전하게 행사하면 할수록 인간존엄성이 신장된다고 이들은 주장한다. 이런 논리에 따르면 자기 소유와 자기 통제권은 비록 상업적 목적이라 할지라도 신체와 신체 부분을 사고팔 수 있는 자유에까지 확대되므로, 인간 유전자 특허가 상품화를 가져와도 윤리적으로 전혀 문제가 되지 않는다. 인간에게 신체 부분 및 자기 자신마저 사고팔 수 있는 자유가 있는지, 그리고 신체의 상품화가 인간존엄성을 신장시키는지 등의 물음도 중요한 철학적 물음이지만 여기서는 논외로 하고자 한다.

39) B. A. Brody, "Protecting Human Dignity and the Patenting of Human Genes", pp.117-118.

간 유전자는 그렇지 않다. 유전자가 분리 정제되는 물질, 예를 들어 조직이나 세포는 당사자로부터 자발적으로 폐기 혹은 양도되었기에, 가난과 같은 외적 요인에 의해 유전자가 매매되는 것이 결코 아니다. 즉, 유전자가 상품으로 매매되어도 특정 개인의 건강에 전혀 위험을 가져오지 않는다. 따라서 혈액이나 신장 등 장기와의 유비추론에 근거한 인간 유전자의 상품화 반론은 그 설득력이 약할 수밖에 없다.

상품화가 인간존엄성을 훼손한다는 주장 속에는 상품화는 본래적 혹은 절대적 가치를 지닌 존재를 외래적 혹은 수단적 가치를 지닌 존재로 전락시킨다는 명제가 전제되어 있다. 이에 대해 우리는 서로 깊이 연관된 두 가지 의문을 가질 수 있다. 하나는 정말로 어떤 대상에 대해 시장 가치를 매기게 되면 그 대상은 본래적 가치를 잃어버리고 외래적 가치만을 지니게 되는가의 의문이고, 다른 하나는 유전자라는 신체 부분의 상품화가 곧장 인간 전체의 상품화를 낳는가의 의문이다.

전자의 의문부터 살펴보자. 외래적 가치와 본래적 가치는 공존할 수 있다. 예를 들어, 단원 김홍도의 그림은 값으로 매길 수 없는 본래적인 미학적 가치를 지니지만 경매시장에서는 시장가격이 얼마든지 매겨지고 있다. 실제로 우리가 소중하게 여기는 많은 것들이 외래적 가치와 본래적 가치를 함께 지니지 않는가? 이런 논리에 따르면 우리는 상품을 두 종류로 구분할 수 있다. 법 이론가인 라댕(M. Radin)의 용어를 빌려 표현하면, 하나는 외래적 가치만을 지니는 완전한 상품(complete commodity)이고, 다른 하나는 본래적 가치도 아울러 지니는 불완전한 상품(incomplete commodity)이다.[40] 금이나 쌀 등의 완전한 상품은 양도 가능하고, 비교 가능하고 그리고 교환도 가능하나, 그림이나 음악 등의 불완전한 상품은 그렇지 않다. 이런 구분에 따르면, 인간에 대한 시장가격 매김은 완전한 상품화가 아니라 불완전한 상품화라고 말할 수 있다. 실제로 자본주의 사회에서 이는 이미 일상화되어 버렸다. 프로 야구선수는 자유시장에서 사고팔 수 있는 상품이 되어 버렸다. 건강이나 생명마저도 하나의 상품이 되어 보험시장에서 화폐가격이 매겨지고 있다. 그렇다고 해서 운동선수의 인간존엄성이 침해되는 것이 아니며, 또 건강이나 생명의 본래적 가치가 상실되는 것이 아니다. 왜냐하면 이는 어디까지나 완전한 상품화가 아니라 불완전한 상품화에 불과하기 때문이다. 문제는 이러한 불완전한 상품화는 완전한 상품화로 나아갈 수 있는 미끄러운 언덕길을 제공한다는 우려이다. 즉, 법이나 제도를 통해 이러한 불완전한 상품화를 규제하지 않으면 운동선수는 오직 돈에 의해서만 '매매되어' 노예로 전락하게 되고, 또 건강이나 생명도 그 본래적 가치를 잃어버리게 된다.

레스닉(D. B. Resnik)은 라댕의 불완전한 상품과 완전한 상품의 구분을 받아들여 인간존엄성에 대한 '침해(violate)'와 '위협(threaten)'을 구분한다.[41] 침해와 위협은 다르다. 침해는 타인에게 직접 해악(harm)을 가하나, 위협은 단지 위험(risk)에 처하게 할 따름이다. 그러니까 완전한 상품화는 인간존엄성에 직접 해악을 가하는 침해인 반면에, 불완전한 상품화는 인간존엄성을 위험에 처하게 만드는 위협이다. 그래서 침해는 실제적인 도덕적 해악으로 금지되는 반면에, 위협은 잠재적인 도덕적 해악이기에 대부분 허용되

40) M. Radin, *Contested Commodities*(Cambridge, MA: Harvard University Press, 1996). D. B. Resnik, "DNA Patents and Human Dignity", p.156 재인용.

41) D. B. Resnik, "DNA Patents and Human Dignity", pp.157-159.

고 있다. 예를 들어, 강간이나 폭행은 당사자의 인간존엄성을 침해하여 직접 해악을 가하기에 금지되는 반면에, 포르노나 TV 폭력은 비록 해악을 가져올 개연성을 분명 지니지만, 인간존엄성을 위협하는 것으로 간주되기에 허용되고 있다. 이런 구분에 따르면 인간 유전자 특허는 불완전한 상품화로 인간존엄성을 침해하지는 않고 위협에 처하게 하기 때문에 허용되어도 도덕적으로 큰 해악이 발생하지 않는다. 물론 앞서 지적하였듯이, 위협이 침해로, 잠재적 해악이 실제적인 해악으로 이어질 개연성이 상당히 높기 때문에, 즉 인간 유전자 특허는 완전한 상품화에 이를 수 있는 미끄러운 언덕길을 제공하기에 이를 막을 수 있는 적절한 법적 혹은 제도적 장치는 필요하다.

인간 유전자 특허는 불완전한 상품화이다. 그것은 어디까지나 인간 신체 부분의 불완전한 상품화이다. 이미 앞서 지적하였듯이, 부분의 상품화가 곧 전체의 상품화를 의미하지는 않는다. 인간 신체는 다양한 부분으로 구성되어 있으며, 그 크기도 천차만별이다. 유전자와 DNA 염기서열은 탄소나 질소와 같은 원소보다는 크지만, 조직이나 장기에 비해 훨씬 작다는 의미에서 중간 크기이다. 일부 인간 신체 부분은 다른 유기체에도 존재한다. 예를 들어, 인간의 DNA 염기서열, 단백질, 원소 등은 다른 종에게도 나타난다. 실제로 인간은 98%의 DNA를 침팬지와 공유하고, 효모와는 50%의 DNA를 공유한다. 사실 인간 신체의 많은 부분은 이미 상품화되어 있다. 물, 탄소, 철분 등은 물론이거니와 인간의 단백질이나 호르몬 등은 이미 특허가 이루어지고 있고 또 상품화, 그것도 완전한 상품화가 되어 있다. 단적인 예로 인간 신체의 70%가 물이지만, 물의 상품화에 대해서 도덕적 거부감을 느끼는 자는 아무도 없지 않은가? 이는 무엇을 의미하는가? 신체 부분의 상품화는 인간 전체의 상품화를 낳지 않으며, 그리고 신체 부분의 상품화는 인간존엄성을 침해하지 않는다. 따라서 인간 단백질이나 호르몬 혹은 세포에 대한 특허가 인간존엄성을 침해하지 않듯이, 인간 유전자에 대한 특허 역시 인간존엄성을 침해한다고 보기 어렵다. 또 이미 지적하였듯이, 특허 대상이 되는 인간 유전자와 DNA 염기 서열은 인간 신체 내에 존재하는 게 아니라 신체 밖에서, 그것도 자연발생적으로 존재하는 게 아니라 과학자의 손에 의해 분리 정제되어 변형된 유전물질이다.

3) 자아동일성 논변

인간존엄성 침해를 우려하는 자들은 이러한 논의에 대해 인간 유전자는 물이나 단백질 혹은 호르몬 등의 다른 신체 부분과 그 특성이 전혀 다르다는 반론을 제기할 수 있다. 이것이 바로 브로디가 말한 세 번째 형태의 자아동일성 반론이다. 넬슨(M. Nelson)은 인간 신체 부분에 대해 '본질적인(intimate)' 부분의 매매는 도덕적으로 그르다는 도덕 원칙을 제시한 바 있다.42) 물론 여기서 인간 신체의 '본질적인' 부분이 무엇인가가 논란거리이지만, 인간의 자아동일성을 본질적으로 구성하는 부분으로 이해할 수 있다. 즉, 자아동일성의 관점에서 보면 신체 부분은 모두 동등한 도덕적 지위를 지니는 게 아니라, 그 지위에 따라 신체 부분은 '일반적인' 신체 부분과 '본질적인' 신체 부분으로 구분된다. 따라서 일반적인 신체 부분의 상품화가 인간 존재 전체의 상품화를 귀결하지는 않지만, 자아동일성을 규정하는 본질적인 신체 부분의 상품화는

---

42) M. Nelson, "The Morality of the Market in Transplant Organs", *Public Affairs Quarterly* 5(1991), pp.63-79.

인간 존재 전체의 상품화로 필연적으로 귀결된다고 자아동일성 반론 옹호자들은 주장한다. 유전자를 인간 자아동일성을 구성하는 본질적 요소로 간주할 경우, 자아동일성 반론은 다음과 같이 정식화될 수 있다.[43]

(1) 인간의 자아동일성을 구성하는 본질적인 신체 부분의 상품화는 도덕적으로 그르다. 왜냐하면 이러한 상품화는 인간존엄성을 훼손하기 때문이다.
(2) 인간 유전자는 자아동일성을 구성하는 본질적인 신체 부분이다.
(3) 인간 유전자 특허는 자아동일성을 구성하는 본질적인 신체 부분의 특허를 포함한다.
(4) 따라서 인간 유전자 특허는 인간의 자아동일성을 본질적으로 구성하는 신체 부분의 상품화를 가져오기 때문에 그르다.

우선 이 논증에서 (2)가 문제이다. 즉, 전제 (2)가 설득력을 지니려면 적어도 두 가지 물음이 해명되어야 한다. 하나는 자아동일성 입론에 관한 물음이요, 다른 하나는 유전자가 인간의 자아동일성을 본질적으로 구성하는 요소인가의 물음이다. 전자는 인간의 자아동일성에 관한 어려운 철학적 물음을 낳기에 여기에서 논외로 하고, 후자의 물음만 필자는 다루고자 한다. 물론 인간의 모든 신체 부분이 자아동일성을 동등하게 구성하지는 않는다. 손톱이나 머리카락은 분명 내 신체의 일부분이지만, 이것이 나의 자아동일성을 구성한다고 생각하지는 않는다. 반면에 어떠한 자아동일성

---

43) B. A. Brody, "Protecting Human Dignity and the Patenting of Human Genes", p.119.

입론을 채택하든지 관계없이, 심장이나 뇌는 나의 자아동일성을 중대하게 규정함에 틀림없다. 자아동일성 형성에 있어서 신체의 각 부분은 질(quality)에 있어서 뿐만 아니라 양(quantity)에 있어서도 차이가 있다. 그래서 "자아동일성 구성하는 본질적 요소가 무엇인가?"라는 질문에 대해 학자들은 자신들이 받아들이는 자아동일성 입론에 따라 서로 다른 주장을 피력하고 있다. 예를 들어, 아리스토텔레스는 이성적 영혼의 집에 해당하는 심장이 자아동일성을 본질적으로 구성한다고 주장할지 모른다. 일부 신학자들은 인간 유전자 자체가 하나님의 형상과 관련되어 있기 때문에 신성하다고까지 주장한다.44) 반면에 현대의 신경과학적 증거는 인간 뇌가 자아동일성과 밀접하게 연관되어 있음을 말해 주고 있다.

이런 관점에서 보면 유전자 총합인 인간게놈도 자아동일성 구성에 특별한 지위를 차지하고 있다. 왜냐하면 인간게놈은 한 개인의 생리, 발달, 질병, 행동 등에 중대한 영향을 미치기 때문이다. 즉, 인간게놈은 과학적인 관점에서 볼 때 적어도 두 가지 점에서 한 개인의 자아동일성 형성에 특별한 지위를 차지한다. ① 인간게놈은 인간 전 신체의 발달에 관한 충분한 유전정보를 제공한다. ② 유전자는 세포의 중요한 기능을 수행하고 세포 구조를 구성하는 단백질에 대해 유전암호를 지정하기 때문에 한 인간의 생애를 통해 생리 및 행동에 지대한 영향을 미친다. "DNA는 상대적으로 신체와 독립적으로 존재하면서 신체에 생명과 활력을 부여한다. 따라서 진정한 자아동일성(및 자아)이 결정될 수 있는 지점이 바로 DNA이다."45) 그렇다고 해서 앞의 논증에서 "인간 유전자가

---

44) R. D. Land & C. B. Mitchell, "Patenting Life: No", *First Things* 63 (1996), pp.20-22.

45) D. Nelkin & M. S. Lindee, *The DNA Mystique: The Genes as a Cultural*

자아동일성을 본질적으로 구성한다."라고 주장하는 전제 (2)가 참이라고 말할 수는 없다. 이렇게 주장하는 데는 두 가지 어려움이 있다. 하나는 유전적 자아동일성과 인격적 자아동일성의 구분이다. 인간게놈이 한 인간의 유전적 자아동일성을 구성하는 데 대해 이의를 제기하는 학자는 없다. 그렇다고 유전적 동일성이 곧 인격적 동일성이라고 주장하는 학자도 찾아보기 어렵다. 이는 유전자 결정론 내지 유전자 환원주의의 위험을 안고 있다. 인간 존재는 유전자 이상이다.46) 신학적 관점에서 본다면, 하나님의 형상은 유전학의 문제 이상이다.47)

다른 하나는 인간게놈과 인간 유전자의 구분이다. 게놈은 유전자 총합을 말한다. 그러니까 한 걸음 양보하여 유전자가 인간의 자아동일성을 구성하는 본질적 요소라고 말할 때, 인간 유전자는 개별적인 유전자가 아니라 유전자 총합으로써 게놈이다. 특정의 인간 유전자 특허가 곧 인간게놈의 특허를 함의하지는 않는다. 이런 구분을 받아들이면, 특정 인간 유전자의 특허는 인간의 자아동일성을 본질적으로 구성하는 신체 부분의 특허라고 말하기 어렵다.48) 하지만 인간게놈 자체의 특허는 다르다. 인간게놈에 대한 특허는 자아동일성을 본질적으로 구성하는 요소의 특허로 인간존엄성을 침해하기에 윤리적으로 허용되기 어렵다.49) 상품화의 용어를 빌려 말한다면, 인간게놈의 한 부분에 불과한 특정 유전자 특허는 불완전한 상품화인 반면에, 인간게놈의 특허는 완전한 상

Icon(New York: W. H. Freeman & Company, 1995), p.40.
46) D. B. Resnik, "DNA Patents and Human Dignity", p.159.
47) T. Peters, "Patenting Life: Yes", First Things 63(1996), pp.18-20.
48) B. A. Brody, "Protecting Human Dignity and the Patenting of Human Genes", p.121.
49) D. B. Resnik, "DNA Patents and Human Dignity", p.160.

품화를 낳는다. 이런 논리의 연장선상에서 우리는 특정의 인간 유전자 특허에 대해서도 도덕적 평가를 달리해야 할 것이다. 예를 들어, 머리카락의 색깔과 관련된 유전자 특허와 인간의 지능 관련 유전자나 성격 관련 유전자 특허는 그 도덕적 의미가 다를 수 있다. 왜냐하면 인간의 자아동일성 구성에 서로 다른 의미를 지니기 때문이다. 따라서 특허 가능한 유전자와 그렇지 않은 유전자를 구분 짓는 윤리적 기준을 제시하기는 어렵지만, 특정의 개별 유전자에 대해서도 그것이 인간의 자아동일성 형성에 아주 중대한 영향을 미치는 경우 그 특허를 불허해야 할 것이다.

4) 온전성 논변

그러면 유전적 온전성(genetic integrity)에 근거한 마지막 형태의 인간존엄성 반론은 어떠한가? 이 반론은 인간 유전자 특허는 유전자의 변경을 가져오기에 유전적 온전성을 훼손한다고 주장한다. 이 반론 배후에는 유전적 온전성 보존이 곧 인간존엄성 존중이라는 전제가 숨어 있다. 이 반론은 다음과 같이 정식화할 수 있다.

(1) 인간존엄성 존중은 인간의 유전적 온전성 보존을 요구한다.
(2) 유전적 온전성 훼손은 곧 인간존엄성 침해이다.
(3) 인간 유전자 특허는 유전적 변경을 낳아 유전적 온전성을 훼손한다.
(4) 따라서 인간 유전자 특허는 인간존엄성 침해이다.

이 논증 역시 설득력을 지니려면 유전적 온전성이 무엇을 의미하는지 해명되어야 한다. 유전적 온전성에 대해 어떤 입장을 채택하든지 간에, 이 논증의 건전성은 의심스럽다. 왜냐하면 전제 (2)가 유지되기 어렵기 때문이다. 이 전제가 성립되려면 유전적 온전성이 인간의 자아동일성을 구성하는 본질적 요소임이 밝혀져야 한다. 이미 앞서 고찰하였듯이, 유전적 동일성과 인격적 동일성은 구분된다. 인격적 동일성은 유전자 이상이다. 즉, 인간의 자아동일성과 밀접한 연관성이 없는 유전자의 변경은 인간존엄성에 대해 침해라고 말하기 어렵다. 물론 우리는 지금 인간 유전자에 대한 특허 물음을 다루고 있다. 그렇다고 해서 인간 유전자를 인간에게 고유한 유전자로 착각하면 안 된다. 인간 성장 호르몬의 생산을 지도하는 유전자와 같은 일부 유전자는 오직 인간에게만 존재하나, 인간에게 존재하는 다른 많은 유전자들은 또한 다른 영장류 포유동물에서도 나타난다. 왜냐하면 인간이 아닌 생물에 나타나는 유전자들도 인간의 세포 형성, 성장, 발달 그리고 심리에 중요한 역할을 하기 때문이다. 따라서 "어떤 유전자가 인간의 신체 구조나 기능에 기여를 할 경우 그리고 오직 그 경우에만 그 유전자는 인간 유전자이다."[50] 이 정의에 따를 경우, 식물에 나타나는 꽃가루 생성 유전자들은 인간 신체 구조나 기능 형성에 아무런 관련이 없기 때문에 인간 유전자가 아니지만, 머리카락이나 단백질 형성 암호를 지닌 유전자들은 비록 침팬지에게서도 나타나지만 인간 유전자이다.[51] 따라서 유전자 변형 동식물이 현재 이루어지고 있다는 사실은 곧 인간 유전자에 대한 변형이 인간 몸 밖에서 이루

---

50) D. B. Resnik, "The Morality of Human Gene Patents", p.44.
51) 인간에게 나타나는 모든 유전자에 대한 특허 금지는 인간 및 다른 생물체에 동시에 나타나는 유전자에 대한 특허 금지를 함의하기 때문에 이 구분은 윤리학적으로 매우 중요하다.

어지고 있다는 뜻이다. 즉, 인간의 유전적 온전성은 이미 훼손되고 있음에도 불구하고, 이러한 유전적 온전성 훼손이 곧 인간존엄성 침해에 해당한다고 우리는 생각하지 않는다. 이는 인간의 무지 때문이 아니라 유전자가 갖는 본래의 특성에 기인한다. 인간은 유전자만에 의해서 결정되지 않는다. 따라서 인간 유전자 특허가 유전적 온전성을 훼손한다고 해도, 인간존엄성에는 특별한 침해 물음이 발생하지 않는다.

그런데 왜 유전적 온전성 훼손이 인간존엄성 침해를 가져온다는 우려가 발생하는가? 이는 적극적 우생학에 대한 공포감 때문이다. 그러니까 인간 유전자 특허는 곧 인간 유전자 변형에 대한 도덕적 허용을 뜻하기에, 유전자 변형에 대한 시도가 발생할 수 있다. 이것이 단순히 개인적인 차원을 넘어 한 국가의 정책 차원으로 발전하게 되면, 독일 나치의 인종 청소에서 보듯이, 열등 유전자를 지닌 인간에 대한 대량 학살을 야기할 수 있다. 따라서 이를 미연에 방지하자면, 개인은 유전적 온전성의 권리를 지니기에 유전자의 변경 자체를 전면 금지하는 강력한 정책을 주장할 수 있다. 하지만 이는 인간 유전자 특허 자체가 안고 있는 도덕적 물음이 아니라 인간 유전정보 및 유전자 치료 의술의 사용에 관한 또다른 물음이다. 즉, 유전자 특허가 허용되지 않아도 유전정보의 악용이나 유전자 치료술을 우생학적 목적에 이용하는 일은 얼마든지 가능하다. 오히려 인간 유전자 특허가 허용되면 제삼자의 사용을 제한하기에 이런 악용의 가능성은 줄어들 수 있다. 물론 악용의 소지는 다분하다. 예를 들어, 인간존엄성을 중대하게 침해하는 유전자에 대해 특허를 받은 다음, 이를 특정 개인이나 집단이 사용할 수 있도록 배타적 권리를 부여할 경우, 인간존엄성이 실제로 침해받을 수 있다. 따라서 이러한 유전자에 대한 특허는 윤리적으로 그리고 법적으로 규제되어 마땅하다. 하지만 이는 어디까지나 예외적인 경우로 사례별로 접근해야지, 이를 이유로 인간 유전자 전체에 대해 특허를 불허하는 것은 옳지 않다.

4. 맺는 말

인간 유전자 특허에 관한 지금까지의 논의를 필자는 다음과 같이 정리하면서 결론을 맺고자 한다.

(1) 특허 일반은 응분 자격 논변과 공리주의 논변의 타당성과 상관없이 이미 우리 사회의 문화현상으로 자리매김하고 있다.

(2) 인간 유전자 특허 물음은 "유전자가 발명인가, 아니면 발견인가?"의 물음에 관한 과학적 탐구를 통해 해결할 수 없다. 왜냐하면 이 질문에 대한 답은 사실 판단이 아니라 그 자체로 가치 판단이기 때문이다. 즉, 이 물음은 규범적 주장을 전제한다.

(3) 유전자 특허는 소유를 의미하지 않고, 또 신체 부분의 소유는 인간 전체의 소유를 함의하지 않기에, 소유에 근거한 인간존엄성 반론은 유지되기 어렵다.

(4) 유전자 특허는 인간을 완전한 상품이 아니라 단지 불완전한 상품으로 만들 따름이다. 법이나 제도를 통한 안전장치가 마련되지 아니하면 인간 유전자는 완전한 상품화에 이르는 미끄러운 언덕길을 제공할 수 있다.

(5) 특정의 인간 유전자가 자아동일성을 구성하지는 않는다. 하지만 인간게놈 전체는 자아를 구성하는 본질적인 요소이기에 특허가 허용되어서는 안 된다.

(6) 인간 유전자 특허는 적극적 우생학의 우려를 낳을 수 있지

만, 유전적 온전성과 인간존엄성 사이에는 필연적 인과관계가 없으며, 또 각 개인은 유전자가 변경 받지 않을 권리를 지닌다는 주장 역시 의심스럽다.

(7) 앞으로 인간 유전자 특허의 윤리적 정당화 물음은 공유자산 반론에 대한 비판적 논의를 통해 보완되어야 한다.

제 3 부

세계관과 유전자 윤리학

8장 생명공학과 하나님 놀이

1. 들어가는 말: 생명윤리학의 태동

'생명윤리'란 용어가 언론에 회자되면서 생명윤리에 대한 관심이 고조되고 있다. 하지만 생명윤리가 무엇이냐의 질문을 받으면 제대로 답하는 자가 거의 없을 정도로 그저 '생명을 존중하는 윤리' 정도로 이해하고 있다. 이런 광의의 의미로 받아들이면, 기독교 윤리를 비롯하여 공리주의, 목적론, 칸트주의, 의무론 등 모든 윤리는 근본적으로 생명윤리일 수밖에 없다. 왜냐하면 모든 윤리 이론은 "살인하지 말라.", "타인에게 해악을 가하지 말라."와 같은 생명존중 원칙을 기꺼이, 아니 적극적으로 주장하기 때문이다. 하지만 20세기 후반에 태동한 생명윤리는 좀 더 특수한 의미를 지닌다. 왜냐하면 영어의 생명윤리학 'bioethics'에서 'bio'는 생명이라는 추상명사를 뜻하지 않고, 생명과학 및 생명공학 일반을 의미하기 때문이다. 그러니까 문자적으로 생명윤리학은 '생명과학 및 생명공학의 윤리학'이라고 말할 수 있다.

실제로 생명윤리학이란 용어를 저서에서 처음으로 사용한 포터 (V. R. Potter)에 따르면, 생명윤리학이란 "생물학 및 생명과학 일반으로부터 발생하는, 그리고 인간 복지와 직간접적으로 연관된 도덕적, 사회적, 정치적 물음들을 탐구하는 학문"으로 정의된다.[1] 이 정의에 따르면 생명윤리학은 두 가지 특성을 지닌다. 하나는 생물학 및 생명과학과 연관하여 일어나는 문제를 다룬다는 점이고, 다른 하나는 인간의 복지와 직간접적으로 관련된 물음을 다룬다는 점이다. 그래서 생명윤리학은 크게 다음과 같이 세분될 수 있다. 모든 구분이 그러하듯이 어느 한쪽으로 편입하기 곤란한 모호한 영역이 존재하며, 또 상호 중복되는 영역이 존재함을 필자는 부인하지 않는다.

첫째, 관련성의 정도에 따라 생명윤리 물음은 둘로 나누어질 수 있다. 즉, 생명윤리 물음은 복지, 건강, 생명과 직접 연관되는 물음과 간접적으로 연관되는 물음으로 나누어진다. 물론 직접성과 간접성을 객관적으로 구분하기는 어렵지만, 예를 들어, 심폐소생술 거부의사(DNR)와 같은 물음은 전자에 속하는 반면에, 유전자 변형 동식물의 개발은 후자에 속한다고 말할 수 있다. 왜냐하면 심폐소생술 거부는 곧바로 죽음을 야기하는 반면에, 유전자 변형 옥수수의 경우 유전자 조작이 가해지는 직접적 대상은 옥수수이지만 사람들이 그것을 먹음으로 말미암아 인체에 간접적인 영향을 받게 되기 때문이다.

---

1) R. G. Frey, "Bioethics", E. Craig, ed., *Routledge Encyclopedia of Philosophy*, vol. 1(London and New York: Routledge, 1998), p.773. 길런 역시 『응용윤리학 사전』에서 생명윤리학을 "생물학 분과에서 제기되는 윤리적 물음에 대한 연구"로 정의한 다음, 의학, 간호학, 생명과학 등이 생물학 분과에 속한다고 주장한다. R. Gillon, "Bioethics", *Encyclopedia of Applied Ethics*, vol. 1(New York: Academic Press, 1998), p.306.

둘째, 윤리적 물음의 성격에 따라, 생명윤리 물음은 생명과학의 활동과 연관되어 일어나는 '외래적인' 윤리 물음과 그 기술 자체에 관한 '본래적인' 윤리 물음으로 구분될 수 있다. 예를 들어, 생명공학자들이 연구 활동을 하면서 유전자가 조작된 생명체를 아무런 안전장치 없이 하수구에 폐기하는 것은 전자의 물음에 속하는 반면에, 인간복제술이 갖고 있는 사회적, 윤리적 함축 물음은 후자의 물음에 속한다.

셋째, 관련된 학문에 따라 생명윤리는 크게 세 종류로 구분될 수 있다. 생명공학과 연관되어 일어나는 좁은 의미의 생명윤리학, 의학과 연관되어 일어나는 의료윤리학(medical ethics), 그리고 생태학과 연관되어 일어나는 생태윤리학(또는 환경윤리학, ecological ethics) 등이 바로 그것이다. 국내에서는 생명윤리학을 의료윤리학과 거의 동일하게 사용할 정도로 의료윤리학에 대한 관심이 높고 또 연구도 활발하게 진행되고 있다. 또 실제로 의료윤리학이 생명윤리학에서 가장 많은 부분을, 그리고 가장 중요한 부분을 차지하고 있다. 그래서 일반적으로 생명윤리학이란 개념보다 생명의료윤리학(biomedical ethics)이란 개념이 사용되고 있다.

넷째, 누구의 복지인가에 따라, 인간 복지와 연관된 물음과 그 밖의 동식물 복지와 연관된 물음으로 나누어질 수 있다. 우리는 일반적으로 인간만이 윤리적 고려대상이 된다고 하지만 윤리학에서는 그렇지 않다. 윤리학자들은 도덕적 주체가 되어 윤리적 고려를 받아야 하는 대상은 누구 혹은 무엇인가와 같은 근본적인 물음을 제기한다. 실제로 피터 싱어(P. Singer)는 『동물해방(*Animal Liberation*)』에서 동물도 도덕적 권리가 있다고 주장하여 임상실험에서는 여러 가지 생명윤리 물음이 발생한다고 주장한다.

다섯째, 이 밖에도 생명공학의 발달로 인해 생명존중, 인간존엄성, 생명 그 자체에 대한 철학적 해명도 생명윤리학의 중요한 과제이다. 또한 페미니스트들은 여성의 관점에서 생물학 및 생명과학의 발달이 여성들의 복지와 권익에 어떠한 영향을 미치는가의 물음— 예를 들어, 체외수정이나 대리모와 같은 보조생식술은 여성을 해방시키는 데 도움이 되는가, 아니면 억압의 기제인가? — 을 다루기도 한다.

이처럼 생명윤리학의 영역은 광범위하다. 하지만 필자는 주로 생명의 책으로 일컬어지는 유전자에 관한 과학적 지식 및 생명공학적 힘의 증가로 인해 발생하는 본래적인 윤리 물음에 초점을 맞추어, 그것이 기독교 진리와 어떤 연관성을 갖는지의 물음을 논하고자 한다.

2. 유전자 조작과 '하나님 놀이'

'하나님 놀이(playing God)'란 개념은, 상호 중복되기도 하지만, 서로 다른 세 가지 의미를 지닌다.[2] 첫째, 하나님 놀이란 '하나님의 신비스러운 비밀을 아는 것(learning God's awesome secrets)'을 뜻한다. 실제로 우리는 과학기술의 도움으로 생명의 세계를 비롯하여 생태계가 인간 지식으로 해명할 수 없을 정도로 아주 오묘하게 조직되어 있다는 사실을 알고서 하나님의 신비에 놀라움을 나타낸다. 자연은 하나님의 피조물이고, 과학은 그 피조물의 법칙, 즉 자연의 법칙을 발견하는 것을 목적으로 하기 때문에, 자연 속에 숨겨진 하나님의 비밀을 아는 것은 새삼스러운 일이 아니라 과학 본연의 활동이라 할 수 있다. 따라서 이런 의미의 하나님 놀이

---

2) T. Peters, *Playing God?: Genetic Determinism and Human Freedom*(New York and London: Routledge, 1997), pp.10-12.

란 그리 나쁜 게 아닐 뿐만 아니라, 이를 윤리적으로 거부할 경우 과학이라는 학문 활동 자체를 부인하는 것이기 때문에 이런 입장은 받아들이기 어렵다. 성경적 세계관의 용어를 빌려 말한다면, 과학은 선한 '구조(structure)'에 속하기에 이러한 학문 활동 자체를 죄악시할 수 없다. 다만, 이러한 학문 활동의 결과로 얻어진 지식과 힘을 어떻게 사용하는가, 즉 '방향(direction)'이 문제가 될 따름이다.

둘째, 하나님 놀이라는 개념을 우리는 '생과 사에 대한 주도권(power over life and death)'을 인간이 실질적으로 행사하는 것으로 해석할 수 있다. 그러니까 이제까지 생과 사는 하나님의 절대 주권 내지 고유 권한으로 간주되어 왔다. 그래서 자궁에 문제가 있는 여성은 자녀를 결코 낳을 수 없었으며, 자발적 호흡이 어려우면 그 사람은 죽음을 맞이할 수밖에 없었다. 그런데 오늘날에는 자궁에 이상이 있는 여성도 체외수정술과 대리모의 도움으로 자기 핏줄을 가진 자녀를 얻을 수 있게 되었으며, 자가 호흡이 불가능한 환자들도 인공호흡기를 통해 생명을 연장할 수 있게 되었다. 즉, 이제는 하나님이 아니라 사람이, 그것도 의료인들이 생과 사를 어느 정도 결정할 수 있는 힘을 갖게 되었다. 임신중절, 안락사, 인간복제 등의 생명윤리 논쟁에서 언급되는 하나님 놀이라는 개념은 바로 이러한 의미이다. 이때 하나님 놀이 사용 배후에는 생과 사의 결정권은 인간이 아니라 하나님의 고유 권한이라는 명제와, 생과 사를 인간이 결정하는 일은 교만한 짓이라는 명제가 전제되어 있다.

셋째로 하나님 놀이란 '생명을 변경시키고 나아가 인간 진화에 영향력을 행사하는(alter life and influence human evolution)' 데 과학기술을 이용하는 것을 뜻한다. 예를 들어, 유전자 치료 의술은 머지않아 인간의 신체적 혹은 지적 능력을 향상시키는 데 이용될 수 있다. 이렇게 되면 이제까지 우리가 통념적으로 받아들이고 있는 천부적 재능과 사회적 재능의 구분은 별로 의미가 없어지고 만다. 왜냐하면 천부적 재능에 대해서조차도 인간의 선택과 변형이 가능하기 때문이다. 한 걸음 더 나아가 이미 갖고 태어난 천부적 재능에 대해서도 유전자 변형을 통해 그 재능을 변경시킬 수 있는 힘마저 인간은 지니게 될 것이다. 이처럼 인간이 하나님을 대신하여 인간 본성을 결정하게 된다고 말할 때 사용하는 '하나님 놀이'는 바로 이런 의미이다.

위의 세 가지 의미 가운데 필자는 주로 세 번째 의미로 초점을 맞추어, '하나님 놀이(playing God)'를 중심으로, 유전자 조작과 인간복제라는 생명공학기술을 인간이 행사하는 것이 바람직한가의 물음을 논의하고자 한다. 왜냐하면 유전공학의 시대에 우리는 "인간이 인간 자신의 본성을 변경시킬 수 있는가?"라는 물음을 규범적 차원에서 제기하지 않을 수 없기 때문이다. 특히 성경적인 관점에서 이러한 유전공학기술이 인간을 하나님의 위치로 갖다 놓는 바벨탑의 교만 내지 이브의 교만이라는 비판이 하나님 놀이란 용어로 빈번히 제기되고 있기에, 이 질문은 기독교 학문을 하는 데 있어서 본질적인 질문이라 아니 할 수 없다.

위의 '하나님 놀이' 의미에서 이미 어렴풋이 드러나듯이, '하나님 놀이'란 개념은 다음 몇 가지 구분을 전제하고 있다.3)

(1) 인간 존재는 생명의 비밀이나 신비를 탐구해서는 안 된다.

---

3) National Bioethics Advisory Commission, "Religious Perspectives", M. C. Nussbaum & C. R. Sunstein, eds., *Clones and Clones*(New York: W. W.Norton & Company, 1998), pp.168-169.

왜냐하면 이는 하나님의 주권에 속하기 때문이다.

(2) 인간 존재는 생명의 시작이나 끝에 관해 그 어떠한 결정도 내릴 권한이 없다. 이런 결정은 신의 고유한 주권에 속한다.

(3) 인간 존재는 오류 가능하며, 행위에 대한 평가 역시 인간의 좁은, 부분적인 관점 — 흔히 이기적인 관점 — 에 따라 이루어지기 쉽다.

(4) 인간 존재는 행위에 대한 지식, 특히 행위의 결과에 대한 지식을 갖지 못한다. 이는 신적인 전능에 속하는 것이다.

(5) 인간 존재는 신적인 전능의 표지인 행위의 결과나 혹은 일련의 행위 과정의 결과를 통제할 만한 힘을 지니지 못한다.

이 전제를 다시 정리하면 세 가지 명제로 압축된다. 첫째는 하나님만이 행사할 수 있는 고유한 주권적 영역이 존재한다는 존재론적 명제이다. 둘째는 인간 인식에는 한계가 있다는 인식론적 명제이다. 셋째는 인간은 하나님의 영역을 침해해서는 안 된다는 규범적 주장이다. 여기서 인식론적 주장을 단지 하나님의 영역을 알수 없다고 강하게 해석하면 사실 세 번째 규범적 명제는 아무런 의미가 없게 된다. 왜냐하면 하나님의 영역을 알 수 없기에 하나님의 영역을 침해할 힘을 인간은 지닐 수 없기 때문이다. 따라서 인식론적 주장은 하나님의 영역을 알 수 있는, 그래서 하나님의 영역을 넘볼 수 있는 능력을 인간은 지닐 수 있지만, 그 지식과 능력을 선하게 사용할 수 있는 지혜가 결여되어 있다는 명제로 받아들여야 할 것이다. 하지만 과학자들은 세계에 대한 지식과 그 지식의 활용에 관한 지혜를 종종 혼동하고 있다. 즉, 생명의 세계를 밝힐 수 있는 지식을 우리 인간이 가졌다고 해서 곧바로 그 지식을 올바르게 사용할 수 있는 지혜까지 가졌다는 결론은 얻어지지 않는다. 실제로 인간은 "아는 것은 힘이다."라는 베이컨의 논리에 따라 자연과학을 발전시켜 자연을 정복하여 왔다. 하지만 그에 비례하여 생태계를 파괴함으로 말미암아, 일부에서는 인간이야말로 '자연의 암'이라고 신랄하게 비난하고 있지 않은가?

하나님 놀이에 근거한 유전공학기술에 대한 반대 논변의 바탕에는 언제나 하나님의 고유 영역이 존재한다는 존재론적 주장이 자리 잡고 있다. 필자는 '하나님의 고유 영역'을 세 가지 의미로 해석하여 세 가지 논변으로 구분하여 논의하고자 한다. 첫째는 '하나님의 고유 영역'을 자연주의적으로 해석하는 입장이다. 이 입장에 따르면 자연에는 하나님이 제정한 자연의 질서가 존재하며, 이 질서는 인간이 침해할 수 없는 하나님의 고유 영역이다. 이를 우리는 '자연의 질서에 근거한 하나님 놀이 논변'이라고 부를 수 있다. 둘째는 '하나님 주권에 근거한 하나님 놀이 논변'이다. 이는 하나님의 고유 영역을 개혁주의 신앙 전통에 따라 하나님의 주권으로 이해하는 해석이다. 물론 이 논변 주창자들은 하나님의 주권에 대해 인간은 아무런 권리 주장을 할 수 없다고 전제한다. 셋째는 '창조 개념에 근거한 하나님 놀이 논변'이다. 이 입장은 하나님의 고유 영역을 하나님이 가진 특권인 속성, 즉 창조성으로 이해하는 일이다. 물론 그리스도인은 하나님을 혹은 예수 그리스도를 닮아 가는 존재이다. 하지만 하나님의 속성은 공유적 속성과 비공유적 속성으로 구분된다. 즉, 공유적 속성이란 인간이 마땅히 닮아 가야 하는 하나님의 속성으로, 사랑, 거룩성, 공의 등이 여기에 속한다. 반면에 하나님의 속성에는 비공유적 속성도 존재한다. 예를 들어, 무에서 유의 창조성이나 하나님과 동등한 지위를 얻고자 하는 교만 등이 여기에 속한다.

1) 자연의 질서에 근거한 하나님 놀이 논변

여기서는 이 세 논변을 비판적으로 고찰하고자 한다. "하나님 놀이를 한다."라는 수사법은 물리적, 도덕적 우주에 하나님이 제정한 자연적 질서(natural order)를 전제하고 있다.[4] 자연의 질서에 근거한 하나님 놀이 논변은 사실 다음 네 가지 명제를 무비판적으로 가정하고 있다.

(1) 자연에는 하나님이 제정한 질서가 존재한다.
(2) 인간은 그 자연의 질서를 알 수 있다.
(3) 인간은 그 자연의 질서를 어겨서는 안 된다.
(4) 유전자 조작이나 인간복제는 자연의 질서를 어기는 것이다.

이 네 가지 명제 모두가 참이어야 유전자 조작이나 인간복제가 자연의 질서에 어긋나는 하나님 놀이에 해당된다는 주장이 성립된다. 하지만 어느 하나라도 거짓으로 밝혀지면 자연의 질서에 근거한 하나님 놀이 논변은 그 설득력을 잃게 된다. 여기서 명제 (1)은 경험적으로 밝힐 수 없는 형이상학적 물음이다. '자연의 질서'와 일치하는 것에 대해 우리는 '자연적인'이라는 형용사를 사용한다. 그래서 자연적인 것은 자연의 질서에 부합한 것이고, 비자연적인 것은 자연의 질서에 어긋난다고 생각한다. 하지만 여전히 자연의 질서가 무엇이며, 자연적인 것이 무엇인지 알 수 있다는 두 번째 명제는 입증하기가 어려운 너무나 강한 주장이다. 왜냐하면 현실적으로 '자연의 질서'를 신학자들과 철학자들은 서로 다르게

---

4) W. Grey, "Playing God", *Encyclopedia of Applied Ethics*, vol. 3, p.525.

해석할 뿐만 아니라 신학자들 사이에도 이견이 있기 때문이다. 설사 이론적으로 이 둘이 구분된다 할지라도 실천적으로 무엇이 자연적이냐의 물음은 그 답을 찾기가 어렵다. 한 예로서, 제비가 처마 밑에 제비집을 짓는 것에 대해서는 모두들 자연적이라고 부를 것이다. 그러면 이미 하나의 불임 치료 의술로 널리 통용되고 있는 체외수정이나 인간의 수명을 연장하는 인공호흡기의 사용은 자연의 질서인가, 아닌가? 어떠한 답을 내리든지 간에, 그것은 자연에 대한 자의적인 정의에 근거하여서만 가능할 것이다. 인간 역시 자연의 일부분임을 우리는 부인할 수 없다. 인간이 먹고 마시고 또 배설하는 행위뿐 아니라 생식 활동도 모두 자연적인 행동이다. 그렇다면 인간의 활동 가운데 자연적이지 않은 것은 무엇인가? 일부 학자들은 인간 자체가 자연의 일부이기 때문에, 인간의 모든 활동 역시 자연의 범주에 속한다고 주장한다.

한 걸음 양보하여 '자연적'/'비자연적'의 구분이 이론적, 실천적으로 가능하다 해도, 명제 (3) 역시 받아들이기 어려운 주장이다. 예를 들어, 인간이 통나무집을 짓는 것은 자연적인가, 그렇지 않은가? 질병은 자연적이지만 도덕적 선이 아니며, 장기이식을 통한 신장병 치료는 비록 자연적이지 않지만 도덕적 선이다.5) 따라서 우리는 이 물음에 대해 어떠한 답을 하든지 간에 딜레마 논증으로부터 자유로울 수 없다. 만약 자연적이라고 답한다면, 인간의 활동 역시 자연의 일부임을 시인하는 셈이 되며, 그래서 인간의 모든 활동은 자연의 질서에 어긋나지 않는다는 결론이 도출된다. 반면에 자연적이지 않다고 답한다면 인간이 자연의 질서를 어기는 것이 도덕적으로 좋은 경우가 있다는 결론이 도출된다. 왜냐하면

---

5) J. Hospers, *Human Conduct: Problems of Ethics*(New York: Harcourt Brace College Publisher, 1996), pp.85-86.

의식주는 인간의 기본적 필요로서, 집을 짓는 것은 도덕적으로 선한 행위라 할 수 있기 때문이다. 어느 뿔을 취하든지 기독교 신학은 통나무집을 짓는 것과 같은 인간의 문화 활동을 금지할 명분을 찾을 수 없게 된다. 이 논증이 설득력을 지니려면, 자연과 비자연의 구분이 윤리학적으로 의미 있어야 하는데, 이 논증 주창자들은 이를 실질적으로 보여주는 데 한계가 있다. 즉, 이 논증은 자연과 비자연의 구분을 도덕적 선과 도덕적 악의 구분으로 혼동하고 있다는 비판으로부터 자유로울 수 없다.

2) 하나님 주권에 근거한 하나님 놀이 논변

따라서 유전자 조작이나 인간복제가 자연의 질서에 어긋나는가, 그래서 비자연적인 것에 속하는가의 물음 자체가 의미 없게 된다. 왜냐하면 유전자 조작이나 인간복제가 자연적이라면 윤리적으로 아무런 문제가 없게 되고, 설사 비자연적이라 해도 여전히 이러한 인간 간섭은 도덕적 선에 속할 수도 있기 때문이다. 이처럼 자연의 질서에 근거한 '하나님 놀이' 논변은 그 설득력을 찾기가 어렵다. 이러한 세속 철학의 반론을 받아들이면서 기독교 신학은 '하나님 놀이' 논변을 어떻게 유지할 수 있는가? 그것은 바로 하나님 주권 개념이다. 즉, 이 논변은 다음과 같이 전개된다.

(1) 우리는 하나님을 주권을 침해할 수 없다.
(2) 유전자 조작은 하나님의 주권을 침해하는 행위이다.
(3) 따라서 유전자 조작은 허용되어서 안 된다.

이 논증 자체는 형식 논리학에 따를 경우 타당한 삼단논증이다.

그러나 이 논증의 결론의 수용 여부는 단순한 논리의 타당성에 있는 것이 아니라 논증의 건전성에 있기에 우리는 이 논증의 건전성을 비판적으로 분석하지 않을 수 없다. 결국 결론의 수용 여부는 논증의 전제들이 실제로 참인가의 물음에 달려 있게 된다. 대전제부터 살펴보자. 우리는 하나님의 주권을 침해할 수 없다는 명제가 의미하는 바가 무엇인가? 물론 인간은 상한선과 하한선을 지닌다. 타락하였음에도 불구하고 인간은 여전히 하나님이 만드신 선한 구조이다. 그래서 회복될 가능성을 지닌다. 다른 한편으로 인간은 아무리 구원받아도 여전히 하나님과 동등해질 수는 없다. 우리 인간은 법의 복종자요, 하나님은 법의 제정자이다. 우리는 하나님의 형상대로 지음을 받은 존재로 하나님의 대리자요 동역자이다. 따라서 우리는 상당한 영역에 하나님의 대리권자로 역할을 수행할 수 있다. 물론 거듭난, 구원받은 존재로 성령의 지도 아래에서 말이다. 이런 의미에서 개혁교회 전통은 하나님의 주권 사상을 기본 전제로 받아들이며, 따라서 기독교인은 하나님의 주권을 침해하여서는 안 된다.

문제는 하나님 주권의 범위 물음이다. 즉, 개혁교회 전통은 하나님의 주권을 인정하지만, 모든 주권을 하나님이 직접 행사하지는 않는다. 성경에서 발견되는 '하나님의 청지기' 내지 '하나님의 동역자'의 개념은 하나님께서 그 주권을 그리스도인에게 위임하고 있음을 말해 준다. 따라서 어떤 일이 하나님의 주권에 속하느냐 그렇지 않느냐의 물음은 그 일에 대한 인간 간섭의 부당함을 보증하지는 않는다. 예를 들어, 생명은 분명 하나님의 주권에 속한다. 하지만 질병으로 죽어 가는 환자를 기독 의사가 치료하는 행위는 허용될 뿐만 아니라 신앙적으로 칭찬받는다. 생명과 죽음은 분명 하나님의 주권에 속하지만 의사의 치료 행위가 신앙적으로 정당화되는 이유는 바로 하나님께서 이를 우리 인간에게 위임하였기 때문이다. 즉, 하나님의 주권에서 우리는 절대적인 영역과 위임된 영역을 구분해야 하며, 후자에 대한 인간의 간섭적 활동은 기독교 신학적으로 아무런 문제가 없어 보인다.

따라서 특정의 일이나 영역이 하나님의 주권에 속한다는 사실만으로는 그 일이나 영역에 대한 인간 간섭의 부당함이 입증되지 않는다. 하나님 놀이라고 주장할 수 있으려면, 그것이 하나님의 주권 가운데 침해할 수 없는 절대적인 고유 영역임을 보여주어야 한다. 그래서 우리는 소전제의 참·거짓 물음을 다루지 않을 수 없게 되었다. 즉, 유전공학기술을 이용한 유전자 조작이 하나님의 주권 가운데 '위임된 영역' 내에 위치하는 온당한 행위인가, 아니면 '절대적인 고유 영역'을 넘어선 월권행위인가? 이 물음에 대해 답하자면 우리는 유전자에 대한 신학적 이해가 필요하다.

유전자란 신학적 인간학에서 어떤 의미를 지니는가? 잘 알려진 대로 인간은 수정 순간 부모로부터 물려받은 독특한 유전정보에 따라 생물학적으로 발달한다. '생명의 책' 혹은 '미래 일기'라는 비유에서 알 수 있듯이, 유전자 속에는 장차 발달할 한 개인의 모든 생물학적 정보가 담겨 있다. 유전정보는, 아리스토텔레스적인 용어를 빌려 말한다면, 하나의 잠재태라고 말할 수 있다. 잠재태가 현실태로 발달하자면 환경 및 정신적 활동과의 상호작용이 요구된다. 즉, 유전자형과 표현형은 엄연히 구분되어야 하기 때문에 유전자 결정론(the genetic determinism) 내지 유전자 환원주의(the genetic reductionism)는 분명 참이 아니다. 그럼에도 불구하고 인간게놈 프로젝트를 비롯한 유전자 변형 공학 기술의 발달에 기독교 신학은 극구 반대를 표명하는가? 유전자 결정론을 전면 부인하면 유전자 변형은 사실 아무런 의미가 없다. 왜냐하면 유전자를 바꾸어 봐야 표현형에, 즉 인간의 실질적인 삶에 아무런 직접적 영향을 미치지 못하기 때문이다.

따라서 유전자 변형에 대한 기독교 신학의 반대 이면에는, 잠재태와 현실태의 관계가 물리적 필연의 관계는 아니라 할지라도 상당한 실천적 상관관계를 지닌다는 명제가 전제되어 있음을 우리는 인정해야 한다. 이를 우리는 유전적 상관주의(the genetic core-lationism)라 부를 수 있다. 유전자 상관주의는 두 가지 주장을 한다. 하나는 정상 유전자에 비해 유전자 이상은 질병에 걸릴 개연성을 증가시킨다는 주장이고, 다른 하나는 일정 수준 이상의 유전적 자질을 지니지 않을 경우, 특정의 신체적 혹은 정신적 능력의 함양에 불가능하다는 주장이다. 예를 들어, 동일한 환경에 노출되어도 신장 관련 유전자에 이상이 있는 자는 정상적인 유전자를 지닌 자에 비해 신장병에 걸릴 개연성이 높아지며, 또 지능 관련 유전자가 현저하게 결함이 있는 경우, 아무리 사회적 환경을 우호적으로 조성해도 일정 수준 이상의 지적 활동이 어렵다.

개인의 유전정보가 그 개인의 신체적 및 정신적 능력과 이처럼 어느 정도 상관성을 지님을 인정해야, 생명공학에 대한 기독교 신학의 물음이 성립된다. 실제로 이는 유전학이 밝힌 사실이다. 이 상관성을 인정하게 되면 그 다음 질문은 유전자를 조작 내지 변경할 권리가 인간에게 있는가의 물음이다. 이 물음에 답하는 데 있어서 우리는 두 가지 서로 다른 질문을 구분해야 한다. 즉, 한 인간은 태어날 때 이미 결정된 특정의 유전정보를 지닌 유전자에 의해 발달하도록 하나님이 미리 예정하였는가의 물음과 단지 인간은 유전인자에 의해 발달하도록 하나님이 미리 법칙화시켜 두었는가의 물음을 우리는 구분해야 한다. 전자를 '유전자 예정', 그리고 후자를 '유전자 법칙의 예정'이라 부를 수 있다. 그러니까 하나님은 우리 각자에 대해 고유한 유전자를 예정하였는가, 아니면 단지 유전자에 의해 발달하도록 그 법칙만을 예정하였는가의 물음이 하나님 주권에 근거한 하나님 놀이 논변에 결정적인 역할을 차지한다.

전자의 견해를 받아들이면, 하나님이 친히 개인의 고유 유전자를 결정하였기 때문에 각 개인의 유전자 자체가 신성하다는 주장이 가능하다. 하지만 후자의 견해에서는 한 개인 유전자의 결정은 열린 물음으로 남겨 둔다. 그래서 전자의 입장을 받아들이면 유전자 변형은 하나님 주권을 어기는 월권행위에 해당된다. 이렇게 되면 기독교 신학의 예정론은 유전자에 의해 설명된다. 즉, 추상적이고 이론적인 수준에서 막연하게 이해되어 온 예정론이 유전학의 발달로 유전자 차원에서 설명될 수 있다는 점이다. 그러나 이 예정론은 숙명론이다. 왜냐하면 일부 유전병의 경우— 예를 들어, 헌팅턴병6) — 유전자 조작을 통한 길 외에는 치료가 불가능하기 때문이다. 즉, 유전자와 질병 사이에 필연적 관계가 존재한다. 어떤 유전자의 특정 장소에 CAG가 몇 번 반복하는가에 따라 헌팅턴병의 발병 시기가 결정된다. 이 병은 흡연, 비타민 복용, 운동 등과 상관없이 오직 유전자에 의해 발병될 따름이다. 이는 정말로 "칼뱅도 상상하지 못한 결정론적이며 예정된 운명이다."7)

이 운명론을 받아들일 것인가? 이 운명론은 사회생물학(sociobiology)에 그 토대를 둔 강자의 윤리이다. 이는 유전적 약자는 그렇게 태어났기 때문에 현실을 순순히 받아들여야 한다는 강변에

---

6) M. Ridley, *Genome: The Autography of a Species in 23 Chapters*, 하영미 외 옮김, 『게놈: 23장에 담긴 인간의 자서전』(김영사, 2001), 「4번 염색체 운명」을 참조하라.
7) Ibid., p.71.

지나지 않기 때문이다. 기독교는 운명론이나 숙명론이 아니다. 실제로 환경과의 작용에 의해 유전자 자체가 바뀌기도 한다. 유전공학자들은 한 결같이 현재의 인간게놈을 인류 역사를 통해 누적된 결과물로 이해하고 있다. 물론 환경과의 상호작용을 통한 인간게놈의 변화를 하나님의 섭리로 이해할 수 있지만, 이렇게 되면 인간이란 자연을 통한 유전자 변경 역시 하나님의 섭리로 얼마든지 이해할 수 있게 된다. 따라서 우리는 하나님이 각 개인의 유전자를 결정하고 그 유전자에 따라 인간이 살아가도록 운명지어 놓았다는 '유전학적 예정론'을 받아들일 수 없다.

인간은 유전인자에 의해 발달한다. 이는 생물학의 법칙이다. 하나님은 이 법칙을 제정하고 그리고 그 법칙을 지금도 보존하고 있다. 실제로 다른 피조물의 경우 우리는 각 생명체의 개별 유전자를 신성시하지는 않는다. 즉, 자연의 경우 하나님은 개별 생명체를 고유한 방식으로 견지하고 있는 게 아니라, 자연의 법칙을 제정하고 그 법칙에 따라 발달하도록 섭리하고 있다. 이러한 후자의 견해에 따르면 유전자 자체는 하나님의 주권에 속하면서 동시에 인간에게 위임하였다는 주장이 가능하다. 실제로 예수님의 공생애는 이를 잘 보여준다. 4복음서에 나오는 예수님의 치유 이적에서 우리는 유전자 조작을 통한 치료를 찾아볼 수 있지 않은가? 물론 성경에는 '유전자'라는 개념조차 언급되어 있지 않기에, 우리는 이 물음에 대해 확정적으로 말할 수는 없을 것이다. 하지만 이는 어디까지나 당시 과학기술의 수준이 낮아 생명의 신비를 밝혀 주는 유전자에 대한 지식이 전무하였기 때문이다. 다만 한 가지 분명한 사실은 예수님의 치료는 근본적인 치료여서 더 이상 그 질병이 재발하지 않았다는 점이다. 예수님이 치유한 문둥병, 소경, 고창병, 간질, 중풍병, 혈루증 등의 질병이 현대 의학의 관점에서 보아 유전병인지 아닌지는 불분명하지만, 유전자에 이상에 생긴 병으로 해석할 수도 있다. 이런 병을 예수님이 치료하였다. 한 걸음 더 나아가 예수님은 제자들을 파송하면서 병을 고치는 권세를 그들에게 주었다. 실제로 기독 의사들은 질병 치료를 위한 유전자 치료에 대해서는 찬성한다. 왜냐하면 체세포 유전자 치료는, 유전자 변형이라는 치료 기술 차원을 제외하고는 일반 치료와 윤리적으로 아무런 차이가 없기 때문이다.[8] 따라서 유전자 조작 자체가 하나님 주권을 넘보는, 그래서 하나님 놀이에 해당한다고 단정하기가 어렵다.

3) 창조성에 근거한 하나님 놀이 논변

세 번째 창조성에 근거한 하나님 놀이 논변은, 창조는 오직 하나님의 고유 권한이기 때문에 인간은 창조 능력을 행사해서는 안 된다고 주장한다. 사실 창조는 하나님의 고유 권한이요, 인간이 창조 능력까지 갖게 된다면 어쩌면 하나님은 더 이상 필요 없는 존재가 될지 모른다. 창조 능력 소유는 곧 하나님과 같아짐을 의미하기 때문이다. 그래서 신학자들은 '생명 창조'를 시도하는 생명과학의 연구에 심각한 우려를 표명하고 있다.

실제로 우리는 성경 속에서 유전공학기술 개발이 하나님의 창조성을 넘보는지 가늠할 수 있는 사건을 찾을 수 있다. 그것은 바로 창세기 11장 바벨탑 사건이다. 사실 필자를 비롯하여 많은 학자들이 인간복제나 유전자 조작과 같은 생명공학기술을 아담과

---

8) W. J. Parsons & J. Hollman, "Ethical Issues in Genetic Diagnosis and Treatment", 제이 홀맨 엮음, 박재형 외 옮김, 『의료윤리의 새로운 문제들』 (예영출판사, 1997), p.277.

이브의 욕심 내지 바벨탑의 교만에 비유하곤 해왔다. 정말로 유전
공학기술이 바벨탑 사건에 해당되는가? 창세기 기록에 따르면, 사
람들이 시날 평지에서 하나님과 동등해지고자 바벨탑을 쌓을 때
하나님은 그 바벨탑을 무너뜨리고 그 힘의 원천인 하나의 언어를
여러 언어로 나누어 버렸다. 우리는 여기서 두 가지 중요한 사실
을 읽을 수 있다. 하나는 그 동기요, 다른 하나는 인간 행동에 대
한 하나님의 반응이다. 바벨탑의 동기는 하나님과 동등해지고자
함에 있다. 그러자 하나님은 당신과 동등해지고자 하는 이러한 인
간 행위에 직접 개입해서 친히 바벨탑을 쌓을 수 없도록 만들었
다.

　그러면 현재의 유전공학기술 개발은 바벨탑 사건과 어떤 점에
서 유비가 되는가? 동기 측면에서 보면, 유전공학기술의 모두는
아니라 할지라도 상당 부분은 하나님과 동등해지려는 마음보다는
인간 질병의 퇴치를 비롯한 선한 동기가 숨겨져 있다. 물론 유전
공학자가 표면적으로 과학기술의 발전이나 인간 질병 치료 기술
의 개발과 같은 대의명분을 내세우지만 실제로는 상업적 목적 내
지 명예욕과 같은 이기심 혹은 정말로 하나님처럼 생명현상을 과
학적으로 해결하고자 하는 야심이 있을 수 있다. 하지만 과학자
개개인의 정확한 동기를 우리 인간은 알 수 없고, 더군다나 독실
한 기독교인이라면 당연히 선한 동기에서 연구에 매진할 것이다.
그렇기 때문에 우리는 생명과학과 생명공학에 대해 그 동기를 이
유로 반대하기는 어렵다.

　그러면 남은 문제는 결과, 즉 하나님의 반응이다. 생명공학기술
이 하나님과 동등해지려는 욕구가 아니라고 주장하는 자는 다음
과 같이 반박한다. 정말로 유전공학기술이 하나님과 동등해지려는
인간 교만에서 비롯되었다면 하나님은 과학자들로 하여금 인간게

놈 연구 및 그 조작 기술을 개발하지 못하도록 친히 간섭할 것이다. 앞으로 과학기술이 어느 정도까지 발달할지는 모르지만, 적어도 이런 기술이 가능하고 또 현실화되고 있다는 것은 곧 하나님이 인간복제를 비롯하여 유전자 변형 기술을 암묵적으로 허용한 것으로 인정해야 한다는 것이다.

비기독교인의 이런 반론은 실제로 반박하기가 어렵다. 따라서 적어도 결과론적인 측면에서 보면 생명공학기술을 바벨탑의 교만에 비유하는 것은 적합하지 않다는 결론을 우리는 내리지 않을 수 없다. 그러면 생명공학기술에 비유될 수 있는 다른 사건은 없는가? 또 하나의 사건은 창세기 3장의 선악과 사건이다. 창세기 3장의 기록에 따르면, 하나님께서는 친히 아담과 이브에게 동산 중앙의 선악을 알게 하는 나무의 열매를 먹지 말라고 명하였다. 그런데 아담과 이브는 뱀의 유혹을 받아 '하나님과 같이 되고자' 그 열매를 따먹고 만다. 이 사건에서 우리는 중요한 세 가지 사실을 읽을 수 있다. 첫째, 하나님은 선악과를 먹지 말라고 명하였다. 둘째, 아담과 이브는 하나님과 같이 되고자 하는 욕심에서 선악과를 먹었다. 셋째, 하나님은 아담과 이브의 행위를 내버려 두었다.

그러면 유전공학기술은 이 세 가지 사실을 충족시키는가? 물론 세 번째 조건은 성립된다. 두 번째 조건은 의심스럽지만 우리는 어느 정도 부분적으로 인정할 수 있다. 왜냐하면 이제까지 생명은 하나님의 특권으로 여겨졌는데 그것을 인간의 손, 그것도 생명과학자의 손으로 가져오겠다는 것이 생명과학이기 때문이다. 하지만 첫 번째 조건은, 성경 어느 곳에서도 이를 명시적으로 금지하는 구절을 찾을 수 없기 때문에, 생명윤리학자가 성경을 통해 탐구해야 할 대상이다. 따라서 우리는 선악과 사건을 통해 하나님의 방치가 곧 하나님의 뜻에 합치한 것이라는 비기독교인의 섣부른 판단은 성경적으로 맞지 않다는 결론은 얻을 수 있지만, 생명공학기술을 하나님이 금지하고 있느냐의 물음에 대해 성경이 침묵하고 있기 때문에, 이는 기독교 신학이 풀어야 할 하나의 열린 물음이라 할 수 있다.

창세기 1장에 따르면, 하나님의 창조는 무로부터 유의 창조이다. 그것도 하나님은 무로부터 오직 말씀에 의해 만물을 창조하였다. 하지만 현재 생명공학에서 이루어지는 그 어떤 '창조' 활동도 이런 의미의 창조성에 해당되지 않는다. "이미 존재하는 요소들을 여러 방식으로 재구조화하는 유전공학적 기술은 결코 창조일 수 없으며 단지 구성(construction)이나 조합(combination)"에 불과하다.9) 그래서 생명공학자들은 유전자 창조라고 말하지 않고 '유전자 재조합'이란 용어를 사용한다. 에너지 보존의 법칙이나 질량 보존의 법칙이 암시하고 있듯이, 인간은 무에서 새로운 에너지를, 무에서 새로운 질량을 창조해 낼 수 없다. 따라서 생명공학이 하나님의 창조성을 넘본다는 의미의 '하나님 놀이' 논변은 그 설득력이 약하다.10) 그러나 이는 어디까지나 생명공학의 유전자 변형이 창조적 활동에 속하지 않는다는 주장이지, 유전자 변형 자체가 기독교 신학적으로 허용된다는 말은 아니다. 즉, 지금까지의 논의는 단지 유전자 변형과 같은 생명공학기술에 반대하는 '하나님 놀이' 논변이 논리적으로 타당하지 않다는 결론에 도달하였을 따름이다.

---

9) 황경식, 「게놈 프로젝트와 판도라의 상자: 유전자 연구의 빛과 그림자」, 간호행정학회, 『2000년 추계학술세미나 자료집』(2000. 12. 12-13, 연세대학교 의료원), p.16.

10) 유전자 조작의 윤리적 함축에 관한 내용은 졸고, 「인간게놈과 성경적 세계관」, 제17회 기독학문학회 주최 세미나 자료집, 『인간게놈 해독 완료, 희망의 시작인가?』(연세대 의과대학, 2000. 10. 14.), pp.10-32를 참조하라.

3. 인간복제의 물음[11]

이미 인간복제는 작업에 들어간 하나의 현재완료형 사건이다. 돌리와 같은 체세포 핵이식 기술을 이용하여 사고로 생후 10개월 만에 숨진 딸을 복제하는 프로젝트가 캐나다 종교집단 '라엘리안 무브먼트'에 의해 착실하게 진행되고 있다.[12] 왜 인간복제가 문제시되는가? 짐승이 아닌 '인간'의 복제이기 때문에 문제가 되는가, 아니면 자연적 출산이 아닌 '복제기술의 이용'이기 때문에 문제가 되는가? 아니면 이 둘의 연언인 '인간복제'이기 때문에 문제가 되는가? 사실 복제는 이미 식물에서는 빈번히 일어나는 생물학적 사실이다. 단지 이미 특정 기관으로 성장한 세포는 다시 새 생명을 만들어 낼 수 없다는 불가역성이 식물과 구별 짓는 동물의 중요 특성으로 인식되어 왔으나, 체세포 핵이식을 통한 복제양 돌리의 탄생으로 생물학의 이 법칙이 깨어지고 말았다. 즉, 이제까지 자연의 법칙이라 간주되어 왔던 불가역성이 이제는 박물관의 유물이 되고 말았다. 이 위대한 발견 앞에 과학계는 물론 종교계는 경악을 금하지 못하면서 '하나님 놀이'라고 비난의 화살을 쏘면서 복제 반대 슬로건을 외치고 있다. 그러면서도 다른 한편으로는 복제인간도 구원을 받을 수 있는 '인간 존재'인가의 물음이 신학의 화두로 등장하고 있다. 왜냐하면 아무리 비윤리적이고 또 불법적이라 하더라도 일단 생명공학자의 '불장난'에 의해 복제인

---

11) 인간복제는 배아복제와 인간 개체 복제 등 여러 기준에 따라 분류 가능하고, 그래서 각각의 복제에 대해 우리는 독립적으로 다루어야 하지만, 여기서는 인간의 개체 복제 물음만 국한하여 다루고자 한다. 이에 관한 자세한 논의는 졸저, 『생명의료윤리학』(철학과현실사, 2000), pp.102-125.

12) 「미국인 부부 "사고로 숨진 딸 복제해 달라"」, 『조선일보』, 2001년 2월 19일자.

간이 이 세상에 '태어날'(?) 개연성이 상당히 높기 때문이다.

1) 복제인간의 구원 가능성

이 물음을 해결하고자 신학자들은 창세기 1장에 나타난 '하나님 형상(imago Dei)' 개념을 붙잡고 씨름하고 있다. 즉, 인간은 하나님 형상대로 지음 받은 존재이기 때문에, 복제인간 역시 하나님 형상대로 지음을 받았다면 인간 존재임에 분명하기 때문이다. 물론 이는 의미 있는 신학적 작업이지만, 필자는 여기서 이 개념에 대한 해석에 근거하여 인간복제가 성경적으로 허용 가능한가의 물음을 논하지는 않을 것이다. 왜냐하면 이 개념에 대한 정확한 의미는 사실상 이해가 불가능하기 때문이다. 실제로 학자들마다 서로 다른 의미를 하나님의 형상이란 개념에 부여하고 있다. 예를 들어, 일부 학자들은 이를 실체론적으로 해석하는 반면에, 또 다른 신학자들은 관계론적으로 해석한다. 다시 말해, 실체론자는 하나님 형상을 하나의 실체로 간주하여, 인간에게는 하나님의 형상이란 실체가 내재한다고 주장하는 반면에, 관계론자는 하나님의 형상을 하나님과의 영적 내지는 인격적 관계로 간주하여, 하나님과 인격적 관계를 맺고 있다면 그 모든 존재는 하나님 형상대로 지음을 받았다고 주장한다. 이 두 해석 중 어느 해석이 성경의 입장인지를 우리는 확언할 수 없다.

따라서 필자는 거꾸로 "복제인간도 구원받을 수 있는가?"의 물음에 대한 두 가지 가능한 답을 논리적으로 분석하여, 이것이 신학에 함축하는 바가 무엇인지를 묻고자 한다. 이는 응용윤리학 방법론에서 '하향적 접근법(top-down approach)'이 아니라 일종의 '상향적 접근법(bottom-up approach)'이다. 즉, 이는 생명공학의 발전으로 새롭게 제기된 도덕적 문제 상황에 대한 입장에서 출발하여 윤리 원칙이나 신학적 입장을 비판적으로 검토하는 방법론을 말한다.

복제인간의 구원 가능성에 대한 답은 둘 중 하나, 즉 '아니다' 내지는 '그렇다'이다. 먼저 '아니다'라는 답변을 살펴보자. 왜 복제인간은 구원을 받을 수 없는가? 아마 유일한 답은 인간이 아니기 때문일 것이다. 왜냐하면 모든 인간에게는 구원의 가능성이 열려 있기 때문이다. 그러면 다시 왜 복제인간은 인간이 아닌가? 기독교 신학의 입장에서 이에 대한 답은 한 가지밖에 없다. 즉, 영혼이 없기 때문이다. 하나님과 교제가 가능하자면, 인간에게도 접촉점이 필요한데 그 접촉점이 바로 영혼이다. 영적 존재에게는 언제나 구원의 가능성이 열려 있다. 따라서 복제인간이 구원을 받을 수 없다면 그 이유는 영혼이 없기 때문이다. 그러면 복제인간은 왜 영혼을 지니지 않는가? 그 답은 복제인간의 특성에서 찾을 수밖에 없다. 왜냐하면 '자연인간'과 복제인간의 차이점은, 복제인간이 두 부모가 아니라 한 부모로부터만 유전자를 물려받았다는 생물학적 사실에 놓여 있기 때문이다. 하지만 이 답은 인간은 부모로부터 각각 물려받은 23쌍의 염색체 결합에 의해 인간 본질이 형성된다는 말이다. 달리 해석하면, 이는 서로 다른 두 유전자의 결합에 의해, 인간 고유의 유전자를 지닌 한 영혼이 탄생한다는 말이다.

이러한 주장에는 "인간 영혼이 유전자의 결합에 의해 새롭게 탄생된다."는 명제가 전제되어 있다. 그런데 이 명제는 두 가지 어려움을 낳는다. 하나는 인간 영혼이 유전자 결합에 놓여 있다는 말은, 인간을 유전자 내지 DNA로 환원하는 '유전자 환원주의'와 다를 바 없다는 점이다. 즉, 이는 인간의 정신이나 영혼의 존재론적 독립성 및 그 기능의 독립성을 부인하고 생명의 모든 현상을 단지 유전자로 환원하여 설명할 수 있다는 또 하나의 유물론일 따름이다. 정말로 DNA가 생명의 본질인가? DNA는 생명의 본질이 아니라 생명의 질료(matter)일 따름이다.13) 실제로 인간은 DNA 이상이다. DNA는 단지 하나의 잠재태에 불과하며, 환경과 상호 작용하여 현실태를 낳으며, 심지어 인간의 정신 활동이 DNA에 영향을 주기도 한다. 무엇보다 성경은 인간 영혼의 독립성을 인정하며, 나아가 영혼의 우선성까지 주장하지 않는가?

이런 해석의 또 다른 어려움은 자아동일성(self-identity) 물음이다. 일란성 쌍둥이가 좋은 예이다. 일란성 쌍둥이는 분명 유전자가 동일하다. 그럼에도 불구하고 서로 다른 개체를 지닌 독립된 인격체이다. 독립된 인격체란 고유한 영혼을 지닌다는 뜻이다. 사실 복제인간은 원본인간과 시간차를 둔 '일란성 쌍둥이'이다. 이는 부인할 수 없는 생물학적 사실이다. 그런데 왜 자연적인 혹은 체외수정된 일란성 쌍둥이는 독립된 자아동일성을 지니는 반면에, 원본인간의 쌍둥이인 복제인간은 독립된 자아동일성을 지니지 못하는가? 복제인간은, 일란성 쌍둥이와 마찬가지로, 원본인간과 유전자가 동일하지만 원본인간의 부모로부터 두 유전자를 물려받았다고 할 수 있다. 그렇기 때문에 복제인간 역시 두 유전자 결합이라고 주장할 수 있다. 일란성 쌍둥이와 복제인간의 유일한 차이점은 인간 의도의 개입 여부와 시간차이다. 즉, 일란성 쌍둥이는 자연현상이면서 시간차가 거의 없는 반면에, 복제인간은 인간의 문화현상으로 상당한 시간차가 존재한다. 과연 이 차이가 한 존재의 인간됨을 구분 짓는 결정적인 기준이 될 수 있을까? 그 정도에는

---

13) R. Cole-Turner, *The New Genetics: Theology and the Genetic Revolution* (Louisville: Westminster/John Knox, 1993), p.45.

차이가 있을지 모르지만, 실제로 체외수정으로 태어난 모든 인간에는 인간의 의도가 개입되어 있다. 그러면 이들도 모두 자아동일성을 상실하는가? 이는 받아들이기 곤란한 귀결이다. 또 일란성 쌍둥이와 비슷하게 그 시간차를 최소한으로 한 복제인간도 가능하다.

이 밖에도 "복제인간이 인간이 아니라면, 그러면 무엇인가?"의 물음이 제기된다. 인간도 아니고 다른 동물 종도 아닌 새로운 '인간 짐승' 종인가? 여기서 우리는 또 하나의 역설이 발생함을 읽을 수 있다. 구원받을 수 없는 존재라면 왜 우리는 이러한 복제인간을 만드는 데 반대하는가? 인간이 아니라면, 인간 장기 공급을 위해 동물을 복제하듯이, 인간을 복제해도 무방하지 않은가? 이를 반대하려면 동물 일반의 복제에 대해서도 광범위하게 반대해야 한다. 이는 기독교 신학이 받아들이기 어려운 너무 강한 주장이다. 그래서 우리는 복제인간도 구원받을 수 있다는 결론을 받아들이지 않을 수 없는 지점에 이르게 된다. 비유컨대 복제인간은 하갈과의 동침으로 태어난, 아브라함의 아들 '이스마엘'에 해당된다. 이스마엘은 영의 자녀가 아니라 육의 자녀이다. 즉, 이스마엘은 하나님의 뜻 안에서 태어난 자식이 아니지만 하나님은 그 아들에게도 긍휼을 베푸시어 한 종족을 이루게 하였듯이, 복제인간은, 아직 하나님의 뜻에 부합하는지는 알 수 없지만, 일단 태어난다면 역시 하나님의 긍휼하심에 의해 한 인간으로서 구원의 가능성을 지녔음을 우리는 부인할 수 없다.

2) 복제인간과 하나님의 '공동 창조자'

그러면 복제인간에게도 구원의 길이 열려 있을 경우 무엇이 문제인가? 복제인간에게 구원의 길이 열려 있다고 해서 곧바로 "인간복제 행위가 선하다."라는 결론이 도출되지 않음을 우리는 성경의 '이스마엘'이나 이브의 선악과 사건을 통해 알 수 있다. 필자가 묻고자 하는 바는 복제인간에게 구원이 가능하다는 주장에 내포되어 있는 의미이다. 영혼을 지닌 인간만이 예수를 영접함으로써 구원을 얻을 수 있다는 기독교 교리에 따르면, 복제인간의 구원 가능성은 곧 복제인간에게도 영혼이 있다는 말이 된다. 그러면 이 영혼의 출처가 어디인가? 적어도 부정적인 두 귀결은 확실하게 얻을 수 있다. 하나는 정자와 난자의 수정에 의해 영혼이 창조 내지 주입되는 교리는 이제 더 이상 사실이 아니라는 점이다. 사실 우리는 지금까지 이 주장을 믿어 왔다. 하지만 이 주장은 이미 체외수정술과 더불어 파기되었다. 정자와 난자의 수정에 의해 인간 영혼이 창조된다면 체외수정술을 시술하는 의사가 영혼의 창조자 내지 영혼의 통제자가 된다. 다른 하나는 유전자와 인간 영혼은 동일하지 않다는 점이다. 복제인간은 그 원본인간과 유전자가 같다. 인간 영혼이 유전자로 환원 가능하다면 복제인간은 원본인간과 동일한 영혼을 지니게 된다. 그러면 앞에서 언급하였듯이, 영혼이 인간의 본질적 요소라면, 복제인간은 원본인간의 환생이 되고 만다. 기독교는 부활을 이야기하지 환생을 이야기하지 않는다. 부활은 이 세상이 아닌 저 세상에서의 새로운 생인 반면에, 환생이나 윤회는 동일한 이 세상에서의 새로운 생이다.

하지만 영혼의 출처는 아직 밝혀지지 않았다. 유전학자와 생명윤리학자가 한결같이 지적하듯이 인간복제는 어디까지나 '인간 유전자 복제'에 불과하다. 영화 『여섯 번째 날』의 주인공과 같은, 완전한 인간의 동시 복제는 불가능하다. 물론 라엘리안 무브먼트에서는 지금 이 세상에서의 영생을 주장한다. 이 세상에서의 완전한 영생을 위해 라엘리안은 3단계의 복제 기술 개발을 주장한다. 첫 단계는 현재와 같은 핵이식 복제를 통한 유전자 복제이다. 하지만 이는 몸의 복제가 아니라 유전자 복제에 불과하여, 양적인 측면에서 복제인간은 원본인간과 동일한 신체를 갖지 못한다. 이를 극복하고자 신체의 완전한 복제가 가능한 두 번째 단계의 복제 기술을 개발해야 한다고 라엘리안은 주장한다. 이는 마치 공장에서 동일한 제품을 생산해 내듯이, 인간 출생에도 이 원리를 적용하자는 것이다. 유전자 복제와 몸의 복제만으로는 영생이 불가능하다. 왜냐하면 완전한 자아동일성이 성립되자면 기억 내지 정신이 완전히 복제되어야 하기 때문이다. 마치 우리가 지금 컴퓨터에서 다양한 소프트웨어를 다운로드 받듯이, 한 인간의 뇌 속에 담긴 모든 기억을 복제된 인간에게 다운로드시킬 수 있는 기술의 개발이 바로 세 번째 단계이다. 이러한 기술이 정말로 가능하다면, 『여섯 번째 날』은 픽션이 아니라 현실이 될 것이다.

이러한 기술의 발전 단계에서 보건대 지금의 인간복제는 유전자 복제 단계에 불과하다. 유전자 복제는 몸의 복제도, 정신의 복제도 아니다. 즉, 유전자 복제는 엄밀한 의미로 보건대 한 인간의 복제가 아니다. 따라서 복제인간이 구원받을 수 있는 영혼을 지녔다면, "이 영혼은 복제 행위로부터 파생된 것은 아니다."라는 결론이 얻어진다. 따라서 신체와 영혼은 분리되고, 인간 본질은 영혼에 있다는 전통적 입장에 따를 경우 인간복제는 영혼의 복제가 아니기 때문에 결코 하나님과 같은 창조 행위로 볼 수 없다. 즉, 이렇게 되면, 이미 유전자 조작에서 밝혔듯이, 창조성 개념에 근거한 하나님 놀이 논변이 인간복제에 적용되기 어렵게 된다.

따라서 복제된 인간의 존재론적 성격이나 무성생식이라는 복제 행위의 본성에 근거한 인간복제 반대 논변은 그 설득력을 유지하기 어렵다. 이렇게 되면 '하나님 형상' 개념은 실체론적으로 해석하기가 어려워진다. 다시 말해, 인간의 구원 가능성은 '하나님 형상'이라고 부를 수 있는 어떤 실체나 본질을 인간이 선천적으로 소유하기 때문이 아니라, 후천적인 하나님과의 관계 가능성에 그 토대를 두고 있다고 하겠다. 인간이 하나님의 형상인 것은 본질적 특성 때문이 아니라 하나님이 창조하였다는 그 한 가지 사실에 그 존재 근거를 두고 있다.[14] 어떻게 탄생되었느냐, 그것에 의해 인간 생명이 지닌 하나님 형상이란 속성이 변화되지 않는다. 복제인간 역시 구원을 받을 수 있다는 점은, 어떻게 탄생되었든지 상관없이 하나님은 그 인간과 관계를 맺는다는 사실을 입증하지 않는가?[15] 그렇기 때문에 인간복제의 허용 가능성 물음은 체세포 핵이식의 결과물인 '복제된 인간'의 본질적 특성이 아니라 그 기술을 이용하는 '복제하는 자'의 동기 내지 이유에 초점을 맞추어 논의되어야 할 것이다.

과연 인간이 다른 인간을 복제할 수 있는 자유가 있는가? 물론 인간은 처음부터 자유로운 존재로 지음 받았다. 따라서 개인이 생식의 자유(reproductive freedom)를 지닌다는 것은 부인할 수 없는

---

14) D. P. O'Mathuna, "The Bible and Abortion: What of the 'Image of God'?", J. F. Kilner, N. M. de S. Cameron, & D. L. Schiedermayer, eds., *Bioethics and the Future of Medicine: A Christian Appraisal*(Grand Rapids: William B. Eerdmans Publishing Co., 1995), p.202.

15) 랜돌프는 하나님은 피조된 세계와의 관계됨 속에 존재하며, 하나님이 모든 피조세계와 사랑하는 관계 속에 있다는 믿음을 기독교 신앙의 중심으로 이해하고 있다. R. O. Randolph, "Of Genes, Neurons, Dolphins, and Human Freedom: Theological Ethics and Science in Dialogue", 강남대학교 부설 우원사상연구소/기독교사상 주최, 제16/17회 국제학술세미나 자료집, 『인간복제, 휴먼게놈 프로젝트를 어떻게 볼 것인가?』(강남대학교, 2000. 9. 25-26), pp.72-73.

사실이다. 문제는 생식의 자유 범위이다. 윌슨(J. Q. Wilson)은, 생식의 자유에 근거하여, 인간복제가 불임 치료책이자 입양에 대한 좋은 대안이 될 수 있기에 일정한 조건, 즉 결혼한 두 부부 하에서 아내가 임신녀가 되어 출산하여 자녀에 대해 부부가 공동으로 양육 책임을 지는 경우에 한해서 허용되어야 한다고 주장한다.16) 기독교 신학자 필립 헤프너(P. Hefner) 역시 '창조된 공동 창조자(created co-creator)' 개념을 들어 인간에게는 복제의 자유가 있다고 주장한다.17) 인간이 창조된 공동 창조자란 해석은 인간이 하나님의 형상대로 창조되었다는 창세기 서술에 대한 헤프너의 해석 방식이다. 이런 해석에 따르면 인간은 자연을 복제하는 자연이며, 그래서 인간복제 행위 역시 자연의 과정일 뿐이다. 다시 말해, 인간 역시 자연의 일부이기 때문에 인간의 모든 활동— 여기에는 과학기술 활동도 포함된다— 역시 자연의 한 부분이 된다. 그렇기 때문에 복제 행위는 결코 나쁜 의미의 하나님 놀이에 해당되지 않으며, 오히려 하나님이 인간에게 부여한 공동 창조자로서 역할을 충실히 수행하는 셈이 된다. 하지만 인간의 창조 행위는 하나님의 창조 행위와 달리 악한 목적에 이용될 수 있는 도덕적 양면성을 지닌다. 이러한 헤프너의 견해에 따르면 문제는 복제 행위 자체가 아니라 청지기직으로 이 복제를 감당하는 일이다. 이런 견

---

16) J. Q. Wilson, "The Paradox of Cloning", L. R. Kass & J. Q. Wilson, *The Ethics of Human Cloning*(Washington, D.C.: The AEI Press, 1998), pp.71-73.

17) F. Hefner, "The Evolution of the Created Co-Creator", T. Peters, ed., *Cosmos as Creator: Science and Theology*(Nashville: Abingdon Press, 1989). 여기서의 헤프너 입장은 N. R. Howell, "Mapping Human Cloning in Science and Religion Dialogue", 『인간복제, 휴먼게놈 프로젝트를 어떻게 볼 것인가?』, pp.17-18.

해를 받아들여 피터스(T. Peters)는 "우리는 우리 자신들을 창조된 공동 창조자로 이해해야 하며 우리의 과학적이며 기술적인 창조성을 이웃 사랑과 자선의 섬김으로 표현해야 한다."라고 주장한다.[18]

하지만 헤프너나 피터스의 논의 역시 '하나님 형상'에 대한 신학적 해석에 그 바탕을 두고 있다. 즉, 하나님 형상으로 창조되었다는 사실에서 과연 "인간은 창조된 공동 창조자이다."라는 결론이 얻어지는가? 또 설사 인간이 하나님의 공동 창조자임을 인정한다고 해서, 이로부터 인간에게 인간복제의 자유가 주어져 있다는 귀결 역시 얻어지지 않는다. 왜냐하면 하나님은 창조자 자체이며, 인간은 어디까지나 창조된 공동 창조자, 즉 피조물에 불과하기 때문이다. 따라서 헤프너나 피터스의 인간복제 옹호는 하나님 형상에 대한 해석의 타당성 물음을 낳는다. 이처럼 선결문제 요구의 오류를 낳음에도 불구하고 필자가 헤프너나 피터스의 입장을 언급한 이유는, '하나님 형상'에 대한 해석 역시 하나님 주권에 대한 해석으로 이해될 수 있기 때문이다. 즉, 하나님 형상을 '창조된 공동 창조자'로 해석할 때 헤프너는 이미 하나님의 주권 범위를 최소화하고, 인간의 자유 영역을 최대한으로 확대하고 있는 셈이다. 따라서 우리는 하나님 형상에 대한 해석을 하나님 주권에 근거한 하나님 놀이 논변의 변형으로 이해할 수 있다. 이미 유전자 조작에 대한 하나님 놀이 논변에서 지적하였듯이, 하나님 형상에 대한 해석이라는 변형된 하나님 놀이 논변에서도 우리는 인간복제에 반대할 논거를 찾을 수 없다는 결론에 이르게 된다.

---

18) T. Peters, *Playing God?: Genetic Determinism and Human Freedom*, p.161.

4. 맺는 말

　지금까지 논의를 통해 필자는 자연의 질서, 하나님 주권, 창조성 개념과 같은 조직신학적 교리에서 유전자 조작이나 인간복제에 대한 반대 논거를 찾아보기 어렵다는 논변을 펼쳐 왔다. 실제로 우리가 하나님의 특권에 속하는 고유 영역이 무엇인지를 모르는 한 어떤 행위가 신의 고유 권한을 침해하는 것이라는 비판은 아무런 도움이 되지 않는다.[19] 따라서 유전자 조작이나 인간복제에 반대하려면 우리는 다른 데서 그 논거를 찾지 않을 수 없다. 그것은 바로 윤리학적 고찰이다. 즉, 기독교 윤리학은 조직신학에서 연역적으로 도출될 수 없다. 오히려 오늘날의 생명윤리 물음에 대한 해명은 기독교 윤리학의 과제이며, 여기서 얻어진 결론은 조직신학이 해명해야 할 데이터로 활용되어야 할 것이다. 물론 성경이 명시적으로, 그리고 암묵적으로 명하고 있는 바에 반하는 기독교 윤리란 있을 수 없지만, 성경에 표명되지 않는 윤리 물음에 대한 논의는 합의되지 않은 신학의 잣대로 재단할 것이 아니라 열린 마음으로 기독교 윤리학적 담론에 맡겨져야 할 것이다. 마치 자연과학에서 기존의 이론으로 설명할 수 없는 새로운 관찰 자료가 나타나면 과학이론의 패러다임이 바뀌듯이, 생명윤리 물음은 기독교 윤리학의 패러다임과 조직신학의 패러다임에 일대 전환을 요구하고 있다고 하겠다.

　"21세기에 윤리적 논쟁을 지배하게 될 질문은 유전자 조작의 한계를 정확히 어디에다 설정해야 하는가이다."[20] 이는 기독교 윤

---

19) R. F. Chadwick, "Playing God", *Cogito* 3(1989), pp.186-193.

20) M. Kaku, *Vision: How Science will Revolutionize the 21st Century*, 김승옥 옮김. 『비전 2003』(작가정신, 2000), p.437.

리학의 경우에도 그대로 적용될 것이다. 물론 피조물에 대한 인간의 지배는 분명 하나님의 선물이나, 그 선물은 어디까지나 일정한 테두리 내에서의 지배를 뜻하기 때문이다.[21] 문제는 이 테두리를 성경이 말하고 있지 않으며, 기독교 인간관을 읽을 수 있는 성경의 구절 역시 애매하여 다양한 해석의 여지를 남겨 두고 있다. 그뿐만 아니라 그 기준이 설정되어도 그 기준을 구체적인 삶의 현장에 적용하는 어려움이 또한 발생한다. 성경적 관점에서 보면, "자녀는 부모가 자아도취적으로 자신의 뜻을 실현하는 수단(a narcissistic means of self-definition)이 아니라 하나님의 선물"이다.[22] 이 주장을 받아들이지만, 구체적으로 10개월 만에 죽은 딸을 복제하고자 하는 부모는 자아도취적으로 자녀를 갖고자 하는지 우리는 섣불리 판단할 수 없다. 실제로 결혼 10년 동안 자녀가 없는 부부가 체외수정을 통해 아기를 갖는 경우, 이 부부에게 있어서 자녀는 하나님의 선물인가, 아니면 자기 뜻을 실현하는 수단인가? 어쩌면 자녀는 하나님의 선물이면서도 동시에 인간의 자아도취일지도 모른다.

인간복제의 경우뿐 아니라 유전자 치료의 경우에도 이런 현상은 나타난다. 기독교인들은 질병 치료를 위한 유전자 치료에 대해서는 찬성하지만, 비정상 유전자의 치료가 아닌 정상 유전자를 바꾸는 유전적 자질 함양 행위는 하나님의 뜻에 어긋난다고 한목소리로 주장한다.[23] 하지만 무엇이 정상인지 그 기준에 대해서는 합

---

21) J. S. Grabowski, "Made Not Begotten: A Theological Analysis of Human Cloning", *Ethics & Medicine* 14, no. 3(1998), p.70.

22) C. B. Mitchell, "A Protestant Perspective on Cloning", *Ethics and Medicine* 14, no. 3(1998), p.29.

23) W. J. Parsons & J. Hollman, "Ethical Issues in Genetic Diagnosis and Treatment", p.277.

의를 도출하기 어렵다. 즉, 사실 무엇이 치료이고, 무엇이 자질 함양인지 그 객관적 기준은 존재하지 않는다. 이렇게 되면 자질 함양을 위한 치료는 성경적으로 어긋난다는 주장의 실천적 의미는 사라지게 된다. 실제로 일부 학자들은 공정한 기회균등의 원칙에 따를 경우, 우리는 유전자 치료를 비롯한 유전공학기술을 개발할 윤리적 의무를 지닌다고 주장한다.24) 유전적 질병을 앓고 있는 자는 실제로 취업이나 교육 등에 있어서 아예 처음부터 기회를 박탈당하고 있기 때문이다. 심지어 기독교 신학자도 이웃 사랑이라는 예수님 명령이 유전공학기술의 적극적인 사용을 장려한다고 말한다.25) 왜냐하면 유전병 치료나 불임 치료는 하나님 앞에서 선행에 속하는 '이웃 사랑'이기 때문이다.

교회 혹은 교인이 현재 유전병을 앓고 있는 사람에 대한 사랑을 외면한 채 유전자 치료는 하나님의 법에 어긋난다는 신학적 판단에 근거하여 유전자 치료에 반대할 수 있는가? 현재 자식이 없어 고통당하고 있는 부부를 사랑으로 감싸 안지 않은 채, "자녀는 하나님의 선물이다."라는 주장은 또 하나의 고문이다. 왜냐하면 이 말 속에는 자녀가 없다는 말은 곧 하나님으로부터 선물을 받지 못했다는 의미가 함축되어 있기 때문이다. 물론 유전공학기술에 대한 성경의 가르침을 찾는 '기독교적 학문하기' 작업도 중요하지만, 그보다 선행되어야 할 것은 바로 현재 신음하고 있는 유전병 환자와 불임 부부에 대한 예수님의 '이웃 사랑' 명령이다. 이러한 사랑이 전제되지 않은 기독교 학문하기는 오히려 비기독교적인

---

24) L. M. Fleck, "Just Genetics: A Problem Agenda", T. F. Murphy & M. A. Lappe, eds., *Justice and the Human Genome Project*(LA: University of California Press, 1994), pp.145-149.

25) T. Peters. *Playing God?: Genetic Determinism and Human Freedom*, p.25.

율법주의로 전락하기 쉽다. "일반적으로 기독교 윤리는 하나님의 법(law of God)에 그 토대를 둔다면, 목회적 돌봄은 하나님의 은혜(grace of God)에 그 토대를 두고 있기 때문이다."26) 하갈과 아브라함의 동침은 분명 하나님의 뜻에 어긋난 것이지만, 이스마엘을 사랑하는 하나님의 은혜를 우리는 기억해야 할 것이다.

유전공학에 대한 기독교 신학의 반대 목소리가 유전공학의 나아갈 방향성 정립에 있어서 긍정적인 측면을 지님은 사실이다. 즉, 신학적 반대 목소리는 생명공학기술이 나아갈 방향성을 잡아 주고, 나아가 그 완급을 조절해 줌으로 말미암아 심각한 '윤리 지체(ethics lag)' 내지 '신앙 지체(faith lag)' 현상을 극복할 수 있는 기제로 작용할 수 있으며, 또 실제로 그렇게 해왔음을 우리는 부인하지 않는다. 하지만 잘못하면 기독교 신학은 '무임 승차자(free rider)'라는 비난을 면하기 어렵게 된다. 예를 들어, 인공 피임술이 개발되었을 때, 기독교 신학은 이를 하나님의 창조 행위에 대한 도전으로 여기고 결사적으로 반대하였다. 하지만 그 사이에 인공 피임술은 놀랍도록 발전하여 그 안전성이 입증되고 나아가 여성 해방 및 성에 대한 새로운 관점이 도입됨에 따라 기독교 신학은 슬그머니 인공 피임술의 발달을 향유하고 있다. 이런 현상이 유전공학기술의 발달에도 그대로 이어질지 모른다는 우려를 낳는다.

특히 인간복제의 경우, 기독교가 아무리 인간복제에 반대해도 복제인간은 태어날 수밖에 없다. 이는 마치 아무리 동성애가 성경에 어긋난다고 주장해도 동성애자가 존재할 수밖에 없는 것과 마찬가지다. 동성애자든, 복제인간이든 우리는 인간이라는 사실을

---

26) D. P. Hollinger, "Doing Bioethics: Christian Ethics, Pastoral Care and Public Policy", J. F. Kilner, N. M. de S. Cameron, & D. L. Schiedermayer, eds., *Bioethics and the Future of Medicine: A Christian Appraisal*, p.157.

부인할 수 없기에, 이들도 여전히 인간으로서 권리를 지닌다. 마녀사냥 식 종교재판으로 이들을 구원받지 못할 야만인이라고 매도하기에 앞서, 이들의 인권을 보호하는 데에도 기독교인은 관심을 가져야 할 것이다. 그렇지 않으면 정말로 인간복제의 기술적 어려움으로 인해 희생자가 발생할 수 있으며, 심한 경우 복제인간이 다른 인간의 장기 공급처로 악용될 위험도 도사리고 있다. 물론 최선은 이런 위험이 발생하지 않도록 복제인간 자체를 금지하는 쪽으로 방향을 잡아야 할 것이다. 하지만 현실은 배아복제를 비롯하여 인간복제가 갖는 현재적인 상업적 이득이 엄청나기 때문에, 그리고 종교의 자유가 보장된 다원주의 사회에 살고 있기 때문에 기독교가 이를 가로막기에는 역부족이다. 이제는 최선이 아니라 차선을 선택할 줄 아는 지혜가 필요하다. 복제인간을 '이식용 장기 생산 공장'으로 수단화하는 것은 더 큰 죄악을 범하는 셈이 된다. 즉, 이는 태어난 이스마엘이 하나님의 뜻이 아니라고 그 이스마엘을 죽이는 일이나 다름없다. 이런 의미에서 유전공학의 발전에 따라 한 단계 높은 수준의 윤리 의식이 기독교인에게 요구된다고 하겠다.

9장 GMOs의 사회정치철학적 함의

1. 들어가는 말: 과학기술과 윤리

인간은 물음을 던지는 존재이다. 무엇보다 인간은 끊임없이 '왜?'를 묻는다. 과학이 '어떻게(how)'를 묻는다면, 철학은 '왜 (why)'를 묻는다. 그런데 우리는 아무런 구분 없이 사용하고 있지만, '왜'의 물음은 서로 다른 세 가지 의미를 지닌다. 첫째는 원인 (cause)을 묻는 질문이고, 둘째는 이유(reason)를 묻는 질문이며, 그리고 마지막 셋째는 목적(purpose) 내지 의미(meaning)를 묻는 질문이다. 예를 들어, "사과는 왜 땅으로 떨어지는가?"라는 질문은 첫 번째에 해당되는 반면에, "우리는 왜 정직해야 하는가?"라는 질문은 이유를 묻는 질문이라 할 수 있다. 반면에 "왜 살아야 하는가?"의 질문은 삶의 목적 내지 존재 의미를 묻는다고 말할 수 있다. 이 세 가지 중 첫 번째는 인과관계를 묻는 과학적 사고를 말하고, 두 번째는 주장과 그 이유를 찾는 철학적 사유에 해당한다. 그리고 마지막의 삶의 목적 내지 존재 의미의 물음은 대개 종교의 영역이었다.

　과학은 '왜'라는 질문을 던져 현상의 원인을 발견함으로 말미암아 우리 인류에게 새로운 인과관계를 밝혀 주었으며, 그 인과관계에 근거하여 우리는 새로운 기술을 개발하여 자연을 정복하고 지배해 왔다. 그러나 과학은 과학기술이 인류에게 안겨 준 새로운 지식과 자연 정복의 힘을 어떻게 사용해야 하는가의 물음에 대해서는 답을 해주고 있지 않다. 이미 인류의 먹을거리가 되어 버린 GMOs의 경우도 마찬가지다. 생명공학자들은 유전자 연구를 통해 생명의 메커니즘을 밝힌 다음, 어떻게 하면 GMOs 동식물이나 식품을 개발할 것인가에 관심을 집중시키고 있지만, 정작 GMOs의 바람직한 사용 내지 그 속에 숨은 사회철학적 함의에 대해서는 큰 관심을 기울이고 있지 않다. 필자는 이러한 문제의식을 갖고, GMOs에 대한 사실적 분석의 차원을 넘어, 윤리적 물음 및 그에 내포된 사회철학적 함의를 철학적으로 천착하고자 한다.

　유전자 변형 생물체에 관한 철학적, 윤리학적 논의에 앞서 용어부터 분명하게 하자. '유전자 변형 생물체(Genetically Modified Organisms, GMOs)'란 원래 생명공학을 이용해 유전자를 변형시킨 종자, 동식물 등 살아 있는 생명체, 농산물, 식품 등을 모두 포함하는 광의의 개념이다. 즉, "어떤 한 생물의 DNA에서 유용한 정보를 나타내는 부분을 떼어 내어 다른 생물의 DNA에 삽입함으로써 목적하는 새로운 물질이나 품종을 생산하는 기술"을 의미하는 유전자 재조합 기술을 동식물 및 식품에 응용한 것이 GMOs이다. 이처럼 서로 다른 두 유기체의 유전자를 결합하였다고 하여, 일부에서는 GMOs를 서로 다른 사람의 시체에 있는 신체 부위를 모아 만들어진 괴물 프랑켄슈타인에 빗대어 '프랑켄슈타인 식품(Frankenstein Food)'이라고 부르기도 한다. 또 땅이 아니라 실험실에서 만들어진다고 하여 GMOs는 '시험관 식품'이라는 별명을 갖고 있기도 하다.

GMOs는 크게 세 종류로 구분된다. 유전자 변형 식물과 형질 전환 동물, 그리고 이로부터 얻어진 유전자 변형 식품이 바로 그 것이다. 특히 한 개체의 수정란에 다른 종의 유전자를 이식하여 새로운 형질을 갖춘 생명체를 만드는 유전자 생체이식 기술이나, 수정란이 분열되기 이전 수정란의 정자핵이나 난자핵에 다른 종의 유전자를 삽입하는 전핵 주입법을 통해 새로운 형질 전환 동물이 생산되고 있다. 전핵 주입법을 통해 인간 유전자를 동물에 삽입시킬 경우 동물을 통해 우리는 각종 의약품을 생산해 낼 수 있고, 심지어는 인체에 유전적 거부반응을 일으키지 않는 동물 장기를 얻을 수도 있다. 이러한 기술이 체세포 핵이식이라는 복제술과 결합될 경우, GMOs 산업은 식량뿐만 아니라 질병 치료에 혁명적인 발전을 이룩할 수 있다. 예를 들어, 인간 유전자를 돼지에게 이식시켜 장기이식에 필요한 신장, 간장, 심장 등의 장기를 얻을 수 있다면, 오직 장기이식을 통해서만 살 수 있는 환자들에는 이는 한 줄기 빛임에 분명하고, 나아가 전 인류에게도 질병 치료에 신기원을 이룩할 것이다. 이런 의미에서 형질 전환 동물은 일종의 '살아 있는 의약품 공장'이라 불린다.[1]

생명공학에서 유전자 조작이란 유전자를 변형(modification) 또는 재조합(recombination)시켰다는 것을 의미한다. 이렇게 유전자가 조작된 GMOs를 국제연합의 <생명공학 안전성 의정서>에서는

---

[1] 영국의 로슬린 연구소는 혈액 응고인자 유전자를 지닌 최초의 형질 전환 복제동물 폴리를, 그리고 미국의 젠자임 트랜스제닉 사는 사람의 혈관 질병을 치료할 수 있는 안티트롬빈을 젖에서 생산하는 산양 밀리를 각각 개발했으며, 국내에서도 젖소 보람이, 돼지 새롬이, 흑염소 메디 등의 형질 전환 동물이 개발되었다.

LMO(Living Modified Organism)라고 부르고 있다. 하지만 이미 GMOs라는 개념은 생활 용어가 된 지 오래이다. 그런데 일상적인 용례에서뿐만 아니라 환경위기로 인해 '인위적인 변형'이나 '인위적 조작'에 대해 우리는 부정적인 반응을 보이고 있다. 이런 취지에서 최근 1백여 명의 과학자 집단이 GMOs에 대한 올바른 인식을 심어 주기 위해 결성한 '농업생명공학기술 바로 알기 협의회'에서는 GMOs 대신 '생명공학 작물(Biotechnology-Derived Crop, BD-작물)'이라는 용어를 사용하자고 제안하였다.[2] 하지만 'BD-작물'이라는 개념은 GMOs가 갖는 본질을 은폐시킬 수 있다. 왜냐하면 BD-작물이라는 용어가 갖는 전문성으로 인해 GMOs의 본질에 해당하는 '유전자 변형'의 특성이 일반인들에게 감추어지기 때문이다. 따라서 필자는 유전자 조작 생물체나 BD-작물이라는 용어보다는 이미 우리에게 익숙한 '유전자 변형 생물체'라는 용어를 그대로 사용하는 것이 바람직하다고 본다. 물론 일부에서는 GMOs의 'Genetically Modified Organism'에서 'Modified'의 우리말 번역어로 '변형' 대신에 '조작'이라는 단어를 선호하기도 한다. 사실 어느 어휘를 선택하느냐의 물음은 이에 대한 일반인들의 태도를 결정하는 데 크게 영향을 미친다. 왜냐하면 조작이라는 단어는 언제나 부정적 뉘앙스를 풍기는 반면에, 변형은 긍정적인 인상을 주기 때문이다. 그래서 GMOs에 반대하는 일부 시민단체에서는 '유전자 변형 생물체'라 부르지 않고, '유전자 조작 생물체'라고 부르기도 한다. 이런 의미에서 보면 용어 선택조차도 정치적 색채를 그 배후에 함의하고 있음을 알 수 있다. 하지만 필자는 학문적 중립성 차원에서 '변형'이라는 단어를 채택하였음을 밝혀 둔다.

2) 문제선, 「유전자 변형 생물체의 정의 및 안전성 평가 배경」, *Biosafety* 4, no. 5(2003), p.9.

2. GMOs의 사회철학적 함의

1) 식량난 해결 vs 식량 무기

왜 이런 유전자 변형 생물체를 만들려고 하는가? 물론 자본주의 사회에서 산업의 일차적 목적은 이윤 창출이지만, 과학기술자들은 인류의 복지 증진, 더 구체적으로는 인류의 질병 치료와 식량난 해결을 그 이유로 들고 있다. 그러니까 유전자 변형 식물과 형질 전환 동물을 '창조'하여, 이로부터 의약품이나 식품을 개발하면 질병과 기아에 허덕이는 인류를 구할 수 있다고 GMOs 옹호자들은 주장한다. 실제로 다국적 기업인 몬산토(Monsanto)사는 자사 홈페이지에서 이렇게 홍보하고 있다. 몬사토사는 "생명공학기술의 혁신은 부가적인 토지 없이도, 즉 가치 있는 열대우림과 동물 서식처를 보호하면서도 작물 수확을 3배로 올려놓을 것"이라고 단언하면서, "생명공학기술은 전 세계를 먹여 살릴 수 있다. … 이제 수확이 시작될 것이다."라고 GMOs가 식량난을 해결해 줄 것을 확신하고 있다. 그러면 과연 유전자 변형 생물체가 식량난 해결 및 인류의 복지 증진에 기여하는가? 여기서는 식량난을 중심으로 살펴보자.

물론 유전자 재조합을 통해 질병에 견디는 내구력이 강하면서 수확량이 많은 우수한 품종을 개발하여 값싸게 소비자에게 공급할 수 있다면, 유전자 변형 생물체를 생산하는 생물산업은 분명 인류의 식량난 해결에 큰 도움이 될 것이다.3) 하지만 그 전제가

---

3) 이에 대해 월드워치연구소의 레스터 브라운(L. Brown)은 인구 증가와 식량 생산의 문제에 관한 자신의 저서 『식량대란(Touch Choice)』에서 생명공학은 "식량 부족을 일소하기 위한 마법의 지팡이가 아니다."라고 반박한

의심스럽다. 즉, 품질이 더욱 개선된 제품을 더 값싸게 그리고 더 많이 생산한다고 해서, 그것이 곧바로 실제 소비자에게 공급되는가? 구매력이 없으면, 그래서 실제로 필요한 자에게 공급되지 않으면 이러한 GMOs 식량은 그림의 떡에 불과하다. 실제로 현재에도 세계 식량은 소비량의 1.5배가 생산됨에도 불구하고 에티오피아나 북한 등지에서는 매일 7억 8천 6백만 명이 기아로 허덕이고 있다. 왜 이런 현상이 벌어지는가? 미국 등의 식량 수출국들이 자국의 경제적 이익과 정치 이데올로기를 내세워 식량을 필요에 따라 분배하지 않아, 이들의 손에 식량이 돌아가지 않기 때문이다. 즉, 세계 식량난의 원인은 식량의 절대량 부족이 아니라 오히려 잘못된 분배 제도이다. 물론 무엇이 공정한 분배인가의 물음은 정의론에서 아주 중요한 윤리적 물음이다. 하지만 분명한 사실은 현재처럼 경제적 이해관계 내지 정치적 이데올로기라는 잣대에 의해 식량이 분배되는 한, 아무리 GMOs를 통해 식량의 절대량이 증가하여도 식량난 해결은 요원할 것이다. 따라서 식량난을 해결하자면, 일차적으로 '필요에 의한 식량 분배'라는 정의 원칙이 확립되고 이를 세계 모든 국가들이, 특히 식량 선진국이 솔선수범하여 준수해야 할 것이며, 나아가 오히려 식생활 개선, 인구조절 등의 사회경제적 제도도 뒷받침되어야 할 것이다. 이런 의미에서 식량난 해결을 위해 GMOs 개발이 허용되어야 한다는 논리는 설득력이 약하다.

오히려 GMOs는 경제적 식민지화의 무기로 활용될 수 있다. 즉,

다. 종래의 품종개량법을 이용해도 벼의 수확량을 20% 증가시키며 이것은 세계 인구 증가율에 상당하는 사람들에게 30개월 동안 식량을 공급할 수 있는 정도라고 한다. 생명공학기술의 진보에 의존하지 않더라도 결코 희망은 없는 것이 아니다. 조완형, 「유전자 조작 식품과 농업의 미래」, 권영근 편, 『위험한 미래』(당대, 2000), pp.320-323 참조.

다국적 기업에 의해 주도되고 있는 GMOs 산업 이면에는 '생물식민주의(bio-colonialism)'라는 새로운 지배 이데올로기가 자리 잡고 있다. 실제로 WTO 등의 국제기구 역시 겉으로는 농산물의 자유무역을 내세우고 있지만 그 이면에는 생물농업 다국적 기업과 농산물 수출국의 잉여 농산물 판로 개척이라는 이익을 대변하고 있을 따름이다. 그래서 제레미 리프킨(J. Rifkin)은 분배구조를 개선하려는 노력 없이 일방적으로 추진되는 생명공학은 "가난한 자들에 대한 부자들의 쿠데타"라고 혹평하고 있다.[4] 리프킨의 이러한 지적이 설득력을 지니는 것은 생명공학의 특성에 기인한다. 생물 다국적 기업들은 우수한 생명공학기술을 통해 종자와 제초제를 하나의 패키지 상품화하여 세계시장 제패를 꿈꾸고 있다.

예를 들어, 미국의 몬사토사는 '라운드 업(Round-Up)' 제초제와 이 라운드 업 제초제에 살아남을 수 있는 '라운드 업 레디(Roundup Ready)' 콩 종자를 개발하여 전 세계 농가에 유포시키려는 계획을 갖고 있다. 즉, 라운드 업 제초제를 한 번이라도 사용한 농가에서는 그 유전적 특성으로 인해 다른 콩 종자를 심을 수 없고 오직 이 제초제에 내성을 지닌 라운드 업 레디 콩 종자를 이용할 수밖에 없도록 몬사토사가 유전자를 조작한 것이다. 심지어 일부 다국적 기업은 여기에서 한 걸음 더 나아가 '터미네이터 기술(terminator technology)'을 통해 농민들의 종자 재사용을 원천적으로 봉쇄하려는 음모를 꾸미고 있다. "터미네이터 기술은 미국 농무부와 목화 종자 회사인 델타 앤 파인랜드 사가 공동 개발하여 특허 출원한 '식물 유전자의 발현 조절' 기술로서, 그 종자에서 수확한 농산물의 발아를 정지시켜 종자로 재사용할 수 없게 하는 이

---

4) 박병상,「생명공학의 실상과 근본대안」, 전국환경사제모임 주최 <생명공학 안전윤리 법제화를 위한 생명·환경 워크숍> 자료집(2000. 7. 3-4).

른바 일회용 종자 기술이다."5) 일반적으로 종자는 생명의 씨앗을 갖고 있다. 즉, 감자를 심어 금년에 감자를 수확하게 되면, 수확한 감자를 다음 해의 종자로 사용하게 된다. 그런데 터미네이터 기술은, 한마디로 말해, 'terminate'라는 단어가 대변해 주듯이, 식물이 갖고 있는 종자로서의 기능을 말살시켜 버리는 기술이다. 그래서 터미네이터 기술을 통해 유전자가 조작된 종자는 한 번 사용하게 되면, 그 다음에 수확된 열매는 종자로서의 기능이 아예 상실되고 만다. 이렇게 되면 농민은 '자가종자 생산(Farm Save)의 권리'를 박탈당해, 다시 농사를 지으려면 종자를 돈을 주고 또 구입할 수밖에 없다. 매년 농민은 종자 회사에서 종자를 구입하는 운명의 굴레에서 벗어날 수 없게 되는 것이다. 여기에서 바로 '식량 예속화' 내지는 '식량 무기화'의 길이 열리게 된다. 그러니까 종자 회사에서 종자를 판매하지 않으면, 농민은 땅을 갖고 있으면서도 종자를 구할 수 없어 더 이상 농사를 지을 수 없기 때문이다. 이는 농민들로 하여금 식량 생산의 토지 경작을 배제한다는 의미에서 16-17세기 영국에서 일어난 '인클로저 운동'에 비견될 수 있다. 이렇게 되면 자본과 기술 선진국은 식량 자원을, 식량난 해결이라는 선의의 목적을 넘어 단순히 이윤 추구를 위해 악용할 수 있을 뿐만 아니라, 한 걸음 더 나아가 다른 목적, 즉 세계 경제와 정치 재편의 강력한 무기로 사용할 수도 있다.

2) 유전자 특허와 생물해적질

GMOs를 통한 세계 지배는 생물 특허권으로 그 설득력을 더해

---

5) 정관혜, 「생명공학 특허와 제3세계의 유전자 자원」, 권영근 편, 『위험한 미래』, p.259.

가고 있다.6) 생명체의 유전정보 및 유전자 변형 기술에 대한 특허 권이 인정됨에 따라 생명공학기술 후진국은 자국의 생물자원을 착취당할 수밖에 없는 것이 오늘의 국제 현실이다. 이와 관련하여 미국 하버드대학 무역학과 교수 제프리 삭스 박사는 '기술 분단 론'을 주창해 관심을 모으고 있다. 냉전 종식으로 이념적인 분단 이 끝난 반면에 21세기에는 기술 분단의 시대가 도래하리라고 삭 스 교수는 예견하고 있다. 즉, 기술 혁신 그룹에 속하는 세계 인구 의 15%가 전 세계의 거의 모든 기술 혁신을 주도하고 있으며, 세 계 인구의 50%는 이러한 기술을 생산과 소비에 적용하는 기술 적 용 그룹에 속하는 반면에, 나머지 35% 정도는 이러한 기술과 단 절되어 있는, 그러면서도 앞으로도 기술 이용이 어려운 기술 단절 그룹에 속하게 된다는 것이 삭스 교수의 지적이다. 생명체에 대한 특허권의 범위를 어떻게 한정하느냐에 따라 이런 기술 분단론의 현실화 양상이 달라질 것임에 분명하다.

특허권은 '생물해적질(biopriacy)'과도 밀접하게 연관되어 있다. 생물해적질이란 제3세계의 생물 다양성, 특히 유전자원을 그 나라 의 허가 없이 선진국의 다국적 기업들이 취한 다음 이를 일부 조 작하여 특허를 받거나, 아니면 새로운 상품을 만들어 전 세계에 팔 아먹는 행위를 일컫는다. 이렇게 되면 그동안 아무 제약 없이 자 유롭게 이용하였던 자원을 제3세계 국민들은 로열티 혹은 값을 지불하고 이용하여야 하기 때문에, 결국 이들의 사용은 제한될 수 밖에 없다. 그래서 리프킨은 이러한 생물 특허를 '최후의 인클로 저 운동'이라고 힐난한 바 있다. 특히 제3세계 국가의 유전자 자

---

6) 생물 특허에 관한 더 자세한 논의는 J. Rifkin, *The Biotech Century*, 전영 택·전병기 옮김, 『바이오테크시대』(민음사, 1999), 2장 「생물 특허」를 참 조하라.

원에 대한 기술 혁신 그룹 국가의 특허권 획득은 가난한 나라의 생물학적 자원을 착취하는 생물식민주의(bio-colonialism)로, 사유 재산을 이유로 공동체 문화를 파괴하는 '신식민주의'를 초래할 수 있다.

물론 이미 1930년에 미국에서 식물 특허(plant patent)가 인정되었다. 하지만 식물을 넘어 미생물이나 동물에 대한 특허 길을 열어 준 획기적인 사건은 '차크라바티 판례'이다.[7] 1971년 제너럴 일렉트릭(GE) 사의 인도 출신 미생물학자인 아난다 차크라바티는 해양에서 기름을 분해하도록 설계된 유전자 변형 미생물에 대한 특허 청원을 미국 특허국에 제출하였다. 그러나 특허국이 생명체에 대해서는 특허를 허용할 수 없다고 거부하자, 차크라바티는 소송을 제기하였고, 이 소송은 기나긴 법정 공방 끝에 연방최고법원까지 갔다. 특허 신청을 한 지 10년이 지난 1980년 연방최고법원은 5 대 4라는 근소한 차이로 차크라바티의 손을 들어 주었다. 다수 의견을 대표하는 수석 재판관은, 이 미생물은 인간에 의해 만들어진 발명품이며 보통의 화학물질과 다르지 않다고 판단했다고 한다. 특허국과 함께 이 특허 청원 소송에서 법적 조언자로 활약한 민중경제위원회(People's Business Commission)가 지적한 바와 같이, 이 미생물에 대한 특허를 인정한 연방최고법원의 판결은 다른 모든 생명체에 대해서도 특허를 인정하는 대문을 활짝 열어 놓고 말았다.

특허는 배타적 사용권을 뜻하므로 생물체에 대해 누군가가 특허를 획득하게 되면, 특허 취득자의 허가 없이는 그 생물체를 자유롭게 이용할 수 없다. 이렇게 되면 특허 취득자가 그 이전 사용

---

7) 차크라바티의 판례에 관한 내용은 한재각, 「신자유주의자의 놀라운 마술」, 권영근 편, 『위험한 미래』, pp.224-225에서 참조하였다.

자들의 자산을 빼앗는 결과를 야기하여, 생물해적질이 발생하게 된다. 이러한 생물해적질의 대표적인 예는 인도의 '님(Neem) 나무' 특허이다.[8] 님 나무는 인도의 건조 지역에서 흔히 볼 수 있는 인도의 대표적인 식물이다. 인도 민중들은 아주 오래 전부터 님 나무를 의약품, 화장품, 피임약, 목재, 연료, 살충제 등 다양한 용도로 이용해 왔다. 그런데 미국의 W. R. 그레이스(W. R. Grace) 사가 생물 제초제용으로 이 나무의 천연화합물에 대해서 특허를 취득하였다. 이로써 몇 백 년 동안 조상 대대로 님 나무로부터 유용한 물질을 자유롭게 얻어 사용해 온 인도 국민들은 인도 땅을 한 번도 밟아 보지 않았을지도 모를 미국인들에게 로열티를 지불해야 할 운명에 처하고 말았다. 이에 1993년 약 50만 명의 인도 남부 농민들이 님 나무 등의 식물에 대한 외국인의 특허 승인에 반대하는 대규모 규탄 집회를 열어 전국적인 항의 운동을 전개하였다.

또 1993년 미국 국립보건원에는 인간의 세포와 관련된 다소 생소한 특허 신청서가 접수되었다. 특허의 대상은 바이러스이다. 이 바이러스는 파나마의 구아이미족 인디언 출신의 26세 여성의 세포에서 추출한 것이다. 어떤 이유 때문인지는 밝혀지지 않았지만, 이 바이러스는 인체에서 항체가 잘 생성되도록 만드는 특별한 능력을 지녔다. 면역력을 강화시키는 이 천연의 약재는 에이즈와 백혈병 연구에 진일보를 가져다줄 수 있는 아주 귀중한 자산이다. 이 사실을 알게 된 파나마 구아이미족 의회 의원들은 미국에 대해 즉각 '유전자 프라이버시'를 무참히 짓밟았을 뿐 아니라 이를 이용해 세계시장에서 이익을 취하려는 야만적인 행위라고 거세게

---

8) Ibid., p.229 참조.

항의하였다. 거센 저항에 부딪혀 미 국립보건원은 결국 이에 대한 특허 신청을 철회해야만 했다.9)

이런 반대에도 불구하고 유전자 변형 공정 과정뿐만 아니라 조작된 유전자, 세포, 조직, 기관, 전체 유기체 등마저도 하나의 발명으로 보아 특허권을 인정하는 것이 세계적인 추세이다. 인간을 비롯한 모든 생명체들의 유전자는 분명 우리 모두의 자산, 즉 인류의 공유자산이다. 우리 모두의 자산이므로 우리 모두에게 혜택이 돌아가는 방향으로 특허권 허용 범위가 정해져야 할 것이다. 즉, 사회정의의 관점에서 공유자산인 유전정보가 분배되어야 함에도 불구하고 오히려 현실은 신자유주의라는 시장원리에 따라 진행되고 있다. 실제로 다국적 기업은 우수한 생명공학기술을 무기 삼아 유전자 사냥에 나서고 있다.10)

---

9) 구아이미족의 사례는 김훈기, 『유전자가 세상을 바꾼다』(도서출판 궁리, 2000), p.54에서 원용하였다.

10) 심지어는 인간의 SNP에 대해서도 특허를 인정하는 것이 세계적인 추세이다. 예를 들어, 1990년 미국 캘리포니아 대법원은 특허권과 관련되어 생물산업에 기념비적인 판결을 하나 내렸다. 1980년 대 중반 미국 캘리포니아 주에 거주하던 기업인 존 무어는 자기도 모르는 사이 신체의 일부가 특허를 받았다는 사실을 알고 경악했다. 그는 한때 희귀한 암에 걸렸다는 진단을 받고 캘리포니아대학 병원에서 치료를 받은 적이 있었다. 당시 그를 치료하던 의사는 무어의 비장(脾臟)에서 흥미로운 사실을 발견했다. 백혈구 생성을 촉진하는 단백질이 그곳에서 만들어지고 있는 것이었다. 의사는 산도스라는 제약회사와 함께 이 비장 세포를 대량으로 배양하는 기술을 개발하고는 1984년 이 발명에 대해 특허를 얻었다. 20억 달러 이상의 돈을 벌 수 있는 기술이었다. 물론 무어에게는 이 사실을 알리지 않았다. 뒤늦게 이 사실을 알고 무어는 소송을 제기하였지만 결과는 무어에게는 자신의 신체조직에 대한 소유권이 없다는 판결이었다. 대신 신체조직의 상업화 가능성에 대한 설명 의무 위반을 들어 대법원은 금전적 배상을 명하였을 뿐이다. 대법원은 희귀 세포를 배양하는 기술이 독창적이라면 그것이 누구의 세포든지 상관없이 특허를 받을 수 있다는 점을 인정해 준 셈이다.

3. GMOs, 안전성 그리고 환경윤리

1) 안전성 논란: 생물재해와 인체 위해성

GMOs의 상용화에 대해 환경윤리학자들은 거세게 반대하고 있다. 생명공학은 이제까지 자연에 존재하지 않은 유전자를 새롭게 생기게 하거나 혹은 있던 유전자를 없애는, 그래서 종의 경계를 무너뜨리는 돌연변이 유포 기술이다. 즉, 돌연변이 유전자를 지닌 GMOs가 생태계에, 그리고 자연환경 및 인체에 위해할 개연성이 높아 생물재해(bio-hazzard)를 야기하지 않을까 전문가들은 두려워하고 있다. 영화 속의 이야기이지만 쥐라기 공원은 이러한 염려를 잘 보여준다. 그러니까 인류에게 득을 가져다주리라 예상하고 만들어진 GMOs가 거꾸로 인간에게 재앙을 가져다줄 수 있다. 이런 비판의 밑바탕에는 현재의 유전자 구조가 자연에 최적이라는 믿음이 깔려 있다. 즉, 자연은 38억 년 동안 자연도태와 적자생존이라는 과정을 거쳐 현재의 자연환경에 가장 적합한 생명체만이 살아남았는데, 현존 생물체들이 살아남았다는 사실은 곧 각 생물체의 현존 유전자 구조가 자연에 최적이라는 점을 입증하고도 남음이 있다.

이런 면에서 보면 생명체는 그 자체로 고유한 생명의 논리를 지닌다. 그런데 일단 유전자 변형 미생물이나 동식물이 만들어져 실험실이 아닌 자연에 방치될 경우 인간으로서는 통제가 불가능하다. GMOs 자체뿐만 아니라 연구 및 개발 과정에서도 관리 소홀로 인한 자연환경 위해 논란은 끊이지 않고 있다. 실제로 일본에서는 유전자 진단 등을 하고 있는 대학병원과 종합병원의 40% 이상이 DNA를 일반폐기물과 같이 버리거나 배수구에 흘려보내고 있음이 일본 후생성 연구반의 실태 조사 결과 드러났다. 유전병이나 난치병 진단 과정에서 복제된 DNA가 연구원이나 쓰레기 처리업자의 호흡기나 피부의 상처 등을 통해 몸 안에 들어가게 되면 세포에 자리 잡아 암 등을 유발할 위험이 크다고 이 연구반은 지적하고 있다. 이런 실태는 비단 일본뿐만 아니라 유전자 재조합 기술을 사용하는 거의 모든 나라에서 자행되기 쉽다. 특히 연구자의 지적 호기심으로 키메라와 하이브리드와 같은 이상한 생명체를 창조해 낼 경우, 이것이 생태계에 미치는 영향이 선한지 악한지 어느 누구도 예측할 수 없다. 예를 들어, 유전자 변이 미생물이 돌연변이를 일으켜 인체에 치명적인 위해를 가하는 질병 바이러스나 세균으로 탈바꿈하여 새로운 질병을 낳아 인류를 공포에 떨게 할 수도 있다. 또 유전자 변이 동식물이 자연 생명체와의 적자생존에서 승리할 경우, 이제까지 진화를 통해 최적의 유전자를 지닌 자연 생명체가 사라지고 돌연변이 생명체가 그 자리를 대신할 수도 있다.

이를 두고 일부에서는 인간 역시 자연의 일부이기 때문에, 인간의 이러한 유전공학기술의 사용도 '자연'의 하나로 간주하여, 이러한 현상 역시 보이지 않는 손에 의한 적자생존 내지 진화 과정의 일부라고 주장한다. 하지만 이는 인간의 더러운 손에 의한 자연의 '교묘한 파괴'이다. 왜냐하면 형질 전환 동식물은 현상적으로는 환경에 잘 적응하고 또 고품질의 의약품이나 식품을 만들어 낼 수 있을지 모르지만, 돌연변이 유전자가 예기치 않은 자연환경의 급격한 변화에 어떻게 대처할지 자못 의심스럽기 때문이다. 물론 복제술은 이미 이 지구상에서 사라진 공룡과 같은 생명체를 살려 낼 수 있으며, 백두산 호랑이와 같은 멸종 위기의 종을 보존하는 데 크게 도움을 줄 수 있지만 자연의 다른 생태계에는 재앙이 될 수 있기 때문에, 단지 인간에게 유용한 산물을 가져다준다는 이유로 유전자 변이 동물을 대량 복제할 경우 이런 염려는 단순한 기우가 아니라 현실이 될 개연성이 높다. 그래서 학자들은 복제를 이용한 생물산업은 생물 다양성(biodiversity)을 훼손하여 결국 생물재해를 야기하지 않을까 염려한다.

GMOs와 인체 위해성 관계는 더욱더 논란거리이다. 이질적인 도입유전자(transgene)를 포함한 GMOs 식품을 인간이 섭취할 경우 인간에게 위해할 가능성은 언제나 상존한다. 실제로 1989년 미국에서 일명 '트립토판 사건'이 발생하였다.[11] 과학자들은 식품첨가제로 사용되는 아미노산인 트립토판 유전자를 미생물에 삽입한 후 이를 증식시켜 대량의 트립토판을 얻는 데 성공했다. 그런데 이 트립토판이 첨가된 식품을 먹고 36명이 사망하고 1만여 명 이상의 환자가 발생하였다. 이는 몸에서 백혈구 수가 증가하고 심한 근육통 증상을 보이는 전혀 새로운 종류의 질병이었다. 질병과 유전자 변이 트립토판 사이의 인과적 관계는 과학적으로 밝혀지지 않았지만 미국 정부는 트립토판 첨가 식품을 먹지 말라는 비상 경고령을 내렸다.

2) 사전예방 원칙

GMOs의 안전성에 관한 찬반 논쟁의 핵심은 위해성 검증의 방법론 물음이다. 즉, 찬성론자들은 GMOs가 인체와 환경에 유해하다고 입증되지 않는 한 허용되어야 한다고 주장하는 반면에, 반대론자들은 GMOs가 인체와 환경에 무해하다고 입증되지 않는 한

---

11) 김훈기, 『유전자가 세상을 바꾼다』, pp.171-173.

허용되어서는 안 된다고 주장한다. 이는 '메타 논리(meta logic)'에 속하는 문제이다. 이 두 입장 중 어느 한 입장도 과학적으로 그 참·거짓을 밝힐 수 없다는 데 문제의 심각성이 도사리고 있다. 왜냐하면 아직 도입유전자와 환경의 상호작용에 관한 과학적 지식이 걸음마 단계에 불과하기 때문이다. 사실 유전자는 잠재태에 불과하며, 유전자는 환경과의 상호작용을 통해 현실화된다. 이를 후쿠야마(F. Fukuyama) 교수는 '의도하지 않은 결과들의 법칙(the Law of Unintended Consequences)'에 근거하여 이렇게 말한다. "특정 질병의 유발에 영향을 미치는 하나의 유전자는 유전자를 조작할 당시에는 나타나지 않았다가 몇 년이 지나서 또는 다음 세대에서야 나타나는 2차적, 3차적 영향을 가질 수 있다."[12] 그래서 특정 지역에서 안전한, 혹은 특정 인종에게 안전한 도입유전자가 다른 환경에서, 혹은 다른 인종에게는 얼마든지 위해할 수 있다. 왜냐하면 상호작용의 한 축인 환경적 요인은 지역에 따라 다르고, 또 인간의 유전자 역시 인종 간에 차이가 있기 때문이다. 그뿐만 아니라 유전자는 때로 오랜 시간이 흐른 후 발현되기도 하기 때문에, '지금 여기'에서 안전한 유전자 변형 식품이 미래의 어느 시점에 인간과 생태계에 위해할 수도 얼마든지 있다. 소위 격세유전이 이를 잘 보여준다.

실제로 기형아 출생률이 점점 높아지고 있는데, 일부 학자들은 이를 환경오염 탓으로 설명하고 있지 않은가? 과학적으로 직접적인 인과관계가 밝혀지지 않았다고 해서, 인간에게 해로운 영향이 일어나지 않고 있다고 어느 누구도 장담할 수 없다. 과학의 눈에 들어오지 않는 영향은 엄연히 존재하기 때문이다. 그리고 대부분

---

12) F. Fukuyama, *Our Posthuman Future*, 송정화 옮김, 『부자의 유전자, 가난한 자의 유전자』(한국경제신문, 2003), pp.320-323.

의 생명현상에는 하나의 유전자가 아니라 복수의 유전자가 관련되며, 또 하나의 유전자 역시 하나의 표현형에만 관련되는 것이 아니라 여러 표현형과 관련되어 있다. 따라서 이 복합적 요인을 모두 고려하여 GMOs의 위해성 여부를 과학적으로 입증하기는 현재뿐만 아니라 미래에도 거의 불가능하다고 학자들은 입을 모으고 있다.

미국 등 선진국에서는 GMOs의 안전성 확보를 위해 2000년 캐나다 몬트리올에서 유전자 조작 농산물의 국제 거래를 안전하게 관리하려는 <생명공학 안전성에 관한 카르타헤나 의정서>를 채택하였다. 이 의정서는 생명공학의 위험성과 혜택을 동시에 인정하면서 이미 국제적인 이슈로 등장한 GMOs의 공정 및 수출입에 관한 안전 윤리를 제고할 것을 주장하고 있다. 특히 이 의정서는 <환경과 개발에 관한 리우선언(Rio Declaration on Environment and Development)>에 의거하여 생명공학기술의 특성을 고려하여 '사전예방 원칙(precautionary principle)'이 결정적으로 중요하다는 사실을 처음으로 제도화하고 있다.[13] 즉, GMOs와 같이 현재의 과학기술로 그 위해성을 과학적으로 입증할 수 없는 경우에도, 관련 종사자는 그 잠재적 피해를 최소화하기 위해 필요한 모든 조치를 취해야 하며 또 수입국은 GMOs의 수입을 금지할 수 있도록 이 의정서는 규정하고 있다.

4. GMOs의 철학적 함의

우리는 여기서 GMOs의 안전성 물음과 윤리 물음을 구분할 필

---

13) "The Cartagena Protocol on Biosafety"(2000. 3), Article 1 Objective 참조.

요가 있다. 안전성 물음은 인체 및 환경에 미치는 위해성 물음을 말한다. 엄밀히 말해 안전성 물음은 철학이나 윤리학의 물음이 아니라 과학의 물음이다. 그래서 안전하지 않다고, 즉 혜택에 비해 해악이 크다는 점이 과학적으로 판명 나면 그 기술은 일단 비윤리적인 것으로 비난받는다. 그렇다고 안전성 물음이 전적으로 과학의 일이라고만 말할 수는 없다. 왜냐하면 안전성 검증의 대상 외연을 어떻게 규정할 것인가의 물음은 과학의 물음이면서 동시에 철학의 물음이기도 하기 때문이다. 사실 인과관계는 닫힌 체계가 아니란 열린 체계이다. 즉, 인과관계의 연쇄는 닫혀 있는 것이 아니라 무한히 열려 있다. 그러니까 GMOs의 경우, 그것이 가져다주는 이득과 손실은 시공간적으로 광범위하여, 어느 한 지점에서 마침표를 찍기가 그리 쉽지 않다. 대개 과학자들은 '지금 여기'에서의 이득과 손실만을 안전성 검증 대상으로 삼고 있지만, 이는 '근시안적 귀납의 오류'라고 아니 할 수 없다. 왜냐하면 GMOs는 '지금 여기'를 넘어서 '내일 저기'에도 영향을 미치기 때문이다. 그렇기 때문에 GMOs의 안전성을 객관적으로 평가하자면, 지금만이 아니라 '내일'을, 그리고 여기만이 아니라 '저기'도 반드시 고려해야 하는데, 이는 과학자의 손에만 맡길 수가 없다. 과학자는 이해당사자이기 때문이다.

설사 이런 광범위한 안전성이 입증되었다고 해도 모든 문제가 끝난 것은 아니다. 안전성과 윤리는 다른 물음이기 때문이다. 즉, 안전한 모든 과학기술이 윤리적인 것은 아니다. 예를 들어, 체세포 핵이식 의술을 통해 복제인간을 안전하게 생산할 수 있다 해도 우리는 여전히 이러한 복제인간 출생이 윤리적으로 바람직한가를 물을 수 있으며, 또 실제로 일부 생명윤리학자들은 복제인간 출산은 안전해도 비윤리적이라고 비난한다. 이와 마찬가지로 우리는

GMOs의 안전성이 입증되어도 GMOs의 윤리를 물을 수 있고, 또 물어야 한다. 그 정당 근거를, 그리고 그 옳고 그름을 묻는 것이 철학과 윤리학의 본질적 역할이기 때문이다.

우리 인간이 GMOs를 '창조'할 권리를 지니는가? 이 물음에 답하자면 먼저 GMOs의 형이상학적 함의가 해명되어야 한다. 기존의 과학기술과 생명공학기술의 근본적인 차이점은 무엇인가? 이제까지 과학기술은 주로 자연의 피조물, 즉 생물체와 무생물체 상호간의 인과관계를 해명하여 인간에게 유용한 물건을 만들고 또 환경을 변화시켜 왔다. 물론 이전에도 종자 개량 등도 있었지만, 21세기 생명공학은 이와는 다른 양상을 보여주고 있다. 왜냐하면 생명공학은 근본적으로 한 생명체가 갖고 있는 고유한 본성을 바꾸는 혁명적인 작업으로 새로운 생명체를 '창조하는' 작업이기 때문이다. 영어 명칭 'Genetically Modified Organisms'가 말해 주듯이, GMOs는 유전자를 변형시키거나 아니면, 그 생물체가 본성적으로 갖고 있지 않은 새로운 유전자를 인위적으로 도입시킨 생물체이다. 물론 유전자 결정론(genetic determinism)은 참이 아니지만, 모든 생명체의 발달이 유전자에 의해 방향지어진다는 과학적 사실을 받아들일 경우, 유전자를 간섭 내지 변형시키는 생명공학기술은 한 생명체가 갖고 있는 고유한 본성을 인간이 의도적으로 바꾸는 기술이다.

이로 인해 자연과 문화의 경계가 허물어지고 있다. 이제까지 모든 생명체는 '자연'으로서 인간의 의도와 상관없이 인류의 공동자산으로 주어지는 것이었으나, 이제는 인간에 의해 만들어진 '생산품'으로 바뀌고 있다. 생명과학 및 생명공학은 근본적으로 생명현상을 과학적으로 해명하여 공학적으로 '인간의 의도대로' 생산하고자 하는 야심 찬 기획이다. 그러니까 동식물은 이제 '자연'에서

'문화'로 바뀌고 있다. 금세기 초 인간게놈 지도의 완성과 황우석 교수팀의 인간배아 복제 성공(?)으로 인해 '21세기는 생명공학의 세기가 될 것'이라는 제레미 리프킨의 예언이 현실로 다가오면서,[14] 동식물뿐만 아니라 인간마저도 자연이 아니라 문화가 되고 있다. 다시 말해, 인간의 신체적, 정신적 자질까지도 머지않은 미래에는 자연적으로 주어지는 것이 아니라 문화적으로 선택되고 결정될 운명을 맞이하게 될 것이다. 유전자 변형 생물체는 바로 '인간 변형'의 전 단계로서, 임상시험에서 일종의 동물실험 단계라고 말할 수 있다.

생명공학기술은 자연 지배의 첨단 무기이다. "아는 것이 힘이다."라는 베이컨의 논리에 따라, 인류는 과학기술을 통해 자연 정복을 착실하게 진행해 왔다. 자연은 과학기술 앞에 벌벌 떨고 있다고 해도 과언이 아니다. 하지만 정복되지 않은 영역이 있다. 그것은 바로 생명현상이다. 이제 인류는 철옹성과 같은 마지막 성인 '생명'을 향해 '공격 앞으로'를 외치고 있다. 파죽지세로 침략하는 과학기술 앞에, 무방비 상태의 자연은, 생명은 조용히 성문을 열고 있다. 그러니까 단순히 자연을 지배하는 차원을 넘어 생명공학기술은 자연의 본성마저 바꿀 것을 요구한다. 결국 생명과학 및 생명공학의 기술의 개발 이면에는 인간과 자연의 철저한 이분법이 자리 잡고 있다. 인간은 만물의 영장이요, 자연은 인간의 지배를 기다리는 하나의 '대상'에 불과하게 된다. 동물을 포함한 자연에 대한 기계론적 세계관이 생명공학의 밑바탕에 자리 잡고 있는 셈이다. 이제 인간은 명실상부한 만물의 영장이 되어, '하나님 놀이(playing God)'를 하고 있는지 모른다. '아름다운 지배'가 가능

---

14) J. Rifkin, *The Biotech Century*, 전영택 · 전병기 옮김, 『바이오테크시대』, 1장 「생명공학의 세기」 참조.

하자면 두 가지 조건이 충족되어야 한다. 하나는 지배 대상에 대한 완전한 지식이요, 다른 하나는 그 지식을 선하게 사용할 수 있는 도덕성이다. 불완전한 지식은 자연 생태계에 부작용을 야기할 수밖에 없고, 또 아무리 완전한 지식을 지녀도 그 사용자의 도덕성이 보장되지 않으면 오히려 인류 전체에 나쁜 영향을 미칠 수밖에 없다. 과연 인간이 이 두 가지 조건을 충족시키고 있는가? 우리는 지금 "인간은 인간이고 자연은 자연이다."라는 종족주의(speciesism)의 우를 범하고 있는지도 모른다.[15]

5. 윤리적 생명공학을 꿈꾸며

GMOs를 비롯한 생물산업은 이솝우화에 나오는 '황금알을 낳는 거위'에 비유될 수 있다. 노부부는 거위를 살찌우는 데 신경을 쓰지 않고 오직 황금알에만 집착한 나머지 귀중한 부의 근원인 거위를 죽이고 만다. GMOs가 '기업과학'을 바탕으로 자본의 논리에 따라 오직 경제적 이익에만 집착한다면, 시민들의 거센 저항에 부딪힐 것이다. 왜냐하면 아직 GMOs의 안전성과 윤리 물음이 명확하게 해결되지 않았기 때문이다. 거위를 살찌우는 지혜를 찾아야 한다. 대부분의 인간은 근시안적 귀납의 오류를 범하기 쉽다. 즉, 인간은 자기에게 유리한, 그것도 '지금 여기'에서 유리한 '사실'만을 끌어 모아 과대포장을 하지만, 자기에게 불리한 사실들에 대

---

15) 종족주의란 "인간 종이 다른 종보다 우월하다는 가정에 근거하여 인간이 다른 동물 종을 착취하거나 차별하는 것"을 말한다. 인종이나 성을 근거로 한 차별이 도덕적 정당성을 얻기 어렵듯이, 단지 종이 다르다는 이유로 차별하는 종족주의 역시 도덕적 정당성을 얻을 수 없다고 동물해방주의자들은 주장한다. P. Singer, *Rethinking Life and Death: The Collapse of Our Traditional Ethics*(New York: St. Martin's Griffin, 1994), p.173.

해서는 아예 눈을 감아 버리는 경향이 있다. 이런 오류가 GMOs 산업에 대해서도 그대로 드러나 과학자들은 '현재적 이익'을 강조하는 반면에 '잠재적 위험'에 대해서는 "설마 그런 일이 일어나겠느냐."며 자위하고 있다. 특히 GMOs가 안고 있는 사회철학적 함의와 형이상학적 전제를 비판적으로 검토하여 윤리적인 생명공학의 꽃을 피울 수 있는 학제간 연구가 절실히 필요하다. 과학기술은 특정 집단의 전유물이 아니라 인류 전체의 공동자산이다. 다시 말해, 과학기술 작업을 몸소 행하는 자는 분명 전문가 집단이지만, 과학기술을 이용하고 또 그 영향을 받는 자는 인류 전체이기 때문이다. 따라서 과학기술에 관한 정책 결정에는 과학이나 경제의 논리만이 아니라 철학이나 윤리학의 논리도 고려되어야 한다. 특히 흩어진 모래알을 결집하여 사회 변화의 힘을 발휘하도록 네트워크화할 수 있는 시민단체의 활동이 절실히 요청된다. 또한 과학기술 자체를 학제적으로 연구할 수 있는 열린 마음과 과학기술이 지닌 철학적, 윤리학적 함의에 관한 생명윤리 교육이 요망된다.

10장 대리모의 윤리

1. 들어가는 말: 보조생식술과 윤리

과학은 "할 수 있으면 해도 좋다."라는 논리에 따라 할 수 있는 영역을 확장하여 왔다. 그러나 윤리학은 할 수 있는 일에 대해 "해도 좋은가?"를 묻는다. 왜냐하면 과학은 존재와 사실을 탐구 대상으로 하는 반면에, 윤리학은 당위와 가치를 그 대상으로 삼기 때문이다. 그래서 새로운 과학기술과 의술은 우리들에게 할 수 있는 영역을 확장하여 새로운 윤리적 문제를 던지고 있다. 그래서 과학기술의 발전을 윤리가 따라 잡지 못해 '윤리 지체(ethics lag)' 현상이 발생하고 있는데, 그 대표적인 분야가 바로 의술, 특히 보조생식술과 유전의학이다.[1]

이제까지 생식은 '성적 결합 – 수정: 정자 + 난자 – 수정란(배아)

---

1) A. L. Caplan, "Can Ethics Help Guide the Future of Biomedicine?", R. B. Baker, et al., eds., *The American Medical Ethics Revolution*(Baltimore and London: The Johns Hopkins University Press, 1999), p.277 참조.

－착상－ 태아－ 출생'이라는 자연의 과정에 따라 한 여성의 자궁 내에서 이루어졌다. 하지만 보조생식술의 발달로 이 자연의 과정에 인간, 특히 의사의 손이 개입하게 되어, 성적 결합에 의하지 아니하고도 정자와 난자가 만날 수 있고, 또 난자 제공자와 자궁 제공자의 구분도 가능하게 되었다. 이러한 보조생식술에는 결혼, 정자 제공자, 난자 제공자, 그리고 자궁 제공자라는 네 가지 범주가 중요한 요소로 자리 잡고 있다. 이 네 가지 범주에 따라 보조생식술을 분류한 다음, 각 유형의 보조생식술이 함의하고 있는 윤리적 물음을 비판적으로 논의하는 일 역시 중요한 철학적 작업이 될 수 있다.2) 하지만 여기서는 이러한 방법을 채택하지 않고, 보조생식술을 통해 한 생명이 탄생하는 생물학적 과정에 초점을 맞추어 그 윤리적 물음을 논의하고자 한다.

일반적으로 보조생식술의 생물학적 과정은 다음 도표와 같다.

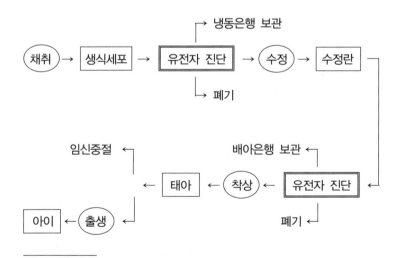

---

2) Leroy Walters, "Editor's Introduction", *Journal of Medicine and Philosophy* 10(1985), p.210 및 김상득, 『생명의료윤리학』(철학과현실사, 2000), pp.75-94 참조.

이 표가 말해 주듯이, 인간 생명의 탄생에는 그 속성이 전혀 다른 4단계의 생명체가 존재한다. 첫째는 생식세포, 즉 정자와 난자 단계이고, 둘째는 수정란 내지 배아 단계이며, 셋째는 태아 단계이며, 마지막은 출생한 아이 단계이다. 또한 이러한 보조생식술에는 세 가지 중요한 의학적 간섭이 이루어지고 있다. 첫째는 정자 제공, 둘째는 난자 제공, 그리고 셋째는 자궁, 즉 여성 몸의 제공이다. 보조생식술의 윤리 물음은 이러한 생물학적 발달 과정에 따라 각 단계별로, 혹은 의학적 간섭에 따라 논의될 수 있지만, 여기서는 여성 몸의 제공, 즉 대리모의 윤리에 국한하여 논의하고자 한다.[3] 물론 이러한 논의는 배경적 물음을 야기한다. 즉, 결혼이라는 제도 틀 내에서만 비배우자 간 보조생식술을 허용할 것인가, 아니면 결혼하지 않은 독신녀나 동성애자에게도 허용할 것인가? 이는 생식의 자유와 가정의 도덕적 이상이 무엇인가에 따라 그 결론이 달라질 것이다.[4] 하지만 여기서는 "아이는 양 부모를 가질 권리가 있다."라는 윤리 원칙을 받아들여,[5] 결혼 부부의 보조생식술 이용에 함의된 윤리적 물음을 다루고자 한다.[6]

---

3) 대리모 계약의 법적 타당성에 관한 논의는 이봉림, 「대리모 계약에 관한 연구」, 『생명윤리정책연구』 제2권 2호(2008. 8), pp.135-151 참조.

4) 좋은 가정의 도덕적 이상에 관한 논의는 H. Putnam, "Cloning People", J. Burley, ed., *The Genetic Revolution and Human Rights*(Oxford: Oxford University Press, 1999), pp.9-11를 참조하라.

5) J. Harris, *Clones, Genes, and Immortality: Ethics and the Genetic Revolution*(Oxford: Oxford University Press, 1998), p.33.

6) 비배우자 간 보조생식을 비롯하여 생식의학 일반에 관한 법학적 논의는 박은정, 『생명공학시대의 법과 윤리』, pp.215-224를 참조하라.

2. 대리모의 유형

대리모란 자신의 자궁을 이용하여 다른 사람을 위해 아이를 대신 낳아 주는 여성을 말한다. 아내의 자궁에 이상이 있어 그 대신 임신하여 아이를 낳아 주는 제3의 여성이 바로 대리모이다. 물론 이 경우 부부의 동의는 필수불가결하다. 대리모는 그 기준에 따라 다음과 같이 분류된다.

1) 씨받이 대리모와 순수 대리모

한 아이의 탄생에는 자궁뿐만 아니라 정자와 난자도 필요하다. 대리모가 자궁만 제공하였느냐, 아니면 난자까지 제공하였느냐에 따라 대리모는 임신 대리모(gestational surrogate)와 유전적 대리모(genetic surrogate)로 분류된다.[7] 유전적 대리모란 대리모 여성이 자신의 난자까지 제공한 경우를 말하는 것으로 씨받이 대리모라고 말할 수 있다. 물론 우리나라에서는 씨받이 풍습이 존재하였고, 또 아내가 자발적으로 동의한 경우 난자 제공과 윤리적으로 차이가 없지만, 오늘날 씨받이는 남성 중심의 가부장제 이데올로기의 산물로 비난받고 있다. 즉, 이러한 씨받이는 남성의 입장에서는 자기 피를 이어받은 혈통이지만, 여성을 종족 보존을 위한 '아이 낳는 기계'로 취급하는 일로 남녀평등의 이념에 어긋난다. 우선 아내의 입장에서는 유전적 혈연관계도, 또 임신과 해산의 고통도 없기에 입양과 차이가 없어 달갑지 않은 일이다. 그리고 대리모의 입장에서도 '완전한 자기 아이'를 이미 임신 전에 계약에

---

7) S. B. Rae & P. M. Cox, *Bioethics: A Christian Approach in a Pluralistic Age*, p.109.

의해 다른 사람에게 입양시키는 일로 '모진 여성'이라는 비난에서 자유롭기 어렵다.

따라서 여기서는 자궁만 제공하는 순수 대리모, 즉 임신 대리모에 국한하여 논의하고자 한다. 자궁만 제공하는 대리모는 다시 둘로 구분할 수 있다. 하나는 난자마저 제3의 여성으로부터 제공받는 경우이고, 다른 하나는 아내의 난자를 이용하는 경우이다. 그러니까 전자는 아내의 난자마저 이상이 있어 제3의 여인으로부터 난자를 제공받고, 또 다른 여성이 대리모 노릇을 하는 경우이다. 이러한 자녀 출산 역시 남성 중심의 가부장제 이데올로기의 산물이다. 여기에는 한 여성이 아니라 두 여성이 남성의 핏줄 이어받기에 이용당하고 있다. 즉, 이 역시 '씨받이 대리모'와 윤리적으로 아무런 차이가 없기 때문에 받아들이기 어렵다. 순수 대리모란 부부 자신들의 정자와 난자로 수정란을 만든 다음, 그 배아를 자신의 자궁에 착상하여 임신과 출산의 기능을 담당하는 여성을 말한다. 물론 여기에도 한 여성이 이용된다고 말할 수 있지만, 어디까지나 태어난 아이가 남편의 아이가 아니라 부부의 유전적 아이이기 때문에, 부부 모두의 동의가 가능하다. 아니 불임 부부는 이러한 방법을 통해 자신의 아이를 갖고 싶어 한다.

2) 상업적 대리모와 자비적 대리모

여성은 자신의 자궁 속에 아이를 임신하고 약 10개월 동안 '수고'를 해야 한다. 이는 필연적인 생물학적 과정이다. 임신 10개월 동안 여성은 행동의 제약이 따를 뿐만 아니라 식생활에도 주의를 기울어야 하며, 심지어 태교까지 감당해야 한다. 또한 해산의 고통은 이루 말할 수 없다. 따라서 임신과 해산이라는 대리모의 이러한 수고는 일상적인 노동보다 더 힘든 희생적인 노동이라 아니 할 수 없다. 여기서 두 종류의 대리모가 구분된다. 즉, 임신과 출산이라는 노동에 대한 보수를 받는 상업적 대리모와 보수를 기대하지 않고 불임 부부의 아픔을 애통해 하면서 자비의 마음으로 감당하는 자비적 대리모가 있다.[8] 여기서 보상과 보수는 구분되어야 한다. 자비적 대리모는 임신과 출산에 대한 보수를 요구하지 않지만, 그로 인해 입게 되는 경제적 손실 및 신체적 손실에 대한 금전적 보상을 받을 수 있다. 상업적 대리모는 경제활동을 하지 못한 데 대한 보상의 차원을 넘어 자신의 임신과 출산을 일종의 노동행위로 보고 그에 대한 금전적 보수를 받는 여성을 말한다.

일부에서는 상업적 대리모의 허용을 주장하기도 한다. 우선 대리모 측에서는 몸의 권리를 주장한다.[9] 자본주의 사회에서 개인은 언제나 자신의 노동력을 상품화할 수 있다. 우수한 노동력에 대해서는 더 많은 임금을 받는 것이 당연하지 않은가? 임신과 출산 역시 여성의 입장에서는 하나의 노동력이다. 그럼에도 불구하고 표준적인 보상만을 대리모에게 허용한다면, 이는 여성 노동력의 착취요, 여성 몸의 학대가 아닌가? 또 계약 부부의 입장에서는 '상품의 질'을 이유로 상업적 대리모가 허용되어야 한다고 주장한다. 모든 부모는 좋은 아이를 낳고 싶어 한다. 그런데 좋은 아이는 단순히 정자와 난자의 결합, 즉 유전자에 의해서만 결정되지 않고,

---

8) 일부에서는 이를 상업적 대리모(commercial surrogacy)와 이타적 대리모(altrustic surrogacy)라는 용어를 사용하나, 필자는 '자비적 대리모'라는 용어를 사용하고자 한다. S. B. Rae & P. M. Cox, *Bioethics: A Christian Approach in a Pluralistic Age*, pp.108-109 참조.

9) 일부 여성학자들은 매춘마저도 여성의 몸의 권리로 주장한다. 이현재, 「성적 타자(sexual others)의 인정과 몸의 권리(right to body)」, 『2008년 대한철학회 가을학술대회 논문집』(전남대, 2008. 10. 30-31), p.65.

하나의 세포에서 태아 단계를 거쳐 아이로 발달하는 여성의 자궁도 중요한 역할을 감당한다. 즉, 산모의 신체적 건강과 심리상태 그리고 태교 등이 아이의 신체적 및 정신적 자질에 중대한 영향을 미친다. 상업적 대리모가 허용되지 않으면 좋은 산모를 얻는 데 한계가 있지 않은가?

하지만 상업적 대리모의 허용은 몇 가지 윤리적 반론에 부딪힌다. 비록 여성의 임신과 출산이 노동력이라는 사실을 인정해도, 이러한 노동력은 그 질을 평가할 객관적 잣대가 존재하지 않는다. 일반적으로 노동력은 그로부터 귀결된 상품이나 서비스에 의해 그 질이 평가된다. 그러면 임신과 출산이라는 노동력을 통해 얻은 상품은 무엇인가? 바로 태어나는 아이이다. 일단 아이는 인격적 존재로 상품으로 취급될 수 없다. 또한 노동력이 상품화될 수 있으려면 품질 보증과 애프터서비스가 가능해야 한다. 하지만 임신과 출산은 품질을 보증할 수 없을 뿐만 아니라, 또한 출산한 아이에 대해 대리모는 애프터서비스를 할 수 없다. 따라서 상업적 대리모가 인정될 경우, 대리모는 출산한 아이에게 문제가 발생할 경우, 그 책임을 스스로 감당해야 하는데 이는 현실적으로 불가능하다.

근본적으로 인간의 탄생은 신비로울 뿐만 아니라 성스러운 일이다. 성스러운 한 인간의 탄생에 돈이 개입한다는 데 대해 대부분의 사람들은 정서적 거부감을 갖고 있다. 좋은 아이를 갖고 싶은 것은 모든 부모의 공통된 마음이지만, 여기에 돈이 개입될 경우 부작용이 발생할 수 있다. 이제까지 출생은 자연에 의해 주어진 것이며 인간 통제권을 넘어선 영역이었다. 물론 이로 인해 자연의 운과 불운에 의해 인간의 희비가 엇갈리기도 하였다. 하지만 여기에 바로 자연의 공평함이 성립되었다. 하지만 상업성이 개입될 경우, 자연이 만들어 준 '공평함'이 인간의 더러운 손에 의해 깨어져 유전적 자질 함양으로 이어지게 된다. 즉, 상업적 대리모 허용은 가진 자에게만 대리모 선택을 통해 좋은 아이를 낳을 수 있는 기회를 제공하는 것으로, 기회균등의 원칙에 어긋난다. 따라서 여기에서는 '자비적인 순수 대리모'에 국한하여 그 도덕성을 논하고자 한다.

3. 인간 생명의 출발점과 대리모의 윤리

대리모의 도덕성은 인간 생명의 출발점과 밀접히 연관되어 있다. 일반적으로 인간 생명의 출발점에 관해 두 가지 입장이 팽팽하게 맞서고 있다. 하나는 수정이라는 입장이요, 다른 하나는 착상이라는 입장이다. 먼저 수정론을 받아들이면, 엄밀히 말해 대리모는 '유모'에 해당된다. 왜냐하면 대리모가 자기 몸에 착상시키는 배아는 이미 인간 존재이므로, 대리모는 새로운 아이를 출생시키는 자가 아니라 이미 탄생한 아이를 양육하는 자이기 때문이다. 물론 차이는 있다. 즉, 유모는 자기 몸의 외적 활동을 통해 아이를 돌보는 반면에, 대리모는 자기 몸의 내적 생리적 활동을 통해 아이를 돌본다. 하지만 몸의 외적 활동이든 내적 활동이든, 이미 존재하는 생명체가 온전하게 자라도록 도움을 준다는 의미에서 이 둘은 차이가 없을 뿐만 아니라 윤리적으로 비난하기가 어렵다. 다시 말해, 수정론에 따르면 대리모는 유모가 되어 오히려 도덕적으로 권장되어야 하며, 심지어 상업적 대리모조차 비난하기 어렵다.

반면에 착상론에 따르면, 착상 순간에 인간 생명이 시작되기 때문에 대리모가 아이의 생물학적 모가 된다. 이렇게 되면 대리모는 엄밀히 말해 아내 대신 아이를 낳아 주는 자가 아니라 자신의 아이를 낳아서 불임 부부에게 입양시키는 자가 된다. 다시 말해, 이러한 형태의 보조생식술로 태어난 아이는 불임 부부의 남편은 생물학적 부가 되지만, 아내는 설사 난자를 제공하였다고 해도 생물학적 모가 될 수 없다. 정확히 말하면, 아내의 입장에서 보면 이렇게 태어난 아이는 혼외 출생자 내지는 '산전 입양(prenatal adoption)'10)이 된다. 출생을 인간 생명의 출발점으로 보아도 우리는 동일한 결론에 이르게 된다. 즉, 출생 순간에 한 인간이 비로소 존재하기 때문에 대리모가 아이의 생물학적 모가 됨에 분명하다.

시간의 관점에서 제기되는 인간 생명의 출발점이 어딘지의 물음과 상관없이 생물학적으로 한 아이는 정자와 난자, 그리고 여성의 자궁이라는 세 요소가 하나로 결합되어 태어난다. 물론 수정 순간에 새롭게 '창조된' 유전자 지도에 의한 자연적 발달임에는 분명하지만, 이 세 요소 가운데 실질적으로 '세포 덩어리'에 불과한 배아를 태아 단계를 거쳐 한 아이로 발달하게 하는 기능을 감당하는 요소는 대리모 여성의 자궁이다. 이런 관점에서 보면 여성의 자궁을 단순히 '애 낳는 기계'로 보기는 어렵다. 따라서 우리는 인간 생명의 출발점이 어디에 있느냐의 논의에서 벗어나, 자궁의 생물학적 기능을 사실 그대로 받아들여, 대리모의 중요성을 인정해야 한다. 그렇기 때문에 인간 생명의 출발점에 따라, 대리모는 보모나 혹은 '산전 입양 모'로 간주하지 말고 독특한 지위를 지닌 존재로 받아들여 그 도덕성을 검토해야 한다.

---

10) R. Hursthous, "Reproduction and Ethics", E. Crag, ed., *Routledge Encyclopedia of Philosophy*, vol. 8(1998), p.278.

4. 대리모에 관한 찬반 논변

생식의 자유 범위를 두고, 대리모에 관한 윤리적 찬반 논쟁이 일고 있다.

1) 대리모 반대 논변

(1) 불임은 질병이 아니라 또 하나의 자연이다. 불임을 질병으로 규정한 것은 남성 이데올로기의 산물이다. 여성의 몸은 다양한 기능을 가지며, 생식은 그 중 한 가지 기능에 불과하며, 생식의 기능이 없다고 해서 여성 몸이 질병을 갖고 있는 것은 아니다. 그럼에도 불구하고 남성 중심의 의학이 불임을 질병으로 규정하여 여성 몸을 폄하하고 있을 뿐만 아니라, 여성 몸을 착취하고 있다. 따라서 불임 극복은 질병 치료와 그 위상이 전혀 다르다. 대리모는 여성 몸을 단지 '아이 낳는 기계'로 전락시킬 우려가 있다. 대리모는 자기 몸을 노예로 전락시키고 있지 않는가? 노예 계약의 자유가 없듯이, 대리모 계약의 자유도 받아들일 수 없다.

(2) 대리모 출산은 가족관계의 혼란을 야기한다. 이제까지 가족은 혈연 중심으로 이루어져 왔다. 하지만 대리모의 개입으로 말미암아 생물학적 모가 누구인가의 물음이 새롭게 제기될 뿐만 아니라, '유전적 친척'이 대리모가 될 경우 전통적인 가족의 질서가 위기를 맞게 된다. 예를 들어, 얼마 전 일본에서는 결혼한 딸을 대신하여 그 어머니가 대리모가 되어 아이를 출산하였다.[11] 그러면 이렇게 태어난 아이는 대리모의 외손자(외손녀)인가, 아니면 아들

---

11) 「日 61세 여성, 딸 대신해 아기출산」, 『동아일보』, 2008년 8월 21일자.

(딸)인가?

(3) 대리모 출산은 사회적 약자의 희생을 강요하기 쉽다. 먼저 대리모를 통한 출산은 태중 아이로 하여금 생존의 위협을 느끼게 한다. 불임 부부의 기대와 달리 기형아로 판명이 날 경우, 이 아이는 임신중절을 당하거나 출생 후에도 버림을 받을 개연성이 일반적인 경우보다 훨씬 높다. 실제로 임신 후반기 산전 진단의 결과 장애아 출산의 확률이 높게 나와 불임 부부가 계약을 파기할 때 대리모 몸속의 아이 양육권 물음은 심각한 사회적 이슈가 될 수 있다. 또 대부분의 경우 경제력이 취약한 여성이 금전적 보상을 목적으로 대리모로 자원하고 있으며, 대리모 출산 비용을 계약 부부가 감당하기 때문에 병원 측에서 대리모의 인권보다는 불임 부부의 입장에서 보조생식술을 시행하기 쉽다. 실제로 계약 부부의 심경 변화로 인해 임신 후반기에 대리모로 하여금 임신중절을 강요하여 심적 부담을 안겨 주는 사례가 종종 발생한다. 대리모 출산은 이처럼 사회적 약자인 태아와 대리모의 인권을 침해하고 있다.

(4) 대리모 출산은 인간존엄성을 훼손한다. 비록 자비적 대리모라 할지라도 금전적 보상이 이루어지고 있지 않는가? 이렇게 되면 자녀는 이제 더 이상 태어나는 생명체가 아니라 의술에 의해 만들어지고 있지 않는가? 통제가 가능해지면 인간 존재는 절대적 가치에서 상대적 가치로 전락되어 인간존엄성이 훼손될 수 있다.

2) 대리모 찬성 논변

(1) 생식은 인간 행복의 필수적인 요소이기에, 모든 인간은 생식의 자유를 지닌다.12) 그런데 생식은 사적 영역으로 국가 권력이

간섭할 수 없다. 대리모 보조생식술을 이용한 출산 역시 이러한 생식의 자유 영역에 속하기 때문에 국가가 법으로 규제하여서는 안 된다. 행복은 헌법이 보장하고 있는 개인의 기본권에 속한다.

(2) 불임은 일종의 질병이다. 그런데 일부 불임의 경우 대리모가 이를 극복할 수 있는 유일한 대안이다. 즉, 대리모를 이용한 보조생식술은 다른 의술과 마찬가지로 질병을 치료하는 하나의 의술에 불과하다. 따라서 대리모를 이용한 출산은 개인의 자율에 맡겨야 한다.

(3) 대리모를 이용한 보조생식술은 생명의료윤리의 네 가지 원칙과 어긋나지 않는다.13) 즉, 보챔과 칠드레스는 자율성 존중 원칙, 악행 금지 원칙, 선행 원칙, 그리고 정의 원칙을 생명의료윤리가 준수해야 할 네 가지 원칙으로 제안하였는데, 대리모 제도는 이러한 네 원칙과 어긋나지 않는다. 첫째, 대리모 계약은 불임 부부와 대리모 사이의 자율적인 계약에 의해 이루어지기 때문에 자율성 존중 원칙과 어긋나지 않는다. 둘째, 대리모 보조생식술은 대리모 본인뿐만 아니라 불임 부부 모두에게 선을 베풀기에 선행 원칙과 일치한다. 셋째, 대리모 보조생식술은 당사자들 누구에게도 해악을 끼치지 않기 때문에 악행 금지 원칙과 어긋나지 않는다. 네 번째의 정의 원칙은 대리모 시술과 관련되어 있지 않다. 따라서 대리모 보조생식술을 금지할 윤리적 원칙을 발견하기 어렵다.

---

12) 생식의 자유에 관한 자세한 논의는 J. A. Robertson, *Children of Choice: Freedom and the New Reproductive Technologies*(Princeton, NJ: Princeton University Press, 1994), pp.25-40을 참조하라.

13) 이 네 가지 원칙은 T. L. Beauchamp & J. F. Childress, *Principles of Biomedical Ethics*(New York, Oxford: Oxford University Press, 1994)에서 제안한 윤리 원칙이다.

(4) 일부에서는 대리모 보조생식술에 대해 인간 생명을 사고파는 행위로 인간존엄성 원리에 어긋난다고 주장하나 그렇지 않다. 우선 임신중절과는 달리 대리모는 생명을 파괴하는 자가 아니라 반대로 생명을 살리는 자이다. 즉, 생명을 살린다는 측면에서 대리모는 인간존엄성을 존중한다고 말할 수 있다. 대리모 계약에서 거래가 이루어지는 상품은 '아이'가 아니라 '여성의 출산 기능'이라는 서비스이다. 출산 기능은 여성이 갖고 있는 여러 기능 중 하나로서 다른 기능과 특별히 윤리적 차이가 없다. 즉, 여성은 대리모 출산을 상품화할 수 있는 몸의 권리를 지닌다. 한 걸음 더 나아가 자비적 대리모의 경우, 대리모는 출산 기능마저 상품으로 팔지 않고 타인의 선을 위해 기증하고 있다. 이는 마치 자비적인 장기 기증과 윤리적으로 그 의미가 동등하다. 이런 의미에서 보면 대리모는 자기 몸을 희생 내지 헌신하는 자이지 결코 몸을 판다고 말할 수 없다.

(5) 반대론자가 제기하는 가족질서의 파괴, 태중 아이가 겪는 생존의 위협 등은 대리모 생식 본래의 문제가 아니라 파생적인 문제로 얼마든지 해결 가능하다. 이제는 더 이상 혈연으로 맺어진 가족관계가 가정의 도덕적 이상이 될 수 없다. 실제로 이미 이혼과 재혼을 통해 생물학적 부모보다 사회적 부모가 더 중요한 지위를 차지하고 있다. 또 보조생식술에 관한 법률 내지 제도를 통해 태중 아이의 생명을 보장하는 안전장치를 얼마든지 마련할 수 있다. 그리고 대리모의 인권 물음 역시 대리모 보조생식술의 비본래적 물음으로 얼마든지 해결 가능하다.

5. 대리모에 함의된 몇 가지 윤리적 물음들

1) 누가 아기의 '모'인가?

대리모 보조생식술이 윤리적으로 허용되자면 우선 '미래 아기'의 어머니 문제가 해결되어야 한다. 즉, 대리모를 통해 태어난 아기의 어머니는 누구인가?[14] 여기서 우리는 일단 생물학적 모와 사회적 모를 구분해야 한다. 생물학적 모가 아이와의 생물학적 유대관계에 의해 형성되는 반면에, 사회적인 모는 아이 양육에 관한 친권이나 양육 등 법률이 규정하고 있는 권리와 의무를 실질적으로 감당하고 있는 모를 말한다. 대개의 경우 생물학적 모가 친권을 포기하지 않는 한 사회적 모가 된다. 대리모 출산에서 발생하는 모의 물음은 이 둘 혹은 이 둘의 관계에 관한 물음이다. 대리모가 사회적 모가 되면, 대리모 계약은 원천적으로 불가능하게 된다. 왜냐하면 생물학적 모의 물음과 관계없이 불임 부부는 자신의 아이를 갖기 위해 보조생식술의 도움을 받고 있다. 그런데 실질적인 사회적 모가 대리모가 된다면, 불임 여성은 자신의 아이를 가질 수 없기 때문이다. 따라서 사회적 모는 대리모의 도움을 받고자 하는 불임 여성이 되어야 한다.

문제는 생물학적 모이다. 누가 생물학적 모인가? 난자 제공자인가, 아니면 자궁 제공자인가? 이미 앞서 밝혔듯이, 수정론을 받아들여 대리모를 유모로, 유전자 제공 불임 여성을 생물학적 모로

---

14) 대리모의 윤리에 관한 고전적 사례에 속하는 '베이비 M' 사건은 바로 아이의 사회학적 모가 누구인가에 관한 논쟁이었다. 이에 관한 자세한 논의는 G. E. Pence, *Classic Cases in Medical Ethics*(New York: McGraw-Hill Publishing Company, 2000), pp.142-168를 참조하라.

간주할 경우, 대리모 제도는 특별한 윤리적 문제를 야기하지 않는다. 하지만 착상론이나 출생론을 받아들여 대리모가 생물학적 모가 되는 경우는 상황이 달라진다. 즉, 출산한 아이에 대한 권리와 의무를 가진 대리모가 이를 사회적 모인 난자 제공자에 양도하는 것이 어떻게 윤리적으로 정당화되는가? 이는 대리모가 입양할 목적으로 아이를 임신하는 경우에 해당된다. 따라서 여기에 상업적 거래가 이루어진다면, '입양'을 미끼로 돈을 주고받는 행위로 인신매매에 해당되기에, 상업적 대리모는 윤리적으로 허용되기 어렵다. 자비적 대리모인 경우에도 입양을 목적으로 한 임신의 윤리적 정당화는 쉽지 않다. 단순히 대리모의 권리나 의무 포기 혹은 쌍방의 계약에 의해 아이의 모가 바뀌는 것은 쉽게 납득이 가지 않기 때문이다. 물론 오늘날 사회에서는 부모의 이혼이나 입양 등에 의해 아이에 대한 권리와 의무가 생물학적 모에서 사회학적 모로 이양되는 경우가 있지만, 대리모의 경우와 같이 처음부터 단지 생물학적 모만 받아들이고 사회학적 모를 거절하는 경우는 없기 때문이다. 이는 '새로운 도덕문제'이기 때문에, 기존의 윤리설이나 관행에 의한 정당화는 어렵다. 현실적인 한 가지 대안은 아이에 대한 대리모의 권리와 의무를 불임 부부에게 이양하는 것에 관해 절차적 공정성을 통해 사회적 합의를 이끌어 내는 일이다.

2) 누가 대리모가 될 수 있는가?

누가 대리모가 될 수 있는가? 물론 생물학적으로 건강한 아이를 낳을 수 있는 건강한 여성이어야 할 것이다. 건강성 유무는 의학이 판단할 문제이다. 다만 윤리학적인 관점에서는 불임 부부와 혈연관계에 있는 친족이 대리모 역할을 하는 경우에는 몇 가지 문제가 발생한다. 실제로 불임 모의 동생이나 언니가 대리모 역할을 하는 경우가 비일비재하다. 앞에서 언급한, 불임 모의 친정어머니가 대리모가 되는 경우를 고찰해 보자. 수정론이 아니라 착상론이나 출생론을 받아들일 경우, 대리모가 생물학적 모가 된다. 이렇게 되면 태어난 아이와 불임 모는 생물학적 관점에서 보면 모자 내지는 모녀 관계가 아니라, 형제자매의 관계가 된다. 이 경우, 생물학적 형제자매 관계가 사회학적 부모자식 관계로 바뀌게 된다. 문제는 과연 이것이 윤리적으로 허용될 수 있는가의 물음이다. 따라서 이러한 윤리적 문제에 관한 사회적 합의가 이루어지지 않은 상태에서는 불임 부부와 가족관계를 형성하고 있는 여성은 대리모가 될 수 없게끔 제도적 장치가 필요하다. 예를 들어, 모의 자매나 부의 누이 혹은 모의 어머니가 대리모가 될 경우, 이러한 가족관계의 무질서 문제뿐만 아니라 평생 동안 가까이에서 그 얼굴을 대면할 수밖에 없기에 심리적 갈등을 야기할 수도 있다. 물론 수정 순간을 인간 생명의 출발점으로 보면 가족관계에 있는 자가 대리모 역할을 하는 것이 더 자연스럽다. 왜냐하면 가족이 유모가 되는 경우 친밀감이 깊기 때문이다.

3) 아이에 대한 도덕적 책임 물음

장애아가 태어났을 경우 누가 도덕적 책임을 지는가? 대리모 선택의 물음은 도덕적 책임 물음을 낳는다. 엄밀히 말해, 우리 인간은 자신의 선택이 아닌 결과에 대해서는 도덕적 책임을 지지 않는다. 다시 말해, 장애가 유전적 요인에 기인하지 않을 경우, 불임 부부는 자신들에게 선택권이 없었기 때문에 그 아이에 대해 도덕적 책임 및 법적 의무를 거부할 수 있는가? 특히 대리모의 부주의로 인해 이러한 결과가 발생하였을 경우 대리모에게 도덕적 책임을 물을 수 있는가? 이러한 곤경은 아이에게 문제가 있을 경우뿐만 아니라, 불임 부부의 관계에 의해서도 발생할 수 있다. 예를 들어, 대리모 계약을 맺은 불임 부부가 이혼을 하거나 혹은 어느 한쪽 배우자가 사망을 하였을 경우, 태어나 아이는 어떻게 되는가? 즉, 이러한 경우 불임 부부는 태아에 대해 임신중절을 요구하거나, 태어난 아이에 대한 친권을 거부할 수 있는가? 이러한 물음은 단순히 불임 부부와 대리모 혹은 병원 사이의 사적인 계약관계에만 맡겨 둘 수는 없다. 왜냐하면 대리모 계약의 합법성이나 계약 내용과 상관없이 태어난 아이는 혹은 임신 후기 태아는 이미 인간으로서 온전한 권리를 지니기 때문이다. 따라서 대리모를 통한 보조생식술이 윤리적으로 허용되자면 사회적 약자인 태아 혹은 아이의 생명권 및 복지권의 보장이 법률이나 제도로 선행되어야 한다. 이때 고려되어야 할 요소는 태어날 혹은 태어난 아이에 대한 권리와 의무를 서로 주장하는 우호적인 경우가 아니라 서로 그 의무를 거부하는 최악의 상황에서도 아이의 생명권과 복지권이 보장되어야 한다는 점이다. 그러자면 계약 내용과 상관없이, 그리고 부부의 이혼이나 사망과 상관없이 사회적 부모가 되는 불임 부부에게 아이에 대한 도덕적, 법적 책임과 의무를 부과해야 한다. 특히 이혼의 경우에는 대리모 계약 당시 불임 부부의 합의에 따라 부 혹은 모에게 친권을 부과하도록 자율성의 영역을 남겨 두든지, 아니면 아이의 친권에 관한 현행 법률을 적용할 수도 있다.

4) 대리모의 권리 물음

대리모는 자신의 자궁 내지는 몸을 통해 아이를 출산한다. 대리모는 생물학적 모가 인정된다 해도 곧 아이에 대한 모든 권리와 의무를 사회학적인 모에게 양도하게 된다. 그러면 대리모는 정말로 순수하게 아이를 낳아 주는 '영혼 없는 몸'에 불과한가? 현재 생명윤리학계에서는 대리모에 관한 몇 가지 권리가 주장되고 있다.

첫째, 대리모는 여성으로서 자기 몸에 대한 권리를 지닌다. 따라서 대리모는 표준적인 산전 진단을 제외하고는 불필요한 혹은 과잉 진료를 거부할 권리를 지닌다. 즉, 표준적인 산전 진단 외의 진료 행위에 대해서는 대리모의 동의를 얻어야 한다. 특히 보조생식 시술 기관에서는 대리모가 경제적인 약자란 이유로 대리모의 이러한 권리를 침해해서는 안 된다.

둘째, 대리모는 임신중절에 대한 권리 내지 거부권을 지니는가? 물론 일상적인 경우와 마찬가지로 건강상의 이유나 유전적 질병 등의 이유로 인한 임신중절의 권리는 인정되어야 한다. 하지만 임신중절의 도덕성에 관해 어떤 입장을 취하느냐에 따라 이에 대한 답은 달라질 것이다. 자유주의 입장에 따라 산모에게 임신중절의 선택권이 허용될 경우, 이는 중대한 도덕문제라 아니 할 수 없다. 일반적인 임신의 경우, 여성의 자기결정권이 절대적 우선성을 지닌다. 하지만 대리모의 경우 난자 제공자와 자궁 제공자가 동일인이 아님으로 말미암아, 임신중절의 선택권 물음은 다른 양상을 띠게 된다. 즉, 임신중절에 관해 대리모와 불임 부부의 입장이 상충할 때 문제가 발생한다. 두 가지 경우가 가능하다. 하나는 불임 부부 측에서 임신중절을 요구할 경우 대리모가 거절할 수 있는가의 물음이요, 다른 하나는 불임 부부가 반대하는데도 대리모가 임신중절을 원할 경우이다. 이 물음은 단지 계약 불이행에 대한 금전적 보상으로 해결될 수 없는 도덕적 문제이다. 태아를 인간 존재로 인정하지 않는다 할지라도, 한 인간 생명의 탄생과 연관된 문제이기 때문이다. 다시 말해, 우리는 이 물음에 접근하는 데 있어서 적어도 두 가지 사실을 도덕적으로 고려해야 한다. 하나는 태아의 생명권이요, 다른 하나는 대리모의 자기결정권이다. 태아의 생명권을 우선시한다면, 임신중절은 허용되기 어렵다. 하지만 자기결정권의 관점에서 보면 불임 부부의 임신중절 요구에 대해 대리모는 거부권을 지니고, 이러한 경우에도 불임 부부는 아이에 대한 책임과 의무를 감당해야 한다. 문제는 대리모가 산모의 건강이나 태아의 유전적 질병 외의 사회적인 이유로 임신중절을 원할 경우이다. 비록 자신과 유전적 유대감이 존재하지 않는다 할지라도, 이 경우 대리모의 자기결정권은 임신중절의 도덕성과 동일선상에서 취급되어야 할 것이다. 즉, 윤리적으로 임신중절이 허용된다면 대리모 역시 동일한 권리를 지닌다고 말할 수 있다.

셋째, 대리모는 아이에 대한 접근권을 지니는가? 대리모는 아이와 독특한 유대감을 갖기에 모성은 자연스러운 현상이다. 그렇다면 아이에 대한 접근권 부인은 천륜을 어기는 것이 아닌가? 하지만 불임 부부의 입장에서는 '자신들만의 아이'를 원할 것이다. 아니, 대리모를 통한 출생 사실 자체를 불임 부부는 비밀에 붙이고 싶을 것이다. 물론 이미 미국을 비롯한 서구 사회에서는 '스텝 맘'이 보편화되어 있어, 대리모 출산은 자녀들에게도 별다른 정서상의 문제나 혹은 정체성 위기를 야기하지 않는다. 그러나 한국 사회는 아직 그렇지 못하다. 여기서 우리가 가장 중요하게 고려해야 할 도덕적 요소는 바로 아이의 행복추구권 내지는 복지이다. 다시 말해, "무엇이 아이에게 최선의 이익인가?"를 우리는 일차적으로 고려해야 한다. 아직 합리적 자아관이 형성되기 이전에는 대리모의 출현이 아이에게 좋지 않은 영향을 줄 수 있다. 그래서 최근 생명윤리학계에서는 아이가 성년이 될 때까지는 대리모의 접근권은 물론이거니와 대리모 출생 자체도 비밀로 하였다가, 아이가 성년이 되었을 때 출생의 비밀을 밝혀 주고, 아이로 하여금 선택하도록 하자는 절충적 입장이 상당한 설득력을 얻고 있다. 이러한 입장이 지지받는 결정적 이유는 아이의 알 권리이다. 즉, 아이는 자신의 유전적 부모 내지 출생 모를 알 권리를 지닌다. 물론 대리모 입장에서 아이를 만나고 싶지도 않고 또 알고 싶지도 않을 수가 있다. 따라서 접근권은 일차적으로 아이의 알 권리 차원에서 고려되어야 하지만, 그 다음에는 대리모와 불임 부부의 의사도 존중되어야 한다. 이들의 이해관계가 상충할 경우, 법원의 판결이 가장 안전한 해결책이다.

6. 맺는 말: 윤리적인 대리모를 지향하며

이 밖에도 불임 부부의 선택권 물음, 대리모와 불임 부부의 대면 접촉의 물음 등이 윤리적으로 문제가 되나, 여기서는 자세히 다루지 않았다. 배아복제, 안락사, 임신중절 등의 생명윤리 물음과 마찬가지로 대리모 물음도 윤리적 합의가 어렵다. 왜냐하면 생명윤리 물음들에 대한 윤리적 입장들은 서로 다른 세계관 내지 포괄적 도덕이론에 그 토대를 두기 때문이다. 우리는 '합당한 다원주의' 사회에 살고 있기에,[15] "현대사회에서 도덕적 합의를 얻을 수 있는 합리적인 방법은 없어 보인다."[16] 하지만 윤리학적인 합의가

---

15) J. Rawls, *Political Liberalism*(New York: Columbia University Press, 1993), p.144 참조.

16) A. MacIntyre, *After Virtue*, 2nd ed.(Notre Dame: University of Notre Dame Press, 1984). p.6.

이루어지지 않았다고 해서 정책이나 법 혹은 제도 차원의 합의 역시 불가능하다는 결론을 내려서는 안 된다. 아니 더 정확하게 말하면, 대리모 제도를 비롯하여 몇 가지 윤리 물음에 관한 법률이나 제도에 대해서는 사회적 합의를 이끌어 내어야 한다. "무위 역시 행위의 일종이다."라는 말이 있듯이, 정부가 대리모에 대해 적극적인 어떤 법률이나 정책 혹은 제도를 마련하지 않는 것 자체가 하나의 정책이기 때문이다.17) 실제로 생명윤리에 관한 다양한 입장들이 난무한다고 해서 정부가 제도 마련에 소홀히 한다면, 비배우자 간 보조생식술의 특성으로 인해, 사회적 약자인 대리모나 태아 혹은 아이가 희생될 개연성이 높다.

따라서 우리는 비배우자 간 보조생식술의 도덕에 관해 일차적으로 윤리적 정당성을 철학적으로 천착한 다음, 윤리적 합의가 어려운 물음에 대해서는 절차적 공정성을 통해 사회적 합의를 이끌어 내어 법률이나 제도를 마련해야 한다. 절차적 공정성이란 내용이나 결과가 아니라 과정의 민주성을 말한다. 실제로 민주주의의 이념은 결과가 아니라 과정, 즉 절차에 있다. 현재의 국가생명윤리위원회 산하에 '보조생식윤리위원회'(가칭)라는 소위원회를 두어 보조생식술의 윤리적 허용 가능성에 대해 합의점을 찾아 갈 수 있다. 그렇지 않다면 법원에 생명윤리 전담 판사제를 도입하여, 법원 주관으로 공청회 등을 통해 합의점을 찾아 나가는 방안도 강구할 수 있다.

---

17) P. A. King, "Embryo Research: The Challenge for Public Policy", *The Journal of Medicine and Philosophy* 22(1997), p.445.

참고문헌

강미정, 「유전자기술윤리(Genethics)의 定立을 위한 一 硏究」(서울대학
　　교대학원 박사학위논문), 2000.

김상득, 『생명의료윤리학』, 철학과현실사, 2000.

＿＿＿, 「인간게놈과 성경적 세계관」, 제17회 기독학문학회 주최 세미나
　　자료집, 『인간게놈 해독 완료, 희망의 시작인가?』, 연세대 의과대학
　　(2000. 10. 14.), pp.10-32.

김선희, 「복제인간과 인격의 문제」, 『철학연구』 제49집(2000, 여름),
　　pp.253-272.

김영정, 「유전자 복제와 인간의 정체성」, 『철학과 현실』 39호(1998),
　　pp.30-45.

김주성, 「노직의 최소국가론 비판: 의무론적 정당성 확보의 실패」, 한국
　　사회윤리연구회 편, 『사회계약론연구』, 철학과현실사, 1993, pp.488-
　　522.

김훈기, 『유전자가 세상을 바꾼다』, 도서출판 궁리, 2000.

『동아일보』, 2008년 8월 21일자, 「日 61세 여성, 딸 대신해 아기 출산」.

문제선, 「유전자 변형 생물체의 정의 및 안전성 평가 배경」, *Biosafety* 4,
　　no. 5(2003), pp.7-12

박병상, 「생명공학의 실상과 근본대안」, 전국환경사제모임 주최 <생명공학 안전윤리 법제화를 위한 생명·환경 워크숍> 자료집(2000. 7. 3-4).

박은정, 『생명 공학 시대의 법과 윤리』, 이화여자대학교 출판부, 2000.

법무부, 『외국의 유전공학 관련법제』(행정간행물 등록번호 23000-61050-9813).

손병홍, 「인간복제와 개인동일성」, 『과학철학』 제4권 1호(2001, 봄), pp.95-118.

이봉림, 「대리모 계약에 관한 연구」, 『생명윤리정책연구』 제2권 2호(2008. 8), pp.135-152.

이현재, 「성적 타자(sexual others)의 인정과 몸의 권리(right to body)」, 『2008년 대한철학회 가을학술대회 논문집』(전남대, 2008. 10. 30-31), pp.51-65.

임종식, 「인간배아 실험과 수정 후 14일론에 대한 윤리적 검토」, 전남대학교 법률행정연구소 주최 학술회의 자료집(2000. 7. 11, 전남대 법과대학).

정관혜, 「생명공학 특허와 제3세계의 유전자 자원」, 권영근 편, 『위험한 미래』, 당대, 2000, pp.240-263.

정광수, 「인간 개체 복제에 대한 윤리적 검토」, 『과학철학』 제4권 1호(2001, 봄), pp.73-94.

『조선일보』, 2000년 10월 4일자, 「'유전자 선택' 美 윤리논쟁」.

『조선일보』, 2001년 2월 19일자, 「미국인 부부 "사고로 숨진 딸 복제해 달라」.

조완형, 「유전자 조작 식품과 농업의 미래」, 권영근 편, 『위험한 미래』, pp.304-328.

한재각, 「신자유주의의 놀라운 마술」, 권영근 편, 『위험한 미래』, pp.211-239.

황경식, 「게놈 프로젝트와 판도라의 상자: 유전자 연구의 빛과 그림자」, 간호행정학회, 『2000년 추계학술세미나 자료집』(2000. 12. 12-13, 연세대학교 의료원).

_____, 「분배정의의 이념과 사회구조의 선택」, 『개방사회의 사회윤리』,

철학과현실사, 1995, pp.111-135.

WMA, <인체 유전자 계획(Project)에 관한 선언>(1992년 9월, 스페인 말
베야), 연세대학교 의과대학 편, 『의료윤리자료집』(연세대 의과대학,
1998).

Agar, N., "Designing Babies: Morally Permissible Ways to Modify the
Human Genome", *Bioethics* 9, no.1(1995), pp.1-15.

_____, "Liberal Eugenics", H. Kuse & P. Singer, eds., *Bioethics: An
Anthology*, Oxford, U.K.: Blackwell, 1999, pp.171-181.

Allhoff, F., "Germ-Line Genetic Enhancement and Rawlsian Primary
Goods", *Kennedy Institute of Ethics Journal* 15, no. 1(2005), pp.39-
56.

Annas, G. J., "Rules for Gene Banks: Protecting Privacy in the Gene-
tics Age", T. F. Murphy & M. A. Lappe, eds., *Justice and the
Human Genome Project*, LA: University of California Press, 1994,
pp.75-90.

_____, "The Prospect of Human Cloning", J. M. Humber & R. F.
Almeder, *Human Cloning*, New Jersey: Humana Press, 1998, pp.51-
64.

Arneson, R. J., "Equality and Equal Opportunity for Welfare",
Philosophical Studies 54(1988), pp.79-95.

Attanasio, J. B., "The Constitutionality of Regulating Human Genetic
Engineering: Where Procreative Liberty and Equal Opportunity
Collide", *University of Chicago Law Review* 24(1986), pp.1274-1342.

Baird, P. "Patenting and Human Genes", *Perspectives on Biology and
Medicine* 41, no. 3(1998), pp.391-408.

Bayertz, K., *Genethics*, Cambridge: Cambridge University Press, 1994.

Bayles, M., *Reproductive Ethics*, Englewood Cliffs, NJ: Prentice-Hall,
Inc., 1984.

Billings, et al., "Discrimination as a Consequence of Genetic Testing",

American Journal of Human Genetics 50(March, 1992), pp.476-482.

Bishop, J. & Waldholz, M., *Genome*, New York: Simon and Schuster, 1990.

Bobinski, Marry Ann, "Genetics and Reproductive Decision Making", T. H. Murry, et al., eds., *The Human Genome Project and the Future of Health Care*, Bloomington and Indianapolis: Indiana University Press, 1996, pp.79-112.

Bohrer, R. A., "A Rawlsian Approach to Solving the Problem of Genetic Discrimination in Toxic Workplaces", *San Diego Law Review* 39, no. 3(December, 2002), pp.747-767.

Brock, D., "Cloning Human Beings: An Assessment of the Ethical Issues Pro and Con", M. C. Nussbaum & C. R. Sunstein, eds., *Clones and Clones*, New York: W. W. Norton & Company, Inc., 1998, pp.141-164.

_____, "Enhancement of Human Function: Some Distinctions for Policymakers", E. Parens, ed., *Enhancing Human Traits*, Washington, D.C.: Georgetown University Press, 1998, pp.48-69.

Brody, B., "Protecting Human Dignity and the Patenting of Human Genes", Chapman, A., ed., *Perspectives on Genetic Patenting: Religion, Science and Industries in Dialogue*, Washington, D.C.: American Association for the Advancement of Science, 1999, pp.111-126.

Brown, J. S., "Genetic Manipulation in Humans as a Matter of Rawlsian Justice", *Social Theory and Practice* 27, no. 1(2001), pp.83-110.

Beauchamp, T. L & Childress, J. F., *Principles of Biomedical Ethics*, New York, Oxford: Oxford University Press, 1994.

Buchanan, A., "Equal Opportunity and Genetic Intervention", *Social Philosophy and Policy* 12(1995), pp.105-135.

Buchanan, A., et al., *From Chance to Choice: Genetics & Justice*, Cambridge: Cambridge University Press, 2000.

Buckle, S., "Arguing from Potential", P. Singer & others, eds., *Embryo Experimentation*, Cambridge: Cambridge University Press, 1990, pp.92-93.

Cahill, L. S., "The Status of Embryo and Policy Discourse", *The Journal of Medicine and Philosophy* 22(1997), pp.407-414.

Caplan, A. L., "Can Ethics Help Guide the Future of Biomedicine?", R. B. Baker, et al., eds., *The American Medical Ethics Revolution*, Baltimore and London: The Johns Hopkins University Press, 1999, pp.272-284.

_____, "If Ethics Won't Work Here, Where?", G. McGee, ed., *The Human Cloning Debate*, Berkeley California: Berkeley Hulls Books, 1998, pp.83-92.

_____, "What's So Special about the Human Genome?", *Cambridge Quarterly of Healthcare Ethics* 7(1998), pp.422-424.

Charo, R. A., "The Hunting of the Snark: The Moral Status of Embryos, Right-to-lifers, and the Third World Women", *Stanford Law and Policy Review* 6(1995), pp.11-37.

Chadwick, R. F., "Cloning", *Philosophy* 57(1982), pp.201-209.

_____, "Playing God", *Cogito* 3(1989), pp.186-193.

_____, "Genetics and Ethics", E. Craig, ed., *Routledge Encyclopedia of Philosophy*, vol. 4, London and New York: Routledge, 1998, pp.16-19.

Chadwick, R. F., et al., "Genetic Screening and Ethics: European Perspectives", *Journal of Medicine and Philosophy*(1998).

Choo, Dong-Ryul, "Two Master Argument in the Ethics of Human Cloning: the Procreative Right vs. Autonomy of the Future Clones", *Proceedings: IV Asia Conference of Bioethics*(2002, Seoul), pp.418-451.

Clarke, A., "Genetic Counselling", *Encyclopedia of Applied Ethics*, vol. 2, New York: Academic Press, 1998, pp.391-405.

Clifford, K. A. & Iuculano, R. P., "AIDS and Insurance: The Rationale for AIDS-Relating Testing", *Harvard Law Review* 100(1987), pp.1806-1825.

Cohen, G. A., "On the Currency of Egalitarian Justice", *Ethics* 99 (1989), pp.906-944.

Cohen, J., "Review of Amartya Sen, Inequality Reexamined", *Journal of Philosophy* 92(1995), pp.275-288.

Cole-Turner, R., "At the Beginning", R. Cole-Turner, ed., *Human Cloning: Religious Perspectives*, Louisville: Westminster John Knox Press, 1997.

_____, *The New Genetics: Theology and the Genetic Revolution*, Louisville: Westminster / John Knox, 1993.

Commission of the European, "Amended Proposal for a Council Directives on the Legal Protection of Biotechnological Inventions", COM(92) 589 final-SYN 159(Brussel, December 16, 1992).

_____, *Opinions of the Group of Advisers on the Ethical Implications of Biotechnology of the European Commission*(Brussel, 1996).

Crespi, R. S., "Patents on Genes: Clarifying the Issues", *Natural Biotechnology* 18(2000), pp.683-684.

Crosby, J. F., "The Personhood of the Human Embryo", *The Journal of Medicine and Philosophy* 18(1993), pp.399-417.

Daniels, N., *Just Health Care*, Cambridge: Cambridge University Press, 1985.

_____, "The Genome Project, Individual Differences and Just Health Care", T. F. Murphy & M. A. Lappe, eds., *Justice and the Human Genome Project*, pp.110-132.

_____, "Normal Functioning and the Treatment-Enhancement Distinction", *Cambridge Quarterly of Healthcare Ethics* 9(2000), pp.309-322.

_____, "The Human Genome Project and the Distribution of Scare Medical Resources", T. H. Murry, et al., eds., *The Human Genome*

Project and the Future of Health Care, pp.173-195.

_____, "The Functions of Insurance and the Fairness of Genetic Underwriting", M. A. Rothstein, ed., *Genetics and Life Insurance*, Cambridge, MA: The MIT Press, 2004, pp.118-145.

Daniels, N. & Sabin, J. E., "Determining 'Medical Necessity' in Mental Health Practice: A Study of Clinical Reasoning and a Proposal for Insurance Policy", *Hasting Center Report* 24, no. 6(1994), pp.5-13.

Davis, D. S., "Embryos Created for Research Purposes", *Kennedy Institute of Ethics Journal* 5, no. 4(1995), pp.344-350.

Dawson, D., "Fertilization and Moral Status: A Scientific Perspective", P. Singer & others, eds., *Embryo Experimentation*, pp.44-49.

Diamond v. Chakrabarty, 447 U.S. 303, 310(1980).

Engelhardt, H. T., "The Ontology of Abortion", *Ethics* 84(1974), pp.324-325.

Farrelly, C., "Genes and Social Justice: A Rawlsian Reply to Moore", *Bioethics* 16, no. 1(2002), pp.72-83.

_____, "The Genetic Difference Principle", *The American Journal of Bioethics* 4, no. 2(2004), ww.21-28.

Feinberg, J., "The Child's Right to an Open Future", W. Aiken & H. LaFollette, eds., *Whose Child? Children's Right, Parental Authority, and State Power*, Totowa, NJ: Rowman and Littlefield, 1980, pp.124-153.

Fleck, L. M., "Just Genetics: A Problem Agenda", T. F. Murphy & M. A. Lappe, eds., *Justice and the Human Genome Project*, pp.133-152.

Frey, R. G., "Bioethics", E. Craig, ed., *Routledge Encyclopedia of Philosophy*, vol. 1, pp.772-776.

Frith, L., "Reproduction Technologies, Overview", *Encyclopedia of Applied Ethics*, vol. 3, pp.817-828.

Fukuyama, F., *Our Posthuman Future*, 송정화 옮김, 『부자의 유전자, 가난한 자의 유전자』, 한국경제신문, 2003.

Gewirtz, D. S., "Toward a Quality Population: China's Eugenic Sterilization of the Mentally Retarded", *New York Law School Journal of International and Comparative Law* 15(1)(1994), pp.139-162

Gillon, R., "Bioethics", *Encyclopedia of Applied Ethics*, vol. 1, pp.305-317.

Glannon, W., *Genes and Future People*, Boulder, Col.: Westview Press, 2001.

Glover, J., *What Sort of People Should There Be?*, London: Penguin Books, 1984.

Grabowski, J. S. "Made Not Begotten: A Theological Analysis of Human Cloning", *Ethics & Medicine* 14, no. 3(1998), p.70.

Grey, W., "Playing God", *Encyclopedia of Applied Ethics*, vol. 3, pp.525-530.

Habermas, J., *Die Zukunft der menschlichen Natur*, 장은주 옮김, 『인간 이라는 자연의 미래』, 나남출판, 2002.

_____, *The Future of Human Nature*, tr. W. Rehg, M. Pensky, & H. Beister, Cambridge, U.K.: Polity Press, 2003.

_____, "Sklavenherrschaft der Gene. Moralische Grenzen des Fortschritts", *Suddeutsche Zeitung*, 1998. 1. 17/8, p.13, 구인회 옮김, 『생명윤리의 철학』, 철학과현실사, 2002.

Hall, M. A., "Genetic Enhancement, Distributive Justice, and the Goals of Medicine", *San Diego Law Review* 39, no. 3(2002), pp.669-681.

Hanson, M. J,, "Religious Voices in Biotechnology: The Case of Gene Patenting", *Hasting Center Report* 27, no. 6, special supplement (1997), pp.1-21.

_____, "Patenting Gene and Life: Improper Commodification", D. Magnus, A. L. Caplan, & G. McGee, eds., *Who Owns Life?*, Amherst, NY: Prometheus Books, 2002, pp.161-174.

Harper, P. S., "Insurance and Genetic Testing", *The Lancet* 341(1993), pp.224-227.

Harris, J., *Clones, Genes, and Immortality: Ethics and the Genetic Revolution*, Oxford: Oxford University Press, 1998.

_____, "In Vitro Fertilization: the Ethical Issues", *Philosophical Quarterly* 33(1983), pp.217-237.

Hellman, D., "What Makes Genetic Discrimination Exceptional?" *American Journal of Law and Medicine* 29(2003), pp.77-116.

Hermerern, G., "Patents and Licensing, Ethics, International Controversies", T. H. Murry & M. Mehlmann, eds., *Encyclopedia of Ethical, Legal, and Policy Issues in Biotechnology*, vol. 2, New York: John Willey & Sons, Inc., 2000, pp.817-825.

Hilman, A. L., "A Roundtable Discussion - Gene Therapy: Socioeconomic and Ethical Issues", *Human Gene Therapy* 7(1996), pp.1139-1144.

Hoedemaekers, R., "Commercialization, Patents and Moral Assesment of Biotechnology Products", *Journal of Medicine and Philosophy* 26, no. 3(2001), pp.273-284.

Holtung, N., "Does Justice Require Genetic Enhancement?", *Journal of Medical Ethics* 25(1999), pp.137-143.

_____, "Gene and Equality", *Journal of Medical Ethics* 30(2004), pp.587-592.

Hollinger, D. P., "Doing Bioethics: Christian Ethics, Pastoral Care and Public Policy", J. F. Kilner, N. M. de S. Cameron, & D. L. Schiedermayer, eds., *Bioethics and the Future of Medicine: A Christian Appraisal*, Grand Rapids: William B. Eerdmans Publishing Co., 1995, pp.153-163.

Hospers, J., *Human Conduct: Problems of Ethics*, New York: Harcourt Brace College Publisher, 1996.

Howell, N. R., "Mapping Human Cloning in Science and Religion Dialogue", 강남대학교 부설 우원사상연구소/기독교사상 주최, 제16/

17회 국제학술세미나 자료집, 『인간복제, 휴먼게놈 프로젝트를 어떻게 볼 것인가?』(강남대학교, 2000. 9. 25-26), pp.17-18.

Humber, J. M. & Almeder, R. F., *Human Cloning*, New Jersey: Humana Press, 1998.

Hursthous, R., "Reproduction and Ethics", E. Crag, ed., *Routledge Encyclopedia of Philosophy*, vol. 8, pp.276-280.

Johnson, M., "Reflections on Some Recent Catholic Claims for Delayed Hominization", *Theological Studies* 56(1995), pp.743-763.

Jonas, H., *Philosophical Essay: From Ancient Creed to Technological Man*, Englewood Cliffs, NJ: Prentice-Hall, 1974.

Jonsen, A. R., "Future Challenges to Medical Ethics and Professional Values", R. B. Baker, et al., eds., *The American Medical Ethics Revolution*, pp.263-271.

Juengst, E. T., "What Does Enhancement Mean?", E. Parens, ed., *Enhancing Human Trait*, Washington, D.C.: Georgetown University Press, 1998, pp.29-47.

Kaku, M., *Vision: How Science will Revolutionize the 21st Century*, 김승옥 옮김, 『비전 2003』, 작가정신, 2000.

Kamm, F. M., "Genes, Justice and Obligation to Future People", *Social Philosophy and Policy* 19(2002), pp.360-388.

Kass, L. R., *Toward a More Natural Science: Biology and Human Affairs*, New York: Free Press, 1985

_____, "The Wisdom of Repugnance", L. R. Kass & J. Q. Wilson, *The Ethics of Human Cloning*, Washington, D.C.: The AEI Press, 1998, pp.3-60.

_____, "Family Needs Its Natural Roots", L. R. Kass & J. Q. Wilson, *The Ethics of Human Cloning*, pp.77-88.

_____, *Life, Liberty and the Defense of Dignity: The Challenge for Bioethics*, San Francisco, CA: Encounter Books, 2002.

Kass, N. E., "The Implication of Genetic Testing for Health and Life

Insurance", M. A. Rothstein, ed., *Genetic Secrets: Protecting Privacy and Confidentiality in the Genetic Era*, New Haven and London: Yale University Press, 1997, pp.299-316.

Khushf, G., "Embryo Research: The Ethical Geography of the Debate", *The Journal of Medicine and Philosophy* 22(1997), pp.507-509.

Kilner, J., "Human Cloning", J. Kilner, et al., eds., *The Reproductive Revolution*, Grand Rapids: William B. Eerdmans Publishing Co., 2000, pp.124-139.

King, P. A., "Embryo Research: The Challenge for Public Policy", *The Journal of Medicine and Philosophy* 22(1997), pp.441-455.

Kitcher, P., "Life After Dolly", G. McGee, ed., *The Human Cloning Debate*, pp.107-124.

_____, *The Lives to Come: The Genetic Revolution and Human Possibilities*, New York: Simon & Schuster, 1996.

Knoppers, Bartha Maria, "Who Should Have Access to Genetic Information?", Burley Justine, ed., *The Genetic Revolution and Human Rights*, Oxford: Oxford University Press, 1999, pp.39-53.

Kuse, H. & Singer, P., "Individuals, Humans and Persons: The Issue of Moral Status", P. Singer & others, eds., *Embryo Experimentation*, pp.65-75.

Kymlicka, W., *Contemporary Political Philosophy*, Oxford: Clarendon Press, 1990.

Land, R. D. & Mitchell, C. B., "Patenting Life: No", *First Things* 63 (1996), pp.20-22.

Launis, V., "Genetic Discrimination", T. McGleenan, U. Wiesing, & F. Ewald, eds., *Genetics and Insurance*, Oxford: BIOS Scientific Publishers Ltd, 1999, pp.35-46.

_____, "Solidarity, Genetic Discrimination, and Insurance: A Defense of Weak Genetic Exceptionalism", *Social Theory and Practice* 29, no. 1 (2003), pp.87-111.

Lebacqz, K., "Fair Shares: Is the Genome Project Just?", T. Peters, ed., *Genetics: Issues of Social Justice*, Cleveland: The Pilgrim Press, 1998, pp.82-107.

Lewens, T., "What is Genethics?", *Journal of Medical Ethics* 30(2004), pp.326-328.

Lewontin, R., "The Confusion over Cloning", G. McGee, ed., *The Human Cloning Debate*, pp.125-140.

Lindsay, R. A., "Enhancement and Justice: Problem in Determining the Requirements of Justice in a Genetically Transformed Society", *Kennedy Institute of Ethics Journal* 15, no. 1(2005), pp.3-38.

Locke, J., *Two Treatise of Government*, Cambridge, MA: Cambridge University Press, 1967.

MacIntyre, A., *After Virtue*, 2nd ed., Notre Dame: University of Notre Dame Press, 1984.

Mason, A., "Solidarity", E. Craig, ed., *Routledge Encyclopedia of Philosophy*, vol. 9, pp.23-25.

McClearn, G. E., et al., "Substantial Genetic Influence on Cognitive Abilities in Twins 80 or More Years Old", *Science* 275(1997), pp.1560-1563,

McCormick, R. A., "Who or What is the Preembryo?", *Kennedy Institute of Ethics Journal* 1(1991), pp.1-15.

McGee, G., "Gene Patents can Be Ethical", *Cambridge Quarterly of Healthcare Ethics* 7(1998), pp.417-421.

McGee, G. & Wilmut, I., "Cloning and the Adoption Model", G. McGee, ed., *The Human Cloning Debate*, pp.93-106.

McGleenan, T., "Genetic Testing and the Insurance Industry", T. McGleenan, U. Wiesing, & F. Ewald, eds., *Genetics and Insurance*, pp.57-73.

McMahan, J., "Cloning, Killing, and Identity", *The Journal of Medical Ethics* 25(1999), pp.76-86.

Mehlman, M. & Botkin, J. R., *Access to the Genome: The Challenge to Equality*, Washington, D.C.: Georgetown University Press, 1998.

Mehlman, M., "The Law of Above Average: Leveling the New Genetic Enhancement Playing Field", *Iowa Law Review* 85(2000), pp.517-593.

_____, *Wondergenes*, Bloomington: Indiana University Press, 2003.

Meyer, R. B. "The Insurer Perspective", M. A. Rothstein, ed., *Genetics and Life Insurance*, pp.27-48.

Mill, J. S., *On Liberty*, in *Utilitarianism, Liberty, and Representative Government*, New York: Everyman's Library, 1950.

Miller, D., "Desert and Merit", E. Craig, ed., *Routledge Encyclopedia of Philosophy*, vol. 3, pp.24-27.

Miller, H. I., "Gene Therapy for Enhancement", *The Lancet* 344(1994), pp.316-317.

Mills, O., *Biotechnological Inventions: Moral Restraints and Patent Law*, Burlington, VT: Ashgate Publishing Company, 2005.

Mitchell, C. B., "A Protestant Perspective on Cloning", *Ethics and Medicine* 14, no. 3(1998), pp.26-30.

Moore, A. D., "Owning Genetic Information and Gene Enhancement Techniques: Why Privacy and Property Rights May Undermine Social Control of the Human Genome", *Bioethics* 14, no. 2(2000), pp.97-119.

Murphy, T. F., "The Genome Project and the Meaning of Difference", T. F. Murphy & M. A. Lappe, eds., *Justice and the Human Genome Project*, pp. 1-13.

Murry, T. H., "The Genome and Access to Health Care", T. H. Murry, et al., eds., *The Human Genome Project and the Future of Health Care*, pp. 209-223.

_____, "Genetic Exceptionalism and 'Future Diaries': Is Genetic Information Different from Other Medical Information?", M. A.

Rothstein, ed., *Genetic Secrets: Protecting Privacy and Confidentiality in the Genetic Era*, pp.60-73

National Bioethics Advisory Commission, "Religious Perspectives", M. C. Nussbaum & C. R. Sunstein, eds., *Clones and Clones*, pp.168-169.

Nelkin, D. & Lindee, M. S., *The DNA Mystique: The Genes as a Cultural Icon*, New York: W. H. Freeman & Company, 1995.

Nelson, M., "The Morality of the Market in Transplant Organs", *Public Affairs Quarterly* 5(1991), pp.63-79.

Nozick, R., *Anarchy, State, and Utopia*, New York: Basic Books Inc., 1974.

O'Mathuna, D. P., "The Bible and Abortion: What of the 'Image of God'?", J. F. Kilner, N. M. de S. Cameron, & D. L. Schiedermayer, eds., *Bioethics and the Future of Medicine: A Christian Appraisal*, pp.199-211.

Ossorio, P., "Common Heritage Arguments Against Patenting Human DNA", A. Chapman, ed., *Perspectives on Genetic Patenting: Religion, Science and Industries in Dialogue*, Washington, D.C.: American Association for the Advancement of Science, 1999, pp.89-108.

Parens, E., "Is Better Always Good? The Enhancement Project", *Enhancing Human Traits*, pp.1-28.

Parfit, D., *Reasons and Persons*, Oxford: Clarendon Press, 1984.

Parsons, W. J. & Hollman, J., *Ethical Issues in Genetic Diagnosis and Treatment*, 박재형 외 옮김. 『의료윤리의 새로운 문제들』, 예영출판사, 1997, pp.255-288.

Pence, G. E., *Classic Cases in Medical Ethics*, New York: McGraw-Hill Publishing Company, 2000.

Peters, D. A., "Risk Classification, Genetic Testing, and Health Care: A Conflict between Libertarian and Egalitarian Values?", T. Peters, ed., *Genetics: Issues of Social Justice*, pp.204-218.

Peters, T., "Patenting Life: Yes", *First Things* 63(1996), pp.18-20.

_____, *Playing God?: Genetic Determinism and Human Freedom*, New York and London: Routledge, 1997.

Peterson, J. C., *Genetic Turning Points: The Ethics of Human Genetic Intervention*, Grand Rapids: William B. Eerdmans Publishing Co, 2001.

_____, "Ethical Standards for Genetic Intervention", J. F. Kilner, R. D. Pentz, & F. E. Young, eds., *Genetic Ethics*, Michigan: Paternoster Press, 1997, pp.193-202.

Pietarinen, J. & Launis, V., "Patenting Non-Human and Human Life", V. Launis, J. Pietarinen, & J. Raike, eds., *Gene and Morality: New Essays*, Amsterdam, Atlanta: Rodopi, 1999, pp.145-155.

Pokorski, R. J., "Use of Genetic Information by Private Insurers", T. F. Murphy & M. A. Lappe, eds., *Justice and the Human Genome Project*, pp.91-110.

_____, "Insurance Underwriting in the Genetic Era", *Cancer* 80, no. 3 (1997), pp.587-599.

Porter, J., "Individuality, Personal Identity, and The Moral Status of the Preembryos: A Response to Mark Johnson", *Theological Studies* 56(1995).

Powers, M., "Justice and Genetics: Privacy Protection and the Moral Basis of Public Policy", M. A. Rothstein, ed., *Genetic Secrets: Protecting Privacy and Confidentiality in the Genetic Era*, pp.355-368.

Prusak, B. G., "Rethinking Liberal Eugenics: Reflections and Questions on Habermas on Bioethics", *Hasting Center Report* 35, no. 6(2005), pp.31-42.

Putnam, H., "Cloning People", J. Burley, ed., *The Genetic Revolution and Human Rights*, pp.1-13.

Rae, S. B. & Cox, P. M., *Bioethics: A Christian Approach in a Pluralistic Age*, Grand Rapids: William B. Eerdmans Publishing,

1999.

Randolph, R. O., "Of Genes, Neurons, Dolphins, and Human Freedom: Theological Ethics and Science in Dialogue", 강남대학교 부설 우원 사상연구소/기독교사상 주최, 제16/17회 국제학술세미나 자료집, 『인간복제, 휴먼게놈 프로젝트를 어떻게 볼 것인가?』(강남대학교, 2000. 9. 25-26) pp.72-73.

Rawls, J., *Justice as Fairness: A Restatement*, Cambridge, MA: Harvard University Press, 2001.

_____, *A Theory of Justice*, Cambridge, MA: Harvard University Press, 1971.

_____, *A Theory of Justice*, 2nd ed., Cambridge, MA: Harvard University Press, 1999.

_____, *Political Liberalism*, New York: Columbia University Press, 1993.

_____, "Social Utility and Primary Goods", A. K. Sen & B. Williams, eds., *Utilitarianism and Beyond*, Cambridge: Cambridge University Press, 1982, pp.159-185.

Reilly, P. R., "Genetic Discrimination", C. Long, ed., *Genetic Testing and the Use of Information*, Washington, D.C.: The AIP Press, 1999, pp.106-133.

Reiss, M., "Biotechnology", *Encyclopedia of Applied Ethics*, vol. 1, pp.319-333.

Resnik, D. B., "Debunking the Slippery Slope Argument Against Human Germ-line Gene Therapy", *Journal of Medicine and Philosophy* 19(1994), pp.23-40.

_____, "Genetic Engineering and Social Justice", *Social Theory and Practice* 23, no. 3(1997), pp.427-448.

_____, "The Morality of Human Gene Patents", *Kennedy Institute of Ethics Journal* 7, no. 1(1997), pp.43-61.

_____, "The Moral Significance of the Therapy-Enhancement Distribution in Human Genetics", *Cambridge Quarterly of Healthcare Ethics* 9(2000), pp.365-377.

_____, "DNA Patents and Human Dignity", *Journal of Law, Medicine & Ethics* 29(2001), pp.152-165.

_____, "Discoveries, Inventions, and Gene Patents", D. Magnus, A. L. Caplan, & G. McGee, eds., *Who Owns Life?*, pp.135-159.

Ridley, M., *Genome: The Autography of a Species in 23 Chapters*, 하영미 외 옮김, 『게놈: 23장에 담긴 인간의 자서전』, 김영사, 2001.

Rifkin, J., *The Biotech Century*, 전영택 · 전병기 옮김, 『바이오테크시대』, 민음사, 1999.

Robertson, J. A., *Children of Choice: Freedom and the New Reproductive Technologies*, Princeton, NJ: Princeton University Press, 1994.

_____, "The Question of Human Cloning", *Hasting Center Report* 24 (1994), pp.6-13.

_____, "Cloning as a Reproductive Right", G. McGee, ed., *The Human Cloning Debate*, pp.67-82.

Roemer, J., *Theories of Distributive Justice*, Cambridge, MA: Harvard University Press, 1996.

Rothstein, M. A. & Andelik, M. R., "What is Genetic Discrimination, and When and How can It be Prevented?", *Genetics in Medicine* 3, no. 5(2001), pp.354-358.

Sagoff, M., "DNA Patents: Making Ends Meet", A. Chapman, ed., *Perspectives on Genetic Patenting: Religion, Science and Industries in Dialogue*, pp.245-268.

Savatos, M., "Biotechnology and the Utilitarian Argument for Patents", *Social Philosophy & Policy Foundation*(1996), pp.113-144.

_____, "Patents and Morality: a Philosophical Commentary on the Conference 'Biotechnology, Patents and Morality' ", S. Stercks, ed., *Biotechnology, Patents and Morality*, Aldershot: Ashgate Press, 1997, pp.291-306.

Savulescu, J., "Procreative Beneficience: Why We Should Select the Best Children", *Bioethics* 15, no. 5/6(2001), pp.413-426.

_____, "Should We Clone Human Being? Cloning as a Source of Tissue for Transplantation", *The Journal of Medical Ethics* 25(1999), pp.87-95.

Scanlon, T., "A Good Start: Reply to Roemer", *Boston Review* 20 (1989), pp.8-9.

Schtz, U., "Patents and Morality", S. Stercks, ed., *Biotechnology, Patents and Morality*, Aldershot: Ashgate Press, 1997, pp.159-170.

Sen, A., "Justice: Means versus Freedom", *Philosophy and Public Affairs* 19(1990), pp.111-121.

Shannon, T. A., "Fetal Status: Sources and Implication", *The Journal of Medicine and Philosophy* 22(1997), pp.415-422.

Shannon, T. A. & Wolter, A., "Reflections on the Moral Status of Preembryo", *Theological Studies* 51(1990).

Singer, P. & Dawson, K. "IVF Technology and the Argument for Potential", *Philosophy and Public Affairs* 17(1988), pp.87-104.

Singer, P., *Practical Ethics*, 2nd ed., Cambridge: Cambridge University Press, 1999.

_____, *Rethinking Life and Death: The Collapse of Our Traditional Ethics*, New York: St. Martin's Griffin, 1994.

Sorell, T., "The Insurance Market and Discriminatory Practices", J. Burley & J. Harris, eds., *A Companion to Genethics*, Oxford: Blackwell, 2002, pp.398-407.

Stock, G., *Redesigning Humans: Our Inevitable Genetic Future*, Boston, MA: Houghton Mifflin, 2002.

Stone, D. A., "The Implications of the The Human Genome Project for Access to Health Insurance", T. H. Murry, et al., eds., *The Human Genome Project and the Future of Health Care*, pp.133-157.

Strong, C., "The Moral Status of Preembryos, Embryos, Fetuses, and Infants", *The Journal of Medicine and Philosophy* 22(1997), pp.457-478.

Sumner, L. W., *Abortion and Moral Theory*, New Jersey: Princeton University Press, 1981.

Tauer, C. A., "Embryo Research and Public Policy: A Philosopher's Appraisal", *The Journal of Medicine and Philosophy* 22(1997), pp.436-438.

"The Cartagena Protocol on Biosafety"(2000. 3), Article 1 Objective.

Toefel, H. O., "Human Cloning in Ethical Perspectives", J. M. Humber & R. F. Almeder, *Human Cloning*, pp.177-208.

Uhlmann, W. R. & Terry, S. F., "Perspectives of Consumers and Genetics Professionals", M. A. Rothstein, ed., *Genetics and Life Insurance*, pp.148-172.

UNESCO, "Universal Declaration on the Human Genome and Human Rights"(UNESCO Document 27V / 45, adapted by the Thirty-First General Assembly of UNESCO, Paris, November 11, 1997).

Walters, L. & Palmer, J., *The Ethics of Human Gene Therapy*, New York: Oxford University Press, 1997.

Walzer, M., *Spheres of Justice: A Defense of Pluralism and Equality*, New York: Basic Books, 1983.

Wasserman, D., "My Fair Baby?: What's Wrong with Parents Genetically Enhancing Their Children?", V. Gehring, ed., *Genetic Prospects: Essays on Biotechnology, Ethics, and Public Policy*, Lanham, MD: Rowman and Littlefield, 2003, pp.99-110.

Wenz, P. S., *Environmental Justice*, Albany: State University of New York Press, 1988.

Wertheimer, R., "Understanding the Abortion Argument"(1971), J. Rachels, ed., 황경식 외 옮김, 『사회윤리의 제문제』, 서광사, 1983, pp.101-119.

Wilson, J. Q., "The Paradox of Cloning", L. R. Kass & J. Q. Wilson, *The Ethics of Human Cloning*, pp.61-74.

_____, "Sex and Family", L. R. Kass & J. Q. Wilson, *The Ethics of Human Cloning*, pp.89-100.

Wreen, M., "Patents", *Encyclopedia of Applied Ethics*, vol. 1, pp.435-447.

Zaitchik. A., "On Deserving to Deserve", *Philosophy and Public Affairs* 10(1977), pp.370-388.

찾아보기

김상득 .

서울대학교 철학과를 졸업하고 동대학원에서 윤리학 전공으로 철학 박사 학위를 받았으며, 장로회신학대학원에서 신학을 공부하였다. 연세대학교 의대 예방의학교실에서 생명윤리학을 주제로 Post-Doct 과정을 이수하고 미국 조지타운대학교 케네디윤리학연구소 객원 연구원을 역임하였다. 서울대, 연세대, 서울교대, 숙명여대 등에서 강의하였고, 연세대 의대 의료법윤리학과에서 연구강사를 역임하였으며, 현재 전북대학교 철학과 교수로 재직 중이다.

주요 저서로『생명의료윤리학』(철학과현실사, 2000),『윤리가 살아야 교회가 산다』(에클레시안, 2006),『의료윤리의 네 원칙』(계축문화사, 1999) 등이 있으며, 역서로는『생명윤리학』(살림, 2004),『환경윤리와 환경정책』(법영사, 1995),『생의윤리학이란 무엇인가』(서광사, 1988) 등이 있다. 주요 논문으로는「도덕적 딜레마와 도덕 실재론」,「성경적 세계관과 의료윤리」,「의학의 발달에 함축된 윤리적 물음」,「임신중절과 페미니즘」,「부활을 통해 본 기독교적 몸, 영혼 그리고 죽음」,「안락사: 정의, 분류 그리고 윤리적 정당화」,「응용윤리학 방법론 연구」,「서양철학의 눈으로 본 응용윤리학」,「사이버 공간의 존재론적 특성과 정보윤리학의 철학적 토대」,「존재/당위 구분과 도덕 실재론」등이 있다.

유전자 윤리학
.

2009년 11월 25일 1판 1쇄 인쇄
2009년 11월 30일 1판 1쇄 발행

지은이 / 김 상 득
발행인 / 전 춘 호
발행처 / 철학과현실사
서울시 종로구 동숭동 1-45
전화 579-5908 · 5909
등록 / 1987.12.15.제1-583호

ISBN 978-89-7775-703-5   03190
값 18,000원